D1619598

Klartext

Uwe Knüpfer / Rolf Potthoff (Hg.)

# 1956

## Das Jahr in der WAZ

1. Auflage November 2005
Redaktion: Nina Grontzki, Achim Nöllenheidt
Satz und Gestaltung: Achim Nöllenheidt
Titelgestaltung: Dieter Pfennigwerth
Druck und Bindung: Koninklijke Wöhrmann B.V., Zutphen (NL)
© Klartext Verlag, Essen 2005
Alle Rechte vorbehalten
ISBN 3-89861-548-0
www.klartext-verlag.de

# Inhalt

# 1956
# Aufbruch überall

*Von Uwe Knüpfer*

„Die Fünfziger": das ist uns kaum mehr als der scheinbar triste Hintergrund der aufregenden Sechziger, der bunten Siebziger... Graue Vorzeit halt. Von wegen.

Wie so oft verblüfft und belehrt der Blick in alte Zeitungen. „Alt"? An der WAZ des Jahres 1956 überrascht, wie modern, wie beweglich, wie aktuell und lesernah die „Unabhängige Zeitung des Ruhrgebiets" damals schon gewesen ist. Man leistete sich Auslandskorrespondenten und sandte Reporter aus. Die hatten große, bewegende – oft lange – Geschichten zu erzählen. Betulich wirkt rückblickend allenfalls der Ton vieler Texte. Noch war die amerikanisierte Sprache der Werbung und des Fernsehens nicht tonangebend geworden. Die Fünfziger waren ein Jahrzehnt rasanter Entwicklungen und mutiger Experimente. Was notwendig oder lockend erschien, dass wurde getan. Bedenkenträgerei war noch nicht zum Volkssport der Deutschen geworden.

1956, das ist das Vorzeigejahr der Fünfziger: Aufbruch überall. Erstmals werden in Westdeutschland mehr als eine Million Autos gebaut. Urlaubsanzeigen locken längst nicht mehr nur ins nahe Sauerland. So manche Wohnung wird endlich aufgemöbelt; die Wahl habend zwischen Nierentisch-Modernität und Gelsenkirchener Barockbehaglichkeit entscheiden sich viele für die große Möbelstil-Koalition.

Gänzlich unbarock kommt das spektakulär moderne neue Gelsenkirchener Theater daher, das Musiktheater im Revier. Die Ruhrfestspiele erregen internationales Aufsehen, und Essens Villa Hügel wandelt sich zum Hort der Hochkultur. Das Ruhrgebiet als Kulturgebiet, das ist eben keine Entdeckung von PR-Strategen des 21. Jahrhunderts.

Konrad Adenauer verkörpert den sehr verständlichen Wunsch der Überlebenden von Krieg, Völkermord, Vertreibung und Hunger nach Stabilität und Wohlsein, aber 1956 kommt die Ahnung auf, dass die Bundesrepublik eines Tages auch ohne den „Alten" laufen können wird.

Wer wollte es den Menschen verdenken, dass sie von politischen Wunderheilern und Fanfarenstößen a la „Das Oberkommando der Wehrmacht gibt bekannt: ..." die Nase gestrichen voll haben? In den Fünfzigern dürfen sich die Bundesrepublikaner an die Vorstellung gewöhnen, dass die beste Politik meist jene ist, die von sich wenig Schlagzeilen macht.

Für Wundertaten ist 1956 in Deutschland nicht der Kanzler, sondern ein Pferd zuständig: die Stute Halla, die ihren Reiter Hans Günter Winkler in Stockholm zu olympischem Gold trägt.

In der bundesdeutschen Politik fällt hingegen vor allem auf, wie reibungslos das neue, das parlamentarische System funktioniert. Die Wehrpflicht wird eingeführt – nach niveauvoller Erörterung und mit den Stimmen der oppositionellen SPD.

Die Sozialdemokratie hat sich auf den Weg zu ihrem Godesberg begeben – über programmatische Erneuerung an die Macht. In Nordrhein-Westfalen darf sie sich bewähren. Dort entsteht die erste sozialliberale Koalition. Wenn die Reibungslosigkeit des Machtwechsels das entscheidende Kennzeichen einer funktionierenden Republik ist, ist die Bundesrepublik 1956 wenn nicht erwachsen, so mindestens halbstark geworden.

Auf eine besonders mutige Probe ließ sich der Generalsekretär der KPdSU ein. Dreißig Jahre vor Gorbatschow verabreicht Chruschtschow dem Sowjetsystem eine tüchtige Prise Glasnost: er rechnet mit Stalins Verbrechen in einer „Geheimrede" ab, deren Details sehr rasch die Runde machen. Die Ungarn nehmen Chruschtschow beim Wort – und müssen dafür teuer bezahlen. Ihr Aufstand wird blutig niedergeschlagen.

Chruschtschow hatte die Sowjetmacht eben nicht infrage- , sondern auf neue Beine stellen wollen. Wer wollte, mochte daran erkennen, dass „ein bisschen Freiheit" in sich selbst ein Widerspruch ist.

Immerhin haben den Chruschtschowschen Lockerungsübungen Tausende deportierter Deutscher ihre späte Heimkehr zu verdanken – in ein Land freilich, dass sie kaum wiedererkennen. Niemand in der Bundesrepublik scheine Zeit zu haben, teilt ein in den Westen Entlassener dem WAZ-Reporter mit; teils staunend, teils verstört.

Nein, über die Vergangenheit mag kaum noch jemand reden. Dann schon lieber über die Verbindung des späten 20. Jahrhunderts, über DIE Traumhochzeit von Adel und Glamour, von realer und Leinwandwirklichkeit: exemplarisch der Wandel der Grace Kelly zur Gracia Patricia.

Oder über Fußball. Der BVB 09 wird 1956 erstmals Deutscher Meister. Seien wir ehrlich: entscheidend ist doch aufm Platz.

# Die verlorene Unschuld

Der Zauberspiegel ist noch lange nicht seinen Kinderschuhen entwachsen und es sind nur wenige, die an der Faszination der magischen bewegten Bilder teilhaben. Nicht einmal 400.000 Fernsehgeräte stehen in deutschen Wohnzimmern, aber das Mäkeln am Programm, das ist längst in vollem Gange. Plattform ist die „Hör Zu", eine Illustrierte, die mangels Masse den Markt der Programmzeitschriften unangefochten inne hat. Besorgte Erziehungsberechtigte regen an, man möge doch bitte zu den Sendungen schreiben, für welches Alter sie geeignet seien, schließlich verfolge die ganze Familie (vor allem die Kinder zwischen 12 und 18 Jahren) die Fernsehspiele mit besonderem Interesse. Ja, das kann schon arg jugendgefährdend sein, was da die allseits beliebte Familie Schölermann in die Wohnstuben bringt. Und überhaupt, bitteschön, hat die Welt in Ordnung zu sein: die Frau gehört an den Herd. Zumindest tagsüber. „Mag ja sein, dass die Fernsehküche den Frauen gefällt", meldet sich Herr F. G. aus Beuel zu Wort, „ich als Mann muss aber doch sagen, dass die Sendung abends völlig fehl am Platze ist. Das Fernsehen bringt doch nachmittags oft Sendungen für die Frau." Und da gehöre der ganze Küchenkram auch hin. Außerdem hängen Herrn F. G. die Fünfpfennigs-Philosophien des Kochlehrers Clemens Wilmenrod und die „lieben goldigen Menschen" zum Halse heraus. Jawoll! Und Eduard Rhein, Chefredakteur der Illustrierten, muss feststellen, dass das Programm „von Spitzenleistungen abgesehen, enttäuschend" ist. Daran könnten auch die technische Entwicklung der Eurovision und einige ihrer faszinierenden Übertragungen nichts ändern. Ja, das Programm war schon immer schlecht!

Apropos Eurovision: 1956 gebiert die europäische Sendervereinigung einen Dauerbrenner, der bis heute die Kritik entzückt (weil das Zerreißen doch das Schönste bei selbiger ist): Damals ziemlich im Dunkeln soll es einen deutschen Vorentscheid für den ersten Grand Prix Eurovision (später: jurowischn ßongkontest) gegeben haben. Merkwürdigerweise mag sich keiner der wettstreitenden Künstler an jenes denkwürdige Ereignis erinnern. Fest steht: Freddy Quinn und Walter Andreas Schwarz (wer bitte?) reisen als deutsche Vertreter nach Lugano. Freddys „So geht das jede Nacht" war rock'n'roll-lastig, Schwarzens „Im Wartesaal zum großen Glück" kam ganz in alter Chanson-Tradition daher und platzierte sich recht gut hinter der Schweizer Siegerin Lys Assia. Doch Schwarz versank ganz schnell wieder in der Grand Prix-Versenkung, Freddy hatte dagegen fast gleichzeitig mit „Heimweh" seinen ersten großen Hit.

Tja, noch nicht den Kinderschuhen entwachsen, aber die Unschuld hat das neue Medium noch vor der Pubertät verloren. Da gibt es von den olympischen Sommerspielen im fernen Melbourne keine Fernsehbilder (wären eh erst nach zwei bis drei Tagen da gewesen), weil die Veranstalter die Rechte an eine Filmfirma verkauft haben.

Dafür erschließt sich das junge Medium neue Einnahmequellen, bis heute Quell heftiger, kontroverser Diskussion: Der Bayerische Rundfunk führt die Fernsehwerbung ein. Und wir wollen uns den Dialog eines der ersten Waschmittelspot(t)s noch einmal auf der Zunge zergehen lassen, spielt er doch in einer Speisegaststätte. Sie: Xaver – da schau her, was d' wieder gemacht hast! Also, also, du bis doch a richtiger Dreck... Er: Sprich's nicht aus. Wir sind nicht daheim. Sie: Aber du benimmst dich so, als wenn's d'heim wärst. Ich, wenn ich Wirt wär, mein Lieber... Er: Ja, was wäre denn, wenn du der Wirt wärst? Sie: Nausschmeißen tät ich dich! Wirt: Mahlzeit die Herrschaften. – Oh, ein keines Malheur. Gisela! Serviette! Er: Entschuldigen Sie, bittschön. Wirt: Aber ich bitte Sie, das kann doch vorkommen. Dafür gibt's doch Gott sei Dank Persil – nicht wahr, gnädige Frau? Wünsche weiterhin gut zu speisen. Beide: Danke. Er: Sixt Lieserl, das ist eben der Unterschied zwischen dir und dem feinen Mann. Sie: Was? Na ja... Er: Du machst alleweil gleich ein Trara und ein Theater, wenn bloß so ein kleines Fleckerl auf d' Tischdecken kommt. Der gebildete Mensch sagt nur „Persil" – „Persil" und nichts anderes.

Ja, der gebildete Mann schlabbert schon mal und weiß der nörgelnden Frau den rechten Platz zuzuweisen. So war das – 1956.

*Manuel Fritzsche*

EINZELPREIS 20 PF / NR. 4
VERLAGSORT ESSEN

DONNERSTAG, 5. JANUAR 1956
BUNDES-AUSGABE

# WESTDEUTSCHE
# ALLGEMEINE
### Die unabhängige Zeitung des Ruhrgebiets

# Heuss würdigt Adenauer zum 80. Geburtstag

## ‚Dank für große vaterländische Leistung'

Von unserem Bonner Büro · Schu BONN, 4. Januar

Als eine Persönlichkeit, die den Deutschen in der Welt die verlorene Achtung wiedergewonnen habe, würdigte Bundespräsident Heuss Bundeskanzler Dr. Adenauer am Vorabend seines 80. Geburtstags in einer Rundfunkansprache. Der Geburtstag sei Anlaß, Dr. Adenauer für seine große vaterländische Leistung zu danken. Gleichzeitig würdigten die großen politischen Parteien und zahlreiche Politiker der Bundesrepublik, unter ihnen Bundestagspräsident Gerstenmaier und Bundesratspräsident von Hassel, die Verdienste Dr. Adenauers.

Mit einem Gala-Empfang des Bundespräsidenten für die Inhaber der höchsten Verdienstorden der Bundesrepublik und die Träger der Friedensklasse des Ordens pour le mérite begannen am Vorabend des Geburtstages die offiziellen Feierlichkeiten zu Ehren des Bundeskanzlers.

Die beiden großen Parteien der Bundesrepublik — CDU und SPD — veröffentlichten am Mittwoch in ihren Pressediensten ausführliche Würdigungen zum Geburtstag des Bundeskanzlers. Der Geschäftsführer der CDU, Dr. Heck, würdigte den Kanzler als einen Mann, der das Vertrauen der freien Welt für sich und für uns Schritt für Schritt zurückgewonnen habe. Er habe damit verhindert, daß den Westdeutschen das gleiche Schicksal beschieden wurde wie den deutschen Landsleuten jenseits des Eisernen Vorhanges.

„Gruß und herzliche Wünsche gelten am 5. Januar Dr. Konrad Adenauer", so beginnt der Artikel des SPD-Pressedienstes. Man solle auch dem politischen Gegner den Respekt bekunden, den er sich erwirbt, aber auch die Sünden nicht vorenthalten, die er beging oder begangen haben soll.

Die SPD wünscht dem Kanzler einen langen, schönen und stillen Lebensabend „im Schoße seiner Familie und im Genuß aller Schönheiten und allen Reichtums seiner rheinischen Heimat — jedoch fern der politischen Pflichten und Verpflichtungen!" In diesem neuen Jahre müsse die deutsche Politik weit über Rhein und Weser hinaus zu den Landsleuten an Havel, Spree und Oder geführt werden. „Dazu gehören ein neuer Elan und ein richtiges Bild dieser veränderten Welt."

## Bundeskanzleramt kann Geschenke nicht fassen

waz BONN, 4. Januar

Das Bundeskanzleramt wird am Donnerstag die Geburtstagsgeschenke für Dr. Adenauer aus allen Teilen Deutschlands und vielen Ländern der Welt nicht fassen können, obwohl mehrere Räume nur für diesen Zweck völlig leergeräumt wurden. Die Liste der Geschenke reicht von vielen Sorten Weinen und Schnäpsen über alle Arten von Schinken und Wurst zu wertvollen Gemälden, Stichen, Plastiken und Büchern.

Papst Pius XII. hat dem Kanzler den „Orden vom goldenen Sporn" verliehen.

Der SPD-Vorsitzende Ollenhauer wird dem Kanzler zusammen mit seinem Stellvertreter Mellies als Geschenk der SPD einen wertvollen Stich aus Alt-Berlin überreichen.

■ Siehe auch Seite 2

**BUNDESKANZLER KONRAD ADENAUER** waz-Bild: Werner Ebeler

## Versorgungsgesetz für neue Soldaten geplant

### Entwurf bereits fertiggestellt

BONN, 4. Januar

Der Entwurf eines Soldaten-Versorgungsgesetzes für die Angehörigen der neuen deutschen Streitkräfte wurde jetzt im Bundesverteidigungsministerium fertiggestellt. Der Gesetzentwurf soll nach einer abschließenden Besprechung mit den Vertretern der Länder den gesetzgebenden Körperschaften zugeleitet werden. Er behandelt die Versorgung und die Berufsförderung der Soldaten und die Versorgung von Hinterbliebenen. Aus dem Ministerium wurde mitgeteilt, daß sich die Vorlage eng an das Bundesbeamtengesetz und an das bestehende Bundesversorgungsgesetz anlehne.

Gegen ein eigenes Versorgungsgesetz für die neuen Soldaten haben die Kriegs-

opferverbände bereits Stellung genommen. Es sei untragbar, so erklären sie, daß die Angehörigen der neuen Streitkräfte in der Versorgung besser gestellt würden als die ehemaligen Soldaten.

(dpa)

\*

**Dr. Gebhard von Walther** wurde von der mexikanischen Regierung das Agrément als Botschafter der Bundesrepublik erteilt. Von Walther ist Nachfolger von Dr. von Twardowski, der in den Ruhestand trat.

**Auf dem Landesparteitag der FDP** von NRW, der am kommenden Wochenende in Bad Lippspringe stattfindet, wird u. a. der Präsident des Saarlandtages und Vorsitzende der DPS, Dr. Schneider, sprechen.

**Die Berliner CDU** hat für den 7. Januar einen Landesparteitag einberufen, auf dem der Nachfolger für den verstorbenen Landesvorsitzenden, Bundesminister Dr. Tillmanns, gewählt werden soll. Einziger Kandidat ist der Bundestagsabgeordnete Ernst Lemmer.

**Der Sowjetbotschafter in Bonn**, Sorin, wurde am Mittwoch vom Bundesaußenminister von Brentano zu einem Antrittsbesuch empfangen.

**Der neue französische Botschafter**, Joxe, trifft am Donnerstag in Bonn ein. (waz/dpa/ap)

## KP-Betriebsrat der Westfalenhütte huldigt Pieck

waz BERLIN, 4. Januar

An den „Huldigungsfeierlichkeiten" für den 80jährigen Präsidenten der Sowjetzone, Wilhelm Pieck, haben auch kommunistische Mitglieder des vor kurzem neugewählten Betriebsrates der Dortmunder Westfalenhütte teilgenommen. Wie die „Ost-Berliner Nationalzeitung" berichtet, gehörte der zweite Betriebsratsvorsitzende der Westfalenhütte, Breker, einer Delegation der westdeutschen KP an. Breker habe „im Namen der Belegschaft der Westfalenhütte" eine Standuhr überreicht. SED-Politbüro-Mitglied und stellv. Sowjetzonen-Ministerpräsident Oelssner erklärte dazu: „Das schönste Geschenk, das ihr unserm Wilhelm Pieck machen konntet, war eure Betriebsratswahl."

### Keine Heimkehrer in dieser Woche

waz BONN, 4. Januar

In dieser Woche werden keine Heimkehrertransporte aus der Sowjetunion erwartet, wie am Mittwoch ein Sprecher der Bundesregierung in Bonn mitteilte. Auf Fragen erklärte der Sprecher, daß die Bundesregierung wegen des neuerlichen Ausbleibens der Transporte bei der Sowjetunion nicht angefragt habe.

### John kein britischer Staatsbürger

BONN, 4. Januar

Otto John besitzt nicht die britische Staatsangehörigkeit. Dies teilte ein Sprecher der britischen Botschaft in Bonn am Mittwoch mit. (dpa)

## Faure: ‚Nicht unter meiner Führung'

### Ministerpräsident plädiert für eine Regierung der „Nationalen Union"

waz PARIS, 4. Januar

Ministerpräsident Edgar Faure sprach sich am Mittwoch nach einer Ministerratssitzung für eine Regierung der „Nationalen Union" aus, die alle demokratischen Parteien umfassen soll. Auf die Frage, unter wessen Führung sie gebildet werden sollte, antwortete er: „Nicht unter meiner."

Faure meinte, daß der Wahlkampf eine weitgehende Übereinstimmung aller demokratischen Parteien in zwei Punkten gezeigt habe: in dem Bemühen um eine Verfassungsreform zur Stärkung der Regierungsgewalt und in der Algerienfrage.

In parlamentarischen Kreisen erwartet man, daß die Wahl der ersten Regierung den Sozialisten übertragen wird.

## Erhard will mit Ruhrzechen über Kohlenpreise verhandeln

### Minister erwägt Einspruch bei Montanunion-Ministerrat

waz BONN, 4. Januar

Bundeswirtschaftsminister Erhard wird voraussichtlich in der kommenden Woche mit dem Unternehmensverband Ruhrbergbau über die beantragte Erhöhung der Kohlenpreise um 3 DM je t verhandeln. Wie am Mittwoch in unterrichteten Kreisen verlautete, will Minister Erhard eine Kohlenverteuerung vermeiden, die sich auf alle Wirtschaftszweige übertragen könne.

Zuständige Kreise der Bundesregierung erklärten, daß eine Erhöhung der Kohlenpreise keineswegs zwangsläufig eine allgemeine Preissteigerung auslösen müsse.

Ein Sprecher des Bundeswirtschaftsministeriums sagte, daß sein Ministerium über die Preisforderung und Lohnerhöhung im Bergbau „absolut nicht entzückt" sei. Möglicherweise werde Minister Erhard im Ministerrat der Montanunion

gegen die Erhöhung der Kohlenpreise protestieren.

Die vom Bergbau beabsichtigte Lohnaufbesserung allein könne die befürchtete Abwanderung von Bergleuten im kommenden Frühjahr nicht verhindern. Denn diese Abwanderung sei saisonbedingt. Neben Lohnerhöhungen müßten daher noch andere Mittel gefunden werden, um den Bergbauberuf „attraktiver" zu gestalten. Erwogen werde unter anderem eine Freistellung der Bergarbeiter vom Wehrdienst.

### Arbeitslosenzahl über Millionengrenze

NÜRNBERG, 4. Januar

Die Zahl der Arbeitslosen in Westdeutschland hat sich im Dezember um 443 028 oder 73 v. H. auf 1 046 005 erhöht und damit erstmals seit März 1955 wieder die Millionengrenze überschritten. Von den am 31. Dezember 1955 erwerblos Gemeldeten waren 690 377 Männer und 355 628 Frauen. In NRW erhöhte sich die Arbeitslosenzahl um 49 706 auf 139 620 Personen. (dpa/ap)

# 80. Geburtstag des Kanzlers
# Bonner Politik ruht
## Strom von Gratulanten
## Geschenke aus aller Welt

**DIE FAMILIE GRATULIERT:** von links Sohn Max, Oberstadtdirektor von Köln, und Frau; Sohn Konrad, Direktor des RWE in Köln, mit Frau; der Kanzler; Ulla-Britta Jeansson, verlobt mit Sohn Georg; Sohn Paul, Kaplan; Tochter Lotte, verheiratet mit dem Architekten Multhaupt; Tochter Libeth, verheiratet mit dem Industriellen Wehrhahn. Vor den Erwachsenen die Enkel des Bundeskanzlers.

WAZ BONN, 5. Januar

In Bonn wurde am Donnerstag keine Politik gemacht. Die Bundeshauptstadt stand ganz im Zeichen des 80. Geburtstags von Bundeskanzler Adenauer. In das Palais Schaumburg, dem Amtssitz des Kanzlers, ergoß sich von morgens 9 Uhr bis abends 18 Uhr ununterbrochen ein Strom von Gratulanten, Geschenken und Blumen aus aller Welt. Nacheinander empfing der Kanzler Vertreter von Staat, Kirche, Wirtschaft und Wissenschaft. Trotz des langen Stehens und des ständigen Händeschüttelns genoß Dr. Adenauer die Gratulationscour mit sichtlichem Vergnügen.

Den ganzen Tag über liefen Glückwunschtelegramme prominenter Politiker ein. Außer dem USA-Präsidenten Eisenhower, seinem Außenminister Dulles, dem sowjetischen Ministerpräsidenten Bulganin (sein Telegramm war das erste am Donnerstag), den Regierungschefs von Großbritannien und Indien, Eden und Nehru, gratulierte auch Winston Churchill. Churchill schrieb, die Freundschaft mit Dr. Adenauer sei eins der Geschenke seiner letzten Amtsjahre gewesen.

Die Höhepunkte des ersten Tages waren die Empfänge des Diplomatischen Korps, des Bundeskabinetts, der Gewerkschaften und der Professoren der Universität Köln.

## Geburtstags-Huldigungschor

„Wer singt denn da so entsetzlich falsch?" — „Das ist die zurückgebliebene Sozialreform, die schreit schon seit Jahren"    WAZ-Zeichnung: Otto Berenbrock

## „Rollerfahren spart Arbeitszeit"

...erklärte der Direktor der Firma Cosan Gas in Kopenhagen und hatte die Idee, für die Überwindung der langen Korridorstrecken des großen Geschäftshauses seiner Firma einfache Kinderroller einzusetzen. Der Direktor geht allen Angestellten mit gutem Beispiel voran: auch er benutzt seinen Roller eifrig zwischen seinem Direktorzimmer und den Büroräumen.

# Es brennt im Hauptförderschacht

### Niemand wurde verletzt - Belegschaft der Zeche Neumühl wurde zurückgezogen

**WAZ** DUISBURG, 5. Januar Feueralarm gab es Donnerstag vormittag auf der Schachtanlage Neumühl der Rheinpreußen AG. Wahrscheinlich durch Funkenschlag bei Brennarbeiten brach, im Hauptförderschacht in einem alten Füllort der dritten Sohle ein Brand aus. Die 600 Bergleute der Frühschicht wurden über andere Schächte sofort wieder ausgefahren, die Männer der Mittagschicht von dem verschlossenen Zechentor aufgehalten.

Die Spannung löste sich ein wenig, als Direktor Reuter vom Vorstand gegen Mittag an das Pförtnerhaus trat und den Wartenden versicherte, daß niemand verletzt und kein Grund zur Beunruhigung in den Familien sei. Das Unglück ereignete sich auf derselben Zeche, die bereits zum Wochenanfang durch eine erhebliche Förderstörung betroffen wurde.

## 2000 feierten schon

Unterhalb der Rasenhängebank wurden im selben Hauptschacht durch einen Förderkorb die Spurlatten in einer Länge von 320 Metern herausgerissen. Die Instandsetzungsarbeiten sollten bis Samstag abgeschlossen sein. Ungefähr 2000 Belegschaftsmitglieder über und unter Tage mußten feiern, nur etwa 600 Bergleute arbeiteten in den drei Revieren. Jetzt wurde vorsorglich die gesamte Belegschaft aus dem Grubenbereich zurückgezogen.

Eigene Grubenwehr, später verstärkt durch Gruppen aus Rheinhausen und der Zeche Prosper in Bottrop, gingen sofort an die Eindämmung des Feuers. „Aber wir konnten vor lauter Qualm und Dampf nichts sehen", berichtete ein Feuerwehrmann einem Steiger. Man will nun versuchen, von der achten Sohle her an den Brandherd heranzukommen, wobei auch der nicht in Mitleidenschaft gezogene untere Teil des Hauptschachtes benutzt wird.

Gegen Abend gab die Zechendirektion bekannt, daß die unter der Leitung der Bergbehörde, der Hauptstelle für das Grubenrettungswesen und der Betriebsleitung durchgeführte Brandbekämpfung einen „normalen Verlauf" genommen habe. Man glaubt nicht, daß die Förderung am Samstag in vollem Umfang wiederaufgenommen werden kann.

## Keine Auskunft

Das gesamte Zechengelände war hermetisch abgeschlossen. Die Pförtner waren angewiesen, den wartenden Bergleuten keine Auskunft zu geben. Meinte ein Bergmann zu seinem Kameraden: „Du kannst wieder nach Hause gehen. Wir haben heute frei!" Und auf das erstaunte „Warum?" des Neuhinzugekommenen . . . „weil unser Bundeskanzler Geburtstag hat".

*Während des ganzen Tages warteten Menschen vor dem Zechentor. Alle waren erleichtert, als Direktor Reuter am Zechentor erklärte: „Niemand ist verletzt!"*

## Wolkenkratzer tür Düsseldorf

*So wird das 90 Meter hohe Verwaltungsgebäude der Phoenix-Rheinrohr aussehen, das in Düsseldorf errichtet wird. Die Baukosten des 24geschossigen Wolkenkratzers sind auf 30 Millionen DM veranschlagt. Als Bauzeit sind 25 Monate vorgesehen. Die vollständig verglaste Front ist nur durch leichte Aluminiumsprossen unterbrochen, wie dieses Modell zeigt. Die beiden Stirnseiten sollen mit weißem Mosaik verkleidet werden.*

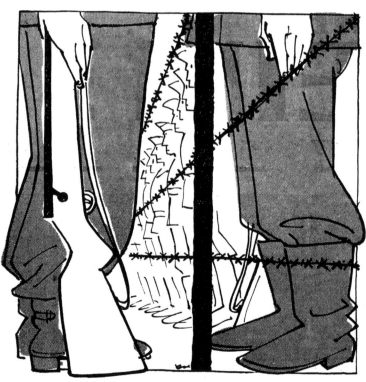

# Deutsche Wiederbewaffnung

**Lieb' Vaterland, magst ruhig sein . . .**    WAZ-Zeichnung: Otto Berenbrock

# Die Ruhrkonzerne kommen wieder

## Das Jahr 1955 brachte die ersten großen Zusammenschlüsse – Die Bewegung geht weiter

**Von unserer Düsseldorfer Redaktion**　　　　　　　**JS DÜSSELDORF, 6. Januar**
Der Wiederzusammenschluß der durch die Entflechtung zerrissenen Ruhrkonzerne ist im letzten Jahr beachtlich fortgeschritten. Dabei handelt es sich in allen Fällen um Konzerne, die organisch gewachsen waren. Sie sind in der jetzt wieder erreichten Größenordnung viel krisenfester.

Die Entwicklung hat schnell gezeigt, daß die Trennung von Stahl und Kohle ein Fehler war. Die Ruhrindustrie braucht den Verbund von Eisen und Kohle. Die Unternehmenseinheiten werden ferner auch dann gestärkt, wenn die Walzprogramme von einer eigenen Weiterverarbeitung getragen sind. Schließlich setzt die Anwendung der modernen Technik bestimmte Unternehmensgrößen voraus. Breitbandstraßen bis zu 2 Mill. t Ausstoßkapazität können nicht in einem Kleinbetrieb laufen.

### Nur ein Anfang

Dieser Zug ist in der ganzen Welt zu verzeichnen. Den in den westlichen Nachbarländern erfolgten Zusammenschlüssen müssen zur Behauptung der Konkurrenzfähigkeit gleich starke Gebilde an der Ruhr gegenüberstehen. Die Behörde hat die beantragten Fusionen genehmigt. Der Zweck der Montanunion, die Rentabilität zu steigern und die Produktivität zu erhöhen, war hierfür maßgebend. Was bis jetzt geschehen ist, kann jedoch nur als einen Anfang angesehen werden. Weitere Zusammenschlüsse werden folgen.

Zu den klassischen Ruhrkonzernen zählen Gutehoffnungshütte, Hoesch, Klöckner, Krupp und Mannesmann. Mannesmann hatte als erster Konzern die Entflechtung durchgeführt. Er ist auch als erster wieder vereinigt worden. Mit dem Erwerb der Essener Steinkohlenbergwerke von Flick wurde die Kohlengrundlage sogar erheblich verbreitert. Die Mannesmannzechen sind jetzt mit einer Jahresförderung von 7,5 Mill. t Kohle an die dritte Stelle im Ruhrrevier hinter GBAG und Hibernia gerückt. Die Beschäftigungszahlen des Gesamtkonzerns umfaßt 65 000 Kräfte. Der Außenumsatz wird mit 1,8 Md. DM für 1955 angegeben.

### Verbund mit Kohle

Zum Abschluß gelangt ist ferner die Neuorganisation des Klöckner-Konzerns. Mit dem Erwerb der Kapitalmehrheit an der ausgegliederten Zechengesellschaft Königsborn-Werne ist die Kohle wieder unter einem Dach, wenn auch eine Fusion bisher zurückgestellt wurde. Klöckner beschäftigt 43 000 Mann und kommt auf einen Umsatz von fast 1,3 Md. DM, bei 14 v. H. Konzernlieferungen. Nicht wieder heimgekehrt ist jedoch die größte Motorenfabrik Europas, die Klöckner-Humboldt-Deutz AG., die eine selbständige Gesellschaft wurde. Im Gegensatz zu Mannesmann, wo sich an den Kapitalverhältnissen kaum etwas geändert hat, ist als Kriegsfolge bei der neuen Klöckner-Werke AG eine starke holländische Beteiligung vorhanden.

Der dritte im Bunde der wiedervereinigten Ruhrkonzerne ist Hoesch, wo in diesen Tagen die Rückgliederung durch Umtausch der Aktien der entflochtenen Gesellschaften in Hoesch-Aktien vor sich geht. Die Altenessener Bergwerks AG und die Industriewerte AG als Obergesellschaft für die Hoesch-Beteiligungen kehren damit in den alten Verband zurück. Die Beschäftigtenzahl liegt ohne Beteiligungen bei 45 000 Der Außenumsatz übersteigt die Milliardengrenze. Hoesch hat mit der gemeinsamen Gründung eines Großrohrwerks eine engere Verbindung zu Mannesmann aufgenommen. Dies ist der erste Fall einer Verbundwirtschaft zwischen zwei Ruhrkonzernen.

Beim Gutehoffnungshütte-Konzern wird die Rückgliederung vorbereitet. Dieser Konzern wurde in Stahl, Kohle, Weiterverarbeitung und eine kleine Beteiligungsgruppe zersplittert. Bei der Bergbau Neue Hoffnung AG ist die Stimmrechtsbeschränkung der Großaktionärsfamilie Haniel inzwischen gefallen. Beim Hüttenwerk Oberhausen dürfte dies bald nachgeholt werden. Auch die Gutehoffnungshütte braucht wie die anderen Ruhrkonzerne den Verbund von Stahl, Kohle und Weiterverarbeitung. Das laufende Jahr wird vermutlich die Verwirklichung bringen.

### Verkaufsauflage schwächt Krupp

Noch keine greifbaren Aussichten zeichnen sich dagegen beim Krupp-Konzern ab. Der Alleininhaber der Firma Fried. Krupp, Alfried Krupp, unterliegt der Verkaufsauflage für Kohle und Stahl. Käufer für die großen Vermögenswerte in Stahl und Kohle zu finden, erscheint ausgeschlossen. Es ist zwar gelungen, den Restkonzern wieder rentabel zu machen, aber die völlige Trennung von Kohle und Stahl ist auf die Dauer genauso untragbar wie für die anderen Konzerne.

# Staatsmänner in West und Ost beurteilen 1956 optimistisch

## Washington und Moskau: friedliche Ziele - Erklärungen Dulles' und Bulganins - „Genfer Geist nicht tot"

Berichte unserer Nachrichtendienste
MOSKAU/WASHINGTON/LONDON/PARIS, 1. Januar

Führende Staatsmänner in West und Ost gaben in Neujahrsbotschaften der Hoffnung Ausdruck, daß auch 1956 der Weltfrieden erhalten bleibt und die internationale Entspannung Fortschritte macht. Insbesondere unterstrichen die amerikanischen und sowjetischen Politiker die friedlichen Ziele ihrer Regierungen. Außenminister Dulles stellte fest, 1955 sei viel für den Frieden getan worden. Präsident Eisenhower habe auf der Julikonferenz der Regierungschefs in Genf die „ganze Aufrichtigkeit unserer friedlichen Ziele" bezeugt.

Mit der Aufnahme Deutschlands in die NATO und mit der Verwirklichung der Südostasien- und Bagdad-Verteidigungsbündnisse habe die freie Welt viel getan, um ihre Stellung zu festigen und einen offenen Krieg zu verhindern. Das sowjetische Staatsoberhaupt, Marschall Woroschilow, sagte, der Geist von Genf lebe in den Völkern der Welt weiter, trotz des Genfer Mißerfolgs.

Auch der sowjetische Ministerpräsident Bulganin stellte in einem Interview mit einer amerikanischen Fernsehgesellschaft fest, der Geist von Genf sei nicht begraben. Er sagte für 1956 Fortschritte in der Beendigung des kalten Krieges voraus und forderte neue Bemühungen der Mächte, um ein Verbot der Atomwaffen zu erreichen.

Amtliche Kreise Washingtons waren über den milden Ton Bulganins erstaunt, da dieser in scharfem Gegensatz zu den heftigen Angriffen steht, welche die sowjetischen Führer in den letzten Wochen gegen die USA und den Westen richteten. Allerdings seien Bulganins Antworten überwiegend Gemeinplätze gewesen. Er habe keinen direkten Streitpunkt, wie etwa die Wiedervereinigung Deutschlands, berührt.

*Orientalische Genüsse* bietet die

**KALIF**

Eine Cigarette aus feinsten orientalischen Bergtabaken

Nestor Gianaclis
KALIF
REINE ORIENT

8 1/3

In der praktischen Etui-Packung

# *Fußball und Fernsehen müssen sich einigen*

## Jede mögliche Werbeunterstützung geboten – Neu: Fernsehkonferenzschaltungen

WAZ *KÖLN, 6. Januar*

*»In Köln saßen wir zusammen, im Konferenzzimmer des westdeutschen Rundfunks. Sportredakteure aus den Landen zwischen Rhein und Ruhr sprachen mit dem Sportleiter des Fernsehens, Hugo Murero, und seinen Ingenieuren über eine technische Neuerung, nämlich über eine Konferenzschaltung, die erstmalig am kommenden Sonntag die gleichzeitige Übertragung der deutschen Eiskunstlaufmeisterschaften aus Köln und eines Hallenreitturniers aus Münster bringen wird. Schon während sieben Kameras, von Relais, von Schalt- und Lichtanlagen, von Tonübertragungen und Regieanweisungen, von Vermeidung zeitraubender Schaltpausen die Rede war, schwebte bereits ein Thema im Raume: Der Krieg zwischen DFB und Fernsehen, das dann auch die anschließende Aussprache beherrschte.*

Die verantwortlichen Herren des DFB kamen dabei nicht gut weg. Weniger in den Kommentaren der Fernsehmänner, als in der hart und deutlich ausgesprochenen Meinung fast aller anwesenden Pressevertreter. Es dürfte heute kaum noch Sinn haben, „olle Kamellen" aufzuwärmen. Wichtiger ist es, in Zukunft Pannen zu vermeiden, die erneut den Unwillen der breiten Öffentlichkeit hervorrufen würden. Und diese Pannen werden befürchtet. Ja, unverhohlen kam die Auffassung zum Ausdruck: Wir trauen den auf hohem Roß thronenden Herren des Deutschen Fußball-Bundes zu, daß sie bei zukünftigen Wochentagsspielen insofern Schwierigkeiten bereiten könnten, als sie an demselben Tage andere Spiele ansetzen und dann wieder mit der abgedroschenen Phrase aufwarten: Wir untersagen, weil wir die Vereine schützen

und unsere aktiven Spieler in den Genuß der Übertragung kommen lassen wollen.

Hoffen wir, daß die Vernunft siegt, bevor die wahren Kunden des DFB — nämlich die zahlenden Zuschauer — einen angedrohten Zuschauer- und Totostreik inspirieren. Und so könnte die Vernunft aussehen: Das Fernsehen überträgt alle Länderspiele, der DFB richtet entsprechend seinen Spielplan ein. Neben einem auszuhandelnden finanziellen Betrag bietet das Fernsehen dem Fußball jede nur mögliche Werbeunterstützung in seinen Bemühungen, um Schulfußball, Jugendspielbetrieb, Schiedsrichterbelehrungsstunden, Regelkunde usw. Wie gut würde beispielsweise der DFB in Zukunft aussehen, wenn ein weiser Sprecher verkünden würde: Wir lassen alle im breiten Interesse stehenden Spiele übertragen, bitten aber gleichzeitig, unsere

treuen Kunden zum Ausgleich dafür die Spiele an normalen Spieltagen um so stärker zu besuchen, damit Ausfälle am Übertragungstage wettgemacht werden können. Das Publikum würde gewiß entsprechend positiv reagieren, statt sich mit Streikgedanken zu beschäftigen.

Bei den Verantwortlichen des Fernsehens bestand in Köln für eine solche Regelung eine gute Meinung. Die Männer der Presse sagten in dieser Hinsicht Unterstützung zu. Das Wort hat jetzt der DFB. Wir wünschen ihm im Interesse des Fußballs und seiner Vereine eine glückliche Hand!

### *Brundage verlangt Klarheit über Winterspiele 1960*

CHIKAGO, 6. Januar

Klarheit über die Vorbereitungen für die Olympischen Winterspiele 1960 im kalifornischen Wintersportort Squaw Valley verlangte Avery Brundage (USA), der Präsident des Internationalen Olympischen Komitees, am Dienstag in Chikago. Nach seiner Ansicht sind mehrere Millionen Dollar für die Errichtung der notwendigen Gebäude erforderlich. Brundage erklärte, er müsse im öffentlichen Interesse Aufklärung darüber verlangen, wie diese Summe aufgebracht werden solle.

## Neue deutsche Luftstreitkräfte erhalten 1200 Düsenmaschinen

BONN, 3. Januar

Die Kader von 16 deutschen Jagd- und Jagdbomber-Geschwadern mit insgesamt 1200 modernen Düsenmaschinen werden noch in diesem Jahr aufgestellt werden, wie am Dienstag von militärischer Seite in Bonn verlautete. Nach abgekürzter Ausbildung sollen bis zum Herbst etwa 600 deutsche Piloten in der Lage sein, die Kader dieser Geschwader zu bilden. Die deutschen Luftstreitkräfte sollen mit den modernsten amerikanischen Düsenjägern ausgerüstet werden.

## Centurion-Panzer für den Irak

BAGDAD, 3. Januar

Der irakischen Regierung wurden am Dienstag zwölf Centurion-Panzer modernsten Typs übergeben. Zwei davon wurden auf Grund des militärischen Hilfsprogramms für den Irak von der britischen und zehn von der amerikanischen Regierung zur Verfügung gestellt. Der Irak ist der erste Staat im Nahen Osten, der Centurion-Panzer erhält.

## Hearst: Eisenhower kandidiert wieder

NEW YORK, 1. Januar

Der Herausgeber der Hearst-Zeitungen, William Randolph Hearst jr., berichtet, Präsident Eisenhower habe sich entschieden, bei den Präsidentenwahlen dieses Jahres wieder zu kandidieren und Nixon als Vizepräsidenten aufstellen zu lassen. Hearst betont, diese Mitteilung entspringe nicht einem Wunschtraum, sondern beruhe auf zuverlässigen Informationen aus der engsten Umgebung des Präsidenten. Nur unvorhergesehene gesundheitliche Komplikationen könnten Eisenhower von seinem Entschluß abbringen.

Im Film-Preisausschreiben der WAZ: Lieselotte gewinnt 1. Preis

„Ich glaub's immer noch nicht..."

Das ist Lieselotte Habicht aus Wanne-Eickel. Ein wenig fassungslos stand sie da, als ihr der 1. Preis, das Fernsehgerät, überreicht wurde. Wer die beiden anderen Hauptgewinner sind und wie sie Nachricht und Preis auf- und entgegennahmen, lesen Sie bitte auf der Seite „Aus dem Westen".
WAZ-Bild: Marga Kingler

# Pankow überzieht die Sowjetzone mit engmaschigem Spitzelnetz

### Geheimbefehl des Innenministers Maron zur Anwerbung von „Vertrauensleuten" - Heer von 50 000 Agenten

WAZ BERLIN, 6. Januar

Eine als „geheime Verschlußsache" (GVS 0-65/1/55) bezeichnete „Instruktion Nr. 1" des sowjetzonalen Innenministers Maron als Ergänzung zu seinem Befehl Nr. 45/55 vom 3. August 1955 mit dem „Inhalt: Einrichtung von Vertrauenspersonen der ABV" (Abschnittsbevollmächtigten) enthüllt, daß zur Zeit ein neues, enges Spitzelnetz in der Sowjetzone aufgebaut wird. Ferner wird daraus deutlich, nach welchen Methoden die neue Organisation arbeiten wird.

fung von Vertrauenspersonen dient dem ABV zur konspirativen Überwachung feindlicher und krimineller oder verdächtiger Elemente. Der ABV muß mit Hilfe seiner Vertrauenspersonen über deren Lebensweise, Umgang, Verhältnisse usw. stets gut und umfassend unterrichtet sein. Ohne die Schaffung eines über seinen ganzen Abschnitt verteilten Systems von Vertrauenspersonen wird es keinem ABV gelingen, zu jeder Zeit einen genauen Überblick über die politische und polizeiliche Lage in seinem Abschnitt zu erhalten. Es ist notwendig, daß die ABV jeden noch so kleinen Hinweis über das verdächtige Verhalten von Personen und über Erscheinungen im täglichen Leben aufgreifen und für ihre Arbeit auswerten."

### Spitzel selbst in der Familie

Im dritten Abschnitt über die Grundsätze für die Auswahl von Vertrauenspersonen wird ausgeführt, wie und wo die Spitzel rekrutiert werden sollen und angeordnet, daß selbst die Familienangehörigen untereinander zu bespitzeln sind. „Als Vertrauenspersonen sind besonders solche Bürger geeignet, die z. B. über eine große Verwandtschaft im Abschnitt verfügen, einen großen Bekanntenkreis haben, mit vielen anderen Personen beruflich, in Ausübung des Sports usw. zusammenkommen. Es können sein: Rentner, Hausfrauen, Hausmeister, Hausangestellte, Sprechstundenhilfen, Angestellte in Gaststätten, Bars, von Versicherungen, Friseure, Handwerker, Gastwirte, Gas- und Wasserableser, Briefträger, Schornsteinfeger u. a."

Diese Liste möglicher Spitzel zeigt, daß Maron eine totale Aushorchorganisation

schaffen will, wobei jeder zu jeder Stunde darauf gefaßt sein muß, von den Vopo-Agenten denunziert zu werden.

Die anzuwerbenden „Vertrauenspersonen" sollen zunächst genau, aber unauffällig geprüft werden. „Nachdem der ABV den vorgesehenen Kandidaten allseitig studiert hat, berichtet er darüber mündlich einem unmittelbaren Vorgesetzten, erwirkt dessen Einverständnis und trägt die neue Vertrauensperson in seine Liste ein . . . Die für einen Abschnitt notwendige Anzahl von Vertrauenspersonen ergibt sich aus der Situation im Abschnitt. In der Regel werden für jeden Abschnitt 10 bis 30 Vertrauenpersonen genügen."

## Nur mündliche Mitteilungen

*Sowjetzonen-Innenminister Karl Maron*

Nach vorsichtigen Schätzungen ergibt das bei einem Spitzel auf ungefähr 300 Einwohner eine Gesamtzahl von 50 000 bis 60 000 Spitzel in der Sowjetzone, die nach Marons neuen Methoden auf die Bevölkerung angesetzt werden sollen.

### Niemand darf Verdacht schöpfen

Der Kontakt zwischen der Vopo und ihren Tausenden von Spitzeln soll völlig unauffällig vor sich gehen, so daß niemand Verdacht schöpft. „Hat ein ABV einen Bürger als Vertrauensperson ausgewählt, so spricht er ihn im Rahmen seiner Haushaltsbegehungen oder sonstigen Kontrollen an. Dabei dürfen weder dritte Personen zugegen sein, noch darf Argwohn geschöpft werden, daß der ABV mit diesem Bürger eine besondere Verbindung hat. Es ist darauf zu achten, daß dies unauffällig geschieht, daß beispielsweise zu gleicher Zeit mehrere Häuser bzw. Wohnungen aufgebaut werden oder ähnliches."

Bei der gesamten Bespitzelungsarbeit sollen auch möglichst wenig Unterlagen angelegt werden, um auch die spätere Entlarvung der „Vertrauensperson" des SED-Regimes zu erschweren. Infolgedessen wird in der Instruktion bestimmt: „Von den Vertrauenspersonen sind keine schriftlichen, sondern nur mündliche Mitteilungen zu fordern."

### „Arbeit" wird belohnt

Bei Meldungen der ABV an vorgesetzte Dienststellen „dürfen die Worte ,Vertrauensperson' oder deren Namen in schriftlichen Berichten nicht erscheinen". Ebenso „dürfen Vertrauenspersonen nicht vor Gericht als Zeugen auftreten, wenn eine Sache behandelt wird, zu der sie vertrauliche Mitteilungen gegeben haben". Die Spitzel des SED-Regimes arbeiten und bleiben anonym.

## HEUTE DIENSTAG WELTURAUFFÜHRUNG

### CATERINA VALENTE

Eine Stimme, die Millionen entzückt, in einem Film, der alle begeistert — Die grandiose Musikparade des Jahres

*Bonjour* **KATHRIN**

Silvio Francesco **PETER ALEXANDER** Rudolf Vogel
Dietmar Schönherr · Helen Vita · Rolf Olsen · Hans-Joachim Kulenkampff · Sabine Hahn
Ein Film von Karl Anton und Kurt Feltz · Regie: Karl Anton
Herstellungsleitung: Hans Tost · Eine Alfred-Greven-Produktion im Prisma-Verleih
Musik: Heinz Gietz · Es spielen: Die Orchester Kurt Edelhagen und Adalbert Luczkowski

Die Hauptdarsteller sind heute in allen Vorstellungen anwesend

Täglich:
**14.30, 17.15 und 20.00 Uhr**
Jugendliche ab 10 Jahre zugelassen
Die heutigen Vorstellungen um
**17.15 und 20.00 Uhr**
sind ausverkauft

**UFA-PALAST**
Haus am Viehofer Tor - Ruf 3 90 87

Vorverkauf
11 bis 13 Uhr an der Kasse
Viehofer Straße
13 bis 18.30 an den Tageskassen (Haupteingang)

# Mit zwölf Jahren Deutsche Meister

## Zum ersten Mal

. . . in der Geschichte der Olympischen Spiele wird, wie berichtet, in Cortina d'Ampezzo eine Frau den Olympischen Eid sprechen. Es ist die Italienerin Giuliana Chenal-Minuzzo, die vor vier Jahren in Oslo die Bronzemedaille im Abfahrtslauf gewann.

waz KÖLN, 8. Januar

Bei den Deutschen Eiskunstlaufmeisterschaften in Köln gewannen die Titel: Bei den Damen Rosl Pettinger aus München, 21 Jahre, bei den Herren Manfred Schnelldörfer, München, 12½ Jahre, im Paarlaufen Marikka Kilius und Franz Ningel aus Frankurt, Marikka ist 12½ und Franz 17 Jahre alt. Es hat wohl noch nie eine Deutsche Meisterschaft gegeben, bei der die höchsten Titel von Wettkämpfen dieses jugendlichen Alters erworben wurden. Unser Bild zeigt, wie der Deutsche Meister im Einzel Manfred Schnelldörfer (links) den Deutschen Meistern im Paarlauf, Marikka Kilius und Franz Ningel, zum Sieg gratuliert.

---

## Rundfunk-Programm der WAZ

**WDR**
Vom 7. Januar bis 13. Januar

*(Das vollständige Rundfunk- und Fernsehprogramm für Samstag bis Freitag ist in engbedrucktem Spaltensatz wiedergegeben und hier nicht vollständig lesbar transkribierbar.)*

# 285 Heimkehrer in Friedland
## Die meisten wurden nach 1945 verhaftet und verschleppt

WAZ FRIEDLAND, 12. Januar

An der Zonengrenze bei Herleshausen traf am Donnerstagmorgen der angekündigte Transport von 285 Heimkehrern aus der Sowjetunion ein. Alle kommen aus dem Lager 5110/55 bei Gorki, das jetzt von Deutschen geräumt ist. Es handelt sich zum größten Teil um Zivilisten, die nach Kriegsende verhaftet und in die Sowjetunion verschleppt worden waren. 24 der Heimkehrer sind krank. Der Transport wurde sofort zum Lager Friedland weitergeleitet, wo die Heimkehrer von Bundesminister Schäfer begrüßt wurden.

Für Samstag kann nach den Berichten der Heimkehrer mit dem Eintreffen eines neuen größeren Transportes gerechnet werden. Ihm sollen vorwiegend ehemalige Kriegsgefangene angehören.

„WIR LASSEN DEN BART WACHSEN, bis wir in der Heimat sind", hatten sich diese beiden Rückkehrer geschworen, als ihre Namen im Oktober überraschend von der Entlassungsliste gestrichen wurden. Am Donnerstag trafen sie in Friedland ein.

## Soll das Ruhrgebiet entmündigt werden?
### Wieder einmal Diskussion um Ruhrsiedlungsverband

Bei einem Gespräch mit Pressevertretern äußerte sich unlängst NRW-Innenminister Dr. Meyers auf die Frage eines Journalisten, ob die geplante Neugliederung der Regierungsbezirke den Siedlungsverband Ruhr berühre: Man habe im Sinne, den Verband als Selbstverwaltungskörperschaft aufzulösen und seine Aufgaben auf die beiden Landschaftsverbände zu übertragen. „Seit der Siedlungsverband besteht, gibt es Bestrebungen, ihn zu beseitigen. Von Staatsstellen außerhalb des Reviers ist er immer wieder als unbequem empfunden worden, weil er aus dem Rahmen des überkommenen Verwaltungsschemas heraussticht. Daß er das tut, ist nicht verwunderlich, denn die Städtelandschaft zwischen Ruhr und Lippe ist eben mit keinem anderen Siedlungs- und Wirtschaftsraum zu vergleichen; sie lebt unter besonderen Gesetzen und brauchte darum auch zur Ordnung des Raumes eine Sonderregelung. Das Leben ist stärker als jedes Schema." Das schreibt der Informationsdienst Ruhr und fährt fort:

Als Robert Schmidt 1912 erstmalig einen Generalsiedlungsplan für das Ruhrgebiet über die Provinzgrenze hinweg forderte, erschien dieser Gedanke dem Regierungspräsidenten in Düsseldorf „staatsgefährdend", und er verlangte die Vernichtung des Schmidtschen Gutachtens. Heute wird dieses Gutachten als die Geburtsurkunde der Landesplanung überhaupt angesehen. Die Idee der planvollen Raumordnung hat sich mit der Kraft eines Naturgesetzes durchgesetzt. Man kam und regierte aus allen Winkeln der Welt ins Revier, um am klassischen Beispiel des Siedlungsverbandes moderne Regionalplanung zu studieren.

**Einstimmig beschlossen**

Gegen den scharfen Widerstand staatlicher Stellen war im Jahre 1920 das Gesetz über den Siedlungsverband Ruhrkohlenbezirk im preußischen Landtag eingebracht worden, und begeisterte sich geradezu an dem Vorhaben der Stadt- und Landkreise des Ruhrgebiets, in gemeinschaftlicher Bemühung für eine gesunde Entwicklung dieses Raumes zu sorgen, und erhob die Verbandsordnung einstimmig zum Gesetz. Später haben sogar die Machthaber des Dritten Reiches, die das Prinzip des Zentralismus in Reinkultur verfochten, sich der Einsicht gebeugt, daß man dem Ruhrgebiet dieses Instrument der Selbstverwaltung seiner gemeinsamen technischen Aufgaben nicht nehmen konnte, ohne die Interessen der Bevölkerung und die geordnete Entfaltung der Wirtschaft zu gefährden.

**Mißstand wiederkehren**

Bei seinen Vorschlägen zur territorialen Neugliederung der Bezirksregierungen zeigt Minister Dr. Meyers dankenswerte Einsicht in die Einheitlichkeit des Ruhrgebietes, „des Kernstücks von Nordrhein-Westfalen, das nicht weiterhin durch eine staatliche Verwaltungsgrenze durchschnitten werden darf". In diesem Sinne wäre auch der beabsichtigte Einbau der Außenstelle Essen des Wiederaufbauministers in eine Bezirksregierung Ruhr folgerichtig. Gänzlich unlogisch dagegen würde es sein, die Bezirksregierung dem Übel auszuliefern, bei den wesentlichsten Gemeinschaftsangelegenheiten des Ruhrgebiets sich mit zwei Landschaftsverbänden auseinandersetzen zu müssen. Das Dilemma, das 1920 mit der Bestellung des Verbandspräsidenten — des „technischen Regierungspräsidenten" für den Ruhrkohlenbezirk — aus der Welt geschafft wurde, würde damit von der anderen Seite her neu konstruiert.

Davon abgesehen, daß die verhältnismäßig recht bescheidenen Kosten des Siedlungsverbandes nicht das Land belasten, sondern von den Ruhrgebietsgemeinden selbst aufgebracht und von ihnen verantwortet werden, würde eine solche Aufteilung keine Verbilligung bringen. Wahrscheinlich wäre sie teurer, denn dann müßten für diese Aufgaben, auf die die Landschaftsverbände nicht eingerichtet sind, an zwei Stellen neue Verwaltungsapparate aufgebaut werden.

**Landschaftsverbände nicht geneigt**

Im übrigen besteht nach unsern Informationen bei den Landschaftsverbänden nicht die geringste Neigung, die Aufgaben des Siedlungsverbandes zu übernehmen. Sie sind sich darüber klar, daß weder von Köln noch von Münster her das Ruhrgebiet in der Fülle, Vielfalt und Schwierigkeit seiner technischen Gemeinschaftsinteressen genügend übersehen und befriedigend betreut werden könnte. Das gilt insbesondere auch für die zentrale Aufgabe des Verbandes: die weit vorausschauende Landesplanung. Sie kann nur erfolgreich sein aus der intimen Kenntnis aller im Revier wirkenden Kräfte.

## *Meerwasserkurgeboten*

Die WAZ-Reportage in der Samstagausgabe über die vierzehn Jahre alte Inge K. aus Oberhausen, die seit sieben Jahren gelähmt zu Bett liegt, hat den Vertreter einer Firma zum Vertrieb von Meerestiefenwasser veranlaßt, eine Kur kostenlos zur Verfügung zu stellen. Die Eltern des Mädchens hoffen, daß die Kur wie im Falle der ähnlich erkrankten Erika Bockelmann in Westerweyhe auch bei ihrer Tochter Erfolg hat.

**CAMERA**
Lindenallee, Nähe Hauptbhf.

═ 2. Woche ═

Grösser als QUO VADIS!

MGM'

**TEMPEL DER VERSUCHUNG**

CINEMASCOPE
IN HERRLICHEN FARBEN

Jugendverbot
12.45, 15.00, 17.30, 20.00 Uhr

WESTDEUTSCHE
**ALLGEMEINE**
Die unabhängige Zeitung des Ruhrgebiets

# NRW führt ab 1. April Schulgeldfreiheit ein

## Zunächst für obere Klassen der höheren und Mittelschulen - Landtag verabschiedet Gesetz

**Von unserer Düsseldorfer Redaktion  Schr DÜSSELDORF, 18. Januar**

Das Gesetz über die stufenweise Einführung der Schulgeldfreiheit in Nordrhein-Westfalen wurde vom NRW-Landtag am Mittwoch mit den Stimmen aller Fraktionen verabschiedet. Danach wird ab 1. April dieses Jahres für den Besuch der drei oberen Klassen an den Gymnasien, der beiden oberen Klassen an den Mittelschulen und aller Klassen an den Abendgymnasien und dem Oberhausener Institut zur Erlangung der Hochschulreife kein Schulgeld mehr erhoben. In möglichst gleichen Etappen wird das Kultusministerium die weitere Durchführung des Gesetzes fördern. Bis zum 1. April 1960 wird in NRW die volle Schulgeldfreiheit eingeführt sein.

Die Freistellung von den Gebühren gilt nicht für die Hochschulen des Landes. Hierfür soll eine besondere gesetzliche Regelung geschaffen werden.

Die Schulträger — meist handelt es sich um Gemeinden oder Kreise — werden für den Ausfall an Schulgeld durch das Land NRW entschädigt. Sie bekommen für jeden Schüler, für den Schulgeld nicht mehr erhoben wird, 75 bis 80 v. H. des bisherigen Schulgeldes vergütet.

Die Gesamtkosten, die dadurch dem Land entstehen werden, werden auf 65 Mill. D-Mark beziffert. Die Durchführung der ersten Etappe kostet das Land 11 Mill. DM.

Ein Sprecher der SPD erklärte, daß seine Partei lieber einen prozentualen Abbau des Schulgeldes gesehen hätte. Im übrigen werde auch die Schulgeldfreiheit das Problem der Begabtenauslese nicht lösen können.

Die Sprecherin der CDU, Frau Teusch, bestritt, daß es heute noch ein Problem der Begabtenauslese in NRW gebe. Die vielen Möglichkeiten, eine Beihilfe zu erhalten, erlaube es auch minderbemittelten Eltern, ihre Kinder zur höheren Schule und auch zur Universität zu schicken.

Ein FDP-Sprecher erklärte, daß auf Grund der Einführung der Schulgeldfreiheit wohl kaum ein Ansturm auf die höheren Schulen erfolgen werde. Das Schulgeld stelle nur einen kleineren Teil der Unkosten dar, die der Besuch der höheren Schule verursache.

## Gründerin der Arbeiterwohlfahrt Marie Juchacz gestorben

**BONN, 29. Januar**

Die Gründerin der Arbeiterwohlfahrt, Frau Marie Juchacz, ist am Samstag in Düsseldorf im Alter von 76 Jahren gestorben. Frau Juchacz, die 1919 die Arbeiterwohlfahrt ins Leben rief, war vor 1933 Reichstagsabgeordnete. 1933 mußte sie Deutschland verlassen. Seit ihrer Rückkehr aus Amerika im Jahre 1949 war sie Ehrenvorsitzende der Arbeiterwohlfahrt.

## Schulgeldfreiheit

Mit der Annahme des Gesetzes über die Schulgeldfreiheit hat der Landtag von Nordrhein-Westfalen endlich einen Schritt vollzogen, der seit langem fällig war. NRW schließt sich damit — um einiges verspätet — der Entwicklung an, die in der Mehrzahl der Bundesländer schon vollzogen ist.

Man sollte über der Einstimmigkeit, mit der das Gesetz jetzt gebilligt wurde, nicht vergessen, daß es in seiner Konsequenz eine vollendete Kehrtwendung der Schulpolitik der Regierung bedeutet. Düsseldorf hat stets mit Nachdruck den Standpunkt vertreten, ein ausgedehntes System von Beihilfen, Stipendien und Freistellen sei der bessere, ja sogar der „sozialere" Weg, dem Unbemittelten zur höheren Schulbildung zu verhelfen. Wenn nun für arm und reich gleiche (oder annähernd gleiche) Startbedingungen geschaffen werden, so wird damit zugleich der Opposition wie auch den Wünschen des überwiegenden Teiles der Bevölkerung Rechnung getragen.

Es ist auch nicht zu übersehen, daß selbst nach Fortfall des Schulgeldes es für viele Eltern noch ein Opfer bleiben wird, ihr Kind zur höheren Schule zu schicken. Die Frage der Lernmittelfreiheit ist gar nicht angeschnitten worden, das reichlich bunte Sortiment ständig wechselnder Lehrbücher bedarf noch immer der Vereinfachung. Die Aufhebung der Hochschulgebühren soll einem späteren Gesetz vorbehalten bleiben — hoffen wir das Beste.

# Pankow bildet ‚Volksarmee'

## Beschluß der Volkskammer - Keine Wehrpflicht vorgesehen

**Von unserem Berliner Büro
BERLIN, 18. Januar**

Die Sowjetzone wird nach einem Beschluß der Volkskammer am Mittwoch eine „Nationale Volksarmee" aufstellen. Die Organisation und Leitung dieser Armee wird einem Verteidigungsministerium unterstehen. Der stellvertretende Sowjetzonen-Ministerpräsident Willi Stoph (SED), der als Kandidat für den Posten des Verteidigungsministers gilt, begründete vor der Volkskammer den Gesetzentwurf über die Schaffung der Nationalarmee, der einstimmig angenommen wurde.

Nach den Bestimmungen dieses Gesetzes besteht die „Volksarmee" aus Land-, Luft- und Seestreitkräften, deren Stärke begrenzt wird durch den Aufgabenbereich, das Territorium der Sowjetzonen-Republik zu schützen, ihre Grenze zu verteidigen und die Luftverteidigung wahrzunehmen. Das „Ministerium für nationale Verteidigung" soll die „Volksarmee" im Rahmen der Gesetze und der Regierungs- und Parlamentsbeschlüsse organisieren und leiten.

Stoph betonte, daß die „Volksarmee" nicht auf der allgemeinen Wehrpflicht beruhen werde. Er sagte jedoch nichts über die Struktur der neuen Streitkräfte, in die die 120 000 Mann der bisherigen kasernierten Volkspolizei übergehen werden. Die „Volksarmee" werde nach den neuesten Gesichtspunkten ausgebildet und „mit der modernsten Technik" ausgerüstet werden. In ihr werde es keinen Gegensatz zwischen Offizieren und Mannschaften geben, weil alle ihre Angehörigen „Söhne von Werktätigen" sein würden.

**IN DER GENERALSUNIFORM** der kasernierten Volkspolizei — rotgestreifte blaue Hose, olivgrüne Litewka mit goldgeflochtenen Drei-Stern-Achselstücken — trat der voraussichtliche Verteidigungsminister der Sowjetzone, Stoph, am Mittwoch vor die Volkskammer. Unser Bild zeigt ihn beim Verlassen des Ost-Berliner Parlaments.

# Eisenhower: Erst Einheit Deutschlands

## USA-Präsident lehnt Paktvorschlag der Sowjetunion ab

**WASHINGTON, 29. Januar**

Präsident Eisenhower hat einen Vorschlag des sowjetischen Ministerpräsidenten Bulganin, der einen zwanzigjährigen Freundschafts- und Nichtangriffspakt zwischen der Sowjetunion und den USA vorsieht, abgelehnt. In seiner Antwort, die zusammen mit dem Brief Bulganins am Wochenende veröffentlicht wurde, weist Eisenhower darauf hin, daß die Bestimmungen des vorgeschlagenen Vertrages bereits in der Charta der Vereinten Nationen niedergelegt seien. Statt diese Bestimmungen zu wiederholen, solle die Sowjetunion zunächst lieber durch Taten ihren guten Willen zu einer allgemeinen Entspannung beweisen.

An erster Stelle führte Eisenhower in diesem Zusammenhang die Wiedervereinigung Deutschlands in Frieden und Freiheit auf. Der USA-Präsident hat jedoch Bulganin ausdrücklich eingeladen, den Meinungsaustausch fortzusetzen.

Bulganins Vorschlag sah einen auf 20 Jahre befristeten Freundschafts- und Hilfevertrag zwischen beiden Ländern vor, der die Voraussetzungen zu echter Zusammenarbeit, gegenseitigem Verständnis und zur Stärkung der freundschaftlichen Beziehungen auf der Grundlage der Gleichberechtigung und der Nichteinmischung schaffen sollte. Weiter vorgesehen war ein Übereinkommen über die wirtschaftlichen, kulturellen und wissenschaftlichen Beziehungen.

In seiner Antwort führt Eisenhower neben seinem Hinweis auf die UN-Charta u. a. die Enttäuschung darüber an, daß die Sowjetunion den Geist von Genf verletzt habe und darüber hinaus in letzter Zeit sich in verschiedenen Gegenden einer Politik befleißigt habe, die die Spannungen verstärke. Die „ernsten Mißhelligkeiten" könnten nicht durch den „Federstrich" eines Vertrages, sondern nur durch einen Gesinnungswandel beseitigt werden.

Als mögliche Beweise für einen solchen Gesinnungswandel führte Eisenhower an:

❶ Die Wiedervereinigung Deutschlands in Freiheit innerhalb eines Rahmens der Sicherheit;

❷ Verwirklichung des Rechtes der Völker, sich die Regierungsform, unter der sie leben wollen, selbst zu wählen;

❸ Vereinbarungen über eine gegenseitige Inspektion zur Verhinderung von Überraschungsangriffen sowie eine Rüstungsverminderung, die Produktionskapazitäten für die Besserstellung der Menschheit frei machen würde;

❹ freier Austausch von Nachrichten, Informationen, Besuchen und Gedanken.

Wie in Washington mitgeteilt wurde, wurden die Regierungen der befreundeten Länder, darunter die Bundesrepublik, Großbritannien und Frankreich über den Briefwechsel unterrichtet. Die Antwort Eisenhowers hat vor allem in London befriedigt, wo der sowjetische Vorschlag als ein Störmanöver in Zusammenhang mit dem Besuch Edens in Washington gewertet wurde.

**Das ist EINMALIG!**

Musik selbst wählen und jederzeit bis zu 4 Stunden pausenlos nach Wunsch hören.

**31.-** monatl.

*Tefifon*

Das einzige Radio der Welt mit eigenem Heimsender und 4-Stunden-Langspielband

Besuchen Sie bitte unverbindlich unsere

**Werbeschau** in:

**Essen-Altenessen,**
**Gaststätte Risack, Vogelheimer Straße 39,**
Ecke Grünstraße

**TEFI-APPARATEBAU**
**Fabrikfiliale Essen, Hindenburgstr. 21**

## Freistellung

Mit der Freistellung der Bergleute unter Tage vom Wehrdienst erfüllt Bonn einen wiederholt vorgetragenen Wunsch der Bergbauunternehmer. Die Zechengesellschaften sind jetzt der Sorge ledig, daß sie über kurz oder lang auf Grund des Wehrpflichtgesetzes bewährte Arbeitskräfte an die neue Wehrmacht abgeben müssen. Das ist ein unbestreitbarer Vorteil. Inwieweit jedoch die Wehrdienstbefreiung ein Anreiz für den Bergmannsberuf sein wird, kann erst die Zukunft zeigen. Die in dieser Hinsicht in Bonn gehegten Erwartungen sind nur insoweit aufschlußreich, als sie zeigen, daß man dort von der Wehrfreudigkeit der Bundesbürger offenbar nicht so recht überzeugt ist.

Die IG Bergbau urteilt in dieser Frage nüchterner. Sie verspricht sich von der Wehrdienstbefreiung als Lockmittel auf dem Arbeitsmarkt und als wirksame Bremse für die Abwanderung nicht allzuviel. Nach ihrer Auffassung gibt es dafür zugkräftigere Möglichkeiten: z. B. neben dem Spitzenlohn eine Verkürzung der Arbeitszeiten, Steuerprivilegien, Erhöhung der Hausstands- und Kindergelder sowie Wohnungsgeld für alle Bergarbeiter.

Solche materiellen Vorteile dürften in der Tat attraktiver sein als die Gewißheit, im Frieden nicht als Soldat dienen zu müssen. Allerdings kosten sie Geld. Und hier wird die Sache schwierig. Bei der unbefriedigenden Ertragslage im Bergbau können die gewerkschaftlichen Forderungen nur erfüllt werden, wenn entweder der Kohlenpreis erhöht wird oder die Bundesregierung dem Bergbau die zugesagte Hilfe gewährt. Die Entscheidung liegt bei Bonn. A. G.

WESTDEUTSCHE **ALLGEMEINE** Die unabhängige Zeitung des Ruhrgebiets

# VII. Olympische Winterspiele

## Gesamtdeutsche Mannschaft tritt in Cortina d'Ampezzo an

### Von WILHELM HERBERT KOCH

**CORTINA D'AMPEZZO, 25. Januar**

Am heutigen Donnerstag um 11.30 Uhr eröffnet Italiens Staatspräsident Gronchi die VII. Olympischen Winterspiele in Cortina d'Ampezzo. Die Italiener haben rund 40 Millionen Mark aufgewendet, um diese Winterspiele äußerlich zu einem der glanzvollsten Feste des olympischen Gedankens zu machen. Ob sie organisatorisch ihren Wunschträumen gewachsen sind, bleibt abzuwarten.

Für uns Deutschen haben diese Winterspiele die besondere Bedeutung, daß zum erstenmal nach dem Krieg Ost- und Westdeutschland eine gemeinsame Mannschaft bilden. Man muß zwar einige Vorbehalte, auf die die sowjetzonale Führung nicht verzichten zu können glaubte, in Kauf nehmen, aber es steht immerhin fest, daß gegenüber dem Internationalen Olympischen Komitee das zerrissene Deutschland als eine Einheit auftritt.

Ob sich die Gegensätze auch in der Auffassung durchsetzen werden, bleibt abzuwarten. Die Russen haben die größten Anstrengungen gemacht, um wieder als erfolgreichste Nation zu bestehen. Ihnen gegenüber steht die andere Welt, die sich eine andere Auffassung vom Sport bewahrt hat.

*Olympische Fackel*

### Pech vor Beginn

Und wenn man auf die Winterspiele eine Voraussage auf die deutschen Aussichten machen soll, so muß man diesmal noch vorsichtiger sein als vor den Winterspielen 1952 in Oslo. Damals konnten wir drei Goldmedaillen gewinnen, durch die Falks im Eiskunstlaufen für Paare und im Zweier- und Viererbob. Nun, Deutschlands Ruhm im Paarlaufen ist dahin, nachdem die Falks Berufsläufer wurden und diesmal ein Riegel davorgeschoben wurde, daß das körperlich schwerste Paar ohne Mühe Bobsieger wurde. Besondere Hoffnung galt noch unseren Damen in den Skiwettbewerben, aber hier hat uns kurz vor den Spielen besonderes Pech getroffen. Evi Lanig, die Siegerin im Riesenslalom von Grindelwald, brach sich beim ersten Training in Cortina den Unterarm. Auch die junge Sonja Sperl aus dem Bayrischen Wald, die sich erst in den letzten Wochen so stark in den Vordergrund schieben konnte, hat sich verletzt — ob sie starten wird, muß abgewartet werden.

### Hoffnungen bei den Damen

Immerhin gehören die deutschen Läuferinnen noch zum Kreis der Favoriten. Mirl Buchner, Marianne Seltsam, Hannelore Glaser-Franke sind immer noch für die eine oder andere Medaille in den alpinen Konkurrenzen gut. Der Abfahrtslauf an der Tofana geht über 1500 m und hat ein Gefälle von über 500 m auf dieser Strecke, er ist also sehr, sehr schwer. Er erfordert also nicht nur Mut, sondern ein überdurchschnittliches läuferisches Können. Auch der Riesentorlauf, der auf einer 2280 m langen Strecke bei einem Höhenunterschied von fast 500 m ausgeflaggt ist, stellt ähnliche Ansprüche an die Läuferinnen. Nicht nur Mut und Können, sondern auch etwas Glück gehört dazu, wenn unsere Läuferinnen sich hier gegen die harte Konkurrenz der Damen aus Rußland, der Schweiz, Frankreich und Österreich behaupten wollen.

### Unter den ersten Zwanzig

Damit sind aber auch schon die Konkurrenzen aufgezählt, bei denen wir eine gewisse Aussicht auf gutes Abschneiden haben. Bei den alpinen Herren werden Hanspeter Lanig, Beni Obermüller, Sepp Behr, Pepi Schwaiger und die Läufer der Sowjetzone kaum Aussichten haben, zu Medaillen zu kommen, wenn sie auch alle gut sind, unter die ersten Zwanzig zu gelangen. Hier ist die Vorherrschaft der Österreicher einfach nicht zu brechen.

Genausowenig ist gegen die Skandinavier in den nordischen Disziplinen anzukommen, zumal sich hier die Russen noch als starke Bewerber eingeschaltet haben. Unsere Läufer werden über Mittelplätze nicht hinauskommen können, — und auch das ist schon ein Erfolg.

### Glass und Bolkart

Für eine echte Überraschung können allerdings unsere Spezialspringer Harry Glass und Max Bolkart, vielleicht auch noch Toni Brutscher sorgen. Im Endkampf der Finnen, Norweger und Russen könnten sie noch ein Wort mitsprechen, zumal bei dieser Konkurrenz grade der Zufall eine Rolle spielt.

Auf dem Eis sieht es ebenfalls trübe aus. Wir haben diesmal weder die Falks

*Für Medaille gut: Max. Bolkart*

noch eine Gundi Busch. Unsere Läufer und Läuferinnen sind Nachwuchs und nicht mehr. Wenn sie in Cortina Erfahrungen sammeln, die sie später verwenden können, so ist damit schon der Zweck ihres Starts erfüllt. Bei den Eishockeyspielern ist es genauso. Deutschland spielt in der Vorrunde zusammen mit Kanada, Italien und Österreich. Jeder spielt gegen jeden, die beiden ersten Nationen kommen in die Endrunde. Und schon am ersten Tag spielen wir gegen Kanada. Hier kommt es nur darauf an, das Torverhältnis einigermaßen erträglich zu gestalten. Am nächsten Tag geht es dann gegen Italien. Gelingt es unserer Mannschaft, gegen die Azzurris, die natürlich vom eigenen Publikum fanatisch angefeuert werden, einen Sieg herauszuspielen, so steht Deutschland in der Endrunde. Das wäre schon ein Erfolg, obwohl dann der Traum aus ist, denn gegen die neben Kanada stärksten Nationen wie Rußland, die Tschechoslowakei und die Schweden haben wir nicht viel zu bestellen. Beim Eisschnellauf ist der Berliner Kuhnert als neue Hoffnung aufgetaucht, der in Davos über die Mittel- und Langstrecken überraschend stark war. Ob er sich aber gegen die Norweger und die Russen durchsetzen wird, bleibt abzuwarten.

Aus dem Bobfahren wird eine Geheimwissenschaft getrieben. Die Italiener hüten ihre Schlitten mit südlicher Eifersucht, außerdem haben sie ihre heimatliche Bahn schon eifrig zum Training benutzt. Sie kennen also ihre Tücken. Die beiden deutschen Mannschaften im Zweierbob mit Rösch/Nieberl und Ostler/Leeb haben es schwer, sich mit ihrem Feierabendschlitten dagegen durchzusetzen. Und ähnlich liegen die Verhältnisse im Viererbob.

Immerhin — lassen wir uns überraschen. Wir können uns darauf verlassen, daß sich in diesem ehrgeizigen internationalen Klima unsere Wettkämpfer restlos einsetzen werden, und wenn sie sich fair und unter Ausnutzung aller Möglichkeiten schlagen, so ist damit der olympische Gedanke gewahrt. Und das ist ja nach wie vor die Hauptsache der Olympischen Spiele.

*Ein Blick auf das 7000 Einwohner zählende Städtchen Cortina d'Ampezzo, auf das 14 Tage lang die Augen der Sportler aus aller Welt gerichtet sind.*

# Goldene für Ossi Reichert
# Die Sensation in Cortina
### Die Sonthofenerin schlägt die Weltelite im Riesentorlauf

Die Zweite und Dritte gratulieren der Siegerin: von links Thea Hochleitner, Ossi Reichert und Putzi Frandl.

WAZ CORTINA D'AMPEZZO, 27. Januar

Damit hatte niemand gerechnet: Die 30jährige schwarzhaarige Sonthofenerin Ossi Reichert schlug am Freitag im Riesentorlauf für Frauen die Weltelite von sechzehn Nationen und gewann damit die erste Goldmedaille für Deutschland. Ihre Zeit von 1:56,6 Minuten auf der außerordentlich schwierigen Strecke von 1700 Meter Länge bei 400 Meter Höhenunterschied wurde von keiner ihrer Konkurrentinnen auch nur annähernd erreicht. „Ich kann jetzt gar nichts sagen; ich bin so glücklich. Das ist der schönste Tag meines Lebens", erklärte die Siegerin den Dutzenden von Journalisten, die sie bestürmten. — Bundespräsident Heuss, Bundeskanzler Adenauer und Innenminister Schröder haben Ossi Reichert telegrafisch gratuliert.

Die Rennstrecke, die besonders im oberen Teil außerordentlich steil war, stellte eine wahrhaft olympische Prüfung dar, bei der nicht nur Schnelligkeit und Standfestigkeit, sondern auch läuferische skitechnische Überlegenheit zum Siege erforderlich waren. Die Piste war in einem ausgezeichneten Zustand, der Schnee bei minus 15 Grad sehr schnell.

Daß dieses Rennen die Krönung ihrer sportlichen Laufbahn bringen würde, daran hatte Ossi Reichert wohl selbst nur ganz im stillen geglaubt. Sie war nicht als Favoritin ins Rennen gegangen, aber vielleicht hat ihr gerade diese Tatsache im richtigen Augenblick die Ruhe und die Nerven gegeben, um den ersten deutschen Olympiasieg im Skisport seit 1936 zu erringen.

Ossi Reichert ging als erste über die Strecke. Man sah sie weit oben am Berg starten, dann verschluckte sie der Wald. Erst 200 m vor dem Ziel tauchte sie wieder auf. Das vorletzte der insgesamt 59 zu durchfahrenden Tore war besonders schwierig. Sie schnitt es ganz scharf an, behielt dadurch Tempo und Richtung und raste tief gehockt durch das Ziel. Daß ihre Zeit die Goldmedaille bedeutete, ahnte in diesem Augenblick noch niemand.

Wie großartig Ossi Reicherts Lauf sein mußte, stellte sich erst heraus, als die beiden Österreicherinnen Trude Klecker und Regina Schopf sowie die Russin Sidrowa bedeutend schlechtere Zeiten fuhren. Die Sensation war perfekt, als auch die sehr scharf fahrende Olympiasiegerin von 1952, die Amerikanerin, Andrea Mead-Lawrence, und die hochfavorisierte Schweizerin, Madelaine Berthod, nahezu zwei Sekunden langsamer waren als Ossi Reichert. Als die übrigen Österreicherinnen ebenfalls über Ossi Reicherts Zeit blieben und die Nachricht kam, daß die Deutsche kein Tor ausgelassen hatte, war das die Bestätigung der Goldmedaille.

*Mittelmeer*
**APFELSINEN**

*täglich mindestens eine!*

---

## Neuer Transport bringt 87 kranke Heimkehrer

HERLESHAUSEN, 9. Januar

Ein neuer Transport mit 78 ehemaligen Kriegsgefangenen aus der Sowjetunion ist am Montag gegen 14 Uhr auf dem Zonengrenzbahnhof Herleshausen eingetroffen und im Laufe des Nachmittags nach Friedland weitergeleitet worden. Alle Heimkehrer sind Kranke, die aus dem Lazarett Stalingrad (5110/47) kommen. Der Sonderzug mit drei Zweiterklassewagen kam so überraschend, daß weder der Vertreter des Auswärtigen Amtes noch die Angehörigen des Roten Kreuzes bei der Ankunft anwesend waren. Die Heimkehrer berichteten, daß 15 weitere Angehörige des Transports in der Sowjetzone geblieben sind. Weitere neun ehem. Kriegsgefangene aus einem Krankenlager in Stalingrad trafen am Montagabend mit dem Interzonenzug in Helmstedt ein.

Für Mittwoch ist ein neuer Transport mit 220 Umsiedlern aus den polnisch verwalteten deutschen Ostgebieten angekündigt worden.

## Ins Revier kehren heim:

BOCHUM: Stöhr, Willi
BOTTROP: Müller, Dr., Eberhard
DUISBURG: Averdunk, Dr., Paul
DORTMUND: Bartels, Walter
ESSEN: Gräve, Gerhard
HERNE: Bode, Hein
MÜLHEIM (Ruhr): Titum, Karl
OBERHAUSEN-OSTERFELD: Urselmann, Heinz
OBRIGHOVEN (Wesel): Teelen, Heinz
RHEINBERG: Wolf, Franz

### Die ersten amerikanischen Schnellfeuergewehre

. . . nahmen die Freiwilligen in Andernach am Mittwoch in Empfang. Auf unserem Bild prüft ein deutscher Soldat im Arbeitsanzug die gerade angelieferte Waffe.

# NRW wird sozialliberal

Im Januar wird Konrad Adenauer 80 Jahre alt. Große Feierlichkeiten. Bei der WAZ greift Gründer und Chefredakteur Erich Brost persönlich in die Tasten.

Der greise Bundeskanzler sitzt fest im Sattel der jungen Republik. Es herrscht Ruhe im Land. Die allermeisten Zeitgenossen werden das als zutiefst beruhigend empfunden haben. Noch liegen Krieg und Nachkriegszeit nur ein Jahrzehnt zurück.

Die bundesdeutsche Innenpolitik ist mit Stabilisierung beschäftigt, ergo: gibt wenig aufregende Schlagzeilen her.

Fortschritte macht 1956 vor allem die Wiederbewaffnung. Gleich am 2. Januar rücken die ersten 1.500 Bundeswehr-Soldaten in die Kasernen ein. Noch sind es allesamt Freiwillige. Zehn Tage später berichtet die WAZ über den Kauf der ersten Schnellfeuergewehre für die neue Truppe, und so geht es fort: Dem ersten Gelöbnis folgt bald die erste Trauerfeier. Im Juni verabschiedet der Deutsche Bundestag das Wehrpflichtgesetz – mit den Stimmen der oppositionellen SPD.

Das bundesrepublikanische Parteiensystem nimmt immer festere Gestalt an. Noch sitzen etwa im NRW-Landtag auch Abgeordnete des Zentrums – und dürfen sogar gelegentlich das Zünglein an der Waage spielen –, doch fast überall stehen sich jetzt Union und SPD als konkurrierende Volks- und Staatsparteien gegenüber – und zwischen ihnen bleibt nur die FDP, der CDU in Treue fest verbunden; einstweilen.

Die SPD, jedenfalls ihre Führung, verabschiedet sich, lange vor dem Godesberger Parteitag, von der Illusion, im Falle eines Regierungseintritts könne noch einmal erneut versucht werden, was der Union nicht ideal gelungen sei: die Gründung einer neuen deutschen Republik. Führende Sozialdemokraten haben begriffen, im Politikerjargon späterer Tage: Zur im Westen verankerten Bundesrepublik und der sozialen Marktwirtschaft gibt es keine Alternative.

Sichtbar wird die neue SPD in jenem Bundesland, das auch später immer wieder vorangehen wird, wenn sich innenpolitisch die Gewichte zwischen den Parteien grundlegend verschieben sollen. In Nordrhein-Westfalen entsteht die erste sozialliberale Koalition. Woran exakt die CDU-Regierung unter Karl Arnold gescheitert ist: man muss es nicht wissen. Ehrgeizigen Nachwuchspolitikern der FDP geht es wohl vor allem darum, aus dem Schatten des Kanzlers und auch der zum Teil noch bräunlichen Gründungsgarde der Liberalen zu treten. Man wird von Jungtürken sprechen. Ihr Anführer heißt Willi Weyer. Er und seine Mitstreiter zerren die FDP aus der ebenso liebevollen wie eisernen Umklammerung durch Adenauers CDU – durchaus gegen den anhaltenden Widerstand der alten Garde – und schmieden ein Bündnis mit der SPD. Fritz Steinhoff wird Ministerpräsident.

Der reibungslose Regierungswechsel, zustandegebracht durch ein konstruktives Misstrauensvotum und mit Hilfe des Zentrums, belegt die Funktionstüchtigkeit des bundesrepublikanischen Verfassungssystems und gleichzeitig, gerade auch dem Ausland, gerade auch den USA, die allmählich wachsende Regierungsfähigkeit der Sozialdemokratie.

Steinhoff (1897-1969) war zuvor Bürgermeister von Hagen und wird es nach dem frühen Ende seiner sozialliberalen Koalition noch einmal werden. Unter den Nazis hat der gelernte Bergmann und Journalist im Gefängnis und im KZ gesessen. Ein höchst ehrenwerter Mann, bahnt er durch seine untadelige Amtsführung seiner Partei einen Weg, den sie auf breiter Front erst viel später beschreiten wird: den Weg zur Macht im Staat.

Volontiert hat Steinhoff übrigens 1926 bei der Westdeutschen Allgemeinen Volkszeitung, der WAVZ, in Dortmund.

Im August wird die KPD verboten. Auch dies ist ein Signal, dass revolutionäre Ideen einstweilen ausgedient haben. Mit der Niederschlagung des Ungarn-Aufstandes zeigt die Sowjetmacht der ganzen Welt ihr wahres, brutales Gesicht – und führt eindrucksvoll vor, welche Rolle sie kommunistischen Parteien in anderen Staaten beimisst. Die soziale Marktwirtschaft der jungen Bundesrepublik hingegen trägt ein immer menschlicheres Antlitz. So wird in Nordrhein-Westfalen 1956 die Schulbuchfreiheit eingeführt.

Im Oktober erklärt das Amtsgericht Berchtesgaden Adolf Hitler offiziell für tot. Auch das hilft, die Erinnerung an Krieg und Verbrechen und womöglich eigene Schuld ebenfalls für erledigt zu erklären; ganz privat.

*Uwe Knüpfer*

WESTDEUTSCHE ALLGEMEINE
Die unabhängige Zeitung des Ruhrgebiets

EINZELPREIS 20 PF / NR. 38
VERLAGSORT ESSEN

DIENSTAG, 14. FEBRUAR 1956
BUNDES-AUSGABE

WESTDEUTSCHE ALLGEMEINE

Die unabhängige Zeitung des Ruhrgebiets

# Moskau warnt vor Intervention im Nahen Osten

## Washington-Erklärung Eisenhowers und Edens zum Nahost-Konflikt eine „Bedrohung des Friedens"

Berichte unserer Nachrichtendienste MOSKAU, 13. Februar

**Die Sowjetunion hat am Montag eine Entsendung westlicher Truppen in den Nahostraum als eine „grobe Verletzung der UNO-Satzungen" bezeichnet. In einer vom sowjetischen Außenministerium veröffentlichten Erklärung heißt es, derartige Maßnahmen würden bei der Sowjetregierung berechtigte Besorgnis auslösen. Alle Maßnahmen, die die Spannungen im Nahen und Mittleren Osten erhöhten, fielen in den „Bereich der legalen Jurisdiktion der Sowjetunion", da die Entwicklung in diesem Gebiet in direkter Beziehung zu der Sicherheit der UdSSR stehe.**

Die sowjetische Regierung sei bestrebt, das Prinzip der Nichteinmischung in die inneren Angelegenheiten der Länder des Nahen und Mittleren Ostens zu verteidigen und zusammen mit anderen interessierten Regierungen die Sicherheit in diesem Gebiet zu erhalten. In der sowjetischen Stellungnahme wird die Washingtoner Erklärung der USA und Großbritanniens (von Eisenhower und Eden) als eine „Bedrohung des Friedens" bezeichnet. Wenn darin gesagt werde, daß man eine Lösung des Konfliktes zwischen Israel und den arabischen Staaten wünsche, dann erhebe sich die Frage, warum diese Beschlüsse „hinter dem Rükken der interessierten Nationen" getroffen würden.

In Washington hatten die Regierungschefs der USA und Großbritanniens die Dreimächteerklärung von 1950 bekräftigt, in der sich die Westmächte verpflichtet hatten, darauf hinzuwirken, daß das Kräftegleichgewicht im Nahen Osten erhalten bleibt und die Waffenstillstandslinien eingehalten werden. Ein britischer Plan, im Falle eines neuen israelisch-arabischen Krieges eine internationale Streitmacht nach Palästina zu entsenden, war dagegen von den Vereinigten Staaten nicht gebilligt worden.

### „Spaß an der Freud"

lautete die Parole des diesjährigen Kölner Karnevals. Trotz der Kälte standen die Menschen dichtgedrängt, um den dreieinhalb Kilometer langen Rosenmontagszug zu sehen. — Das untere Bild zeigt einen der 26 von Traktoren gezogenen Wagen, der den auf die Nase gefallenen Fußballweltmeister Deutschland vorführte. Auf dem Rücken des gefallenen Meisters saßen die „Mannschaften", denen er nach seinem Siege unterlag. Der Wagen trug die Aufschrift „Mer muss och günne künne".

WAZ-Bilder: Werner Ebeler

Siehe auch auf Seite „Aus dem Westen"

## Kälte forderte 320 Opfer

RUHRGEBIET, 13. Februar

**Über 320 Todesopfer, von denen 22 auf die Bundesrepublik und West-Berlin entfallen — das ist die traurige Zwischenbilanz der sibirischen Kälte, die Europa noch immer mit eisigem Griff umklammert, wenn auch gegenwärtig teilweise etwas gemildert. Darüber hinaus sind bei einer Lawinenkatastrophe am Montag bei Skolpje in Jugoslawien 27 Menschen getötet worden. Aus allen Teilen der Bundesrepublik werden Brände gemeldet, die meist durch überhitzte Öfen entstanden. Ein Ende der Kältewelle ist noch nicht vorauszusehen. Die Meteorologen kündigen „Milderung" bei zunehmenden Schneefällen an.** (WAZ/ap)

## NRW-FDP sagt Gesamt-CDU den Kampf an

### Scharfe Erklärung des NRW-Landesverbandes zur Regierungsumbildung

Berichte unserer Nachrichtendienste
DÜSSELDORF, 13. Februar

**Die FDP erstrebe die Bildung einer ausreichenden Mehrheit im Bundesrat, die als Gegengewicht zu der CDU-Mehrheit im Bundestag entschlossen sei, „der von der CDU angestrebten Entwicklung Einhalt zu bieten", heißt es in einer am Montag vom FDP-Landesverband von NRW veröffentlichten Elfpunkteerklärung zur Regierungsumbildung. Die FDP wolle „sich selbst und ihre Partei auf der Bundesebene nicht aufgeben", sondern gegen die „Einparteien-Herrschaft im Bund" aktiv werden.**

Die vorgesehene Regierungsumbildung in NRW richtet sich nach dieser Erklärung in erster Linie gegen die CDU/CSU im Bundestag und nicht gegen die Politik des bisherigen Ministerpräsidenten Arnold. Die Bonner CDU habe versucht, ihre Koalitionsparteien gleichzuschalten. Dies sei im Falle der DP gelungen. Beim BHE habe man das Mittel der Aufspaltung benutzt, während die FDP veranlaßt werden sollte, ihre politische Selbständigkeit aufzugeben. Trotz des Verzichts der CDU auf das Grabensystem habe die FDP nicht mehr das Vertrauen, daß sich derartige Vorgänge nicht mehr wiederholten.

Die FDP sei entschlossen, ihre Eigenständigkeit mit allen ihr zu Gebote stehenden Mitteln zu schützen. Die CDU habe ein System der Deutung und Kommentierung politischer Vorgänge entwikkelt, dem der Vorwurf der „bewußten Irreführung" nicht erspart bleiben dürfe. Durch gesteuerte Presse- und Informationsdienste habe die CDU die Öffentlichkeit in einem der FDP und dem „nationalliberalen Gedanken" abträglichen Sinne beeinflußt.

### FDP droht Schwennicke mit Parteiausschluß

WAZ BONN/DÜSSELDORF, 13. Februar

Dem Berliner FDP-Landesvorsitzenden Schwennicke droht der Ausschluß aus der Partei. Wie am Montag in Bonn bekannt wurde, hat er sich erneut den Unwillen maßgebender FDP-Kreise in Bonn und Düsseldorf zugezogen. Er hatte in dem Berliner FDP-Organ „Montags-Echo" die Regierungsumbildung in Düsseldorf stark kritisiert.

Schwennicke selbst erklärte am Montagabend in Berlin, der vor einiger Zeit vom FDP-Bundesvorsitzenden Dr. Dehler gegen ihn eingebrachte Parteiausschlußantrag sei aufgehoben worden. Er müsse demnach ein neuer Antrag des NRW-Landesverbandes vorliegen.

### Autobahnbau Nordsee–Revier wird 1957 beginnen

WAZ BREMEN, 13. Februar

Der Bau der sogenannten Hansa-Linie, einer Autobahn von Bremen nach dem Ruhrgebiet, die die deutschen Nordseehäfen mit dem Revier verbindet, wird 1957 beginnen und zehn Jahre dauern, teilte Bundesverkehrsminister Seebohm dem Bremer Senatspräsidenten Kaisen mit. Die Kosten für die 212 km lange Strecke werden auf 600 Mill. DM veranschlagt.

### Ulbricht und Grotewohl nach Moskau abgereist

BERLIN, 13. Februar

Der erste SED-Parteisekretär Ulbricht und Sowjetzonen-Ministerpräsident Grotewohl sind an der Spitze einer SED-Delegation zur Teilnahme am 20. Parteitag der Kommunistischen Partei der Sowjetunion nach Moskau abgereist, wie die sowjetzonale Nachrichtenagentur am Montag meldet. (ap)

Siehe auch Seite 2

## „Hausbrandversorgung nicht katastrophal"

### Erklärung von Georg

WAZ ESSEN, 13. Februar

Von einer „totalen Katastrophe" in der Hausbrandversorgung könne nicht gesprochen werden, erklärte die „Gemeinschaftsorganisation Ruhrkohle" (Georg) am Montag in Essen. Die Hausbrandversorgung sei nicht so schlecht, wie man sie in den letzten Tagen teilweise dargestellt habe. Der Ruhrbergbau habe bis 31. Januar sein Liefersoll erfüllt und teilweise sogar überschritten. Wo wie in Dortmund örtliche Versorgungsschwierigkeiten zu verzeichnen seien, werde von „Georg" alles getan, um die Versorgung sicherzustellen. Für „Georg" gelte der Grundsatz: Hausbrand zuerst. Für NRW seien Ende Januar 250 000 Tonnen Kohle mehr geliefert worden. Dortmund werde jetzt bereits mit den Märzraten beliefert.

*

**Bundesaußenminister von Brentano** wird in der zweiten Aprilhälfte Kopenhagen besuchen. Das ist der erste offizielle westdeutsche Besuch seit Kriegsende in Dänemark.

**Zum Generalvikar der katholischen Militärseelsorge** hat Militärbischof Kardinal Wendel den Prälaten Georg Werthmann ernannt.

**Der Präsident des DRK** in der Bundesrepublik, Dr. Weitz, und der DRK-Generalsekretär Hartmann haben, wie am Montag von zuständiger Seite bestätigt wurde, vom 9. bis 11. Februar den Zentralausschuß des Roten Kreuzes in der Sowjetzone in Dresden besucht.

**Sultan Ben Jussef** von Marokko ist am Montag in Paris zu den angekündigten Verhandlungen über die Revision des französisch-marokkanischen Protektoratsvertrages von 1912 eingetroffen.

**Eine Mappe mit Aufzeichnungen** wurde dem Wuppertaler FDP-Landtagsabgeordneten Karl Schneider aus seinem Pkw. in Düsseldorf gestohlen. Schneider erstattete Anzeige. (WAZ/dpa/ap)

### Erhard bespricht in London Frage der Stationierungskosten

WAZ LONDON, 13. Februar

Prof. Erhard, der am Sonntag zu einem mehrtägigen Besuch in England eintrifft, wird mit den zuständigen britischen Stellen auch über die Frage der Stationierungskosten für die NATO-Truppen in Deutschland sprechen. Die eigentlichen Verhandlungen hierüber werden dann einige Tage später in Bonn beginnen. Von britischer Seite wird in den Besprechungen mit Erhard hauptsächlich hervorgehoben werden, daß es sich für England nicht so sehr um eine juristische Frage handele als um ein Devisenproblem. Nicht nur würde der britische Steuerzahler etwa 64 Mill. Pfund Sterling (rund 760 Mill. DM) zusätzlich zahlen müssen, sondern dieser Betrag müßte noch dazu in Devisen, und zwar in harter Währung, aufgebracht werden.

Nach vorsichtigen Äußerungen in London besteht Grund zu der Annahme, daß es über diese Frage zu einem Kompromiß kommen wird.

### Duisburger CDU-MdB will wieder Soldat werden

WAZ BONN, 13. Februar

Der erste Bundestagsabgeordnete, der die Uniform der neuen deutschen Streitkräfte anziehen wird, ist voraussichtlich Oberst a. D. Fritz Berendsen (CDU/CSU) aus Duisburg. Wie verlautet, will Berendsen sein Bundestagsmandat niederlegen. Er soll angeblich als Militär-Attaché ins Ausland gehen. Berendsen war Berufsoffizier und wurde nach dem Kriege Kaufmann bei Klöckner AG.

## Arbeitgeber muß für Unterbringung von Arbeitnehmer-Fahrzeugen sorgen

WAZ HAMM, 13. Februar

Zu der Fürsorgepflicht eines Arbeitgebers gehört es, daß er seinen Arbeitnehmern einen Platz zur Verfügung stellt, auf dem sie ihre Fahrzeuge, mit denen sie zur Arbeit kommen, sicher abstellen können. Dies stellte das Landesarbeitsgericht Hamm eindeutig fest. Der Arbeitgeber kann sich dieser Pflicht nicht entziehen, indem er etwa darauf hinweist, daß das Abstellen der Fahrzeuge auf eigene Gefahr geschieht.

Das Wasser- und Schiffahrtsamt Rheine hatte es nämlich mit diesem Hinweis versucht. Es stellte seinen Mitarbeitern zwei unverschlossene Schuppen zur Abstellung ihrer Fahrräder und Mopeds zur Verfügung. Der Schuppen war unbewacht. Um sich vor Schadensforderungen zu sichern, hatte das Amt Tafeln anbringen lassen, die darauf hinwiesen, daß die Fahrzeuge auf eigene Gefahr hier abgestellt werden.

In der Urteilsbegründung heißt es, der Arbeitnehmer kann auf die Anfahrt mit seinem Fahrrad oder Moped nicht verzichten. Er kann die Fahrzeuge auch während der Dienstzeit nicht bewachen und muß daher die Gewißheit haben, daß ihm ein genügend gesicherter Platz zur Verfügung gestellt wird. Für die sichere Unterbringung haftet der Arbeitgeber im Rahmen seiner Fürsorgepflicht.

Gegen dieses Urteil legte der Arbeitgeber Revision ein, so daß der Fall jetzt dem Bundesarbeitsgericht vorgelegt wird.

## Eden: H-Bomben-Versuche werden fortgesetzt

LONDON, 13. Februar

**Premier Eden erklärte am Montag im Unterhaus bei der Berichterstattung über die Verhandlungen in Washington, Eisenhower und er seien überzeugt, daß die USA und Großbritannien ihre Versuche mit Wasserstoffwaffen fortsetzen könnten, ohne daß dies eine Gefährdung der Menschheit bedeute. Sie seien zu der Feststellung gelangt, daß die Auswirkungen der bei den Atomwaffenversuchen ausgelösten Radioaktivität im Vergleich zu der natürlichen Radioaktivität unbedeutend seien. Beide Länder setzen aber ihre Bemühungen darüber fort, ob irgendeine Schädigung der Menschheit möglich sei.**

Eden betonte erneut, daß die Washingtoner Besprechungen zu einer völligen Übereinstimmung in der Europa- und Nahostfrage geführt hätten, daß jedoch noch Meinungsverschiedenheiten über Fernostfragen bestünden. (ap)

# Kanzler will Sturz Arnolds in letzter Minute verhüten

## Angebot an FDP-Abgeordneten Mende - Entscheidung über NRW-Koalition fällt Mittwoch

waz DÜSSELDORF/BONN, 7. Februar

Die Koalitionsverhandlungen zwischen der SPD und der FDP zur Bildung einer neuen Landesregierung in NRW wurden am Dienstag offiziell in Düsseldorf aufgenommen. Gleichzeitig schaltete sich Bundeskanzler Adenauer durch ein Gespräch mit dem stellvertretenden Vorsitzenden der FDP-Bundestagsfraktion, Dr. Mende, in die Verhandlungen ein, um in letzter Minute den Sturz seines Parteifreundes Ministerpräsident Arnold zu verhindern. Wie in Bonn verlautet, ist die Entscheidung praktisch bereits für eine neue NRW-Koalition SPD/FDP/Zentrum gefallen. Die offizielle Stellungnahme der FDP-Landtagsfraktion wird für Mittwoch erwartet.

Nachdem die offiziellen Verhandlungspartner von FDP und SPD am Dienstagnachmittag zusammengekommen waren, empfing Bundeskanzler Adenauer am Dienstagabend den stellv. Vorsitzenden der FDP-Bundestagsfraktion, Dr. Mende. Wie verlautet, soll der Kanzler dabei Dr. Mende, der für ein Ministeramt in Düsseldorf nach der Regierungsbildung vorgesehen ist, in Bonn den Posten eines Staatssekretärs im Bundesverteidigungsministerium angeboten haben. Wie es heißt, lehnte Mende jedoch ab.

Außerdem versuchte der Kanzler, den NRW-Wiederaufbauminister Weyer (FDP) zu sprechen. Er konnte ihn jedoch nicht erreichen. Weyer gilt als einer der Befürworter des Zusammengehens der FDP mit der SPD.

An den Koalitionsverhandlungen in Düsseldorf, die in der Wohnung des FDP-Bundestagsabgeordneten Walter Scheel stattfanden, nahmen von seiten der FDP die Vorstandsmitglieder der Landtagsfraktion, Kohlhase und Steuer, von seiten der SPD Fraktionsführer Steinhoff sowie die Abgeordneten Gross, Burauen und Lembke teil.

### Maßgeblich beteiligt

*an den Verhandlungen über eine Regierungsumbildung: SPD-Fraktionsvorsitzender Steinhoff (links) und NRW-Wiederaufbauminister Willi Weyer (FDP). Steinhoff wird als künftiger Ministerpräsident genannt.* waz-Archivbilder

# *Schutz im Ruhrorter Hafen*

. . . suchten am Sonntag mehrere hundert Schiffe vor den herannahenden Eismassen Während in den Hafenbecken die Eisbrecher vergebens versuchten, eine Fahrrinne offenzuhalten, wälzt sich das Treibeis wie ein weißglänzender Lavastrom den Rhein hinab. Seit Sonntag 0.00 Uhr ist der Schiffsverkehr von Lauterburg bis zur niederländischen Grenze völig eingestellt. waz-Bild: Reißner

Frau Meyer's Glück ist ohnegleichen, das ist ja reinste Zauberei! Den Waschtag kann sie völlig streichen, der ist für alle Zeit vorbei.

Die Zauberei heißt CONSTRUCTA und ist Deutschlands bewährte vollautomatische Waschmaschine.

**Constructa**
*die Vollautomatische*

Verlangen Sie beim Fachhandel ausdrücklich die CONSTRUCTA

# Kalte Luft wandert südwärts

### In der Nacht zum Donnerstag: 38 Grad minus in Deutschland - Frost forderte fünf Todesopfer

RUHRGEBIET, 2. Februar

Nach der Rekordkälte in der Nacht zum Donnerstag sind — wie die WAZ gestern voraussagte — im Laufe des Tages die Temperaturen in Nord- und Westdeutschland milder geworden. Vor allem in den Küstengebieten ließ der Frost spürbar nach.

Die Nacht zum Donnerstag brachte an vielen Orten Deutschlands die niedrigsten Temperaturen seit Jahrzehnten und forderte fünf Todesopfer. Die absolut

*Die Bundesbahn hatte auch am Donnerstag stark mit Vereisungen zu kämpfen. Unser Bild zeigt eine Schnellzuglokomotive, die aufgetaut wird.*

tiefste Temperatur im Bundesgebiet wurde in Kaltenbrunn zwischen Garmisch und Mittenwald mit minus 38 Grad gemessen.

Das Lipperland, große Teile Hessens und auch die Bundeshauptstadt leiden unter Gasnotstand. Die Straßenbeleuchtung ist ausgeschaltet, eine Anzahl Industriewerke hat Frostferien machen müssen.

Auf dem Kahlen Asten im Hochsauerland stieg am Donnerstagmorgen die Temperatur von minus 27 Grad auf 24 unter Null. Später gingen die Temperaturen im Hochsauerland bald über die 20-Grad-Grenze nach oben. Die Schneeverhältnisse sind sehr gut.

Der Verkehr auf den mit Glatteis bedeckten Straßen und Autobahnen ist stark zurückgegangen. Auch am Donnerstag hatte die Bundesbahn stark mit Vereisungen an Gleisen und Lokomotiven zu kämpfen, was zu erheblichen Störungen des Fahrplans führte. In Südwestdeutschland hatten die Züge Verspätungen bis zu sechs Stunden.

Die Meteorologen von Hamburg bis zum Schwarzwald erklärten übereinstimmend: Seit 1929 ist in Deutschland nicht eine solche Kälte registriert worden. Aber der Höhepunkt scheint damit überwunden zu sein. Die Milderung dürfte zunächst Nord- und Westdeutschland verspüren, während die kalte Luft langsam über Süddeutschland abwandert.

**150**
*glatte und angenehme Rasuren*
**für**

**1 DEUTSCHE MARK**
1950

Mit *Olivenöl und Glycerin* hergestellt und hervorragend parfümiert, gewährt Ihnen Palmolive - Rasierseife immer eine langanhaltende, glatte und angenehme Rasur. Kaufen Sie sich Palmolive - Rasierseife, und überzeugen Sie sich selbst, daß Sie bei täglichem Rasieren 5 Monate mit einer Stange auskommen.

**MIT DEM HANDLICHEN FUSS**

# CDU/SPD einig über Wehrgesetze

## Ollenhauer und Krone erzielen Kompromiß über Änderungen des Grundgesetzes

Von unserem Bonner Büro                    Mü BONN, 24. Februar

Die SPD wird den Grundgesetzänderungen, die im Rahmen der Wiederaufrüstung der Bundesrepublik notwendig werden, zustimmen. Eine entsprechende Einigung wurde am Freitagmorgen in Bonn in einer Unterredung zwischen dem SPD-Vorsitzenden Ollenhauer und dem Fraktionsvorsitzenden der CDU/CSU, Dr. Krone, erzielt. Die Änderungen sollen am 8. März im Bundestag beschlossen werden. Beide Parteien haben sich auf einen Kompromiß geeinigt, um für die Grundgesetzänderungen „eine aus staatspolitischen Gründen erforderliche breite Mehrheit zu schaffen".

Der Kompromiß zwischen den ursprünglichen Forderungen und Wünschen beider Parteien sieht, wie in der WAZ bereits angekündigt, folgendermaßen aus:

**1** Das Parlament bestimmt einen Wehrbeauftragten des Bundestages, der über die Freiheiten der Grundrechte in den Streitkräften wachen und als Beschwerdeinstanz dienen soll.

**2** Der Verteidigungsausschuß des Bundestages erhält als Verfassungsorgan die Rechte eines Untersuchungsausschusses.

**3** Die SPD rückte von ihrer ursprünglichen Forderung ab, den Verteidigungsminister dem Parlament direkt verantwortlich zu machen. Es soll jedoch durch das Grundgesetz sichergestellt werden, daß eine Verwendung der Streitkräfte bei inneren Notständen nur durch ein Verfassungsgesetz geregelt werden kann.

Eine weitere Übereinstimmung wurde darüber erzielt, daß der Ersatzdienst für Kriegsdienstverweigerer aus Gewissensgründen diese Kriegsdienstgegner nicht benachteiligen darf. Darüber hinaus sollen die Grundrechte für die Soldaten nicht allgemein, sondern nur in wenigen genau bezeichneten Fällen eingeschränkt werden.

# Zwei Penzberger „Werwölfe" zu hohen Zuchthausstrafen verurteilt

## Fünf andere Mitglieder des Hinrichtungskommandos freigesprochen

MÜNCHEN, 13. Februar

Das Schwurgericht München, das vor zwei Wochen die unbestrittene Beteiligung des ehemaligen Obersten Berthold Ohm an der „Penzberger Mordnacht" nicht strafbar gefunden hatte, verurteilte am Montag zwei ehemalige Volkssturmmänner zu hohen Zuchthausstrafen. Die Verurteilten hatten am 28. April 1945 in der oberbayrischen Bergwerksstadt Penzberg acht Hinrichtungen durchgeführt. Der 40jährige Bundesbahn-Oberinspektor Wilhelm Knöllinger wurde wegen Beihilfe zum Mord zu zwölf Jahren Zuchthaus, der 55 Jahre alte Arbeiter Karl Bölt wegen Beihilfe zum Totschlag zu sechs Jahren Zuchthaus verurteilt. Fünf andere Angeklagte, die ebenfalls dem Exekutions-kommando des „Werwolfs Oberbayern" angehörten, wurden teils aus Mangel an Beweisen freigesprochen, teils wurde das Verfahren gegen sie eingestellt.

Das Gericht betonte, daß die Verurteilung der Volkssturmmänner nicht so verstanden werden dürfe, als ob man „wieder einmal die Kleinen hängen und die Großen lauten lassen" wolle. Ohm habe schießen lassen, weil sie das NS-Regime hätten stürzen wollen und damit eindeutig gegen die damals gültigen Gesetze verstoßen hätten. Die unter Mithilfe von Knöllinger und Bölt am gleichen Tage hingerichteten acht Bergleute aber seien selbst nach damaligen Begriffen völlig schuldlos und ihre Hinrichtung ein reiner Terrorakt gewesen.

# NEUE POLIZEIWAGEN FAHREN STREIFE

Wir stellen vor: Das ist eines der neuen Fahrzeuge, mit denen die einzelnen Polizeireviere in unserer Stadt ausgerüstet werden. Diese Wagen werden unabhängig von den „Peterwagen" eingesetzt, sie sollen der Polizei einen beweglicheren Streifendienst ermöglichen. Diese Streifenwagen, die in einigen anderen Revierstädten schon seit einiger Zeit im Einsatz sind, in dieser Woche zum erstenmal auch in Essen auftauchten, sind an einem großen Schild auf dem Wagendach mit der Aufschrift „Polizei" leicht zu erkennen. Auf dem Dach ist außerdem das blaue Licht montiert, das man von allen Seiten sieht. Die Streifenwagen fahren langsam, so daß sie anzusprechen sind.

# Manuskriptfunde vom Toten Meer enthüllen das Schicksal eines Vorläufers Christi

NEW YORK, 2. Februar

Größte Aufmerksamkeit in den Kreisen der religionsgeschichtlich interessierten Christen findet eine New-Yorker Veröffentlichung, in der die ersten Ergebnisse des Studiums der Handschriften vom Toten Meer mitgeteilt werden. Professor John Allegro aus Manchester, ein Experte auf diesem Gebiet, der der internationalen Studienkommission angehört, berichtet von einer extrem religiös jüdischen Sekte und ihrem eigenartig berührenden Schicksal. Die Forschungen sind geeignet, in bestimmte Teile der Bibel neue Gesichtspunkte zu tragen.

Die Entzifferung der Manuskripte aus dem Kloster Qumran am Toten Meer ergibt, daß dort etwa ein Jahrhundert vor Christus die Zentrale einer Religionsbewegung war, die sich mit Entschiedenheit gegen jede Erneuerung des jüdischen Königreiches nach griechischen Prinzipien auflehnte. Sie nannten sich „Söhne des Zadok", betrachteten sich als Auserwählte

Anfangs befand sich die Zentrale der „Söhne des Zadok" in Jerusalem. Als dort aber der rücksichtslose Alexander Jannai König und Hoherpriester von Juda wurde, mußte man fliehen und gründete das Kloster Qumran. Derselbe Alexander Jannai war es dann, der den „Meister der Tugend" ungläubigen Söldnern auslieferte, die ihn kreuzigten. Die Schüler des Meisters aber sollen weiter nach den festgelegten Prinzipien gelebt und ständig auf seine Rückkehr zur Erde gewartet haben.

# Toni Sailer:
### triumphiert über Weltelite

*Weder in Oslo 1952 noch bei den Weltmeisterschaften 1954 tauchte der Name Toni Sailer auf. In Cortina wurden die Leistungen des Zwanzigjährigen zur Sensation der Winterspiele. „Talentierter Nachwuchs" lautete das Urteil in Fachkreisen bis zum vorigen Jahr, als sich Sailer bei den Lauberhornrennen unter den Siegern dieses großen internationalen Wettkampfes befand. Nach seinen beiden Goldmedaillen steht fest, daß er über die für Laien ohnehin schon nicht mehr vorstellbaren Leistungen der Weltelite haushoch triumphiert hat. Mit der Na-*

*turbegabung, die hier ohne Zweifel vorliegt, sind solche Erfolge nicht zu erzielen. Es muß schon ein sehr harter Wille und eine unglaubliche Ausdauer im Training dahintersitzen. Gar nichts nützt dabei die schmucke äußere Erscheinung, über die dieser Glückspilz — oder ist vielleicht sein Unglück? — außerdem noch verfügt.*

*Toni ist einer von drei Kindern eines Klempnermeisters aus Kitzbühel in Tirol und arbeitet als Geselle im Betrieb seines Vaters. Das Skifahren liegt in der Familie. Seine ältere Schwester Rosi fuhr bis vor kurzem mit Erfolg in der österreichischen Nationalmannschaft, und der kleinere Bruder, der 10jährige Rudi, ist bei Tiroler Skirennen schon jetzt oft unschlagbar. Toni begann als Zweijähriger mit seinen ersten Gehversuchen auf der Kitzbüheler „Idiotenwiese". Was man zur Olympiareife braucht, erfuhr er nicht zuletzt von Christl Prawda, dem ebenfalls aus Kitzbühel stammenden Abfahrtsweltmeister von 1952. Toni Sailer führt nicht gerade ein mönchisches Leben, aber er rührt Alkohol nicht an und hat sich wenigstens bisher durch nichts von seinem Ziel der Weltmeisterschaft ablenken lassen.* Dr. Ro.

# Sohn Max Reimanns flüchtet aus der Sowjetzone

BERLIN, 6. Februar

Hugo Reimann, ein 31jähriger Sohn des KPD-Vorsitzenden Max Reimann, ist nach Mitteilung des Untersuchungsausschusses freiheitlicher Juristen aus der Sowjetzone in die Bundesrepublik geflüchtet. Das Bundesvertriebenenministerium bestätigte am Montag in Bonn, daß er etwa vor zehn Tagen im Notaufnahmelager Gießen eingetroffen sei. Wie Hugo Reimann erklärte, sei er nach Westdeutschland geflohen, um einer bevorstehenden Verhaftung zu entgehen.

Bereits im Herbst 1949 war ein Bruder des Flüchtlings, Josef Reimann, aus Westdeutschland verschwunden und später vor einem Sowjetzonengericht zu 15 Jahren Zuchthaus verurteilt worden.

WESTDEUTSCHE
**ALLGEMEINE**
Die unabhängige Zeitung des Ruhrgebiets

# Statt eines Heimkehrers kam eine ganze Familie

**Waldemar Schiller traf unangekündigt nach elf Jahren mit seiner Frau und drei Kindern von der mongolischen Grenze bei seinem Vater ein**

Von unserem Korrespondenten GÜNTER BENEKE-KRACHT
BREMEN, 1. Februar

> **Mit der Nachricht, daß noch Tausende Deutsche in Zwangsaufenthaltsorten in der Nähe der mongolischen Grenze in Sibirien leben, die nur spärliche Postverbindung mit der Heimat haben, kehrte der 29 Jahre alte Waldemar Schiller zu seinen in Ströhe im Kreise Osterholz-Scharmbeck lebenden Eltern zurück. Ihm ist es als erstem gelungen, von einem solchen Zwangsaufenthaltsort nach Westdeutschland entlassen zu werden. Dem 62 Jahre alten Rentner August Schiller zitterten die Hände, als am 15. Januar ein Telegramm in sein stilles Siedlerhaus in dem niedersächsischen Dörfchen Ströhe kam. „Bin soeben in Friedland eingetroffen. Waldemar" stand darin. August Schiller mußte sich setzen, denn Waldemar war seit elf Jahren vermißt. Eine halbe Stunde später saß Vater Schiller im Auto eines Nachbarn, das in Richtung Friedland fuhr.**

In Friedland gab es eine neue Überraschung. „Guten Tag, Opa", sagten drei Enkelsöhne zu ihm, und eine strahlende Schwiegertochter stand neben. Sohn Waldemar hatte in der Gefangenschaft geheiratet und seine Frau Ida sowie den fünfjährigen Waldemar, den dreijährigen Anatoli und den 18 Monate alten Ewald mitgebracht.

„Ich wurde als Siebzehnjähriger deutscher Soldat", berichtet Waldemar Schiller. „Den letzten Brief von zu Hause aus Wischkieten in Litauen, dicht an der ostpreußischen Grenze, erhielt ich 1944. In Milowitz in der Tschechoslowakei, wo ich verwundet im Lazarett lag, geriet ich in Gefangenschaft."

### In Erdhöhlen untergebracht

Nachdem er in Prag acht Monate im Gefängnis zubringen mußte, wurde ein Transport zusammengestellt, der nach Omsk ging. „Dort wurden wir einzeln oder in kleinen Gruppen auf verschiedene Lager verteilt. Ich kam als einziger nach Michajlowka, wo ich bereits viele Gefangene und Zivilverschleppte vorfand", berichtet Schiller.

„In Michajlowka, das etwa 400 km von der mongolischen Grenze entfernt ist, mußten wir in einer kombinierten Fabrik arbeiten, die von russischen Verbrechern aufgebaut war. Als Unterkunft dienten uns Erdhöhlen. Ich konnte mich frei bewegen, mußte mich jedoch in der ersten Zeit alle drei Tage, später einmal im Monat auf der Kommandantur melden."

### Briefe kamen nicht an

Bei unserer Ankunft wurde uns erklärt, daß wir hier bis in alle Ewigkeit bleiben müßten. Briefe zu schreiben, war streng verboten, da wir mit der Außenwelt keinen Kontakt aufnehmen durften.

Trotz dieses Verbotes", so berichtet Waldemar Schiller weiter, „habe ich bereits 1946 versucht, mich nach dem Verbleib meiner Eltern zu erkundigen. Ich schrieb an die Polizei in Berlin, und als ich von dort keine Antwort bekam, an die Polizei meines Heimatortes. Heute weiß ich, daß keiner dieser Briefe aus Michajlowka herausgekommen ist."

Da er es immer wieder versuchte, Verbindung zu seinen Angehörigen aufzunehmen, wurde er 1950 zum NKWD bestellt. „Ist das dein Brief? wurde Schiller gefragt, wobei man ihm einen Umschlag vorwies. Er bejahte. „Hast du das geschrieben?" — Der NKWD-Funktionär hielt ihm einen Briefbogen unter die Nase. — Schiller nickte. — „Wenn du noch einmal schreibst, bekommst du 25 Jahre", drohte der Funktionär.

### Post von Woroschilow

„Als einige Monate später ein Russe nach Moskau fuhr, gab ich ihm einen Brief mit, der an Staatspräsident Woroschilow gerichtet war. Daß der Brief seinen Empfänger tatsächlich erreicht hat, erfuhr ich von der Kommandantur, von man mir die Antwort aushändigte." „Mir ist nicht bekannt, daß sich in Michajlowka Deutsche befinden", schrieb Woroschilow, „berichten Sie mir bitte, wie Sie dorthin gekommen sind." — Den zweiten Brief an den Staatspräsidenten konnte ich bereits offiziell durch die Kommandantur aufgeben. Wieder erhielt ich Antwort. „Warten Sie, Sie werden vielleicht in kurzer Zeit entlassen werden", schrieb die Kanzlei Woroschilows.

### Familie wurde ausgeliefert

„Aus der Erdhöhle war ich in ein selbstgebautes Lehmhaus übergesiedelt. In der Fabrik hatte ich eine Deutsche aus der Ukraine kennengelernt", erzählt der Heimkehrer. Ida Blank war mit ihren Eltern aus der Gegend von Shitomir nach Deutschland geflüchtet, als die deutschen Truppen das Gebiet räumen mußten. In St. Peter im Schwarzwald fand die Familie eine vorläufige Unterkunft, wurde jedoch im Mai 1945 von den Franzosen an die Russen ausgeliefert und landete ebenfalls in Michajlowka. „Wir heirateten, wie es viele Deutsche taten, weil sie einsahen, daß sie sich auf einen langen Aufenthalt einrichten mußten", sagte Schiller.

Vier Jahre waren seit dem Entlassungsversprechen Woroschilows vergangen, als er am 17. Dezember des vergangenen Jahres auf der Kommandantur die Freudenbotschaft erhielt: „Du fährst nach Hause!" — „Bereits neun Tage später brachte ein vom NKWD gestellter Begleiter uns nach Nowo-Sibirsk, wo eine Sammelstelle eingerichtet war. Der Abschied war schwer, denn die Eltern meiner Frau mußten in Michajlowka zurückbleiben."

Der Transport bestand aus 285 Deutschen, die per Schlafwagen nach Brest-Litowsk gebracht wurden. Hier mußten sie in sowjetzonale Güterwagen umsteigen. In Fürstenwalde wollte man sie nicht in die Westzone entlassen, weil sie dort keine Anschriften von Verwandten angeben konnten. Schiller nannte die erfundene Anschrift einer in Kiel lebenden Schwester. „Man wollte mir nicht glauben, ließ sich jedoch schließlich erweichen. Erst in Friedland erfuhr ich den wirklichen Aufenthalt meiner Eltern und der Schwester."

Waldemar Schiller ist überzeugt, daß seine Entlassung nur auf den seinerzeitigen Brief an Woroschilow zurückzuführen ist. Er glaubt zu wissen, daß in der Gegend von Michajlowka etwa 9000 Menschen leben, und zwar überwiegend Volksdeutsche aus den Oststaaten, aber auch Deutsche aus Berlin und dem Gebiet der Bundesrepublik. Wie er hier erfahren hat, sind manche davon von ihren in Westdeutschland lebenden Angehörigen inzwischen für tot erklärt worden.

*DIESE SPIELZEUG-SOLDATEN wurden auf der 7. Deutschen Spielwarenmesse in Nürnberg gezeigt. Sie tragen die Uniformen der Bundeswehr und es gibt sie in stehender, knieender und liegender Ausführung. Hersteller ist eine West-Berliner Firma.*

# Hygiene-Institut Ruhrgebiet stellt fest:
# Bis zu 200000 Staubteile je Liter Luft

## In extremen Fällen sind es sogar 850000 — Reine Luft erst 50 Kilometer außerhalb des Reviers

Seit Jahren wird im Ruhrgebiet leidenschaftlich über die Luftverschmutzung und über Maßnahmen einer planvollen und gründlichen Luftreinigung diskutiert. Staubexperten wiesen immer wieder darauf hin, daß man, um das Problem zielstrebig angehen zu können, erst einmal handfeste Unterlagen über Art, Grad und Schädlichkeit der Rauch- und Staubauswürfe brauche. Das Hygiene-Institut Ruhrgebiet in Gelsenkirchen legt jetzt erste Ergebnisse der planvollen Grundlagenforschung im Bereich der Lufthygiene vor, die es im Herbst 1954 aufgenommen hat.

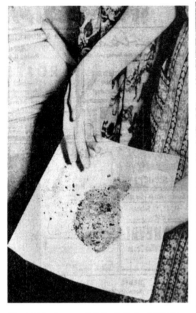

*Ein Bild, dessen Echtheit jede Hausfrau in Goslar, Ulm oder Gütersloh bezweifeln würde. Und doch sagt es die Wahrheit: eine Hausfrau aus dem Revier wischt die „Ausbeute" von 24 Stunden Staubregen von der Fensterbank.*

Zur Ermittlung des Luftverschmutzungsgrades hat das Institut ein neues Verfahren entwickelt. Sein besonderer Vorzug ist, daß es die Verschmutzung der Luft augenfällig und exakt meßbar macht. Es führt damit unmittelbar an die Kernfrage heran: Welche Belastung entsteht für den Menschen? Durch ein Filter von einem Quadratzentimeter Fläche — das entspricht etwa der Nasenöffnung — werden 100 Liter Luft mit Atemgeschwindigkeit eingesaugt. Nach einem fotoelektrischen Verfahren mißt man dann die Lichtdurchlässigkeit der Filter und gewinnt auf diese Weise Werte über den Grad der Verschmutzung. Als Höchstwert wurde 100 gesetzt. Das ist der größte Verschmutzungsgrad, der bisher im Ruhrgebiet gemessen wurde, an einem Tag im November 1954 während einer klassischen Rauchnebelperiode, als man nicht einen Schritt weit Sicht hatte. Die regelmäßigen Messungen des Instituts haben inzwischen folgende interessante Aufschlüsse gebracht:

Im ersten Jahresviertel 1955 lag der durchschnittliche Verschmutzungsgrad im Gelsenkirchener Raum zwischen 60 und 70, von März bis Mai fiel er langsam ab, im Sommer sank er bis auf 40, im Herbst stieg er wieder kräftig an. Auch bei günstigsten Witterungsverhältnissen blieb die Verschmutzung während der Wintermonate sehr erheblich. Wirklich reine Luft mit einem Verschmutzungsgrad von 0 konnte erst 50 km außerhalb des Ruhrgebiets im Reichswald festgestellt werden. Schneefälle bringen eine deutliche, aber meist nur kurzfristige Milderung der Verschmutzung. Die Kurve sinkt auch regelmäßig an Sonntagen. Auch ein Tagesrhythmus ließ sich beobachten: mit der zunehmenden Erwärmung gegen Mittag stärkere Luftbewegung und damit wirksamere natürliche Entlüftung, abends wieder ansteigende Verschmutzung.

### „Konimeter" atmet Luft ein

Das deutliche Gefälle vom Winter zum Sommer ist gleichfalls wesentlich durch die günstigeren thermischen Verhältnisse während der warmen Jahreszeit, zu einem Teil aber sicherlich auch durch die Hausfeuerung bedingt.

Von entscheidender praktischer Bedeutung für die Reinhaltung der Luft ist es, ein möglichst genaues Bild über die örtlichen Staubkonzentrationen zu gewinnen. Das Institut hat in mehreren Städten Messungen unter den verschiedensten Witterungsbedingungen durchgeführt. Mit dem „Konimeter" wird Luft in Mundhöhe entnommen, auf die Haftfläche einer Platte geschleudert und mikroskopisch untersucht. So zeigte sich, daß in einem Liter Luft auf einer stillen Landstraße weit außerhalb des Reviers 40 bis 500, im Kerngebiet zur gleichen Zeit bis 200 000 Staubteilchen enthalten waren. In extremen Fällen wurden in der Nähe von Werken, die als starke Verschmutzer bekannt sind, bis zu 850 000 Staubteilchen gemessen.

Neben der Staubdichte verlangt die Korngröße der Stäube die besondere Aufmerksamkeit des Hygienikers. Auch darüber geben die Messungen des Instituts Aufschluß. In dem erwähnten Fall der extremen Verschmutzung zeigte sich, daß rund 80 v. H. des Staubes „lungengängig" waren.

### Eine einzige Nacht genügte . . .

In Bottrop gab es im vorigen Jahr viel Ärger, als man sah, daß eine neue Siedlung über Nacht völlig verschmutzt war. Das Hygiene-Institut mußte einige Monate warten, bis wieder die gleichen Windverhältnisse vorlagen und stellte dann fest, daß ein Industriebetrieb von jenseits der Stadtgrenze den Ortsteil mit einer Konzentration von 350 000 Staubteilchen im Liter Luft einstaubte. Damit war allerdings die schlagartige Schwärzung der Siedlung noch nicht geklärt; man vermutet, daß in der kritischen Nacht zusätzlich noch eine Produktionsstörung zu der ungewöhnlichen Immission geführt hat. Bei nahezu windstillem Wetter wurden im Bochumer Süden 40 000, im Norden dagegen bis zu 200 000 Staubteilchen gemessen.

### 14 v. H. Eisen — 40 v. H. Kohle

Das Hygiene-Institut wird diese Kurzzeitmessungen in den Mitgliedstädten der Arbeitsgemeinschaft fortsetzen und gewinnt auf diese Weise Verschmutzungskarten, aus denen der Standort der Hauptverschmutzer wie der Einfluß des Windes abzulesen sind. Daneben laufen kontinuierliche Messungen des Staubniederschlags. In der Gelsenkirchener Altstadt wurden dabei häufig über ein Gramm je Tag und Quadratmeter ermittelt; in der Nähe eines Großkraftwerkes waren es bis zu 6,2 Gramm.

Qualitative Untersuchungen von Staubablagerungen sollen Unterlagen über die Werte bringen, die hier verlorengehen. Dabei wurde z. B. festgestellt, daß an bestimmten Punkten in Bochum der Staub zu 2,5 bis 14 v. H. aus Eisen besteht. Die Untersuchung von Staubablagerungen in Wanne-Eickel ergab bis zu 40 v. H. verbrennbare Kohle.

G. St.

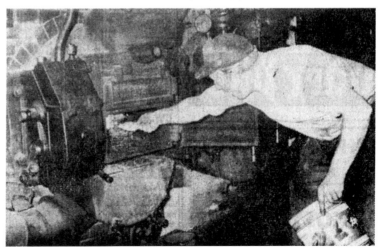

*Dieser Mann steht am Kessel einer kleinen Industriefeuerung. Er mischt ein Anti-Staub-Präparat unter die Kohlen. Auf diese Weise soll nicht mehr soviel Ruß aus dem Schornstein kommen wie gewöhnlich. Einer der vielen Versuche, den Staub zu binden oder in Kesseln und Öfen einen höheren Verbrennungsgrad zu erzielen.*

WESTDEUTSCHE
ALLGEMEINE
Die unabhängige Zeitung des Ruhrgebiets

# Chruschtschew: Krieg kann vermieden werden

## Parteitag-Rede über die politischen Ziele der Sowjetunion - Nichts Neues zur Deutschlandfrage

Berichte unserer Nachrichtendienste — MOSKAU, 14. Februar

Der 20. Kongreß der Kommunistischen Partei wurde am Dienstag im Kreml mit einer Grundsatzerklärung des 1. Parteisekretärs Chruschtschew eröffnet. Als Hauptziele der sowjetischen Politik nannte Chruschtschew die Stärkung der freundschaftlichen Bindungen zu allen Staaten, die keinen Militärblöcken angehören, die Verbesserung der Beziehungen mit den drei Westmächten, der Bundesrepublik und Japan, eine engere Zusammenarbeit mit den Volksdemokratien und Jugoslawien, die Fortsetzung der Politik der friedlichen Koexistenz, die Stärkung der militärischen Macht der sozialistischen Staaten, ein kollektives Sicherheitssystem für Europa und Asien und ein weltweites Abrüstungssystem.

Chruschtschew betonte, ein Krieg sei heute nicht unvermeidlich, da die sozialistischen Kräfte in der Welt so stark seien, daß sie den Ausbruch verhindern könnten. Die arbeitende Klasse besitze heute auch in vielen kapitalistischen Ländern die Möglichkeit, die Mehrheit in den Parlamenten zu erlangen, und damit ohne Revolution den Übergang zum Sozialismus sicherzustellen.

Der Wunsch der Sowjetunion nach einer Besserung der Beziehungen mit den USA sei aufrichtig. Die Sowjetunion trete auch dafür ein, die Beziehungen zu Großbritannien und Frankreich und allen anderen Staaten, insbesondere zu den Nachbarstaaten, zu verbessern. Die Möglichkeiten hierzu seien bei weitem noch nicht erschöpft. Zur Deutschlandfrage wiederholte Chruschtschew, das deutsche Problem könne durch die Schaffung eines Systems der kollektiven Sicherheit in Europa, durch die Abschaffung der Pariser Verträge über die Wiederbewaffnung Westdeutschlands und die Zusammenarbeit beider deutscher Staaten gelöst werden.

Die Sowjetunion werde auch weiter für ein Verbot der Atomwaffen kämpfen. Andererseits dürfe sie mit ihrer Rüstung nicht hinter dem Westen einherhinken. Die Stärke der sowjetischen Streitkräfte müsse mit allen Mitteln aufrechterhalten werden. Auf innenpolitische Fragen ging Chruschtschew nur kurz ein. Er erklärte, die Sowjetunion beabsichtige nach 1957 zum Siebenstundentag überzugehen. Ferner sei eine bessere Altersversorgung beabsichtigt.

AUTO COAT

C&A BRENNINKMEYER

MODISCHE DAMEN
TEENAGER - KINDER
HERREN - KLEIDUNG

Modisch und bequem ist diese dreiviertel lange Jacke aus Wolle mit Mohair, in den Farben kamel oder rauchgrau. Aparte Stepperei an Taschen, Ärmeln und Saum. Entweder mit lebhaftem Schotten- oder mit weißem Teddy-Futter nur 85,-

Der Auto-Coat mit der besonderen Note. Aus Flausch-Mohair, in den Farben kamel und blau. Auch hier haben Sie die Wahl zwischen dem sportlichen Schotten- oder dem weichen Teddy-Futter nur 65,-

Dieser Coat in Uni-Velours mit der gleichen Ausstattung nur 55,-

Barkauf ist doch vorteilhafter!

C&A BRENNINKMEYER

995

ESSEN, Kettwiger Straße 39

# KUMPEL ANTON

## „Friersse lieber anne Baine oder anne Hände?"

„Anton", sachtä Cervinski zu mich,
„Tuusse aintlich gärne friern?"

„Nä", sarich, „dattistochwoll klaa,
Dattich nich gärne friern tu."

„Anton", sachtä Cervinski,
„Wennze aber schomma friern tuuss,
Friersse dann lieber anne Baine oder anne Hände?"

„Watten Kwatsch", sarich,
„Oppich anne Baine oder anne Hände friern tu,
Dattistoch woll dazzelbe."

„Kumma, Anton", sachtä Cervinski,
„Ich mainja auch, dattis dazzelbe,
Aber dä Backhaus, dä hatt mich datt gesacht,
Dattat nich dazzelbe is,
Kuck, dä tuut lieber anne Hände friern
Alz anne Baine.

,Ämmil', sachtä Backhaus zu mich,
,Wennze gezz im Winter
Mitten Mätchen spaziern gehss,
Un du friers anne Hände,
Dann kannze dich immer noch helfen,
Dann kannzese mal in Aam nehm,
Oder gannzese anne Backe streicheln
Oder untert Kinn,
Oder kannzese malen Häntken gehm,
Kuck, dat wärmt immer,
Un du hass aunoch Spass dabei,
Wennze mitat Mätchen spaziern gehn tuuss.

Aber wennze anne Baine frierss,
Dann gehtat allet nich,
Du kannzedoch nich mitten Appsazz
Untert Kinn krazzen,
Oder mitte Sohle über de Backen straichen,
Du läufs neben dat Mätchen her,
Un ärgersstich, dass kalte Baine hass,
Un wiilz so schnell wie möchlich annen Ofen,
Datte wieder waame Baine kriss,
Un da kann dat Mätchen noch so schön sain,
Wennze kalte Baine hass, machtat kain Spass,
Kuck Ämmil', sachtä Backhaus zu mich,
Deshalp istat fiel besser,
Wennze schomma friern tuuss,
Datte anne Hände
Unnich anne Baine frierss."

# Kohle nur noch eimerweise

Immer ernster wird das Problem der Kohleversorgung der deutschen Großstädte. Viele Kohlenhändler des Reviers verkauften am Wochenende den Rest ihrer Februarzuteilung nur noch eimerweise. Die Bezirksgruppe Ruhrgebiet des Verbandes rheinisch-westfälischer Kohlenhändler hat den Bundeswirtschaftsminister, den nordrhein-westfälischen Wirtschaftsminister und die Gemeinschaftsorganisation Ruhrkohle (Georg) aufgefordert, schnellstens alle erforderlichen Maßnahmen für eine ausreichende Kohleversorgung der Bevölkerung zu ergreifen. Die Bezirksgruppe, die auf einer Zusammenkunft in Dortmund die kritische Versorgungslage erörterte, regte an, dem Kohlenhandel sofort zusätzliche Brennstoffmengen zur Verfügung zu stellen, die mindestens der Hälfte des bereits ausgeteilten Februarkontingents entsprechen sollen. Die vorhandenen Vorräte beim Kohlenhandel seien einschließlich der Februarquoten restlos an die Bevölkerung ausgegeben. Es wird damit gerechnet, daß in den nächsten Tagen wegen Kohlenknappheit die ersten Betriebe geschlossen werden. — Unser Bild zeigt schlangestehende Menschen auf dem Platz eines Kohlenhändlers in Essen-West.

## Vollkommene Frau

### Von ELFRIEDE MECHNIG

Wenn ein Mann diese Überschrift zu Gesicht bekommt und dann den Artikel liest, wird er vielleicht ironisch etwas von den „Sorgen mancher Frauen" murmeln, ohne daran zu denken, daß die Frauen sich doch meist nur mit den Fragen der Eitelkeit — Schneiderin, Friseur, Putzmacherin, Maniküre usw. — beschäftigen, um den Männern so recht zu gefallen und vor ihrer Kritik bestehen zu können. Man fragte einmal junge Mädchen: Wer von euch ist zufrieden ein Mädchen zu sein? Keine sagte ja! Dann fragte man: Wenn ihr noch einmal auf die Welt kämt, wer von euch möchte ein Mann sein? Schweigen! Dann aber fragte man: Wer von euch möchte eine vollkommen schöne Frau sein? Ein einziger Schrei der Entrüstung war die Antwort. Denn jede glaubte „vollkommen" schön zu sein! Wer aber ist wirklich richtig proportioniert?

Der Idealtyp der Frau, dem wir alle so gern gleichen möchten, soll 1,65 groß sein, natürlich ohne Schuhe, also nicht mogeln und sich etwa auf die Spitzen stellen! Gewicht 55 Kilo. Nach Statistiken der Antike durfte der Normaltyp seinerzeit 65 Kilo wiegen. Inzwischen hat sich in den Jahren das Schönheitsideal mehr zur Schlankheit entwickelt. Ideal ist ein langer Körper, mit weichen Linien ohne überflüssiges Fett, also nicht mager oder gar eckig. Wir verwerfen durchaus ein Schönheitsideal, das sich nahezu ein Skelett zum Vorbild nahm, denn wir sehen auch gern leichte Rundungen. Die Wespentaille von 1900 ist schon lange nicht mehr geschätzt. Unser Körper soll weich und zugleich muskulös im rechten Verhältnis sein. Nachstehend geben wir die „Idealmaße" für die vollkommen schöne Frau an. Kopfumfang 54 cm, Hals 38 cm, Brust 85 cm, Oberarm 25 cm, Taille 60 cm, Hüften 90 cm, Handgelenk 15 cm, Schenkel 50 cm, Wade 35 cm, Schienbein 20 cm, Beinlänge 95 cm, Armlänge 65 cm, Schulterbreite 40 cm.

Es versteht sich natürlich von selbst, daß nicht alles auf den Zentimeter stimmen muß! Schon wenn nur annähernd die angegebenen Zahlen erreicht werden, darf eine Frau mit sich zufrieden sein. Es geht nie alles nach Wunsch im Leben, und alle Frauen sollen keineswegs die gleichen Proportionen haben. Immerhin könnte man viel verbessern und ausgleichen durch Körpertraining und Gymnastik, was die Natur einem Körper versagt hat. Denn jeder Mensch strebt doch danach, einen möglichst günstigen Eindruck zu machen. Und auch das Innere und das Herz über dem „Äußeren" nicht vergessen werden sollen, so ist oft genug der erste Eindruck maßgebend und dieser wird durch eine schöne Figur, durch die ganze Erscheinung bestimmt.

Und nun, meine lieben Leserinnen, frisch ans Nachmessen!

## Sartre bekennt Farbe

PARIS, 8. Februar

Wie jetzt erst bekannt wird, ist Jean Paul Sartre, der geistige Vater des Existentialismus, Ende vorigen Jahres in die Kommunistische Partei aufgenommen worden. Offiziell hat man den Beitritt noch nicht bekanntgegeben, weil mehrere KP-Führer Sartre noch nicht für „reif", das heißt politisch zuverlässig halten. Gleichzeitig vollzog auch der Schriftsteller Jean Genet seinen Eintritt in die Kommunistische Partei.

WESTDEUTSCHE ALLGEMEINE
Die unabhängige Zeitung des Ruhrgebiets

# Tango nach der Schicht

## Tanzkursus beweist: Leichtfüßiger Umgang mit jungen Damen ist schnell erlernbar

Von unserem Redaktionsmitglied ROLF BUTTLER          HERNE, 10. Februar

*Auch das organisiert: Wolfgang Mannhard*

Seit fünf Wochen unterziehen sich 37 angehende Bergleute zwischen 15 und 18 Jahren im Berglehrlingsheim von „Shamrock I/II" in Herne der üblichen Reinigungsprozedur am Dienstag mit besonderem Eifer. Mit einer harten Wurzelbürste wird auch das letzte Restchen Kohlestaub unter den Fingernägeln vernichtet. Sie nehmen dies auf sich, weil Leiter Mannhard seit dem 3. Januar in ihrem Heim etwas organisiert hat, was in keiner Ausbildungsvorschrift für zukünftige Bergleute zu finden ist: nach der Frühschicht Müh' und Lasten und dem rauhbeinigen Umgang mit eisernen Loren ein paar hundert Meter unter der Erde, werden diese Berglehrlinge in die Geheimnisse des leichtfüßigen Umgangs mit jungen Damen eingewiesen: sie lernen tanzen. Man könnte angesichts dieser Tatsache die Frage stellen: Muß ein Bergmann tanzen können? Aber sie wäre nicht mehr und nicht weniger berechtigt wie bei jedem anderen Berufsstand. Und die wohlfundierte Antwort könnte lauten: Er muß nicht, aber warum sollte er nicht...

Indes: Heimvater Wolfgang Mannhard stellt solche Überlegungen nicht vor seinen Entschluß, einen professionellen Tanzlehrer einzuladen, damit er den „Untertage-Stiften" von Shamrock I/II gleichsam musikalisches Taktgefühl beibringe. Der Grund für dieses „Unternehmen Tango" liegt anderswo und längere Zeit zurück.

### Feste genug, aber ...

Heime, welcher Art auch immer, besitzen nicht immer das, was man unter einer familiären, heimischen Atmosphäre versteht. Dieses Berglehrlingsheim von Shamrock hat sie, und zwar unter anderem deshalb, weil Wolfgang Mannhard „seine" Jungs recht kunstvoll basteln und an umfangreichen Stabilbau-Kästen tifteln, weil sie musizieren, Sport treiben und mit ihm auf große Fahrt gehen und an seiner Familien-Weihnachtsfeier teilnehmen läßt. Und weil er es versteht, mit ihnen jungenhafte Feste sonder Zahl zu feiern.

Wie das solche Feste nun im allgemeinen mit sich bringen, wird dabei auch getanzt. Im besonderen Fall des Heimes am Regenkamp war das zunächst ein Plan: Es sollte getanzt werden, und zwar einem sehr alten, in dieser Zeit aber immer mehr verkümmernden Brauch gemäß, Volks- und Gemeinschaftstanz. Solches zu arrangieren, begannen Heimvater Mannhard und seine Helfer schon bald nach Errichtung des Hauses vor vier Jahren. Allein — zum Tanzen gehören in der Regel nun auch Mädchen.

### Turnerinnen in der Bresche

Also machten sich Wolfgang und vor allem seine Frau Gerda auf die Suche. Der nächstliegende Weg erwies sich jedoch als eine Sackgasse, die so finster war wie ein Blindschacht auf der achten Sohle. Die auf ihre Töchter angesprochenen Shamrock-Kumpel waren so hart wie die Kohle, die sie täglich brechen.

Nach diversen anderen ergebnislosen Versuchen kam endlich die Rettung. Mit einem „Frisch, fromm, fröhlich, frei" sprangen Mädchen des Herner Turnclubs in die Bresche. Und so wurde dann zu der Musik der inzwischen auf 23 Musiker angewachsenen Musikgruppe der Gemeinschaftstanz gepflegt.

Aber bald tauchte ein neues Problem auf. Nach dem festlichen Gemeinschafts-

*Immer gut zu lernen, wie man sich korrekt verbeugt. Das lohnt vor allen Damen und in manchen Lebenslagen.*

tanz machte die Musikgruppe flotte Gesellschafts-Tanzmusik. Da stellte sich heraus, daß nur ein ganz kleiner Teil der 100 Mann starken Belegschaft des Heimes sich im Tangoschritt zu wiegen verstand. Das bedeutete, daß ein großer Teil der Jungen zwangsläufig abseits stehen mußte.

### Glatte Untertreibung

Dieses wiederum paßte gar nicht in Heimvater Mannhards Plan, der ganz auf Gemeinsamkeit abgestellt ist. Also entstand die Idee Tanzkursus. Mit ihr jedoch wuchs eine neue Schwierigkeit: für diesen Tanzkursus fehlten natürlich auch wieder Partnerinnen, die wie die Jungen, Anfänger sein mußten. Da griff Heimvater Mannhard zu einer Kriegslist. Er ließ die Öffentlichkeit wissen, daß im Heim am Regenkamp ein Tanzkursus laufe, zu dem sich „noch einige Mädchen" melden könnten.

Dieses „noch einige Mädchen" war eine glatte Untertreibung. Außer Mannhards Frau und Tochter und der Ehefrau von

Heimvater Spangenberg vom benachbarten Knappenheim gab es zu jenem Zeitpunkt kein weibliches Wesen für den Tanzkursus.

Aber die List glückte. Es kamen Mädchen. Tanzlehrer Döring aus Wanne brachte zu dem weitere mit. Heute sind es dreißig. Mit Hilfe einiger geschickter „Wechselschritte" gelingt es dem Tanzlehrer, auch die jeweils überzähligen Berglehrlinge immer in die tänzerische Grundausbildung einzubeziehen.

### Feine Schweißperlen

Und so tanzen sie denn: in höchster Konzentration, feine Schweißperlen auf der Stirn und in der rechten Hand das sorgsam gefaltete frische Taschentuch, auf daß die Taille der Partnerin fleckenlos bleibe. Wenngleich es nicht verborgen bleibt, daß den angehenden Bergleuten derartiger Umgang mit solchen Wesen offensichtlich größere Mühe bereitet als der mit schwerem Bergmannsgerät, sind sie begeistert bei der Sache. Sie richten sogar ihren Urlaub so ein, daß sie die letzte Tanzstunde noch mitnehmen und die anderen wieder erwischen können.

Und das ganz zweifelsfrei nur aus Freude am Tanzen. Denn der seit Generationen allseits ach so beliebte gemeinsame Heimweg mit der Tanzstunden-Bekanntschaft ist im Regenkamp tabu. Pünktlich um 22 Uhr werden die Tänzerinnen von der älteren Generation zum Autobus begleitet, der sie nach Hause bringt. Für die Tänzer ist die Heimtür um 22 Uhr nach draußen symbolisch verschlossen.

### Aussteuer wächst

Dennoch: voraussichtlich wird man im nächsten Jahr Anlaß für ein zusätzliches Fest haben. Wenn nicht alles täuscht, werden Alfred H. und Walburg L. —er einstiger Lehrling im Regenkamp und heute Bergvorschüler, und sie Turnerin vom Herner Turnclub — ihre ersten gemeinsamen Schritte von den Gesellschaftstänzen her auch in Zukunft fortsetzen. Sie wollen heiraten. Die Aussteuer wächst zügig.

*Kleine Pause nach der dritten Runde: man kommt in Dampf.*

# Arnold gestürzt - Steinhoff Nachfolger

## NRW-Landtag wählt mit 102 gegen 96 Stimmen neuen Ministerpräsidenten

## Kanzler verliert Zweidrittelmehrheit im Bundesrat

Von unserer Düsseldorfer Redaktion

Schr. DÜSSELDORF, 20. Februar

Mit 102 gegen 96 Stimmen, bei einer Stimmenthaltung, hat der Landtag von NRW am Montag in geheimer Abstimmung Ministerpräsident Arnold durch Annahme des von SPD und FDP eingebrachten Mißtrauensantrages gestürzt und gleichzeitig den SPD-Fraktionsvorsitzenden Fritz Steinhoff zu seinem

Nachfolger gewählt. Damit wird die bisherige Landesregierung von CDU, FDP und Zentrum durch eine SPD/FDP-Koalition abgelöst, die voraussichtlich auch das Zentrum aufnehmen wird. Mit dem Sturz Arnolds haben die Länder mit Koalitionen nach Bonner Muster ihre Zweidrittelmehrheit im Bundesrat verloren.

Die mit Spannung erwartete Abstimmung hatte um 12 Uhr im Scheinwerferlicht der Wochenschauen und der Fernsehkameras begonnen. Bis auf den Vorsitzenden des FDP-Landesverbandes, Minister Middelhauve, waren alle Abgeordneten zu der entscheidenden Sitzung erschienen. Sogar zwei kranke Abgeordnete, ein CDU- und ein FDP-Mitglied, waren in den Landtag getragen worden und gaben als erste ihre Stimmen ab. Dann wurden die anderen Abgeordneten alphabetisch aufgerufen. Auf der Rednertribüne zeichneten sie ihr Kreuz auf den Abstimmungszettel und warfen ihn in die Wahlurne. Gegen 13 Uhr waren alle

Stimmen abgegeben, und 20 Minuten später stand das Ergebnis fest.

Unmittelbar nach seiner Wahl wurde der neue Ministerpräsident Steinhoff durch Landtagspräsident Gockeln vereidigt. Am Mittwoch, dem 29. Februar, wird der neue Regierungschef sein Kabinett dem Landtag vorstellen und seine Regierungserklärung abgeben.

Der gestürzte Ministerpräsident Arnold, der während des Verlaufs der Abstimmung auf seinem Platz geblieben war, erhob sich nach Verkündung des Wahlergebnisses und ging Steinhoff entgegen. Beide schüttelten sich herzlich die Hand. Anschließend nahm Arnold seinen Ab-

geordnetensitz in der ersten Reihe der CDU-Fraktion ein.

Da der FDP-Abgeordnete Middelhauve fehlte, nahmen 199 Abgeordnete an der Abstimmung teil; damit verfügten SPD und FDP über zusammen 100 Stimmen. Berücksichtigt man, daß 102 Abgeordnete für den Mißtrauensantrag stimmten, müssen zwei Abgeordnete einer anderen Fraktion für Steinhoff gestimmt haben.

Während des gesamten Verlaufs der Abstimmung saßen die CDU-Minister äußerlich unbewegt in ihren Sesseln auf der Ministerbank. Erst zum Schluß der Auszählung hatte Arnold, der neun Jahre ununterbrochen Ministerpräsident war, Mühe, seine Nervosität zu verbergen. Noch bevor das Ergebnis verkündet wurde, ging eine FDP-Abgeordnete, die an der Auszählung teilgenommen hatte, zu Steinhoff, um ihm zu gratulieren. Damit stand fest: Steinhoff hat gesiegt, Arnold ist gestürzt.

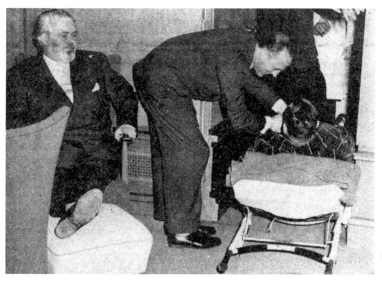

AUF EINER BAHRE LIEGEND wurde der CDU-Abgeordnete Luster-Haggeney zur Abstimmung in ein Nebenzimmer des Plenarsaales getragen. Der Abgeordnete hatte eine schwere Magenoperation hinter sich. In dem Nebenzimmer befand sich auch der FDP-Abgeordnete Dr. Viktor Hoven, der mit einer Knieverletzung im Liegestuhl lag.

Karl Arnold (rechts) beglückwünscht seinen Nachfolger Fritz Steinhoff.

# Jetzt mehr Kaffee für weniger Geld!

Sie erhalten jetzt mehr Tassen Kaffee bester Qualität für Ihr Geld, wenn Sie den starken, preiswerten ALI Express-Kaffee wählen, der zu 100% aus reinem Kaffee hergestellt ist!

**Beachten Sie diese Preise:**
Die Doppeldose (30-35 Tassen) DM **4,85**
Die Normaldose (15-18 Tassen) DM **2,70**
Die Tube (2-3 Tassen) DM **0,45**

**ALI** KAFFEE-EXTRAKT IN PULVERFORM
**EXPRESS-KAFFEE**
ALI NAHRUNGS- UND GENUSSMITTEL GESELLSCHAFT MBH · MÜNCHEN 23

**1 Es ist ja so einfach!** Ein leicht gehäufter Kaffeelöffel dieses wundervollen Express-Kaffees – ein Löffel ALI Kaffee-Extrakt. Es kostet wenig, aber wundervoll ist der röstfrische Geschmack.

**2 In die Tasse** kommt dieser reine, feine Kaffee-Extrakt. ALI bringt jedem einen überraschend guten Kaffee. Schnell ist er zubereitet – im Haushalt oder in der Arbeitspause.

**3 Eine Sache von Sekunden:** Heißes Wasser in die Tasse – schon ist der Kaffee fertig! Ein kräftiger Kaffee. ALI, der reine Kaffee – keiner, der sparsamer im Gebrauch ist.

**4 Jetzt kommt der Genuß:** Wie köstlich mundet eine Tasse ALI Kaffee – 100% aus reinem Bohnenkaffee! Gehen Sie noch heute zu Ihrem Kaufmann. ALI gibt Ihnen mehr Kaffee für Ihr Geld.

## Willi Weyer:
### Praktiker der Politik

D as Gespann Steinhoff/Weyer, auf dem die neue Düsseldorfer Koalition nicht nur personell, sondern weitgehend auch sachlich beruht, wurde vor Jahren in Hagen erprobt. Damals hießen die Rollen Oberbürgermeister und Bürgermeister. Den beiden Männern, so unähnlich im Äußeren wie in Herkommen und Bildungsgang, verdankt diese Stadt den überlegten und soliden Gang ihres Wiederaufbaus.

Daß Willi Weyer in wenigen Jahren — er trat erst 1947 in die politische Arena

ein — und angesichts seines jugendlichen Alters — Jahrgang 1917 — eine so glatte und schnelle Karriere machen konnte, verdankt er in gleicher Weise seinem gesunden Menschenverstand wie seiner äußeren Erscheinung. Er ist mit 1,90 m ein Kleiderschrank von einem Mann, sportlich trainiert, aktiver Wasserballer. Von seinem physischen Auftreten gehen Unbekümmertheit und Siegesgewißheit aus. Er argumentiert stets sachlich und gänzlich unideologisch. Aber man fühlt, daß er auch Widerstände zu brechen weiß. Im Grunde zieht ihn nicht die Parteipolitik an, sondern das praktische politische Wirken. Wenn der Begriff noch nicht so abgenutzt wäre, müßte man ihn als den Typ des politischen Managers bezeichnen. An seinen Leistungen als Wiederaufbauminister im Kabinett Arnold haben selbst seine Gegner wenig auszusetzen.

Weyer ist gebürtiger Hagener und befaßte sich nach dem Abschluß seines juristischen Studiums zunächst theoretisch mit Rechtsfragen als Assistent an der Akademie für deutsches Recht. Doch nach dem Kriege schaltete er auf die praktische Wirtschaft um. Er wurde Geschäftsführer des Einzelhandelsverbands Süd-Westfalen. In die FDP gelangte er über die Demokratische Jugend. 1948 wurde er zum Stadtverordneten in Hagen gewählt, 1950 gelangte er über die Reserveliste in den Landtag und ein Jahr später war er bereits zweiter Vorsitzender des Landesvorstands der FDP. 1953 zog er in den Bundestag ein.                    Dr. Ro.

## „Eiserner Gustav" gefaßt
### BONN, 7. Februar

Der ehemalige SS-Untersturmführer Gustav Sorge ist am Dienstag auf Veranlassung der Bonner Staatsanwaltschaft festgenommen worden. Die Festnahme Sorges, der früher Rapportführer im KZ Sachsenhausen war und von den Häftlingen „Eiserner Gustav" genannt wurde, erfolgte auf Grund der Anzeige eines ehemaligen Häftlings von Sachsenhausen. Sorge wird der schweren Mißhandlung mit Todesfolge in zwei Fällen beschuldigt.

# Zentrum tritt in NRW-Koalition ein
## Stellt Staatssekretär im Kultusministerium - Amelunxen Justizminister

Von unserer Düsseldorfer Redaktion    Schr. DÜSSELDORF, 28. Februar

Die Zentrumsfraktion des NRW-Landtages hat sich am Dienstag nach stundenlangen Verhandlungen bereit erklärt, in die neue SPD/FDP-Regierungskoalition einzutreten. In einer Erklärung heißt es, das Zentrum habe sich zur Mitarbeit entschlossen, nachdem Ministerpräsident Steinhoff die Weiterführung der bisherigen Kultur-, Kirchen- und Schulpolitik zugesagt habe. Auch der Posten des Staatssekretärs im Kultusministerium werde vom Zentrum besetzt. Dieselben Zusagen waren dem Zentrum bereits vor 14 Tagen gemacht worden.

Dr. Amelunxen, der bereits im Kabinett Arnold Justizminister war, wird diesen Posten auch unter Steinhoff besetzen. Den neuen Landesministern — einschließlich Dr. Amelunxen — wurden bereits ihre Ernennungsurkunden ausgehändigt. Ministerpräsident Steinhoff wird dem NRW-Landtag am Mittwochvormittag die neue Landesregierung vorstellen und sein Regierungsprogramm vorlegen. Anschließend wird der Landtagspräsident die neun Minister vereidigen.

Das Zentrum hatte im Laufe des Dienstags vergeblich versucht, die FDP zur Zurückziehung des als Kultusminister benannten Prof. Luchtenberg zu bewegen. Auch in der Wahlgesetzfrage gaben SPD und FDP dem Drängen des Zentrums nicht nach, das eine Aufhebung oder wenigstens eine Abschwächung der Fünfprozentklausel gefordert hatte.

Die Regierungskoalition mit SPD, FDP und Zentrum verfügt jetzt im Landtag über 110 Stimmen gegenüber 90 der CDU-Opposition.

# Autobahn-Sonderkommando überholt mit 170 Sachen
## Erstes Kabriolett geliefert – Verkehr soll flüssiggehalten werden

WAZ DÜSSELDORF, 17. Februar

Das erste von acht Kabrioletts vom Typ „Porsche 1600" für das Sonderkommando „Überholende Überwachung" auf den Autostraßen wurde am Freitag im Hof des Innenministeriums in Düsseldorf vorgeführt. Die Wagen erreichen eine Geschwindigkeit von 170 km/st. Sie sind mit Funktelefon und leuchtendem Polizeischild ausgestattet.

In strahlendem Weiß wurden vorgestellt: der schnelle Streifenwagen und einer der Fahrer.

Die 40 Beamten dieses Sonderkommandos sind alle unter 35 Jahre alt, haben mehrjährige unfallfreie Fahrpraxis hinter sich und sind eingehend auf Reaktionssicherheit, Schnelligkeit sowie räumliches Sehvermögen geprüft. Gegenwärtig werden sie im Essener Polizeiinstitut für Technik und Verkehr in einem dreiwöchigen Kursus auf ihren Einsatz vorbereitet. Sie werden weiße Uniformen und Sturzhelme tragen.

Innenminister Dr. Meyers verspricht sich vom Einsatz dieses Sonderkommandos, der am 1. März beginnen soll, ein Absinken der Unfallkurve auf der Autobahn. In Zusammenarbeit mit den Autobahnwachen sollen die schnellen Streifen in erster Linie dafür sorgen, daß der Verkehr in Fluß bleibt und die notorischen Linksfahrer zur Ordnung bringen. Nach Ansicht von Dr. Meyers wird in absehbarer Zeit auch der Hubschrauber für die Verkehrsregelung eingesetzt werden. „Wenn das nichts nützt, dann können wir nur noch beten", sagte er.

# Bundes-FDP spaltet sich

## 16 Abgeordnete aus Bonner Fraktion ausgetreten
## Vizekanzler Blücher aus der Partei ausgeschlossen

Von unserem Bonner Büro

Mü BONN, 23. Februar

Unter Führung des hessischen FDP-Landesvorsitzenden Euler sind am Donnerstag 16 Bundestagsabgeordnete der FDP, unter ihnen alle vier FDP-Bundesminister und der Vizepräsident des Bundestages, Schneider, aus der Fraktion ausgetreten. Der Spaltung der Fraktion dürfte sich unmittelbar die Spaltung der Freien Demokratischen Partei an-

schließen. Es wird damit gerechnet, daß die Euler-Gruppe eine neue Partei gründet, für die der Name „Deutsche Volkspartei" genannt wird. Damit hat die politische Krise in der Bundesrepublik, die mit dem Kampf um das „Grabensystem" begann und mit dem Sturz Arnolds in Düsseldorf fortgesetzt wurde, einen neuen Höhepunkt erreicht.

Die erste Reaktion aus den Ländern zeigt, daß wahrscheinlich nur die Landesverbände Hessen und Berlin aus der FDP ausscheiden werden. Die fünf in Nordrhein-Westfalen gewählten FDP-Abgeordneten, Vizekanzler Blücher (Essen), Dr. Blank (Oberhausen), Körner (Münster), General a. D. von Manteuffel (Neuß) und Dr. Berg, haben sich, wie der NRW-Landesvorsitzende Weyer erklärte, durch ihren Austritt aus der Fraktion automatisch aus der FDP ausgeschlossen.

Welche Konsequenzen Bundeskanzler Adenauer und die CDU/CSU aus der Spaltung der FDP ziehen werden, wird sich am Freitag entscheiden. In Bonn wird angenommen, daß die Euler-Gruppe auf jeden Fall in der Koalition und die vier FDP-Minister im Kabinett verbleiben werden.

Zur Begründung für ihren Austritt erklärte die Euler-Gruppe, die FDP-Fraktion habe unter dem Vorsitz von Dr. Dehler eine in steigendem Maße widerspruchsvolle Politik verfolgt und sich im Gegensatz zu den Wahlversprechen gestellt, die vor der Bundestagswahl 1953 gemacht wurden. Diese Wandlung der FDP habe in der „grundlosen Umbildung" der NRW-Landesregierung ihren Höhepunkt erreicht. Diese Erklärung der Euler-Gruppe wurde vom Bundespresseamt verteilt.

DR. MAX BECKER (vorn) und ERICH MENDE, die Stellvertreter Dehlers im Fraktionsvorstand, bei einer Pressekonferenz.

AUGUST MARTIN EULER: der Führer der FDP-Rebellen, bei der Begründung seines Austritts aus der Fraktion.

# Fußgänger erhalten Vorgehrecht
# auf Zebrastreifen mit Blinklichtern

## Neue Kennzeichen für Kfz. gebilligt – Zwei Rückspiegel Vorschrift

WAZ BONN, 24. Februar

Mehr Sicherheit für die Fußgänger im Straßenverkehr. Das ist das Hauptziel von zwei Verordnungen zur Änderung der Straßenverkehrsordnung und Straßenverkehrszulassungsordnung, die am Freitag im Bundesrat gebilligt wurden und in Kürze in Kraft treten.

Die Verordnungen enthalten u. a. folgende Bestimmungen:

**1** Lastwagen mit einem zulässigen Gewicht von 7,5 t und mehr dürfen künftig an Sonn- und Feiertagen von 0.00 bis 22.00 Uhr nicht mehr verkehren. Anhänger sind in diesem Zeitraum generell verboten. Dieses Verbot gilt jedoch nicht im Interzonenverkehr. Einzelausnahmen können von den Straßenverkehrsbehörden genehmigt werden.

**2** Fußgänger erhalten auf den durch gelbe Blinkleuchten gekennzeichneten Zebrastreifen unbedingtes Vorgehrecht. Vorbedingung dafür ist, daß der Fußgänger sich auf dem Überweg befindet, bevor das Fahrzeug diesen erreicht hat.

**3** Jedes Kraftfahrzeug muß in Zukunft zwei Rückspiegel (innen und außen) führen.

**4** Alle Lkw.-Anhänger müssen künftig mit Blinklichtern ausgestattet sein.

**5** Die Kraftfahrzeuge erhalten neue Kennzeichen aus Buchstaben und Zahlen (schwarz auf weißem Grund). Ein, zwei oder drei Buchstaben kennzeichnen den Zulassungsort, beispielsweise E für Essen, BO für Bochum und DO für Dortmund. Die Größe der Schilder beträgt für Kraftwagen einze. J 520 x 110 mm, zweizeilig 340 x 200 mm, für Krafträder 280 x 200 mm.

**6** Die Aufstellung von Parkuhren wird gesetzlich gestattet.

**7** Auf Straßen ohne Gehweg außerhalb geschlossener Ortschaften müssen Fußgänger ständig auf der äußersten linken Straßenseite gehen.

Überholsignalgeräte werden nicht eingeführt. Für Mopeds wird vorerst weder eine Führerschein- noch eine Kennzeichenpflicht angeordnet. Darüber soll erst im Herbst entschieden werden. Dabei ist an eine Koppelung mit der Haftpflichtversicherung gedacht.

## *Entperonisierung*

**1945** haben wohl einige Millionen Deutsche jene Dokumente in Rauch aufgehen lassen, auf die nicht wenige vorher so stolz gewesen waren, ihre Parteibücher. Wenn man all diese kleinen Schmerzens- oder Freudenfeuer hätte zusammenfassen können, es hätte wohl einen prächtigen Scheiterhaufen gegeben.

Ein solches Autodafé konnte man jetzt in Argentinien beobachten. Die neue Regierung, die dem Diktator Peron folgte, löste nämlich das Problem der Entperonisierung auf höchst einfache Weise. Eine Million Peronisten mußten ihre Parteibücher geschlossen verbrennen, und zwar ausgerechnet an der Stelle, an der das Riesenmonument für Evita gebaut werden sollte. Ein letztes Brandopfer vor dem gestürzten Götzen gewissermaßen.

Die restlichen sieben Millionen Parteibücher wurden ohne jedes weitere Zeremoniell durch die Müllverbrennungsanlagen von Buenos Aires gejagt. Damit will die neue Regierung, wie sie betont, ihr Versprechen erfüllen, es soll es weder Besiegte noch Sieger geben soll und die Mitgliedschaft in der Partei allein noch nicht strafbar ist.

Das sind löbliche Vorsätze. Keine Spruchkammern oder -gerichte, keine Fragebogen! Und doch, wer weiß, ob nicht irgendwo in sicheren Tresor noch die Mitgliederkarteien oder die so beliebten Fotokopien liegen? Nur so für alle Fälle, wenn einmal Material gebraucht wird . . . d. n.

# Abrechnung mit Josef Stalin

1956 – es war das Jahr der Geheimrede von Nikita Chruschtschow auf dem XX. Parteitag der KPdSU: Der neue sowjetische Parteichef rechnete mit dem 1953 gestorbenen Diktator Stalin ab. Und es war das Jahr des Ungarn-Aufstandes, der schließlich von sowjetischen Panzern niedergewalzt wurde.

Die Distanzierung von Stalin setzte in der sowjetischen Führung schon bald nach dem Tode des Diktators ein. Obwohl die neuen Machthaber sehr vorsichtig waren. Aber in jenen Tagen reichte es schon, wenn man von den Taten „des großen Lenin und von Stalin" sprach, um seine Meinung zu transportierten.

Im Februar 1956 dann fühlte sich der Erste Sekretär der KPdSU, Nikita Chruschtschow, offenbar stark genug, vor seinen Genossen klarere Worte zu sprechen. Auf dem XX. Parteitag hielt er eine Geheimrede, in der er mit Stalin abrechnete. Schon bald drangen Details der Rede an die Öffentlichkeit. Und sie trafen auf viele Menschen, die nicht glauben wollten, was sie hörten. Viel zu lange hatte Stalin durch gigantischen Personenkult fast gottgleich gewirkt, trotz seiner ungeheuren Verbrechen hatte sein Tod das Land in tiefe Trauer gestürzt.

Nun aber packt Chruschtschow aus. Auch die meisten der 1.424 Delegierten und ausländischen Gäste trifft die Rede völlig unvorbereitet. Viele zeigen sich erschüttert.

Chruschtschow beginnt seine Ausführungen mit dem Hinweis, schon Lenin habe vor dem skrupellosen Machthunger Stalins gewarnt. Dann wird Chruschtschows Rede zu einer einzigen Anklage. Er redet über die „Säuberungen" innerhalb der KP, denen in den 30er Jahren tausende kommunistische Funktionäre zum Opfer fielen. Er redet über Folter und Schauprozesse, in denen das Urteil schon vor der Verhandlung feststand.

Als Hauptursache für die Verbrechen nennt Chruschtschow persönliche Defizite Stalins, den er als „argwöhnischen, krankhaft misstrauischen Menschen" bezeichnet. Der Personenkult um Stalin habe den Machtmissbrauch gefördert. Seine Mitarbeiter hätten sich dem Herrscher kritiklos ergeben, Stalin dadurch in einer Art Scheinwelt gelebt.

Auch mit der Legende von Stalin als Kriegsheld und Retter Russlands räumt Chruschtschow auf. Der Kommunist habe dem Nazi Hitler naiv vertraut und deshalb nicht mit einem deutschen Angriff auf die Sowjetunion gerechnet. Diese Fehleinschätzung habe das Land fast in den Untergang geführt.

So hart die Vorwürfe gegen Stalin sind – die ganze Wahrheit sagt Chruschtschow nicht. Er verschweigt die unzähligen Opfer durch die brutale Zwangskollektivierung der Landwirtschaft nach 1930. Und auch das System der Straflager, der „Archipel Gulag", mit seinen Millionen Opfern bleibt unerwähnt.

Vor allem aber stellt Chruschtschow, der selbst in die blutigen Verbrechen Stalins verstrickt war, nicht die Systemfrage. Stalin allein und seinen Hofschranzen wurde die Schuld zugeschoben, nicht aber die unkontrollierte Alleinherrschaft der Partei in Frage gestellt. Ganz offensichtlich hatte Chruschtschow nicht die Absicht, dieses System von Grund auf zu ändern.

Folglich hatte die Chruschtschow-Rede auch nur begrenzte Auswirkungen. Die meisten Arbeitslager wurden zwar aufgelöst, soziale Reformen durchgeführt. Oppositionelle Organisationen oder unabhängige Gewerkschaften aber blieben weiter verboten.

Vor dem Hintergrund der Entstalinisierung überschlagen sich in Ungarn die Ereignisse. Am 1. November erklärt der Reformkommunist, der neugewählte Ministerpräsident Imre Nagy, den Austritt seines Landes aus dem Warschauer Pakt. Der neuen Regierung gehören auch bürgerliche Politiker an, nichtkommunistische Parteien nehmen ihre Arbeit auf. Wütende Menschen verwüsten Parteihäuser der Kommunisten, etliche Mitglieder des verhassten Staatssicherheitsdienstes AVH werden vom Mob gelyncht.

Die Antwort Moskaus lässt nicht lange auf sich warten. Schon am 4. November greifen sowjetische Truppen die ungarische Hauptstadt Budapest an. In den nächsten Tagen kommt es zu heftigen Kämpfen mit den Aufständischen, die militärisch hoffnungslos unterlegen sind. Die Bedrängten richten flammende Appelle an die Welt und bitten um Hilfe. Die westlichen Staaten protestieren zwar mit aller Schärfe gegen das Vorgehen Moskaus, verzichten aber auf jede militärische Unterstützung der Aufständischen.

Am 15. November bricht der Widerstand zusammen. Es kommt zu Massenverhaftungen. Auch Imre Nagy wird festgesetzt. 1958 wird er in einem Geheimprozess zum Tode verurteilt und hingerichtet.

Der Stalinismus, so zeigt sich, ist noch nicht besiegt.

*Lutz Heuken*

EINZELPREIS 25 PF / NR. 77
VERLAGSORT ESSEN

SAMSTAG, 31. MÄRZ 1956

# WESTDEUTSCHE ALLGEMEINE

Unabhängige Zeitung • Höchste Auflage in Essen und im Ruhrgebiet

WAZ-Gesamtauflage am Wochenende über 425 000

# 100 000. Suchkind gefunden

**. . . durch Arbeit des DRK**

HAMBURG, 30. März

**Das 100 000. Suchkind konnte am Donnerstag durch die Arbeit des Deutschen Roten Kreuzes von seiner Mutter nach langen Jahren der Trennung in die Arme geschlossen werden. Es war ein dreizehn Jahre altes sogenanntes namenloses Kind, das nichts von seiner Herkunft wußte und nur an einer schwarzen Samtmütze erkannt werden konnte, die es auf seinen Fluchtwegen von Ostpreußen in Richtung Westen getragen hatte.**

Das damals zweijährige Kind mußte 1945 auf der Flucht in einem Kolberger Krankenhaus bleiben und verlor so die Verbindung mit seinen Angehörigen. Die Mutter wurde erst drei Jahre nach dem Krieg aus Ostpreußen ausgesiedelt. Seitdem hatte sie ihre Tochter gesucht, die bis jetzt bei einer Gemeindeschwester in Mecklenburg lebte.

So groß der Erfolg des Kindersuchdienstes auch ist, es suchen noch immer 16 000 Kinder ihre Eltern und ebenso 16 000 Eltern ihre Kinder. „Diese 32 000 Suchfälle werden uns noch jahrelang beschäftigen", erklärte der Leiter des DRK-Suchdienstes Hamburg. (dpa)

## Interzonenzüge überfüllt – Kfz.-Schlangen auf der Autobahn

HELMSTEDT, 30. März

Die Interzonenzüge von und nach Berlin waren am Freitag völlig überfüllt. An den Grenzkontrollpunkten der Interzonenstraßen bildeten sich kilometerlange Schlangen. In Helmstedt mußten die Autoreisenden teilweise Wartezeiten von drei bis vier Stunden in Kauf nehmen. (dpa)

## Haas berichtet in Bonn

BONN, 30. März

Der deutsche Botschafter in Moskau, Dr. Haas, wird nach Ostern zur Berichterstattung nach Bonn kommen. Nach Mitteilung des Bundespresseamtes wird sich Haas etwa 14 Tage in Bonn aufhalten, wo er ausführliche Besprechungen mit dem Auswärtigen Amt führen wird. (dpa)

SCHÖNE OSTERTAGE

wünschen wir allen Lesern und Freunden

WAZ-Bild: Werner-Ebeler

## SPD-Grundsatzentscheidung über Wehrpflicht im Juli

WAZ BONN, 30. März

**Die grundsätzliche Entscheidung der SPD, ob sie für eine allgemeine Wehrpflicht oder für eine Berufsarmee in der Bundesrepublik eintritt, wird erst auf ihrem Parteitag im Juli in München fallen. Dies erklärte der stellv. SPD-Vorsitzende Mellies in Bonn. Mellies kündigte jedoch gleichzeitig schon die Ablehnung eines Wehrpflichtgesetzes durch die SPD-Fraktion im Bundestag an, weil es ein Folgegesetz der Pariser Verträge sei.**

Mit der Einführung einer Wehrpflicht, so sagte Mellies, wäre auch die Wehrpflichtüberwachung verbunden. Damit würde den Männern in der Bundesrepublik und in der Sowjetzone vom 18. bis 60. Lebensjahr der Weg herüber und hinüber verschlossen. Auch die anderen Schwierigkeiten für die deutsche Wiedervereinigung würden bei einer allgemeinen Wehrpflicht immer größer.

# Oberklassen in NRW jetzt schulgeldfrei

**Erste Gesetzesstufe in Kraft**

WAZ DÜSSELDORF, 30. März

Vom 1. April an wird in NRW für Schüler der drei oberen Klassen an Gymnasien und Frauenoberschulen und der beiden oberen Klassen der Mittelschulen und höheren Fachschulen kein Schulgeld mehr erhoben. Der Besuch von Abendgymnasien und des staatlichen Instituts zur Erlangung der Hochschulreife in Oberhausen ist in allen Klassen schulgeldfrei. Damit tritt die erste Stufe zur Einführung der Schulgeldfreiheit in Kraft, die vom NRW-Landtag im Januar mit den Stimmen aller Fraktionen beschlossen worden war. Vom 1. April 1960 an wird der Besuch in allen Klassen der genannten Schulen schulgeldfrei sein.

*

**Karl Arnold**, der zur Zeit in der Türkei weilende ehemalige Ministerpräsident von NRW, ist vom türkischen Ministerpräsidenten Menderes zu einer Fahrt in das türkische Steinkohlenrevier bei Zonguldak am Schwarzen Meer eingeladen worden.

**Gegen eine Verringerung der Regierungsbezirke** bei der Verwaltungsreform in NRW sprach sich NRW-Innenminister Biernat (SPD) in Arnsberg aus.

**Der FDP-Kreisverband Marburg-Stadt** hat beschlossen, den aus der FDP-Bundestagsfraktion ausgeschiedenen Abgeordneten des Wahlkreises Marburg-Biedenkopf, Dr. Ludwig Preiß, als nicht mehr zur Partei gehörig anzusehen.

**Staatssekretär Prof. Hallstein** ist am Donnerstag zu einer Konferenz der deutschen Botschafter im Nahen Osten nach Istanbul geflogen.

**Dr. Karl Waltzinger**, Oberregierungsrat im Saar-Finanzministerium, wurde mit der Wahrnehmung der Geschäfte eines Bevollmächtigten der Saarregierung in Bonn beauftragt.

**32 Umsiedler** aus den polnisch verwalteten deutschen Ostgebieten trafen am Donnerstag in West-Berlin ein.

**In Washington** halten sich hartnäckig Gerüchte, daß Präsident Eisenhower den sowjetischen Verteidigungsminister, Marschall Schukow, nach den USA einladen werde.

**König Hussein** von Jordanien erklärte sich bereit, das Finanzangebot der arabischen Staaten für Jordanien anzunehmen. Er besteht jedoch darauf, daß diese Hilfe nicht die britischen Zahlungen ersetzen, sondern sie ergänzen soll. (WAZ/dpa/ap)

Die nächste Ausgabe der WAZ erscheint Dienstag.

## Osterwetter trocken und ziemlich warm

WAZ RUHRGEBIET, 30. März

**Mit Temperaturen bis 15 Grad werden wir an den Ostertagen voraussichtlich das erhoffte Frühlingswetter bekommen. Zwar dringen von Norden her kühlere Luftmassen nach Mitteleuropa vor, doch erwarten die Meteorologen keinen Wetterumschlag. Ausflügler und Spaziergänger brauchen auch im wesentlichen keinen Regen zu befürchten. Zeitweilig wird der Himmel bewölkt sein.**

**Im Vertrauen auf ein gutes Osterwetter haben sich schon in den Tagen vor dem Fest in allen Teilen der Bundesrepublik die Ausflügler auf die Beine gemacht. Grenzübergänge und Fremdenverkehrsorte melden starken Ansturm. Die zahlreichen Entlastungszüge der Bundesbahn waren auch am Karfreitag gut ausgelastet. Eine Rekordhöhe erreichte, wie erwartet, der Interzonenverkehr.**

# London mißgestimmt über Gromyko-Plan

**Sowjetischer Abrüstungsvorschlag zielt einseitig auf Verständigung mit USA**

Von unserem Korrespondenten JOHN F. REYNOLDS

LONDON, 30. März

**Premier Eden, der die Ostertage auf seinem Landsitz verbringt, wird sich dort in der Hauptsache mit dem „Osterei" befassen, das ihm die Londoner Abrüstungskonferenz beschert hat, d. h. mit dem Vorschlag des sowjetischen Delegationschefs Gromyko, der eine geradezu paradoxe Situation heraufbeschworen hat, da er sich der amerikanischen Auffassung nähert, während er sich von dem in London vorgelegten britisch-französischen Vorschlag weitgehend unterscheidet.**

Nach Pariser Informationen greift der neue sowjetische Abrüstungsvorschlag den Eden-Plan über die Errichtung einer Kontrollzone an beiden Seiten der Demarkationslinie von Ost und West auf. Der Plan war von Premier Eden auf der Konferenz der Regierungschefs in Genf 1955 als „Abrüstungsexperiment" vorgeschlagen, vom Westen aber später nicht mehr aufgegriffen worden.

Den neuen britisch-französischen Abrüstungsvorschlag, der eine Abrüstung in drei Phasen vorsieht, hat Gromyko als „zu kompliziert und unpraktisch" zurückgewiesen. In Kreisen der USA-Delegation in London hat der sowjetische Gegenvorschlag indessen große Befriedigung hervorgerufen. Er erwähnt das Verbot der Atomrüstungen nicht mehr, sondern begnügt sich mit dem Abbau der Mannschaftsstärken und der herkömmlichen Waffen. Gromyko hat eingehende Vorschläge zur internationalen Überwachung dieses Abbaus gemacht, und der amerikanische Delegationsführer Stassen hat, wie verlautet, diese Vorschläge als „weitgehende Annäherung an unseren eigenen Standpunkt" bezeichnet. Auch der Fortfall des Atomwaffenverbots wird von den USA begrüßt, weil gerade die Amerikaner bisher unwillig waren, auf die Atomrüstung zu verzichten.

### Neue „Einheitsfront"

Es ist keine Übertreibung, wenn man feststellt, daß sich auf der Abrüstungskonferenz, die in der Woche nach Ostern weitergeht, jetzt eine sowjetisch-amerikanische „Einheitsfront" gegen den französisch-britischen Abrüstungsvorschlag zu bilden beginnt. Auf britischer Seite hat diese Wendung erhebliche Mißstimmung hervorgerufen, besonders, weil Eden selbst sich mit dem — hauptsächlich von dem französischen Delegationsführer Moch ausgearbeiteten britisch-französischen Abrüstungsplan öffentlich und in verbindlicher Form assoziert hat.

# SED-Konferenz: ‚Volksarmisten' paradieren im Sitzungssaal

**Beratungen in Ost-Berlin mit einstimmigen Beschlüssen beendet**

Berichte unserer Nachrichtendienste

BERLIN, 30. März

**Mit der einstimmigen Annahme der Direktive für den zweiten sowjetzonalen Fünfjahresplan und eines sogenannten Demokratisierungsbeschlusses für die „volksdemokratische Ordnung in der DDR" beendete die 3. SED-Parteikonferenz in Ost-Berlin am Freitag ihre siebentägigen Beratungen. Am Schlußtag zogen Einheiten der „nationalen Volksarmee" unter Marschmusik im Paradeschritt in den Tagungssaal ein. Sowjetzonen-Verteidigungsminister Stoph erklärte, „Polit-Abteilungen" würden die „führende Rolle der Partei in der Armee" verwirklichen.**

Der Demokratisierungsbeschluß geht auf die Vorschläge einer besonderen Kommission „zur breiten Entfaltung der Demokratie in der DDR" zurück. U. a. sollen jetzt die Werktätigen das Recht erhalten, Abgeordnete abzuberufen, die ihre Pflichten nicht erfüllen. Ferner sollen „das neue sozialistische Recht" weiter gefestigt, die „strikte Wahrung der sozialistischen Gesetzlichkeit" gewährleistet und der „Schutz der Rechte der Bürger" garantiert werden. An Stelle der alten Gemeindeordnung ist ein Gesetz über Aufbau und Arbeitsweise der örtlichen Organe der Staatsmacht vorgesehen.

Am Donnerstag hatte der Sekretär des SED-Zentralkomitees, Paul Wandel, erklärt, daß auch ein gewaltsamer kommunistischer Umsturz als demokratische Handlung anzusehen sei. Das schwerste Hindernis für eine „friedliche parlamentarische Machtergreifung" in der Bundesrepublik ist für Wandel die Bundeswehr, die sich in den Händen von „faschistischen und militärischen Reaktionären" befinde.

## Churchill besucht am 11. Mai Bonn

WAZ BONN, 30. März

Der frühere britische Premierminister Sir Winston Churchill wird am 11. Mai nach Bonn kommen und dort Bundespräsident Heuss und Bundeskanzler Adenauer einen Besuch abstatten. Sein erstes Reiseziel ist jedoch Aachen, wo er am 10. Mai den ihm 1955 verliehenen Karls-Preis der Stadt im Rathaus entgegennehmen und eine Rede halten wird.

### Jugendherbergswerk hilft Jugendlichen aus Sowjetzone

DETMOLD, 30. März

Das Deutsche Jugendherbergswerk hat in diesem Jahr erhebliche Geldmittel bereitgestellt, um Jugendlichen aus der Sowjetzone das Wandern in der Bundesrepublik zu ermöglichen. Die Jugendlichen werden in Jugendherbergen kostenlos untergebracht und verpflegt und erhalten besondere Wandergutscheine und Gastausweise. (dpa)

### Wilson: Auf die amerikanische Luftüberlegenheit kommt es an

WASHINGTON, 30. März

Der Zeitpunkt sei bald erreicht, an dem sowohl die USA als auch die Sowjetunion über genügend Atombomben verfügen, um die ganze Welt zu vernichten, erklärte Verteidigungsminister Wilson vor dem Bewilligungsausschuß des Repräsentantenhauses. In seiner Begründung des Budgets sagte er, die USA würden einen künftigen Krieg verlieren, wenn sie nicht die Luftüberlegenheit behielten. Damit amerikanische Truppen nach Europa befördert werden könnten, müßte vorher die gegnerische Luftmacht vernichtet werden. (dpa)

### Prinz Alfonso von Spanien beim Pistolenreinigen getötet

LISSABON, 30. März

Prinz Alfonso von Bourbon, der zweite Sohn des spanischen Thronprätendenten Don Juan, ist beim Pistolenreinigen im väterlichen Hause in Estorial, wo er die Osterferien verbringen wollte, tödlich verunglückt. Der 15jährige Prinz hatte zusammen mit seinem älteren Bruder, Prinz Juan Carlos, schon eine Anzahl von Pistolen gereinigt; plötzlich löste sich ein Schuß und traf den Prinzen in die Stirn. Er starb nach wenigen Minuten. Der Unfall ereignete sich am Donnerstagabend, nachdem der Prinz von einem Gottesdienst zurückgekehrt war, bei dem er die heilige Kommunion empfangen hatte. (dpa/ap)

### *Jugendelf siegt 1:0*

BUDAPEST, 30. März

Zu einem 1:0- (0:0-) Sieg über Bulgarien kam die westdeutsche Jugend-Fußballmannschaft in ihrem zweiten Spiel beim FIFA-Jugendturnier in Ungarn. Damit führen die deutschen Jungen gemeinsam mit Ungarn (je 3:1 Punkte) die Tabellenspitze der Gruppe 1 an. (ap)

# Wehrgesetze gebilligt

## Bundestag fast einstimmig für Änderungen der Verfassung - SPD lehnt Soldatengesetz ab

Von unserem Bonner Büro        Mü BONN, 6. März

Fast einstimmig verabschiedete der Bundestag am Dienstag die durch die Wiederbewaffnung der Bundesrepublik notwendig gewordenen Änderungen des Grundgesetzes. Dagegen stimmten nur 20 Abgeordnete der SPD. Bei der gleichzeitigen Verabschiedung des Soldatengesetzes, das die Rechte und Pflichten der Soldaten regelt, stimmte die SPD demgegenüber geschlossen dagegen. Dieses Gesetz wird am 1. April das Freiwilligengesetz ablösen, das die Aufstellung von Soldaten bisher auf 6000 Mann beschränkte. Mit diesen beiden Gesetzen ist die Wehrgesetzgebung im wesentlichen abgeschlossen. Als wichtigstes der noch folgenden Gesetze wird in Kürze das Wehrpflichtgesetz verabschiedet, das alle Männer vom 18. bis 45. Lebensjahr zum Wehrdienst verpflichtet.

Nach den ausführlichen Beratungen in den Parteien verlief die abschließende Debatte der Wehrgesetze im wesentlichen ohne Überraschungen. Zu einer Kampfabstimmung kam es lediglich über die Frage, ob die Soldaten einen Eid leisten sollten oder nicht. Diese Eidesleistung wurde mit 221 gegen 193 Stimmen bei zwei Enthaltungen beschlossen.

Danach müssen künftig alle Berufssoldaten und alle Soldaten auf Zeit folgenden Diensteid leisten: „Ich schwöre, der Bundesrepublik Deutschland treu zu dienen und das Recht und die Freiheit des deutschen Volkes tapfer zu verteidigen, so wahr mir Gott helfe." Dieser Eid kann auch ohne die Worte „so wahr mir Gott helfe" geleistet werden.

Soldaten, die auf Grund der Wehrpflicht Wehrdienst leisten, brauchen keinen Eid, sondern lediglich ein feierliches Gelöbnis abzulegen, das folgenden Wortlaut hat: „Ich gelobe, der Bundesrepublik Deutschland treu zu dienen und das Recht und die Freiheit des deutschen Volkes tapfer zu verteidigen."

Der Bundestag bekräftigte am Dienstag noch einmal einen entsprechenden Beschluß des Verteidigungsausschusses, daß die künftigen Streitkräfte den Namen „Bundeswehr" erhalten. Die Bezeichnung „Wehrmacht" wird also nicht mehr wiederkehren.

### Beim SPD-Chef Erich Ollenhauer

bedankt sich Bundeskanzler Adenauer für die Zustimmung der Opposition zu den Wehrergänzungen des Grundgesetzes.

# Universität Alabama schließt farbige Studentin endgültig aus

## Bezirksgericht hatte zuvor Zulassung zum Studium angeordnet

BIRMINGHAM (Alabama, USA), 1. März

Die Universität von Alabama hat am Donnerstag die farbige Studentin Autherine Lucy (26) endgültig vom Studium ausgeschlossen, weil diese in ihrer Klage gegen die Universität grundlos behauptet habe, die Universitätsleitung habe die weiße Studentenschaft zu den gegen sie gerichteten Demonstrationen „angestiftet".

Damit ist der Kampf der Negerstudentin um ihre Zulassung zum Studium an der bisher „rein weißen" Universität, der sich auf das Urteil des amerikanischen Obersten Bundesgerichts gegen die Rassentrennung im Unterricht stützt, in ein neues Stadium getreten.

Erst am Mittwoch hatte das Bundesbezirksgericht in Birmingham der Klage von Autherine Lucy gegen ihre vorläufige Suspendierung vom Unterricht, die von der Universität nach den Ausschreitungen am 6. Februar verfügt worden war, insoweit stattgegeben, daß es die Universität anwies, Autherine Lucy spätestens bis Montag wieder zum Unterricht zuzulassen, und anriet, ihr auch die Benutzung der Speise- und Wohnräume zu gestatten. Der Strafantrag gegen die Universitätsleitung wurde jedoch abgewiesen, da diese mit dem vorläufigen Ausschluß im guten Glauben gehandelt und im übrigen die heftige Reaktion der weißen Studentenschaft unterschätzt habe.

Daraufhin hatte der Justitiar der amerikanischen „Vereinigung zur Förderung der Farbigen", Thurgood Marshall, dessen Organisation den zweieinhalbjährigen Kampf von Autherine Lucy um ihre Zulassung zum Studium führt, den Klagepunkt der „Verschwörung" zwischen Universitätsleitung und Demonstranten zurückgezogen, weil man sich überzeugt habe, daß keine ausreichenden Beweise beizubringen seien. Der Verteidiger der Universität hatte gegen diese Zurücknahme energisch protestiert, weil damit die Beschuldigung, die durch die ganze Presse gegangen sei, nicht aus der Welt geschafft werde.

**Deutschland**
gegen
**Holland**
am Mittwoch
am eigenen
Fernseher
erleben,
selbstverständlich von

RADIO-PHONO
*Jasper*
FERNSEHEN
ESSEN

## Die letzte Hürde

**D**ie Abstimmung im Bundestag über die Wehrergänzungen des Grundgesetzes ist von Dr. Jäger nicht zu Unrecht als die wichtigste Entscheidung des Parlaments seit der Annahme der Pariser Verträge bezeichnet worden. Mit diesen Änderungen fällt (sobald der Bundesrat, wie erwartet wird, zugestimmt hat) nicht nur die letzte große Hürde, die noch der Aufstellung der zwölf deutschen Divisionen im Wege steht, gleichzeitig wird auch, soweit das nach menschlichem Ermessen möglich ist, dafür gesorgt, daß der Aufbau der neuen Bundeswehr unter demokratischer Kontrolle vor sich geht und daß sie keine Gefahr für den Staat wird, den sie schützen soll.

Es ist der SPD nicht leicht gefallen, an diesem Gesetzgebungsakt mitzuwirken. Um so stärker muß das Bekenntnis ihres stellvertretenden Vorsitzenden Mellies wirken, mit dem er den Willen der SPD bekundete, „diesen Staat mitzutragen und mitzugestalten".

Das Soldatengesetz, diesen weiteren wichtigen Baustein der neuen Bundeswehr, hat die SPD abgelehnt. Aber sie hat es deutlich gemacht, daß sie damit den Soldaten nicht ihr Mißtrauen aussprechen will. Ihre Opposition richtet sich vielmehr gegen die Tatsache, daß die Wiederaufrüstung in einem geteilten Deutschland stattfindet.

Wir sind nicht der Ansicht, daß die Tatsache der Spaltung uns von der Pflicht entbindet, unseren eigenen Beitrag zur Verteidigung des freien Teils Deutschlands zu leisten. Aber wir hoffen, daß Bundestag und Bundesregierung gerade in dieser Stunde, in der die letzten Hindernisse für die Wiederaufrüstung fallen, sich der ernsten Mahnung bewußt werden, die damit verknüpft ist: kein Mittel der Politik unversucht zu lassen, um die Wiedervereinigung herbeizuführen. Erst dann wird der Eid des Soldaten, „Recht und Freiheit des deutschen Volkes tapfer zu verteidigen", seinen vollen, unbestrittenen Sinn erhalten.           S. M.

### Der neue Stahlhelm der Sowjetzonen-Volksarmee

... „ist auf der Grundlage des früheren deutschen Stahlhelms und unter Berücksichtigung der neuesten Erfahrungen" entwickelt worden. Unser Bild, das jetzt von den Sowjetzonenbehörden freigegeben wurde, zeigt einen Leutnant mit dem neuen Helm.

### „Auf neun Uhr zeigt der Turm"

... sagen Panzerfahrer, wenn die Kanone, wie auf unserem Bild, nach links geschwenkt ist — in Fahrtrichtung gesehen. Die Ausbildung an den amerikanischen Panzern vom Typ M 47 General Patton hat jetzt in der Garnison Andernach begonnen. Amerikanische Instrukteure, unterstützt von Dolmetschern, erklären die Bedienung der Tanks, die gegenwärtig in der USA-Armee durch ein neueres Modell ersetzt werden. „Die Deutschen haben sich diesen Typ ausgesucht", erklärt Captain Warren, „und wir zeigen ihnen, wie man ihn bedient. Sie werden sich ihre eigene Taktik erarbeiten." Der Typ M 47 hat eine Besatzung von fünf Mann, ist mit einer 9-cm-Kanone und mehreren MG bewaffnet.

# Anwerbung von Italienern jetzt möglich

## Vorbereitungen abgeschlossen – Anträge erledigen Arbeitsämter

WAZ KÖLN, 16. März

Die Vorbereitungen für die Anwerbung von italienischen Arbeitskräften sind so weit abgeschlossen, daß Aufträge deutscher Arbeitgeber von den einzelnen Arbeitsämtern entgegengenommen werden. Von dort aus werden die Aufträge an die Landesarbeitsämter und die deutsche Kommission in Mailand weitergeleitet, die inzwischen ihre Tätigkeit aufgenommen hat. Eine Vereinbarung über die Anwerbung von 13 000 Landarbeitern ist bereits mit der italienischen Regierung getroffen worden. Demnächst soll ein Abkommen für gewerbliche Arbeiter folgen.

Dabei ist ein Unterschied zwischen Saisonarbeitern und Dauerarbeitskräften zu beachten. Für die erste Gruppe, die nur bis zur Dauer von neun Monaten vermittelt wird, hat der Arbeitgeber einen Vermittlungsauftrag beim zuständigen Arbeitsamt zu erteilen, dem für jede gewünschte Arbeitskraft ein unterschriebener Arbeitsvertrag beigefügt werden muß. Die erforderlichen Unterlagen sind bei den Arbeitsämtern erhältlich. Für jede Vermittlung ist eine Unkostenpauschale von 50 DM einzuzahlen.

Die Bewerber werden von der deutschen Kommission persönlich überprüft und können dann unmittelbar nach Deutschland abreisen. Bei einer Dauervermittlung werden die Bewerbungsunterlagen zunächst dem deutschen Arbeitgeber zugeschickt. Soll die vorgeschlagene Arbeitskraft eingestellt werden, so sind anschließend Arbeitsvertrag auszufüllen und Unkostenpauschale zu zahlen.

Die deutschen Arbeitgeber dürfen grundsätzlich an der Endauswahl teilnehmen und bevollmächtigte Vertreter entsenden. Die Reise der italienischen Arbeiter nach Deutschland erfolgt in Sammeltransporten. Den Italienern muß eine angemessene Unterkunft zur Verfügung gestellt werden. Ein Wechsel der Arbeitsstätte soll bei Saisonarbeitern nur in besonderen Fällen möglich sein. Auch die Nachführung von Familienangehörigen ist nicht vorgesehen.

# Alles für das Auto

## Eine Betrachtung über flüssige und überflüssige Dinge

**Sie werden es nicht glauben, lieber Auto-Freund, daß es einmal Wagen o h n e Scheibenwischer gab, und es ist doch wohl ein Kuriosum, daß der erste deutsche Scheibenwischer — mit der Hand zu bewegen — vom Kaiserlichen Patentamt in Berlin nicht einem Auto-Konstrukteur, sondern einem sehr berühmten Autofahrer, nämlich dem Prinzen Heinrich von Preußen, dem Bruder Kaiser Wilhelm II. patentiert wurde. Die Patentschrift existiert noch. Inzwischen ist alles etwas anders geworden.**

Es gibt heute wohl an die hundert verschiedene Scheibenwischer-Typen deutscher Fertigung, und mit Recht klagt die Industrie selbst über diesen Typen-Wirrwarr, der die rationelle Großserien-Fertigung behindert und die Preise daher nicht sinken läßt. Jedenfalls gehört der Scheibenwischer nicht mehr, längst nicht mehr zur „Sonder-Ausrüstung", während die Wagenheizung durchaus noch nicht überall „ohne Preisaufschlag" mitgeliefert wird. Na, es wird ja jetzt Frühling!

Die Straßen tauen auf, und so ein „Dicker" vor uns schmeißt uns einen Sprühregen von Dreck gegen die Windschutzscheibe. Im Sommer, wenn die fetten, lebensmüden Insekten sich ihr Grab an den Frontscheiben suchen, wird es noch problematischer, die Scheibe zu säubern. Eine ganz kleine und billige Einrichtung aber ist in solchen Fällen (und für die Verkehrssicherheit) von überzeugendem Wert: der Scheiben-Wascher (mit „a" statt „i"). Ein Druck auf die Taste, und schon spritzt er durch eine Mehr-Düsen-Anordnung aus einem kleinen Wasserbehälter Wasser direkt vor die Blätter des Wischers, der nach wenigen Bewegungen wieder Klarsicht schafft. Eine prächtige Einrichtung! — Spritzig — wenn

auch Geruchssache — sind ferner Parfüm-Zerstäuber am Armaturenbrett. Es gibt halt flüssige und — überflüssige Dinge im und am Auto.

### Nylon statt Stahl

Motoren, die heute durchweg über mehr als 100 000 km pannensicher sind, lassen — gute Pflege vorausgesetzt — den Fahrer kaum einmal im Stich, aber wenn's der Straßenteufel will, muß man sich doch mal abschleppen lassen. Vorsichtige Fahrer führten bisher ein Stahlseil in ihrem Kofferraum mit, das sich im Notfall zwar sicher bewährte, im Kofferraum selbst aber (wo soll man's sonst lassen), sich unelastisch und störrisch benahm, ganz abgesehen davon, daß man fürchterlich zu zurren hatte, ehe man es ans Tageslicht beförderte. Jetzt gibt es Nylon- oder Perlon-Abschleppseile, die so wenig Raum benötigen, daß man sie fast im Handschuhkasten unterbringen kann. Da kam der Mann wirklich auf eine gute Idee.

### Sicherheit vor allem

Kluge Fahrer rüsteten ihre Wagen während der Wintermonate mit Matsch- und Schnee-Reifen aus, und gerade in den vergangenen Monaten mit ihren mehr als schwierigen Straßenverhältnissen haben sie vollauf ihre Sicherheitsbedeutung unter Beweis gestellt. Man sollte sie aber nun langsam wieder austauschen. — Mehr und mehr führt sich der schlauchlose Reifen ein, und im Laufe der kommenden Monate werden die meisten deutschen Pkw.-Fabriken — soweit es nicht schon geschehen ist — die Neufahrzeuge mit dieser modernsten Reifenart ausrüsten.

*Für auf der Straße „übernachtende" Wagen ist jetzt eine durchsichtige „Tüte" aus Kunststoff auf den Markt gekommen, die einen wirkungsvollen Schutz vor allem gegen Nässe bietet. Die Überzüge werden in drei verschiedenen Größen geliefert. Preis: 90,— bis 120,— DM.*

### Chefsekretärin Grotewohls wegen Spionage hingerichtet

BERLIN, 14. März

Wegen angeblicher Spionage wurde nach Informationen des Untersuchungsausschusses freiheitlicher Juristen die frühere Chefsekretärin in der Regierungskanzlei des Sowjetzonen-Ministerpräsidenten Otto Grotewohl, die 44jährige Elli Barczatis (SED) in einem Geheimprozeß zum Tode verurteilt und durch das Fallbeil hingerichtet. Das gleiche Schicksal erlitt der 51 Jahre alte Angestellte der Regierungskanzlei Karl Laurenz. Beide waren am 4. März 1955 durch den Staatssicherheitsdienst verhaftet und am 3. Oktober vom Obersten Gericht der Sowjetzone verurteilt worden. Die von ihnen bei Sowjetzonenpräsident Wilhelm Pieck eingereichten Gnadengesuche wurden abgelehnt. Die hingerichtete Chefsekretärin hatte ihren Posten seit dem 1. April 1950 inne. Sie unterhielt, wie ergänzend mitgeteilt wird, auch private Beziehungen zur Familie Grotewohl.

Meine Farben: sonst — rosa — — lila — violett!

Unser ganzes Haus im Frühling eingerichtet!

35

Interessante Schaufenster erwarten Sie!

... und über den Dächern von Essen
Schau entzückender Frühlingsmodelle
unter Mitwirkung des bekannten Lucas-Trio
vom 6.-16.3.56 täglich 15⁰⁰ Uhr. Eintritt frei!

**CRAMER & MEERMANN**

# Generalstreik in Zypern
# Empörung in Griechenland

### Heftige Reaktion auf Verbannung des Erzbischofs Makarios - Athen ruft seinen Botschafter aus London zurück

NIKOSIA (Zypern), 11. März

Generalstreik der griechischen Bevölkerung Zyperns, Abberufung des griechischen Botschafters in London, Protest Athens bei den Vereinten Nationen und Massendemonstrationen in ganz Griechenland — das war die erste Reaktion auf die Verbannung des Erzbischofs Makarios durch die britischen Kolonialbehörden in Zypern. In Griechenland und auf der Insel Kreta kam es zu antibritischen Ausschreitungen, während in Zypern selbst die scharfen Ausnahmebestimmungen äußerlich für Ruhe sorgten. In der Stadt Kyrenia auf Zypern wurde jedoch ein britischer Major von der Menge gesteinigt und lebensgefährlich verletzt.

In Griechenland hat der britische Schritt tiefste Empörung ausgelöst. In Massendemonstrationen in Athen wurden britische Flaggen verbrannt, britische Omnibusse demoliert und Hotels mit englischen Namen die Scheiben eingeworfen. Ein Sturm auf die britische Botschaft scheiterte an der Abriegelung der Polizei. Für Montag sind zahlreiche weitere Demonstrationen angekündigt. Auf Anordnung der griechischen Regierung wird in allen Schulen der Englischunterricht eingestellt und das britische Haus in Athen geschlossen.

Erzbischof Makarios, der als Führer der zypriotischen Anschlußbewegung gilt, befindet sich auf einem Schiff, das ihn nach seinem Exilort im Indischen Ozean bringen soll. Die Verbannung des Erzbischofs hat in zahlreichen westlichen Ländern große Besorgnis hervorgerufen. Dabei wird an die Folgen der Verbannung des Sultans von Marokko vor zwei Jahren erinnert. Auch in Großbritannien wird die Deportation von der Opposition heftig kritisiert. Befürchtet wird vor allem eine Gefährdung der Zusammenarbeit mit Griechenland im Atlantikpakt.

## Erzbischof von Zypern verhaftet und deportiert

WAZ LONDON, 9. März

Mit ungewöhnlicher Schärfe griff England am Freitag auf der Mittelmeer-Insel Zypern durch. Erzbischof Makarios, Führer der Bewegung für die Vereinigung Zyperns mit Griechenland, wurde kurz vor seinem Abflug nach Athen, wo er neue Verhandlungen mit der griechischen Regierung aufnehmen wollte, von den Engländern verhaftet und zusammen mit drei weiteren Führern der Anschlußbewegung, an einen unbekannten Ort transportiert.

*Erzbischof Makarios*

Die Ausweisung wurde damit begründet, daß es notwendig sei, die öffentliche Ruhe und Ordnung wiederherzustellen. Der Erzbischof und seine Mitarbeiter hätten sich diesem Ziel entgegengestellt.

## Deutsche Werften bauen Kriegsschiffe

BONN, 14. März

Das Bundesverteidigungsministerium hat bei deutschen Werften Konstruktionspläne für den Bau von Kriegsschiffen in Auftrag gegeben, wie am Mittwoch in Bonn verlautete. Die Werften werden diese Pläne vermutlich noch im Frühjahr dem Ministerium zur Prüfung vorlegen. Erst danach sollen die Aufträge vergeben werden.

Im Bundesverteidigungsministerium rechnet man damit, daß die ersten kleineren Schiffe noch in diesem Jahr in Dienst gestellt werden. Die größeren Einheiten könnten jedoch frühestens im Jahre 1957 vom Stapel laufen. Mit der Fertigstellung von Zerstörern sei nicht vor 1960 zu rechnen.

# Fünfzig Jahre Dienst an der Zeitung

### Erich Gendruschkes weites Berufsfeld sind die Anzeigen

*Erich Gendruschke: Meine Zigarre und ich*

Heute steht Erich Gendruschke, Albrechtstraße 4, fünfzig Jahre im Zeitungsdienst. Zwei Dinge spiegelt die Zeitung: die Ereignisse der Welt und die Wünsche und Unternehmen ihrer Leser. Die einen haben ihren Ort im redaktionellen Teil, den zweiten gehört das weite Gebiet der Anzeigen. Und hier ist das Reich unseres Jubilars.

Nur einmal hat der geborene Essener es verlassen: um Soldat zu sein, zwischen 1915 und 1918. Er kehrte zurück an den Ort, den er als fünfzehnjähriger Lehrling betreten, zurück in ein Metier, indem er noch nach fünfzig Jahren sicher und verläßlich seinen Mann stehen sollte.

\*

Am 1. März 1906 war er, ein Jüngling mit vollen Segeln der Hoffnung, die Stufen zum Zeitungshaus am Theaterplatz 8 hinaufgestiegen. Hier wurde die Rheinisch-Westfälische Zeitung Reismann-Grones gedruckt, ein Blatt, das auf die „Zweihundert" zuging, und der Essener Anzeiger, der grade zwei Jahre vorher gegründet worden war.

Bald sollte er merken, wie in diesem Haus der Jugend die Tore geöffnet waren. Schalterdienst machte ihn sogleich mit den Kunden vertraut; die Verwaltung der Anzeigen und Offerten wurde ihm geläufig; in die Geheimnisse der Buchhaltung drang er ein, und schon im Jahre 1913 wurde ihm der Anzeigenteil der RWZ als verantwortlichem Leiter anvertraut. Er blieb es bis zum Ende dieser Zeitung im März 1945.

Das waren neununddreißig arbeitsreiche Jahre, in denen er den Wandel der Zeiten und der Zeitungen erlebte, und täglich „mit unverdrossenem Eifer sein Werk verrichtete", wie wir in einem vergilbtem Blatt lesen, das ihm schon vor vielen Jahren gewidmet war.

\*

Dem ist heute nichts hinzuzufügen als dies: Er blieb derselbe, der er war. Als nach dem Krieg die WESTDEUTSCHE ALLGEMEINE ins Leben gerufen wurde, war er einer der ersten, der im alten Beruf auf neuem Feld die Hände rührte, mit dem Unternehmen wuchs und das komplizierte System der für viele örtlich verschiedenen Ausgaben bestimmten Anzeigen der größten bundesdeutschen Tageszeitung mit Umsicht und Sicherheit zu beherrschen verstand.

Die goldene Fünfzig mag ihn heute besinnlich stimmen, umspannt sie doch eine Fülle von Erinnerungen. Seinen Eifer wird sie nicht aufhalten, fortzufahren, in seinem Amt zu wirken. Es müßte schon die Zigarre erlöschen, die zu seinem Bilde gehört, als wäre sie ein Teil von ihm. Vielen jungen, mittelalten und älteren Mitarbeitern seiner Abteilung gibt er täglich ein Beispiel eines unverdrossenen Arbeiters. Und daß es nicht erst seit jüngst so ist, dies besiegelt als ältester Augenzeuge der Endesunterfertigte.                    KSa.

# Leichtathleten mit Hallen-Rekorden
### Westdeutsche Meisterschaften in der Dortmunder Westfalenhalle

Ausgesprochen gute Leistungen, allerdings nur 3000 Besucher, gab es bei den westdeutschen Leichtathletik-Hallenmeisterschaften am Samstagabend in Dortmund, obwohl für viele Athleten die Umstellung von der Aschenbahn auf die Holzbahn nicht einfach war. Durch Marianne Werner gab es im Kugelstoßen mit 14,62 m einen neuen deutschen Hallenrekord,

und der Hochspringer Püll erreichte mit 1,94 m den Hallenrekord vor Langhoff.

Unser Bild zeigt den Endlauf über 60 m Hürden, zweiter von links ist der spätere Sieger Grohnert von Tusem Essen. Schon an der ersten Hürde erkennt man die Qualität seiner Technik. Kein Läufer geht mit seinem Sprungbein so flach über die Hürde wie Grohnert auf unserem Bild. WAZ-Bild: Küpper

## Offen gesagt:
# So blamiert man sich...
### 25 deutsche Kulturfilme prämiiert — aber kein Angebot für Cannes

Herbert Seggelke lacht sich schon wieder ins Fäustchen: jetzt erhielt sein Film „Eine Melodie — vier Maler" vom Bund 20 000 DM als „Farbfilm mit internationalem Niveau". Daß der Streifen „internationales Niveau" besitze — sein Schöpfer, ehedem Filmkritiker, glaubt wohl selbst so recht nicht daran —, offenbarte sich erst bei der letztjährigen Biennale, wor er mangels Besserem ausgezeichnet wurde. Die bundesrepublikanische Auswahlkommission für Venedig hatte sich zuvor strikt geweigert, den Film am Lido zu nominieren (Grund: kein „internationales Niveau"). So wurde er denn von der Biennaleleitung eingeladen, vorgeführt, prämiiert und solcherart auf besagtes Niveau gebracht. Da lachte Seggelke zum ersten Male.

Nunmehr hat Bonn durch seinen Prämienausschuß „Eine Melodie — vier Maler" mit der höchsten Dotation bedacht und damit das „internationale Niveau" spät zwar, doch immerhin bescheinigt. Was soll man zu einem so seltsamen Verhalten unserer Kuturadministration sagen?

Aber es kommt noch besser: Die Bundesrepublik kann in diesem Jahr keinen Kulturfilm zum Festival nach Cannes melden (Grund: kein „internationales Niveau"). Tja — aber die Prämienkommission bestätigte soeben fünf Filmen ihr „internationales Niveau". Überdies wurde 25 weiteren Filmen — ebenfalls durch finanzielle Zuwendungen — bescheinigt, daß sie „in ihrer Qualität über dem Durchschnitt deutscher Produktion gleicher Art liegen". Ist darunter kein einziger, den man an die Croisette schicken könnte?

Unter uns gesagt (und auf die Gefahr hin, daß die Angelegenheit noch konfuser wird): nein — sofern man eben, was der Prämienausschuß nicht oder nur für den

„Hausgebrauch" tat, wirklich künstlerische Maßstäbe anlegt; was man bei Festivals in der Nachbarschaft der großen ausländischen Kulturfilmregisseure Haanstra, McLaren, de Stae, Degelin, Haesaerts und anderer Meister dieses Genres doch wohl tun muß. Hier rächen sich die hochtrabenden Bezeichnungen, unter denen prämiiert wird.

Nun ist die Teilnahme an Filmfestspielen — um hier noch kurz zu verweilen — zunächst eine Sache der Anwesenheit: man ist da, man ist mit von der kinematografischen Partie. Wenn dies „in Ehren", d. h. mit einigermaßen akzeptablen Angeboten geschieht, genügt es. Preisambitionen kommen bei solchen Erwägungen erst an letzter Stelle. Wir könnten also in Cannes sehr wohl mit Kulturfilmen vertreten sein — obgleich hier auch ein Ausschuß über den grünen Klee lobt, was ein anderer Ausschuß als nicht empfehlenswert bezeichnet.

Es gibt noch mehr solcher Ungereimtheiten — z. B. die, daß von dreizehn Filmen, die die Filmbewertungsstelle der Länder als „besonders wertvoll" anerkannte, also mit dem höchsten Prädikat auszeichnete, nur sieben Prämien erhielten. Wer hat sich nun geirrt — die Bewertungsstelle oder der Prämienausschuß? Wie dem auch sei — das an sich Schätzenswerte, Nützliche, im Hinblick auf die Notlage der Kulturfilmproduktion Unerläßliche einer solchen Unterstützung durch den Bund sollte nicht durch laufende Fehlentscheide wie immer gearteter Gremien beeinträchtigt werden. Wer Filme bewerten, prämiieren, für Festivals auswählen will, muß sich in diesem gar nicht einfachen Metier auskennen. Bislang war, was hier geschah, doch ziemlich blamabel. Das sollte endlich aufhören. Es steht zuviel auf dem Spiel.
**Ludwig Thomé**

## Entlassung Paschas löst Bestürzung in London aus
### Kommandeur der Arabischen Legion muß Jordanien verlassen

LONDON, 2. März

Die Entlassung des langjährigen britischen Kommandeurs der Arabischen Legion in Jordanien, General Glubb Paschas, durch König Hussein hat in London solche Bestürzung hervorgerufen, daß die Regierung die Nachricht mehr als zwölf Stunden geheimhielt. Am Freitag mittag fand unter Vorsitz von Premierminister Eden eine Ministerbesprechung statt, die mehr einem Kriegsrat ähnelte.

Ein Sprecher des Foreign Office teilte mit, daß die Regierung von König Hussein und der jordanischen Regierung die Versicherung erhalten habe, daß sie die freundschaftlichen Beziehungen zwischen beiden Ländern fortzusetzen wünsche.

In diplomatischen Kreisen Londons wird die Entlassung als ein schwerer Schlag für die britischen Bemühungen angesehen, die nahöstliche Verteidigungsposition zu stärken.

Presse und Rundfunk in den arabischen Ländern feierten die Entlassung als ein „epochemachendes Ereignis".

*Glubb Pascha*

Zum Nachfolger Glubbs, der vor der Bekanntgabe der Entscheidung das Land mit dem Flugzeug verließ, wurde sein bisheriger Stellvertreter, der Jordanier Radi Inab, ernannt.

Die Arabische Legion, die von dem 59 Jahre alten Glubb Pascha seit Beginn des zweiten Weltkrieges geleitet wird, ist ein Teil der jordanischen Armee und gilt mit 20 000 Mann als die schlagkräftigste Truppe im Nahen Osten. Sie wurde bisher ausschließlich von Großbritannien finanziert, das jährlich 10 Mill. Pfund Sterling (etwa 120 Mill. DM) zur Verfügung stellte.

*Supptella*
mit VITAMIN C und EIGELB

*Für jung und alt*

**Supptella...** muß es täglich geben, um lange und gesund zu leben!

# Hausfrauen sollen nur schalten

## Küchengeräte wurden noch mehr mechanisiert - Kölner Haushaltsmesse zeigt letzte Neuheiten

### Von GOTTFRIED REULEN
#### KÖLN, 4. März

Alle Hausfrauen, die glauben, daß auf ihrem Gebiet für Küche und Haushalt die Spitze der Vollendung erreicht sei, müssen ihr Urteil revidieren. Die Kölner Haushalts- und Eisenwarenmesse hat es ihnen bewiesen. Dabei geht es heute schon nicht mehr um das unbedingt Notwendige für Küche und Haushalt. Noch mehr Bequemlichkeit und Arbeitsersparnis durch jede Art von Mechanisierung lautet die Zauberformel, mit der die Fachleute unseren geplagten Hausfrauen das Leben erleichtern wollen.

Gaskochgeräte sind jetzt allgemein mit Thermostat im Backofen ausgerüstet. Die Zahl der Modelle mit Grilleinrichtung und Zeiteinstellung ist vorherrschend geworden. Die Hausfrau braucht nur die entsprechende Minutenzahl einzustellen und hat die Gewißheit, daß ein Spiegelei selbst dann nicht anbrennt, wenn sie mit der Nachbarin plaudert. Sieben Taktschalter, Blitzkochplatten und Kontrollampen gehören zum selbstverständlichen Zubehör der modernen Elektroherde.

Zu den Neuheiten gehören neben vielen Arten von Ölöfen und -herden auch Haushaltsherde und Zentralheizungsherde, die sowohl mit Öl als auch mit festen Brennstoffen beheizt werden können. Weniger Stromverbrauch und einfachster Waschvorgang durch einige Drehungen an den Schaltern heißt das Motto der neuen Wasch- und Wringmaschinen. Neben bunten Kühlschränken gibt es jetzt auch bunte Waschmaschinen.

### Immer mehr Plastik

Der Kunststoff hat sich in den letzten Jahren auch im Haushalt immer mehr durchgesetzt. Eimer, Kannen und sogar Spülbecken werden aus Plastikmaterial hergestellt. Selbst die Korken für die Weinbrandflaschen mußten dem Plastikmaterial weichen. Milchflaschen und Thermosflaschen sind durch Kunststoffe unzerbrechlich geworden.

Vom einfachsten Hängeschloß bis zum Sicherheitsschloß für Millionärsvillen zeigt die Schloß- und Beschlagindustrie alles nur Mögliche in ihrem Produktionsprogramm. Ein „Sprechspion" ermöglicht neben dem Durchblick durch die Tür auch die Unterhaltung mit dem draußen Stehenden.

Da es gerade bei der Kölner Haushaltsmesse immer wieder um die Frage der modernen Heizung geht, war auch die Ruhrkohlenberatungsstelle Essen vertreten. Der neueste unter den von ihr propagierten Einzelöfen ist ein Koksdauerbrenner, der durch automatische Regelung jede eingestellte Wärme unverändert beibehält.

Und für die Männer ein kleiner Schlager: der Trockenrasierapparat nach dem Uhrwerkprinzip, bei dem man zur Rasur weder Wasser und Seife noch Strom benötigt. Betont die Herstellerfirma: „Selbst Englands großer alter Mann Winston Churchill rasiert sich jeden Tag mit diesem Bartgerät."

*Diese junge Dame begutachtet das Innere eines Nirosta-Herdes, der zu einer dreiteiligen Kombination gehört. In der Mitte befindet sich der Arbeitstisch und rechts ein Spültisch mit untergebautem Schrank.*

*Neuheit für den Nachwuchs: Das bunte Sonnendach am Kinderwagen läßt sich mit wenigen Handgriffen aufstellen.*

BP BENZIN- UND PETROLEUM-GESELLSCHAFT MBH

**Ein leichter Druck aufs Gaspedal...**

...und Sie spüren sofort: da ist Kraft, da ist Sicherheit! BP BENZIN, über Platin veredelt, hat dank seinem ungewöhnlich hohen Aromatengehalt zwei wesentliche Vorzüge: weichere Verbrennung und grössere Motorelastizität. So ist es eine Kraftstoff-Klasse für sich — und kostet doch keinen Pfennig mehr als normales Markenbenzin. Mit BP BENZIN fahren...

**...das ist ein Fahrgefühl!**

**BP**
BENZIN
über Platin veredelt

Für Sportwagen und große Reisewagen mit außergewöhnlich hoch verdichtenden Motoren empfiehlt sich BP SUPER — ein vollendet ausgewogenes Gemisch aus „Platin-Benzin" und Benzol — der Kraftstoff für höchste Ansprüche.

LOOSER

# Westen blickt tatenlos auf Pulverfaß Nahost

## Man hofft auf Zeitgewinn und auf die Einsicht der Israelis und Araber

Nach den Berichten, die in Washington von Gewährsmännern aus dem Nahen Osten eintreffen, wächst die gegenseitige Furcht und damit die Gefahr eines Kriegsausbruchs zwischen den arabischen Staaten und Israel ständig. Es besteht kaum noch Hoffnung auf eine wirksame Vorbeugung seitens der Westmächte. Die Washingtoner Verhandlungen zwischen den USA, Großbritannien und Frankreich sind so gut wie ergebnislos verlaufen. „Man prüft, was die UNO tun könnte, um einen Krieg zu verhindern" ist die Formel, auf die man sich bisher geeinigt hat. Inzwischen wird Präsident Eisenhower von einflußreicher Seite gedrängt, Waffen an Israel zu liefern. Bisher ist er standhaft geblieben.                                                                     Die Redaktion

**Von unserem Korrespondenten
HANS B. MEYER
WASHINGTON, 12. März**

Seitdem die Prager Regierung sowjetische Düsenflugzeuge, Panzer und andere Waffen nach Ägypten liefert, erwarten die Israelis den Angriff der Araber, die sich mit der Existenz ihres Staates nicht abfinden. Die Araber aber fürchten den Präventivkrieg der Israelis, die heute vielleicht noch überlegen, morgen aber nach Ansicht amerikanischer Militärs zur Verteidigung ihres alten kleinen Landes gegen Vorstöße moderner Bomber und Panzer nahezu mit Sicherheit unfähig sein dürften. Sollten die Israelis zum Beispiel mit der umstrittenen Kanalisierung des Jordans beginnen, die sie für dieses Jahr angekündigt haben, so könnten sie die Kämpfe zum Ausbruch bringen, ohne als formelle Angreifer aufzutreten.

### Gegen Wettrüsten

In Washington wird auch die Entlassung des britischen Generals Glubb aus dem Kommando der jordanischen Arabischen Legion vor allem als ein Schritt der Vorbereitung auf die Möglichkeit eines baldigen Krieges verstanden und zugleich als ein Symptom der fortschreitenden westlichen Ohnmacht zu einer entscheidenden Intervention. Washington zögert nun schon seit vier Monaten, das Ersuchen der Israelis um Verteidigungswaffen gegen die sowjetischen Düsenjäger und Panzer der Ägypter mit Ja oder Nein zu beantworten. Man sagt hier, daß ein Wettrüsten der anderthalb Millionen Israelis gegen vierzig Millionen Araber keine Sicherheit bringen kann, hat aber weder Israelis noch Arabern eine andere Sicherheit zu bieten. Amerikanische Truppen stehen zum Einsatz nicht zur Verfügung, und auch mit amerikanischen

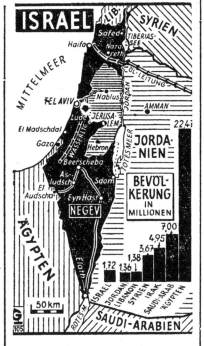

Luftkräften kann man dem eventuellen Angreifer nicht wohl drohen.

Weder will man die arabische Bevölkerung des Nahen Ostens mit seiner strategischen Lage am Mittelmeer als unversöhnliche Feinde ins sowjetische Lager treiben, noch würde man jemals dabei helfen, Israel, das Patenkind der amerikanischen Juden und das Beispiel west-

licher Demokratie und Zivilisation im Orient zu zerstören.

Die USA sind natürlich weit davon entfernt, ihre eigene oder die europäische Sicherheit den Abstimmungen der UNO zu überlassen, die weder 1947 Israel vor dem arabischen Angriff noch die Araber vor dem israelischen Sieg zu schützen vermochte. Also, was wollen die Westmächte in den Vereinten Nationen vorschlagen, und was können sie dort ohne die Russen durchsetzen, nachdem diese als neue Lieferanten von Waffen und Wirtschaftshilfe die alten westlichen Methoden politisch-militärischer Einflußnahme im Nahen Osten wirksam lahmlegten?

### Das Rezept

In dieser gefährlichen Lage kennt die westliche Diplomatie gegenwärtig nur ein Rezept. Es lautet, Zeit gewinnen, um mit der Zeit vielleicht den Frieden gewinnen zu können. Die Beamten im State Department und die beauftragten Vertreter Englands und Frankreichs, mit denen in Washington verhandelt wird, hoffen auf die Einsicht der Israelis, daß selbst ein vorübergehender Sieg über die Überzahl der Völker zwischen dem Mittelmeer und dem Persischen Golf auf die Dauer wertlos wäre. (Zum Vergleich die Karte. D. Red.)

Andererseits hofft Washington, das Interesse des Staatschefs Nasser von Ägypten, des führenden Gegners Israels, am Bau des Staudamms von Assuan (mit westlicher Hilfe) werde groß genug sein, um die Kräfte des Landes für den friedlichen Aufbau einzusetzen und auf kriegerische Abenteuer zu verzichten. Aber man stellt mit Besorgnis fest, daß Oberst Nasser den Vertrag noch nicht unterschrieben hat, obwohl der Leiter der Weltbank nach einem persönlichen Gespräch in Kairo mit Nasser die letzten Schwierigkeiten überwunden glaubte.

Wird dieses Frühjahr ohne „Explosion" überstanden, so glauben die westlichen Diplomaten an bessere Aussichten auf eine Friedensregelung. Aber bis dahin blicken sie besorgt und, man muß es zugeben, unfähig, ein Machtwort zu sprechen, auf das Pulverfaß.

# Pankow startet Großaktion zur Werbung von 50000 westdeutschen Ferienkindern

## Propaganda-Kampagne von KP-Tarnorganisationen vorbereitet

**Mü BONN, 27. März**

Die kommunistischen Tarnorganisationen in der Bundesrepublik wollen in diesem Jahr 50 000 Kinder für Ferienaufenthalte in der Sowjetzone anwerben. Die Werbeaktion ist in einigen Orten bereits angelaufen. Sie soll nach Ostern im gesamten Bundesgebiet — noch umfangreicher als in den vergangenen Jahren — beginnen. Im Sommer 1954 reisten 16 000 westdeutsche Kinder im Rahmen solcher Aktionen in die Sowjetzone. 1955 stieg die Zahl bereits auf über 30 000. Für die kostenlosen Propaganda-Ferienaufenthalte stehen große Mittel im Etat der Pankower Regierung bereit, der allein für den Jugendförderungsplan 2,5 Md. DM-Ost ausweist.

Nach in Bonn vorliegenden Informationen hat die Arbeitsgemeinschaft „Frohe Ferien für alle Kinder", eine kommunistische Tarnorganisation, die Winterzeit dazu benutzt, ihre Organisation bis in den letzten Ortsausschuß auf die Sommerkampagne vorzubereiten. Wie bekannt wird, verfolgen die Werber zwei Ziele:

❶ Um die bisher errungenen Propagandaerfolge weiter auszubauen, will man für die Ferienlager in der Sowjetzone wieder dieselben Kinder gewinnen, die bereits in den vergangenen Jahren dort waren.

❷ Neu angeworben werden sollen vor allem die 17- bis 20jährigen, die nach den Plänen der Bundesregierung bald zum Wehrdienst eingezogen werden. Hier will Pankow mit der Stimmungsmache gegen die Wiederaufrüstung in der Bundesrepublik ansetzen.

Die Einladungen sollen, im Gegensatz zu den vergangenen Jahren, von einzelnen Industriebetrieben in der Sowjetzone ausgehen, um den politischen Charakter der Aktion zu verschleiern. Für jeden sowjetzonalen Bezirk ist ein Werk federführend. Betriebsratsmitglieder dieser Werke sind bereits als offizielle Einlader in der Bundesrepublik eingetroffen.

WESTDEUTSCHE
**ALLGEMEINE**
Die unabhängige Zeitung des Ruhrgebiets

# Ruhrfestspiele gehen ins zehnte Jahr

### „Iphigenie" und „Biberpelz" in eigenen Inszenierungen - Vier Gastspiele

Die Ruhrfestspiele gehen 1956 in das zehnte Jahr ihres Bestehens. Das soll, wie DGB-Kulturreferent Otto Burrmeister gestern in Düsseldorf in einer das Programm des diesjährigen Zyklus behandelnden Pressekonferenz betonte, nicht Anlaß zu besonderen „Jubiläumsfeierlichkeiten" bieten. Man will vielmehr die bestandene Kraftprobe in die Anstrengung einmünden lassen, das „Erlernbare zum Erlebbaren zu machen". Will sagen: die Spiele zu einem „Fest der menschlichen Begegnung", der Toleranz werden zu lassen.

Hieraus leitete Burrmeister für die diesjährigen Festspiele vom 14. Juni bis 22. Juli (die Bundespräsident Professor Heuss eröffnen wird) die Humanität als Leitmotiv ab. Gustav Rudolf Sellner wird versuchen, dieses Thema mit Goethes „Iphigenie" (Hauptrollen: Maria Wimmer und Rolf Henniger) an den Menschen von heute heranzubringen. Hauptmanns Diebeskomödie „Der Biberpelz" gibt — als Ausgleich zur Heiterkeit hin — die zweite „festspieleigene" Aufführung ab. Karl Heinz Stroux inszeniert, Käthe Dorsch spielt die Mutter Wolffen, Alfred Schieske den Amtsvorsteher Wehrhahn.

Vier Gastspiele sind abgeschlossen worden. Hans Schalla bringt mit seinem Bochumer Ensemble Frank Wedekinds seit 1933 erst einmal in Deutschland gespielten „Marquis von Keith". Die Frankfurter Bühnen kommen mit Eugene O'Neills Stück „Marcos Millionen", das des weißen Mannes Versagen vor dem Osten kritisch beleuchtet. (Inszenierung: Hans Lietzau, Hauptrollen: Bernhard Minetti, Hansernst Jäger, Elisabeth Wiedemann). Als deutsche Erstaufführung bietet Hamburgs Thalia-Theater in Karlheinz Schroths Einstudierung die Komödie „Small Hotel" (ein zugkräftiger deutscher

Titel wird noch gesucht) des Engländers Rex Frost. Endlich kommt das Theater am Kurfürstendamm Berlin mit der „Chinesischen Mauer" von Max Frisch unter der Regie von Oscar Fritz Schuh.

Die Kunstausstellung der Festspiele greift das Thema „Beginn und Reife" auf. Sie will an mehreren Werken aus ganzen Kunstepochen und von einzelnen großen Künstlern Entwicklungsstadien sichtbar machen. Dabei sind die Komplexe China, Ägypten, Griechenland, Rom ebenso einbezogen wie Dürer, Rembrandt, Rubens, Goya, van Gogh, Chagall, Picasso, Klee, Marc und Beckmann — um nur einige bedeutende Namen zu nennen.

Vor dem Hintergrund der Festspiele führt die UNESCO in Haltern ein Seminar durch. Es soll die Rolle der Kunst in der Erwachsenenbildung auf den Gebieten des Theaters, der bildenden Künste und der Musik untersuchen. Man erwartet Fachleute aus allen westeuropäischen Ländern. Seminarleiter ist der Präsident der deutschen UNESCO-Kommission, Stelzer. Auch das „Europäische Gespräch" soll — diesmal in Recklinghausen selbst — wiederaufleben. Ein vorbereitender Ausschuß arbeitet zur Zeit das beherrschende Thema heraus.          WERNER TAMMS

„Mademoiselle Pigalle" nennen die Leute vom Montmartre dieses reizende Mädchen in dem neuen Film „Pariser Luft". Es ist Frankreichs erfolgreichster Nachwuchsstar, Brigitte Bardot. Im Film muß sie ein junges Mädchen darstellen, das vom Internat an der Riviera in die Wohnung eines charmanten Junggesellen und das bisher verheimlichte väterliche Nachtlokal gerät.

### SED-Sekretär Ulbricht soll Herzkollaps erlitten haben

BERLIN, 15. März

Der erste SED-Sekretär Walter Ulbricht soll nach Angaben des Informationsbüros West wenige Tage nach seiner Rückkehr vom Moskauer Parteitag der KPdSU im Februar einen Herzkollaps erlitten haben. Der Zusammenbruch Ulbrichts wird auf Überarbeitung zurückgeführt. Wie jetzt bekannt werde, hätten die Ärzte äußerste Ruhe angeordnet und Ulbricht jegliche Teilnahme an Veranstaltungen verboten.

### Rom: Regierungsumbildung in NRW kein Hindernis für Bistum Essen

WAZ ROM, 12. März

In kirchlichen Kreisen Roms ist man der Ansicht, daß der Errichtung der neuen Diözese Essen durch die Regierungsumbildung in Nordrhein-Westfalen keine Hindernisse erwachsen werden. Es wird als sicher angenommen, daß die neue Regierung das Projekt fördern und „sehr bald" verwirklichen wird.

# Hollands Fußball-Mannschaft gewinnt 2:1

### Versagende deutsche Elf im Düsseldorfer Rheinstadion vor 60 000 Zuschauern geschlagen

Wie hart die Holländer sich einsetzten, zeigt auch dieses Bild im dicksten Schneegestöber: Verteidiger Wiersma schießt fallend dem deutschen Ersatzspieler Waldner den Ball vor der Nase weg.

WAZ DÜSSELDORF, 14. März

Mit 2:1 schlug die holländische Fußball-Nationalmannschaft die versagende deutsche Elf im Düsseldorfer Rheinstadion vor 60 000 Zuschauern. Von den 16 Länderspielen, die Deutschland gegen Holland bislang austrug, gewannen mit diesem Spiel die Holländer sechs, die Deutschen vier, und sechs Spiele endeten unentschieden.

Das Spiel stand qualitativ auf keiner besonders hohen Stufe. Gegen die wuchtigen Holländer vertändelte sich die deutsche Mannschaft, zumal der schwere und nasse Boden und anhaltende Schneeböen ein technisch gutes Spiel nicht zuließen. So konnten die Holländer den viel zu umständlich und eng spielenden Deutschen immer energisch in die Parade fahren. Sie gewannen zu Recht durch zwei Tore ihres Halblinken Lenstra. Auch den Treffer für Deutschland schossen die Holländer, es war ein Selbsttor ihres Mittelläufers van der Hart.

Zu dem Spiel waren 10 000 Holländer nach Düsseldorf gekommen. Trotz der Niederlage ist als besonders erfreulich festzuhalten, daß mit diesem Spiel nach 19 Jahren wieder der Fußballverkehr mit Holland aufgenommen wurde.

# Verdammung Stalins erregt Sowjetbürger

## Chruschtschew-Rede schlägt hohe Wellen - Unruhen in Tiflis

**MOSKAU, 18. März**

Mit größter Spannung verfolgt die Weltöffentlichkeit die Auswirkungen, die eine bisher nicht veröffentlichte Rede Chruschtschews gegen Stalin vor dem 20. Parteitag unter der sowjetischen Bevölkerung ausgelöst hat. Diese Rede ist gegenwärtig das Thema Nr. 1 in Moskau und offenbar auch in den anderen großen Städten der Sowjetunion. In Moskau wird sie überall offen erörtert, sogar in Gesprächen mit Ausländern.

Die ersten Einzelheiten über die geheimgehaltene Rede, in der Chruschtschew den Stalin-Mythos rücksichtslos zerstörte, sickerten aus kommunistischen Kreisen in den westlichen Hauptstädten durch. Danach hat Chruschtschew auf dem Parteitag der sowjetischen KP im Februar Stalin des Massenmordes, Terrors, Antisemitismus, Verfolgungswahns und persönlicher Eitelkeiten beschuldigt.

### „5000 Offiziere ermordet"

Mit den Säuberungen in der zweiten Hälfte der dreißiger Jahre habe Stalin, so soll Chruschtschew erklärt haben, vor allem durch die „Ermordung" von 5000 Offizieren, die sowjetische Verteidigungskraft geschwächt. Stalin habe ferner trotz britischer Warnungen nicht glauben wollen, daß Hitler die Sowjetunion angreifen werde.

Erst am Samstagabend gab die sowjetische Zensur Berichte der in Moskau tätigen Auslandskorrespondenten über die Chruschtschew-Rede und ihre Folgen frei. Der Inhalt dieser Rede ist bisher in der Sowjetunion noch nicht veröffentlicht worden.

In der gesamten Sowjetunion erläutern jetzt die Delegierten des Parteikongresses und Zehntausende von Agitatoren den Parteimitgliedern und Angehörigen der kommunistischen Jugendorganisation die Bedeutung der Verdammung des Persönlichkeitskultes während der Stalin-Ära. In manchen Gebieten sind offensichtlich auch Nichtparteimitglieder zu diesen Versammlungen hinzugezogen worden, so daß die Stalin-Diskussion weiteste Kreise zieht.

Nach einer Meldung der sowjetischen Nachrichtenagentur TASS wurden allein in Tiflis, der Hauptstadt Georgiens, 15 000 Agitatoren eingesetzt. Georgien ist das Heimatland Stalins. Diese hohe Zahl von Agitatoren fällt um so mehr auf, als die KP in Moskau selbst nur 37 000 Agitatoren eingesetzt hat.

### Mit Waffengewalt

Tiflis soll in der ersten Märzhälfte Schauplatz von Unruhen und Protesten gegen die Verdammung des Stalin-Kults gewesen sein. Zuverlässig verlautet, daß Studenten und Schüler mit Transparenten „Lang lebe Stalin" und Bildern von Stalin und Lenin durch die Straßen der Stadt zogen, Bilder von Bulganin und Chruschtschew zerrissen und sogar einige wichtige Gebäude besetzten. Daraufhin sollen Truppen die Demonstration mit Waffengewalt niedergeschlagen haben. Am 9. März brachte die in Tiflis erscheinende Zeitung „Dämmerung im Osten" offenbar zur Beruhigung der aufgebrachten Gemüter anläßlich des dritten Todestages Stalins ein großes Bild des Diktators, obwohl die gleiche Zeitung zuvor in einem Leitartikel die Ausmerzung von „Provokateuren und feindlichen Elementen" gefordert hat und die Moskauer Zeitungen den Todestag Stalins überhaupt nicht erwähnt haben.

Die Anfänge der Demonstration wurden von einer Reisegesellschaft westlicher Diplomaten beobachtet. Der frühere französische Staatspräsident Auriol war am 7. März in Tiflis, konnte aber dort keine Demonstrationen bemerken. Am Morgen des 8. März verließ Auriol Tiflis. Ein für den gleichen Tag vorgesehener Besuch des dänischen Präsidenten Hansen in Tiflis wurde wegen „Wetterschwierigkeiten" abgesagt.

In diplomatischen Kreisen Jugoslawiens wurde erklärt, Chruschtschew habe bereits bei seinem Besuch in Belgrad im Mai 1955 Tito gegenüber geäußert, daß er die letzten Jahre in ständiger Furcht vor Stalin gelebt habe.

In Moskau sind inzwischen verschiedene Erinnerungen an Stalin beseitigt worden. So verschwanden u. a. in der Tschaikowskij-Konzerthalle die Statue und in der Tretjakoff-Galerie das Bild Stalins.

*Eine „Eiszeit" löst die andere ab*
waz-Bild: Wulfran Hagemann

## Akademie für Führungskräfte der Wirtschaft in Bad Harzburg

**BRAUNSCHWEIG, 14. März**

Die „Deutsche Volkswirtschaftliche Gesellschaft e. V." eröffnet am 16. März in Bad Harzburg eine „Akademie für Führungskräfte der Wirtschaft". Die Akademie soll eine Lehrstätte für leitende Kräfte in der Wirtschaft werden, zu deren Lehrstab rund 50 Volks- und Betriebswirtschaftler, Soziologen und Betriebspsychologen gehören.

## Duisburg will Getränkesteuer abschaffen

**waz DUISBURG, 12. März**

In Duisburg soll die Getränkesteuer ab Oktober 1956 wegfallen. Der Rat der Stadt faßte am Montag eine entsprechenden Beschluß. Voraussetzung ist, daß die Steuereinnahmen die bis zum diesen Zeitpunkt geschätzten Einnahmen überschreiten.

*„ Pappkameradinnen"*
hat die Verkehrspolizei neuerdings in der Nähe Wuppertals eingesetzt. Man hofft, auf diese nicht alltägliche Weise die Aufmerksamkeit der Kraftfahrer stärker als bisher auf die jeweilige Gefahrenquelle lenken zu können.

# Sowjets sagen Rückführung von 9100 Deutschen zu

**ARNSBERG, 23. März**

Die Rückführung einer Gruppe von rund 9100 Deutschen ist von der sowjetischen Regierung in den letzten Verhandlungen zwischen dem Deutschen und dem Russischen Roten Kreuz zugesagt worden. Dies teilte der Leiter des Suchdienstes im Bonner DRK-Generalsekretariat, Dr. Wagner, auf einer Arbeitstagung in Arnsberg mit. Es handelt sich dabei um 2100 deutsche Zivilisten und weitere 7000 deutsche Zivilisten in sogenannten Zwangsarbeitsorten, die dem DRK namentlich bekannt sind.

Nach der Mitteilung Dr. Wagners leben darüber hinaus in sowjetischen Zwangsarbeitsdistrikten noch 84 000 Volks- und Reichsdeutsche, die dem DRK nicht namentlich bekannt seien, deren Existenz aber durch Beurkundungen von Heimkehrern bekanntgeworden sei. Das DRK hoffe zuversichtlich, auf Grund der in den letzten Monaten immer besser und enger werdenden Zusammenarbeit zwischen dem DRK und dem Sowjetischen Roten Kreuz auch dieses Problem zu lösen. Das Sowjetische Rote Kreuz habe sogar von sich aus mit der Registrierung der deutschen Volksgruppen begonnen, und die sowjetische Botschaft in Bonn habe vollste Unterstützung zugesagt.

## 20 000 kamen 1955 zu uns herüber

# Junge Menschen auf dem Wege zum Westen

### Was geschieht mit den Flüchtlingen aus der Sowjetzone? - Mißtrauen will überwunden sein

**Was geschieht mit den Jungen und Mädchen aus der Ostzone? Wie wachsen sie in unser Leben ein? Darauf antwortete vor dem Deutschen Frauenring eine Sachbearbeiterin aus dem Sozialministerium, Frau Herzog, im CVJM-Haus. Sie gab den Frauen eine wertvolle Information über eine seit Jahren zahllose Stellen bewegende Frage, die ihr Gewicht aus der Tatsache erhält, daß im Jahre 1955 über 20 000 Jugendliche bis zu 24 Jahren aus der Ostzone einströmten. In einer solchen Zahl stecken unendlich viel Probleme. Wie verhält es sich mit ihnen?**

Der erste Weg der jungen Flüchtlinge führt ins Lager. Ihre erste Pflicht: warten. Für Jungen und Mädchen, die gewöhnt waren, zu arbeiten, oft schwer und meist nach strengen Regeln, eine Geduldprobe. Hier beginnen bereits die Probleme.

Zum zweiten: die Jungen verließen ein Kollektiv und finden sich — nun im Westen — in einem Kollektiv wieder. Ist das ermüdende Warten, das sie doppelt belastet, da sie darauf drängen, in Arbeit, zum guten Verdienen, zu kommen, zu Ende und der Abflug geschehen, beginnt der erste Schritt in den Westen erneut mit — Warten, diesmal im Durchgangslager bei Bremen.

### Als Arbeiter begehrt

Hier treffen sie auf die Beauftragten der Länder, die die brauchbarsten unter ihnen aussuchen; intakte Jungen und Mädchen, keine Asozialen wollen sie. Nordrhein-Westfalen allein darf nach dem geltenden Schlüssel 43 v. H. der Gesamtzahl für sich fordern. Ein Aufnahmeverfahren geht voraus. Zurückgewiesen werden die Asozialen und Kriminellen; indes sind es insgesamt höchstens 3 v. H.

Nordrhein-Westfalen führt seine Gruppe in das dritte Lager — Stuckenbrock bei Bielefeld. Hier treffen die Flüchtlinge auf die Berufsberater und Vermittler der Arbeitsämter. Die haben alle Hände voll Aufträge. Denn junge Arbeitskräfte sind begehrt. Allerdings: kein Junge wird in eine Stelle gegeben, wenn nicht eine Unterkunft vorhanden ist.

### Mädchen müssen warten

Die Vermittlung der Mädchen ist schwieriger. Sie werden zunächst in ein Warteheim gebracht. Das soll ihnen den Übergang erleichtern. Schwierig haben es die Mädchen aus Männerberufen; das ist die Hälfte. Nur 25 v. H. der Mädchen haben etwas gelernt; dagegen 75 v. H. der Jungen. Haushalte nehmen Mädchen gern auf; es gibt eine geprüfte Liste von Haushalten und Krankenhäusern. Eine Schwierigkeit entsteht sofort, wenn Mädchen aus selbständigen Stellen kommen; sie machen nicht gern Hausarbeit. Staubwischen weckt geradezu klassenkämpferische Voreingenommenheit in ihnen. Häufig leiden sie unter Heimweh. Das verschlimmert noch das Einleben.

Und hier erreichen wir den wichtigsten Punkt: wie können wir den jungen Menschen helfen mit der neuen Welt Kontakt zu finden? Das erste Problem liegt im Menschlichen. Die Jungen aus der Ostzone sind von Mißtrauen erfüllt. Von Politik und Religion wollen sie nichts hören. Was nach „Organisation" schmeckt, ist ihnen zuwider. Es drückt Zwang, Unfreiheit, Funktionärsterror aus.

Die Sprecherin meint: Aus diesen Gründen haben es auch die organisierten Hilfseinrichtungen schwer mit den jungen Zuwanderern. Am ehesten gewinnen sie Zutrauen über das einfache Leben. Eine wohnliche Unterkunft, ein behaglicher Treffpunkt, wo sie einander wiedersehen können, ein Klubzimmer vielleicht; für die Neuankömmlinge eine Zentralstelle, in der sie Atem holen, schlafen können, bis sie Stelle und Unterkunft gefunden haben: das hilft ihnen weiter.

### Von Mensch zu Mensch

Kontrolle ihrer Unterkünfte auf Wohnlichkeit, Bücher zur Fortbildung, Kurse, und immer wieder: ein Ort, an dem sie außerhalb ihrer privaten Sphäre Fühlung unter sich gewinnen. Auch die Sorge für ihre freie Zeit, mit der sie oft — an die organisierte Freizeit gewöhnt — nichts anzufangen wissen, obliege den Westdeutschen, die sich ihrer annehmen. Hilfe durch Kleidung wäre oft nötig. Bitte aber keine „Klamotten, die für uns gerade gut genug sind".

Frauen, die Mädchen als Hausangestellte aufnehmen wollen, sollten vorher über die Besonderheiten des Neulings unterrichtet werden. Kurz und gut: eine

*NEUEN HOFFNUNGEN ENTGEGEN*

Hilfsbereitschaft, ein Bemühen, muß spürbar sein; ohne Druck, ohne Zwang. Neben den Ämtern erwachsen den Bürgern, sonderlich den Frauen, hier Aufgaben einer Hilfe von Mensch zu Mensch. Das wurde von den Anwesenden wohlverstanden.

Zum anderen bleibt, nach unserer Meinung, bei aller Skepsis, doch die „organisierte" Hilfe der praktisch wirksamere Weg. Von der Zeit her, da wir mit Jugendamtsleiter Bitter, den Helfern der Inneren Mission, der Caritas, der Arbeiterwohlfahrt die Trümmerkeller nach Jungen und Mädchen absuchten, bis zu den Wohnheimen von heute, ist ein weiter Weg, an Arbeit, Enttäuschungen, aber auch an Segen reich. Trotz allem.

## „Hinrichtung Marschall Tuchatschewskys ein Fehler"

NEW YORK, 16. März

Der sowjetische Parteisekretär Chruschtschew hat auf dem 20. Parteikongreß der Sowjet-KP im Februar einer geschlossenen Sitzung einen Geheimbericht über die Zustände unter Stalins Herrschaft und das Verhalten Stalins selbst vorgetragen. Nach einem Bericht der „New York Times" hat Chruschtschew erklärt, daß Stalin in seinen letzten Jahren stets von Vorstellungen über verräterische Absichten seiner Mitarbeiter verfolgt gewesen sei. Chruschtschew habe ferner mitgeteilt, daß die Anklage des Hochverrats, nach der 1937 Marschall Tuchatschewsky und sieben andere sowjetische Armeeführer verurteilt und hingerichtet wurden, erfunden worden sei. Verfasser des Berichts ist der frühere Moskau-Korrespondent der „New York Times", Salisbury, der seine Informationen aus diplomatischen Berichten erhalten hat, die Washington aus Moskau erreichten.

## MARGARET TRUMAN VERLOBT

*Die Verlobung seiner Tochter Margaret mit dem Redakteur Clifton Daniel jr. (unser Bild), Mitglied der außenpolitischen Redaktion der „New York Times", gab der frühere amerikanische Präsident Harry Truman bekannt. Geheiratet wird im April.*

# Auch im Irak und am Persischen Meerbusen wird es kritisch

## Englands letzte Stützpunkte im Nahen Osten gefährdet

Von unserem Korrespondenten
**J. F. REYNOLDS**
LONDON, 8. März

Die Gefährdung der britischen Nahost-Position hat mit den Vorgängen in Jordanien keineswegs ihren Höhepunkt erreicht. In London liegen Berichte vor, wonach es jetzt auch im Irak und am Persischen Meerbusen, den letzten beiden Zentren des britischen Einflusses in Nahen Osten, zu kriseln beginnt. In Bagdad verstärkt sich der Widerstand gegen den englandfreundlichen Ministerpräsidenten Nuri Es-Said und die Forderung nach einer Kündigung des Bagdad-Paktes, der nach Auffassung irakischer Nationalisten dazu geführt hat, daß Irak heute von den meisten anderen arabischen Ländern getrennt ist.

In den letzten Wochen sind König Feisal von politischen Parteien, Wirtschafts- und Studentenorganisationen wiederholt Gesuche um Entlassung Nuri Es-Saids und Kündigung des Bagdad-Paktes unterbreitet worden. Politische Kreise in London befürchten, daß König Feisal dem Beispiel König Husseins von Jordanien folgen und sich selbst an die Spitze der englandfeindlichen Nationalistischen Bewegung stellen werde.

Auch auf den Bahrein-Inseln im Persischen Meerbusen, wo die Autokarawane des britischen Außenministers Lloyd vor einigen Tagen mit Steinen bombardiert wurde, macht sich ein verstärkter und gut organisierter Widerstand gegen den englandfreundlichen Regierenden Scheich Sir Sulman Bin Hamad bemerkbar. Arabische Nationalisten haben dort kürzlich mit saudi-arabischer und ägyptischer Unterstützung ein Gegenregime unter der Führung Abdul Rahmans gebildet, dessen Kreis von Anhängern täglich an Boden gewinnt und heute schon einen großen Teil der breiten Massen beherrscht.

***Das Neueste beim Bau von Hochhäusern***
... ist dieser Teleskopkran, den eine Münchner Baufirma eingesetzt hat. Der Turm des Krans besteht aus einzelnen fünf Meter langen Teilen, die so zusammengesetzt werden können, daß sie zusammen mit dem Haus emporwachsen.

## *40 Rühreier und mehrere Pfund Speck*

... vertilgte die Familie De Golier, die mit ihren 20 Kindern die größte der Vereinigten Staaten ist, zum Frühstück in einem New-Yorker Hotel. Zweck ihrer Reise war ein Besuch der Spielwarenmesse. Zu Hause sind die De Goliers auf einer 48 Morgen großen Obst- und Gemüsefarm in Brockton. Der Vater (vorn Mitte) ist 55, die Mutter (vorn ganz links) ist 48 Jahre alt.

## Belagerungszustand in Algerien verhängt

ALGIER, 19. März

In den Departements Algeriens herrscht seit Beginn der Woche praktisch der Belagerungszustand. Algerien-Minister Lacoste hat begonnen, die ersten Bestimmungen der Sondervollmachten in Kraft zu setzen, die ihm vom französischen Parlament verliehen worden sind, um die Ruhe und Ordnung im Lande wiederherzustellen. Gleichzeitig trafen neue Truppenverstärkungen über zwei Luftbrücken ein. Aus der Bundesrepublik sind die 7. motorisierte und die 5. Panzerdivision im Anrollen. Aus Französisch-Westafrika werden zur Zeit 10 000 Mann mit Flugzeugen nach Algerien befördert.

Die Befugnisse der Zivilbehörden sind zu einem großen Teil auf die Militärverwaltung übergegangen. Vergehen gegen die innere Sicherheit, Verstöße gegen die Bestimmungen über den Waffenbesitz und Anschläge auf Straßen- und Eisenbahntransporte sind der Militärgerichtsbarkeit unterstellt. Soldaten, die mit der Waffe desertieren, werden in Zukunft erschossen.

SENOUSSI

No 16
*leicht*

*Ein Zeugnis
der
Freundschaft*

# Hochzeiten wie im Märchen

Es ist *die* Hochzeit des Jahres 1956. Ein Traum, ein Märchen, befindet nicht nur die Regenbogenpresse: Die schöne, Oscar-prämierte Schauspielerin Grace Kelly heiratet Fürst Rainier III. von Monaco. Und die Welt nimmt Anteil, bewundert das glanzvolle Ereignis, zählt die Perlen auf dem elfenbeinfarbenen Schleier der Braut.

Noch im März 1955 soll Grace Kelly gesagt haben: „Natürlich möchte ich heiraten. Aber meine Karriere liegt mir mehr am Herzen als der Gedanke an die Ehe. Wenn ich jetzt aufhörte – und aufhören müsste ich, weil die Ehe nach meiner Auffassung eine Frau ganz beansprucht –, dann würde ich mich womöglich mein Leben lang mit dem Gedanken quälen, was für eine große Schauspielerin ich hätte werden können." Im selben Jahr lernt die populäre Amerikanerin den Fürsten bei Dreharbeiten zu dem Hitchcock-Streifen „Über den Dächern von Nizza" kennen. 1956 kommen noch zwei Filme mit der kühlen Blonden heraus: „Der Schwan" (Regie Charles Vidor) und „Die oberen Zehntausend" (Regie Charles Walters). Und dann übernimmt sie, mit erst 26 Jahren, die Rolle ihres Lebens – als Fürstin Gracia Patricia von Monaco. Filmreif ist denn auch die Hochzeit im April 1956, über die Boulevardblätter wie seriöse Zeitungen in allen Details berichten: In der St.-Charles-Kathedrale von Monte Carlo sind mehr als 1.000 Hochzeitsgäste versammelt, unter ihnen die offiziellen Vertreter von 25 Nationen. Im Mittelpunkt der Aufmerksamkeit steht, natürlich, die Braut in ihrem „märchenhaft schönen" Kleid. Die Kreation der amerikanischen Modekünstlerin Helen Rose soll später sogar im Museum von Philadelphia, Heimat Grace Kellys, ausgestellt werden. Das Brautkleid, nach eigenen Entwürfen der Schauspielerin gefertigt, besteht aus 25 Metern schwerem Taftstoff, 25 Metern leichterem Seidentaft und hundert Metern Tüll. An ihrer Seite glänzt der Fürst (33) in seiner goldbestickten Paradeuniform. Nach der kirchlichen Trauung zeigt sich das Fürstenpaar in einem offenen Rolls Royce dem Volk – Monegassen und tausende schaulustige Touristen jubeln ihm zu. Szenen wie aus einer Hollywood-Romanze. Da wundert es kaum, dass Bilder von der Hochzeit später als Film ins Kino kommen. Was sicher publikumswirksam war. Denn das Interesse am Auftreten und vor allem am Privatleben der Filmgrößen nimmt zu.

Die Menschen in Deutschland haben sich eingerichtet, die Entbehrungen der Nachkriegszeit sind Vergangenheit. Man strebt nach Wohlstand, kann sich die ersten Konsumgüter leisten und schaut optimistisch in die Zukunft. Bei allem Fortschritt, bei aller Modernität dominieren jedoch konservative Werte das Zusammenleben. Geordnete Verhältnisse sind im eigenen Alltag erwünscht. Zugleich lässt man sich gern in die glamouröse Welt der Stars entführen. Minutiös berichten die Zeitungen in Wort und Bild über die Publikumslieblinge. Wie verhält sich Brigitte Bardot beim Empfang bei der Königin von England? Wie bewegt sich Caterina Valente auf turmhohen Pfennigabsätzen? Welche Pläne hat die frisch gekürte „Miss Welt" Petra Schürmann für die Zukunft? Nun, um zumindest diese Frage zu beantworten: Die Studentin mit den Traummaßen 91-51-84 aus Wipperfürth will erstens Filmschauspielerin werden. Und zweitens sucht sie einen Mann. Die Hochzeit, sie ist ein großes Thema in der Gesellschaft der 50er Jahre.

Aufmerksam wird daher auch eine weitere Star-Vermählung verfolgt, die im Juni 1956 Schlagzeilen macht: Schauspielerin Marilyn Monroe gibt dem Dramatiker Arthur Miller in New York das Ja-Wort. Das platinblonde Sexsymbol („Blondinen bevorzugt", „Wie angelt man sich einen Millionär") und der seriöse Schriftsteller („Tod eines Handlungsreisenden", „Hexenjagd") – dass diese Verbindung eine Zukunft hat, glauben nur wenige. Zumal es für Marilyn Monroe bereits die dritte Ehe ist, während Arthur Miller immerhin schon zum zweiten Mal vor dem Traualtar steht. Die Monroe versucht zu diesem Zeitpunkt, das Image der naiven Schönheit abzustreifen, sucht nach Anerkennung als ernsthafte Schauspielerin. Vergeblich. Die Zweifler sollten Recht behalten: Die Ehe scheitert 1961, ein Jahr vor dem tragischen Tod des glamourösen, des unglücklichen Filmstars.

*Nina Grontzki*

EINZELPREIS 20 PF / NR. 89
VERLAGSORT ESSEN

MONTAG, 16. APRIL 1956

WESTDEUTSCHE
ALLGEMEINE
Unabhängige Zeitung • Höchste Auflage in Essen und im Ruhrgebiet

# Neue Hoffnung auf Frieden in Nahost

## UNO-Generalsekretär erzielt Erfolge bei Vermittlung zwischen Israel und arabischen Staaten

KAIRO, 15. April

**Der Generalsekretär der Vereinten Nationen, Hammarskjöld, hat am Wochenende den ersten Teil seiner Mission im Nahen Osten mit allen Anzeichen eines vollen Erfolges beendet. In Kairo herrscht kein Zweifel darüber, daß seine Bemühungen zur Beruhigung der Lage im israelisch-ägyptischen Grenzgebiet erfolgreich waren. Hammarskjöld ist über Israel nach Beirut im Libanon weitergereist.**

Nach Ansicht unterrichteter Beobachter bemüht sich Hammarskjöld, zunächst eine möglichst dauerhafte Beruhigung der Lage in den Grenzgebieten zu erreichen und einen solchen Zustand der Entspannung vielleicht später für weitergehende Einigungsversuche zwischen den arabischen Staaten und Israel zu nutzen. Geplant ist anscheinend die Errichtung einer entmilitarisierten Zone im Grenzgebiet. Die dadurch aufgeworfenen technischen Fragen, die in Kairo zwei Arbeitstage erforderten, müssen offenbar noch mit der israelischen Regierung geklärt werden, bevor sich Hammarskjöld ähnlichen Regelungen zwischen Israel und seinen Nachbarn Syrien, Jordanien und Libanon zuwenden kann. Im Grenzgebiet kam es am Wochenende nur zu kleineren Zwischenfällen.

In Washington hat am Sonntag der Präsident des amerikanischen Gewerkschaftsverbandes, Meany, Präsident Eisenhower aufgefordert, sich rechtzeitig vom Kongreß die nötigen Vollmachten für die Sicherung des Friedens im Nahen Osten geben zu lassen. „Wenn jetzt nicht gehandelt wird", sagte Meany, „kann aus Israel ein zweites Korea werden." Der Gewerkschaftsführer sagte, er vertraue darauf, daß die freie Welt, wenn notwendig, Israel verteidigen werde. (dpa/ap)

### 69 „Nichtamnestierte" aus Bautzen in Friedland

WAZ HANNOVER, 15. April

**69 der Heimkehrer, die im Dezember des vergangenen Jahres von den Sowjets als sogenannte „Nichtamnestierte" an die Sowjetzonenbehörden übergeben und dann in das Zuchthaus Bautzen eingeliefert worden waren, trafen in der Nacht zum Samstag im Lager Friedland ein. Sie gehören zu den Heimkehrern, die, wie bereits berichtet, am Freitag überraschend von den Sowjetzonenbehörden aus dem Zuchthaus entlassen wurden. Sie erklärten, daß in Bautzen jetzt noch 58 Mann zurückgehalten würden.**

Weder die Lagerleitung in Friedland noch die Behörden in Bonn waren von der jetzigen Entlassung verständigt worden. Die Lagerleitung hatte lediglich am Freitagabend einen Wink vom DRK in West-Berlin erhalten.

Siehe auch auf Seite „Aus dem Westen"

### FDP-Oberbayern wünscht keine Wiederwahl Dehlers

MÜNCHEN, 15. April

Der FDP-Bezirksverband Oberbayern-München, der bisher zu den treuesten Anhängern Dehlers zählte, kam am Sonntag in nichtöffentlicher Sitzung zu der Ansicht, daß eine Wiederwahl Dehlers zum Bundesvorsitzenden nicht mehr im Interesse der Partei liege. Von Oberbayern aus soll Dehler noch vor dem Parteitag nahegelegt werden, auf eine Wiederwahl zu verzichten. (dpa)

## SPD fordert „ernsthafte Verhandlungen" in Moskau

### „Bloße Erläuterung des eigenen Standpunktes genügt nicht"

Von unserem Bonner Büro
Schu BONN, 15. April

**Die bloße Erläuterung des eigenen Standpunktes in Moskau werde nicht genügen; vielmehr seien „ernsthafte Verhandlungen notwendig". Mit diesem Hinweis nahm die SPD am Wochenende zu der Ankündigung von Bundesaußenminister von Brentano Stellung, daß die Bundesregierung in Kürze der Sowjetregierung direkt ihren Standpunkt zur Wiedervereinigung darlegen werde. Die SPD begrüßt zwar die Ankündigung Brentanos, fordert aber im Gegensatz zur „laufenden Initiative", von der der** Minister gesprochen hatte, einen „entscheidenden Vorstoß".

Im Verlauf der Verhandlungen, so erklärt die SPD, müsse die Bundesregierung ein klares Programm entwickeln, das von der Notwendigkeit eines Systems kollektiver Sicherheit in Europa ausgehe. Außerdem sollte an Moskau die Frage gerichtet werden, wie man sich dort den militärischen Status eines wiedervereinigten Deutschland vorstelle.

Selbstverständlich werde bei dieser Gelegenheit auch über die Pariser Verträge gesprochen werden müssen. Dies müsse in voller Loyalität gegenüber den Westmächten und im Hinblick auf die Tatsache geschehen, daß die Pariser Verträge revidiert werden können.

Ein Sprecher der Bundesregierung betonte am Wochenende erneut, daß die Bundesregierung keinesfalls plane, „über die Köpfe der Westmächte hinweg" mit den Sowjets zweiseitige Verhandlungen über die Wiedervereinigung zu führen.

### Mende begrüßt angekündigte Initiative Bonns in Moskau

WAZ BOCHUM, 15. April

Der FDP-Bundestagsabgeordnete Dr. Mende begrüßte auf dem Landesjugendtag der Deutschen Jungdemokraten am Sonntag in Bochum die Ankündigung von Bundesaußenminister von Brentano, daß die Bundesregierung in Moskau den deutschen Standpunkt zur Wiedervereinigung darlegen werde. Damit habe sich, so meinte Mende, Brentano offensichtlich gegen die bisherige Auffassung des Bundeskanzlers durchgesetzt.

## Briefe demnächst elektronisch sortiert

### ... sagt Postminister Balke

BERLIN, 15. April

Eine stufenweise Automatisierung in verschiedenen Zweigen des Postbetriebes kündigte Bundespostminister Dr. Balke am Samstag in Berlin an. Die modernste Entwicklung zeichne sich für das Verteilerwesen der Briefpost ab, wo elektronische Strahlen die Briefanschriften abtasten und über bestimmte Impulse die Sortierung besorgen sollen. (dpa)

*

**Bundesaußenminister von Brentano** wird voraussichtlich nicht zusammen mit dem Bundeskanzler im Juni nach den USA reisen. Dies erklärte der Minister dem Vertreter der WAZ.

**Erstmalig einen Hubschrauber** hat die deutsche Gesellschaft zur Rettung Schiffbrüchiger am Samstag bei einer Rettungsübung im Seegebiet bei Norderney eingesetzt.

**Die Lebenshaltungskosten** einer mittleren Verbrauchergruppe erhöhten sich von Mitte Februar bis Mitte März 1956 um 1,2 v. H.

**Ernst Lemmer** wurde am Sonntag auf dem Landesparteitag der Berliner CDU zum Landesvorsitzenden wiedergewählt.

**Ein Heimkehrertreffen**, das Angehörige des ehemaligen Kavalleriekorps der Waffen-SS auf Schloß Waldeck planten, ist vom hessischen Innenministerium verboten worden.

**Von rund 4000 Sowjetflüchtlingen**, die in Österreich leben, erklärten sich nach einer Befragung durch eine sowjetische Delegation nur drei bereit, in die Sowjetunion heimzukehren. (WAZ/dpa/ap)

### Kein Strafverfahren gegen Hamburger Kripochef

WAZ HAMBURG, 15. April

Gegen den seit dem 6. März wegen angeblicher Amtsverfehlungen beurlaubten Hamburger Kripochef Breuer wird kein Strafverfahren eingeleitet werden. Das Landgericht Hamburg beschloß am Samstag, daß Breuer „aus dem tatsächlichen Grunde des mangelnden Beweises auf Kosten der Staatskasse außer Verfolgung gesetzt" wird. Breuer waren „Begünstigung im Amt" und „Beiseiteschaffung ihm amtlich anvertrauter Urkunden" vorgeworfen worden.

Hamburgs Bürgermeister Dr. Sieveking erklärte, der Beschluß des Landgerichts stelle den Senat „vor ein sehr schwieriges Problem". Er deutete an, daß Breuer auf Grund der Vorgänge für sein Amt als moralisch nicht mehr qualifiziert erscheine.

### Maler Emil Nolde gestorben

SEEBUELL (Schleswig), 15. April

**Der Maler Prof. Emil Nolde ist am Wochenende nach längerer Krankheit im Alter von 88 Jahren in seinem nahe der dänischen Grenze gelegenen Wohnsitz Seebuel gestorben. Der als Bauernsohn am 7. August 1867 in Nolde (Nordschleswig) geborene Maler, dessen bürgerlicher Name Emil Hansen war, galt als Altmeister des Expressionismus.** (dpa)

### Raeder verzichtet auf Kieler Ehrenbürgerschaft

KIEL, 15. April

Der frühere Großadmiral Dr. h. c. Raeder hat auf seine Kieler Ehrenbürgerschaft verzichtet. In einem Schreiben an den Oberbürgermeister von Kiel, Dr. Hans Müthling, schreibt Raeder, auch bei einem positiven Ausgang einer nochmaligen Abstimmung der Kieler Ratsversammlung über seine Ehrenbürgerrechte würde er sich nicht zur Wiederannahme entschließen, weil er es nach den inzwischen erlebten Vorgängen nicht als Ehrung seiner Person und der Marine ansehen könne, weiterhin Ehrenbürger der Stadt zu sein. In der Frage der Kieler Ehrenbürgerschaft des ehemaligen Großadmirals war es in letzter Zeit zu erheblichen Meinungsverschiedenheiten gekommen. Die SPD-Fraktion hatte eine Aberkennung der Ehrenbürgerschaft Raeders gefordert. (dpa)

### Saarverhandlungen dauern länger

PARIS, 15. April

Die deutsch-französischen Saarverhandlungen würden wahrscheinlich länger dauern als ursprünglich angenommen, erklärte der französische Staatssekretär Maurice Faure am Wochenende in Paris. Als Forderungen Frankreichs nannte Faure erneut den weiteren Abbau der Warndt-Kohle von Frankreich aus, die Moselkanalisierung und die Aufrechterhaltung des französisch-saarländischen Handelsvolumens. (dpa)

## Borussia Dortmund ist Westdeutscher Meister

IM RUHRGEBIET, 15. April

Durch einen 1:0-Sieg über den Duisburger Spielverein holte sich Borussia Dortmund endgültig die westdeutsche Fußballmeisterschaft. Das Spiel wurde bereits am Samstag bei strömendem Regen in der Dortmunder Kampfbahn „Rote Erde" ausgetragen. Auf unserem Bilde überreicht der Trainer des Duisburger SV, Harthaus, dem Spielführer der Borussia, Preißler, mit seinem Glückwunsch einen Blumenstrauß. Naß wie die Katzen, aber mit glückstrahlenden Gesichtern, nehmen die Borussiaspieler den Glückwunsch entgegen. Man erkennt den Torwart Kwiatkowski, Preißler, Kelbassa und Burgsmüller. Am Sonntag wurde in der westdeutschen Oberliga auch der Abstieg entschieden. Bayer Leverkusen und Hamborn 07 scheiden aus der obersten Spielklasse aus. (Siehe Sportteil.)

Schirner-Bild

### Bulganin und Chruschtschew von Königsberg nach London abgereist

MOSKAU, 15. April

**Von dem Königsberg vorgelagerten Hafen Pillau im sowjetisch besetzten Nordostpreußen aus traten Ministerpräsident Bulganin und Parteichef Chruschtschew am Sonntag die Seereise nach Großbritannien an. Sie benutzten dazu den schweren Kreuzer „Ordschonikidse". Am 18. April werden sie in dem englischen Hafen Portsmouth eintreffen.**

Ausländische Berichterstatter durften die beiden Sowjetführer auf der Fahrt nach Königsberg nicht begleiten, weil Nordostpreußen für ausländische Journalisten gesperrt ist. (dpa/ap)

### Neuer Riesen-Flugzeugträger in USA in Dienst gestellt

NEW YORK, 15. April

Das größte Kriegsschiff der Welt, der amerikanische 60 000-t-Flugzeugträger „Saratoga", wurde am Samstag in New York feierlich in Dienst gestellt. Die „Saratoga" ist das zweite Schiff der „Forrestal"-Klasse und weist zahlreiche Verbesserungen auf. Der Marineminister Thomas nannte sie „einen schwimmenden, beweglichen, kämpfenden Flugplatz", der so viel „tödliche Waffen" befördere, wie sie noch niemals an einem einzigen Ort beisammengewesen seien. (ap)

### Der richtige Tip

West-Süd

| | | | | |
|---|---|---|---|---|
| 1. | VfB Stuttg. — VfR Mannheim | 2:1 | (1) |
| 2. | Bor. Dortmund — Duisb. SV | 1:0 | (1) |
| 3. | Jahn Regensb. — Eintr. Frankf. | 1:0 | (1) |
| 4. | Bayer Leverk. — Alem. Aachen | 1:4 | (2) |
| 5. | Eintr. Trier — 1. FC Saarbr. | 1:3 | (2) |
| 6. | Schweinf. 05 — 1. FC Nürnberg | 3:0 | (1) |
| 7. | Fort. Düsseld. — Westf. Herne | 3:2 | (1) |
| 8. | Eintr. Kreuznach — Frankenth. | 0:0 | (0) |
| 9. | FSV Frankf. — Aschaffenburg | 1:2 | (2) |
| 10. | Tura Ludwigsh. — Mainz 05 | 1:4 | (2) |
| 11. | SV Sodingen — Hamborn 07 | 3:1 | (1) |
| 12. | Schw. Augsb. — München 1860 | 3:0 | (1) |
| 13. | 1. FC Köln — Wuppertaler SV | 1:2 | (2) |
| 14. | SpVgg Fürth — SSV Reutling. | 3:1 | (1) |

Nord-Süd

1, 1, 1, 0, 1, 1, 2, 1, 1, 1, 1

Nordwest-Lotto

46 — 32 — 14 — 31 — 12 — 1

Pferdetoto

0, 1, 2, 2, 2, ausgefallen, 0, 0, 1, 2, ausgefallen, 2, 0, 0. (ohne Gewähr)

### Wettschein für den 22. 4.

1. Preußen Münster — Bor. Dortmund
2. Karlsruher SC — VfB Stuttgart
3. 1. FC Kaiserslautern — FK Pirmasens
4. Fortuna Düsseldorf — 1. FC Köln
5. 1. FC Nürnberg — Eintr. Frankfurt
6. Tura Ludwigshafen — TuS Neuendorf
7. Bayer Leverkusen — RW Essen
8. BC Augsburg — Kickers Offenbach
9. Preußen Dellbrück — Duisburger SV
10. SpVg. Andernach — 1. FC Saarbrück.
11. Stuttgart. Kickers — Schw. Augsburg
12. Schalke 04 — SV Sodingen
13. FSV Frankfurt — Schweinfurt 05
14. Schwarz-Weiß Essen — Hamborn 07

## Geohrfeigter Kritiker verklagt Käthe Dorsch

WIEN, 15. April

Der Wiener Schriftsteller und Theaterkritiker Hans Weigel erhob am Wochenende gegen die Schauspielerin Käthe Dorsch Privatklage wegen tätlicher und mündlicher Beleidigung. Käthe Dorsch hatte dem Wiener Kritiker vor dem Eingang eines Kaffees aufgelauert und ihm einige Ohrfeigen versetzt, nachdem Weigel ihre schauspielerische Leistung in Christopher Frys „Das Dunkel ist licht genug" nicht gerade wohlwollend beurteilt hatte. Außerdem wird in der Klage ausgeführt, daß die erboste Künstlerin den Kritiker auch als „Dreckkerl" und „Dreckmaul" bezeichnet habe.

*Käthe Dorsch: Kritiker geohrfeigt*

Weigel beantragte in seiner Klage eine psychiatrische Untersuchung der Künstlerin, da diese bereits früher einmal in Berlin den Kritiker und jetzigen Ost-Professor Wolfgang Harich in gleicher Weise angegriffen habe und offenbar zu solchen Reaktionen neige. Das Vorgehen der Schauspielerin wurde am Sonntag von der Wiener Presse einmütig mißbilligt. (dpa)

### Juwelen für 50 000 Dollar in Monaco verschwunden

MONTE CARLO, 15. April

Aus dem luxuriösen „Hotel de Paris" in Monaco verschwanden am Wochenende Juwelen im Wert von 50 000 Dollar (über 200 000 DM). Sie gehörten den amerikanischen Hochzeitsgästen Mr. McCloskey und dessen Frau. In dem Hotel entstand eine große Aufregung unter den prominenten Gästen, als der Verlust der Juwelen bekannt wurde. Die Polizei ist sich bisher noch nicht im klaren darüber, ob ein Einbrecher sich den Trubel um die Fürstenhochzeit zunutze machte oder die Juwelen nur verlegt worden sind. Die Betroffenen selbst haben sich noch nicht geäußert. (ap)

### CDU Saar lehnt Zusammenschluß mit CVP ab

SAARBRÜCKEN, 15. April

Die Delegierten der CDU Saar haben am Sonntag eine Fusion ihrer Partei mit der Christlichen Volkspartei des früheren Ministerpräsidenten Hoffmann entschieden abgelehnt. Sie billigten dagegen eine Resolution, in der an den Morbacher Beschlüssen festgehalten wird, deren Kernforderung die Auflösung der CVP war. (dpa)

### Ehemaliger KZ-Kapo in Frankreich verhaftet

LILLE, 15. April

Im D-Zug Brüssel—Paris ist in der Nacht zum Sonntag der 43jährige Richard Kuhl von französischer Polizei festgenommen worden. Kuhl, ein früherer Kapo in den KZ Buchenwald und Stutthof, war 1954 von einem französischen Kriegsgericht in Abwesenheit zum Tode verurteilt worden. (ap)

# „Durchschnittsfamilie" lebt besser

## ...sagt die Statistik

**WAZ** DÜSSELDORF, 9. April

Die ausgabefähigen Einnahmen der westdeutschen „Durchschnittsfamilie" haben sich im letzten Quartal 1955 auf 561 DM erhöht. In der gleichen Zeit 1954 belief sich dieser Betrag auf nur 543 DM. Dies geht aus der Buchführung jener 73 Arbeitnehmer-Haushaltungen (2 Erwachsene, 2 Kinder unter 15 Jahren) hervor, die für das Statistische Landesamt ihre Einnahmen und Ausgaben aufzeichnen. Die Einnahmensteigerung sei allerdings zum Teil auf Gratifikationen und Prämienzahlungen im Dezember zurückzuführen. Den höheren Einnahmen stehen, wie berichtet wird, auch höhere Ausgaben gegenüber, die durch vergrößerten Konsum wie auch durch Preissteigerungen bedingt sind.

Bei Rentnern und Unterstützungsempfängern erhöhten sich die Einkünfte nur um 27 DM auf 253 DM je Monat. Die Mehreinnahmen werden aber größtenteils auf Vorauszahlungen und Weihnachtszuwendungen zurückgeführt.

## Ostinstitut für Kernforschung eröffnet

In Anwesenheit von Wissenschaftlern aus elf Staaten des Ostblocks wurde in Moskau ein Ostinstitut für Kernforschung eröffnet. Die ausländischen Wissenschaftler, unter denen sich auch Mitglieder eines atomwissenschaftlichen Instituts der Sowjetzone befanden, besichtigten während ihres Aufenthaltes in Moskau u. a. auch das Institut für Kernprobleme und das Atomkraftwerk der Akademie der Wissenschaften der Sowjetunion. Auf unserem Bild stehen sie vor einem Synchrozyklotron mit einer protonen Energie von 680 Mill. Elektronenvolt.

# Lenins Werke werden am häufigsten übersetzt

## Deutsche Gegenwartsautoren kaum gefragt

KÖLN, 2. April

Aus dem letzten „Index translationum" der UNESCO, der Übersicht aller Buchübersetzungen des Jahres 1954, geht hervor, daß die Werke Lenins mit 112 Übersetzungen die am häufigsten übersetzten Bücher der Welt sind. An zweiter und dritter Stelle stehen im Berichtsjahr die Bibel mit 94 und die Werke Stalins mit 91 Übersetzungen. Unter den Klassikern liegt Dickens mit 75 Übersetzungen an der Spitze, gefolgt von Gorki (67), Tolstoi (65), Andersen (57), Shakespeare und Dostojewski (je 51). Als einzige moderne Autorin liegt Pearl Buck mit 56 Übersetzungen dazwischen. Die beliebtesten deutschen Dichter sind nach dieser Übersicht Goethe und Stefan Zweig.

Zeitgenössische deutsche Autoren sind nur sehr spärlich vertreten. Von Thomas Mann erschienen im Berichtsjahr 24 Übersetzungen, davon sieben in Japan. Hermann Hesse wurde siebzehnmal übersetzt, davon allein elfmal in Japan. Japan ist mit Abstand das übersetzungsfreudigste Land Asiens und zugleich das einzige, das eine qualifizierte Auswahl moderner Philosophen und Dichter des Westens überträgt.

## Papst warnt vor Gefahren eines Atomkrieges

VATIKANSTADT, 2. April

Papst Pius XII. warnte in seiner Osterbotschaft erneut vor den Gefahren eines Atomkrieges. Er billigte die Forschungen für die friedliche Anwendung der Atomenergie, betonte aber, daß auch eine Verwendung für Tod und Vernichtung gesucht werde. „Jeder Tag bedeutet einen traurigen Schritt voran auf diesem unheilvollen Weg", erklärte der Papst vor 350 000 Gläubigen, die sich auf dem Petersplatz in Rom versammelt hatten. Die Menschheit verliere beinahe die Hoffnung, daß man diesen selbstmörderischen Wahnsinn aufhalten könne.

Der Papst schloß seine Osterbotschaft, die er vom österlich-geschmückten Mittelbalkon der Peterskirche verkündete, mit dem apostolischen Segen.

# Täglich 4200 Kfz.-Schäden

Nach Mitteilung des Verbandes der Haftpflicht-, Unfall- und Kraftverkehrsversicherer e. V. (HUK-Verband) sind im Jahre 1955 an Schäden in der gesamten Kraftverkehrsversicherung im Bundesgebiet rund 1,5 Millionen stückzahlmäßig gemeldet und von den Versicherern bearbeitet worden. Auf jeden Tag entfielen somit etwa 4200 Schäden. Dies bedeutet gegenüber 1954 eine Steigerung um 25 v. H.

*MIT DEN HALBSTARKEN beschäftigt sich ein neuer Film, der jetzt in Berlin gedreht werden soll. Horst Buchholz spielt die männliche Hauptrolle. Für die weibliche Hauptrolle muß noch eine 16jährige durch eine öffentliche Ausschreibung der Rolle gefunden werden.*

**WESTDEUTSCHE**
# ALLGEMEINE
*Die unabhängige Zeitung des Ruhrgebiets*

## Bundesrepublik hat 50,3 Mill. Einwohner

WIESBADEN, 5. April

Die Einwohnerzahl der Bundesrepublik ist 1955 von 49,76 Millionen um 1,1 v. H. auf 50,318 Millionen gestiegen, wie das Statistische Bundesamt in Wiesbaden am Donnerstag mitteilte. Der Frauenüberschuß ist dabei kaum zurückgegangen. Der Anteil der weiblichen Bevölkerung erhöhte sich um 1 v. H. auf 26,6 Millionen, der Anteil der männlichen Bewohner um 1,3 v. H. auf 23,7 Millionen. Bei knapp 785 000 Lebendgeburten und über 541 000 Sterbefällen betrug der Geburtenüberschuß im vergangenen Jahr 243 700. Hinzu kommt der Zuwanderungsüberschuß von 310 900 (bei 1 377 100 Zuzügen und 1 066 200 Fortzügen). Die absolut stärkste Zunahme verzeichnet mit 294 800 Menschen das Land Nordrhein-Westfalen.

## Rekorde

Die Bundesrepublik hat einen Rekord aufgestellt, aber wir können uns nicht dazu beglückwünschen. 127 — in Worten: einhundertsiebenundzwanzig — Verkehrszeichen müßte der Kraftfahrer kennen, der sich den bundesdeutschen Straßen hingibt. Er kennt sie natürlich nicht. Doch unsere Straßenverkehrsordnung kennt sie.

Andere Länder sind bescheidener, wenn auch nicht gerade anspruchslos. In den USA sind 54 Verkehrszeichen gültig, in England 61, in Frankreich 63 und in Italien 86.

Nicht immer ist der Hang zur Gründlichkeit begrüßenswert. Gründlicher als bei uns wird, wie messerscharf zu folgern ist, nirgendwo ein Verkehrsteilnehmer verwirrt.

Und da ist noch ein bundesrepublikanischer Rekord: auf unseren Straßen kamen 1955 über 12 000 Menschen ums Leben. Bezogen auf die Zahl der zugelassenen Kraftfahrzeuge haben wir damit auch die meisten tödlichen Unfälle in der Welt.

Der Kreis schließt sich. Wer wollte bezweifeln, daß zwischen diesen beiden traurigen Rekorden ein innerer Zusammenhang besteht? Ho.

# Nahost: Waffen ruhen

## Israel und Ägypten verpflichten sich, Waffenstillstand einzuhalten - Erfolg Hammarskjölds

Berichte unserer Nachrichtendienste     JERUSALEM, 19. April

Israel und Ägypten haben sich zu einer sofortigen Feuereinstellung an ihren Grenzen bereit erklärt. UNO-Generalsekretär Hammarskjöld gab am Donnerstag bekannt, daß die ägyptische und israelische Regierung sich bedingungslos verpflichtet hätten, zukünftig den Waffenstillstand entlang der Demarkationslinie einzuhalten. Damit haben die Bemühungen Hammarskjölds um eine Entspannung der Lage im Nahen Osten ihren ersten Erfolg gezeitigt.

In der Erklärung der UNO-Waffenstillstandskommission heißt es: Auf Ersuchen des Generalsekretärs hätten die Regierungen Israels und Ägyptens mitgeteilt, daß vom 18. April, 18 Uhr Ortszeit an Befehle in Kraft getreten seien, wonach gemäß dem Waffenstillstandsabkommen „weder militärische noch halbmilitärische Streitkräfte über die Demarkationslinie schießen oder diese Linie, zu welchem Zweck auch immer, überschreiten dürfen".

Der Waffenstillstand von 1949 verpflichtet beide Seiten zur Waffenruhe, doch war es in den letzten Jahren immer wieder zu schweren Grenzzwischenfällen gekommen.

Die Freude, die in Jerusalem über die erzielte Einigung herrscht, wurde am Donnerstagnachmittag durch die Nachricht getrübt, daß es an der israelisch-jordanischen Grenze im Gebiet von Hebron wieder zu einer Schießerei gekommen ist, bei der ein Israeli und ein Jordanier getötet wurden. Nach Ansicht militärischer Beobachter handelt es sich jedoch offensichtlich um Einheiten, denen der Feuereinstellungsbefehl noch nicht bekannt war.

### *Erster Erfolg der Nahost-Friedensmission*

*UNO-Generalsekretär Hammarskjöld, der sich zur Zeit zu einer Friedensmission im Nahen Osten aufhält, hat, wie bereits gemeldet, das Einverständnis Israels und Ägyptens erhalten, die Bestimmungen des Waffenstillstandsabkommens über ein Verbot kriegerischer Aktionen bedingungslos einzuhalten. Nach letzten Besprechungen mit ägyptischen Regierungsvertretern in Kairo wird Hammarskjöld am Samstag zunächst nach Beirut reisen. Unser Bild zeigt (von links) den Leiter der UNO-Waffenstillstandskommission, General Burns, Dag Hammarskjöld, den ägyptischen Premier Nasser und Dr. Fawzy, den ägyptischen Außenminister.*

**ANNA MAGNANI** als beste Schauspielerin mit dem Oscar ausgezeichnet

in *Die tätowierte Rose*

Drehbuch: Tennessee Williams ● Regie: Daniel Mann    **4. Woche**

**FILM-STUDIO** im Glückaufhaus Ruf 7 82 57    15.00 17.30 20.15

# Wahlbestechungs-Affäre in NRW:
# SPD-Arndt nennt erste Namen

## „FDP-Abgeordnetem Dorn wurden 100000 DM angeboten, falls er für Arnold stimmen würde"

Von unserem Bonner Büro
Mü BONN, 5. April

Die im Zusammenhang mit dem Sturz von NRW-Ministerpräsident Arnold am 20. Februar in Düsseldorf laufenden Ermittlungen der Staatsanwaltschaft wegen angeblicher Wahlbestechung und Wahlbeeinflussung sind in ein neues Stadium getreten: Der SPD-Bundestagsabgeordnete Dr. Arndt nannte am Donnerstag in Bonn zum erstenmal Namen von Personen, die versucht haben sollen, durch Angebote größerer Geldsummen die entscheidende Abstimmung im NRW-Landtag zugunsten von Arnold zu beeinflussen.

In einem jetzt veröffentlichten Brief Arndts an den Oberstaatsanwalt des Düsseldorfer Landgerichtes heißt es, dem FDP-Landtagsabgeordneten Wolfram Dorn seien 100 000 DM angeboten worden, falls er für Arnold stimmen werde. Zudem, so wird in dem Schreiben von Dr. Arndt weiter behauptet, seien dem Düsseldorfer FDP-Angestellten Flossdorf von zwei Mittelsmännern 20 000 DM angeboten worden, wenn er Abgeordnete, vor allem der FDP, ausfindig machen könne, die gleichfalls ihre Stimme Arnold geben würden. Diesen Abgeordneten sollten über Flossdorf angeblich 60 000 DM zugesagt werden.

### Drei Treffen mit Mittelsmännern

Insgesamt, so schreibt Arndt, hätten drei Zusammenkünfte zwischen Flossdorf und den Mittelsmännern stattgefunden, die nur das Ziel gehabt hätten, herauszufinden, in wessen Auftrag die Mittelsmänner tätig seien. Es wird in dem Brief nicht gesagt, ob dieses Ziel erreicht worden ist.

Wegen der Behauptungen Arndts, daß von verschiedenen Seiten Bestechungsversuche unternommen worden seien, laufen

Meyers: „Lügner"          Arndt: Klage

gegenwärtig zwei Ermittlungsverfahren. Das erste geht auf eine Beleidigungsklage Arndts gegen den früheren NRW-Innenminister Dr. Meyers (CDU) zurück, nachdem dieser Dr. Arndt einen „Lügner" genannt hatte. In Bonn hört man dazu, daß die Anwälte der beiden Politiker sich gegenwärtig um einen Vergleich bemühen.

Die Oberstaatsanwaltschaft Düsseldorf führt ferner zur Zeit ein Ermittlungsverfahren durch, das in Gang gesetzt wurde durch eine Strafanzeige wegen Wahlbestechung, die der ehemalige Kultusminister von NRW, Schütz, gegen Unbekannt stellte. Auch dieser Klage liegen Äußerungen von Dr. Arndt zugrunde, der immer wieder von Wahlbestechungsversuchen gesprochen hatte.

In Bonn wird in diesem Zusammenhang besonders vermerkt, daß die Behauptungen über die Wahlbestechung nicht von FDP-Stellen aufgestellt worden seien, son-

dern von einem SPD-Bundestagsabgeordneten. Offenbar stellt sich die FDP auf den Standpunkt, daß es Fälle gebe, in denen man eine Wahrheit nicht beweisen könne Dies treffe vor allem auf solche heiklen politischen Bestechungsversuche zu, die sich meist unter vier Augen abspielen. Dem steht allerdings entgegen, daß Dr. Arndt als bekannter und fähiger Jurist wissen müßte, was er in der Öffentlichkeit sagen kann oder nicht.

### Argumente Arndts

In seinem Brief an den Oberstaatsanwalt in Düsseldorf argumentiert Arndt am Donnerstag, daß durch die mit dem Geldangebot verbundene Aufforderung an Flossdorf bereits der Tatbestand einer Wahlbestechung im Sinne des Paragraphen 108 b des Strafgesetzbuches vollendet sei. Er begründet dies damit, daß das Angebot im Sinne der Mittelsmänner von Flossdorf mehreren Landtagsabgeordneten zur Kenntnis gebracht worden sei und sie beeinflussen sollte. Der Tatbestand der Wahlbestechung sei im Sinne dieses Paragraphen auch dann gegeben, wenn die angesprochenen Personen das Angebot, wie in diesem Falle, zurückgewiesen hätten.

Nachdem über diese Angelegenheit bereits soviel in die Öffentlichkeit getragen worden ist, wartet man in Bonn gespannt auf die weitere Entwicklung der Dinge. Man nimmt an, daß Arndt seine Behauptungen nicht aufgestellt hätte, wenn er nicht noch über mehr Beweismaterial verfügen würde. Ob es allerdings zum Prozeß kommen wird, darüber ist man geteilter Meinung. Viele halten es ebensogut für möglich, daß das Ermittlungsverfahren in einigen Monaten eingestellt wird.

## *Diese moderne Camping-Freundin*

*. . . sitzt auf dem aufblasbaren „Manager"-Klubsessel, aus dem man auch eine Liegematratze zaubern kann (97,50 DM). Sie korrigiert ihr Lippen-Make-up im Camping-Spiegel (2,80 DM), der mit Gummisauger an jeder Stelle der Karosserie befestigt werden kann, nachdem sie sich in einer Trinkwasser- und Waschanlage für insgesamt 26,30 DM gewaschen hat.*

## Maler Emil Nolde gestorben

SEEBÜLL (Schleswig), 15. April
Der Maler Prof. Emil Nolde ist am Wochenende nach längerer Krankheit im Alter von 88 Jahren in seinem nahe der dänischen Grenze gelegenen Wohnsitz Seebuel gestorben. Der als Bauernsohn am 7. August 1867 in Nolde (Nordschleswig) geborene Maler, dessen bürgerlicher Name Emil Hansen war, galt als Altmeister des Expressionismus.

## Sultan Mohammed verkündet Unabhängigkeit Marokkos

TETUAN, 10. April
Sultan Mohammed von Marokko hat in Tetuan die volle Unabhängigkeit seines Landes verkündet. Rund 175 000 Menschen hatten sich trotz strömenden Regens vor dem Mechuar-Palast versammelt. Der Sultan erklärte u. a., daß die Marokkaner ab sofort für die Reisen über die bisherige spanisch-französische Grenze kein Visum mehr brauchen. „Marokko gehört den Marokkanern, und die Macht die Spanien über diesen Teil des Landes bisher ausübte, ist in unsere Hände übergegangen." Er forderte jedoch die Bevölkerung auf, bereitwillig mit den Franzosen und Spaniern zusammenzuarbeiten. Während der Rede liefen dem Sultan wiederholt die Tränen über das Gesicht.

# NEUE BÜHNE     IM REVIER

Was sich hier auf den ersten Blick vielleicht wie ein Krankenhaus oder eine chemische Fabrik ausnimmt, ist in Wahrheit das Modell eines der modernsten Theater der Bundesrepublik. Daß es in einer der typischsten Industriestädte — nämlich in Gelsenkirchen, unmittelbar beim Hans-Sachs-Haus — entsteht, zeugt für eine beispielhafte Initiative auf dem Gebiete der Kulturpflege. Denn schließlich müssen die 10,8 Millionen DM, die vorläufig für das Gesamtprojekt veranschlagt worden sind, großenteils aus den Steuergeldern der Arbeiterschaft aufgebracht werden.

Gelsenkirchens neues Theater ist von dem gleichen Team entworfen worden, das mit dem unlängst eingeweihten Theaterbau in Münster (die WAZ berichtete eingehend darüber) viel von sich reden gemacht hat: den Architekten Werner Ruhnau, Ortwin Rave und Max Cl. v.

Hausen. Die drei experimentierfreudigen, hochbegabten Baumeister haben aus der münsterschen Lösung offensichtlich die Lehre einer klareren, sich weniger effektvoll gebenden Gliederung gezogen.

Die Vorarbeiten sind soweit gediehen, daß im kommenden Juni der erste Spatenstich getan werden kann. Man rechnet mit einer Gesamtbauzeit von zweieinhalb Jahren, hofft indes angesichts der Raumnot der Gelsenkirchener Bühnen, das dem Hauptbau — er dient Oper, großem Schauspiel und gelegentlichen Konzerten — angegliederte Studio schon in der Saison 1957/58 spielfähig zu haben.

Beide in Rechteckform projektierte Häuser werden in Stahlbetonskeletten errichtet. Der Hauptbau soll 1050, das auch als große Probebühne verwendbare Studio 350 Plätze fassen. Sie liegen im großen Haus in einem steil ansteigenden Parkett und zwei Rängen. Die Hauptbühne

mißt 24x15 Meter. Außerdem sind drei schalldicht voneinander abgeschlossene Nebenbühnen vorgesehen. Sie und der kubisch aufragende Bühnenturm, aus dem die Kulissen heruntergelassen werden können, sichern kürzeste Umbaupausen. Über den Bühnen liegen Werkstätten, Kostümfundus, Ballettsaal und Proberäume. Die Magazine werden im Geschoß unter der Bühne errichtet.

Über die Farbgebung des Theaterinneren schweigt man sich noch aus. Das ist gut so — sie kann nicht sorgfältig genug bedacht werden. Die Innenausstattung des neun Hauses in Münster ist zwar ungewöhnlich farbenfreudig, aber in dieser Eigenschaft auch sehr unruhig. Der in die Pause gehende Zuschauer aber — darüber sollte man sich klar sein — will sich in seiner Umgebung sammeln und nicht von ihr nervös gemacht werden.

WERNER TAMMS

## Karl Böhm eröffnet Deutsche Oper am Rhein

DUISBURG, 11. April

Generalintendant Dr. Hermann Juch hat Prof. Karl Böhm als Dirigenten für die erste Aufführung der Deutschen Oper am Rhein (Düsseldorf/Duisburg) im Herbst dieses Jahres gewonnen. Karl Böhm wird die „Elektra" von Richard Strauß einstudieren und auch die folgenden Wiederholungsvorstellungen leiten. Die Inszenierung liegt in den Händen von Herbert Graf (Metropolitan Opera, New York, Mailänder Scala). Das Bühnenbild entwirft der neuverpflichtete Ausstattungschef Heinz Ludwig. Die Titelrolle singt Astrid Varnay. Über eine mögliche weitere Tätigkeit Böhms, der kürzlich die Leitung der Wiener Staatsoper niederlegte, an der Deutschen Oper am Rhein wird noch verhandelt.

# 400000 besitzen Fernsehgerät
## Hörerforschung: Jedes dritte in Arbeiterhaushalt

waz KÖLN, 25. April

Das deutsche Fernsehen konnte in diesen Tagen den 400 000. Teilnehmer registrieren. Dies bedeutet eine Zunahme um fast zwei Fünftel seit Jahresbeginn. Damit hat die Fernsehwelle auch in Deutschland eingesetzt.

Die Entwicklung war zunächst sehr zögernd verlaufen. Nicht weniger als vier Jahre wurden gebraucht, um bis zum Jahresanfang 1955 rund 80 000 Teilnehmer für das Fernsehen zu gewinnen. Nach den Feststellungen der Rundfunk-Hörerfor-

schung bedeuten 400 000 angemeldete Empfänger etwa 1,5 Millionen Zuschauer in den Hauptprogrammzeiten.

In der beruflichen Aufgliederung der Fernsehteilnehmer lag bis 1954 die Gruppe der Selbständigen mit 61 v. H. gegenüber 19 v. H. Angestellten und 9 v. H. Arbeitern bei weitem an der Spitze. Seitdem hat sich das Verhältnis stark zugunsten der Arbeiter verändert. Mindestens jeder dritte Fernsehempfänger dürfte heute in einem Arbeiterhaushalt stehen.

Der langerwartete neue Film von Alfred Weidenmann

Mit O. E. HASSE
Gisela von Collande
Charles Regnier
Almuth Rothweiler

HARDY KRÜGER
Eva Ingeborg Scholz
Peer Schmidt
Ernst Waldow

MARTIN HELD
Siegfried Schürenberg
Helga Roloff

Prädikat: „Besonders Wertvoll"
Packend!

**Alibi**

Dramatisch!

Prädikat: „Besonders Wertvoll"

**Alibi**

Überzeugend!

Prädikat: „Besonders Wertvoll"

**Alibi**

Aufrüttelnd!

Prädikat: „Besonders Wertvoll"

LICHTBURG
Täglich: 15⁵⁰ 18⁰⁰ 20⁵⁰

LICHTBURG
Jugendliche ab 16 Jahre zugelassen

LICHTBURG

LICHTBURG
Täglich: 15⁵⁰ 18⁰⁰ 20⁵⁰

LICHTBURG

# Atome erstmalig fotografiert

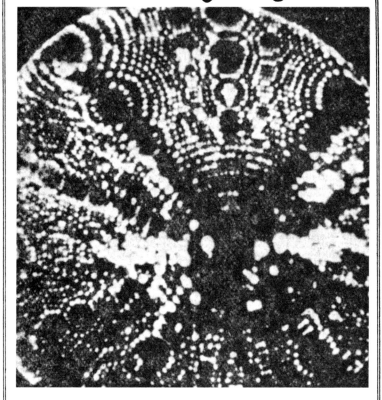

Zum erstenmal gelang es jetzt in Baltimore (USA) dem Physiker Prof. Erwin Muller, mit dem von ihm entwickelten Ionenfeld-Mikroskop Atome an der Oberfläche eines festen Körpers (Wolfram) zu fotografieren. Jeder helle Punkt dieser Aufnahme stellt ein Atom dar. Der Abstand zwischen den einzelnen Atomen beträgt ein fünfhundertmillionstel Zentimeter. Die Aufnahme ist eine 2 750 000fache Vergrößerung.

# Falschparker können abgeschleppt werden

### Neue Verwaltungsvorschriften

WAZ BONN, 8. April

Kraftfahrzeuge, die verbotswidrig parken, können in Zukunft auf Kosten der Besitzer abgeschleppt werden. Das sehen neue Verwaltungsvorschriften des Bundesverkehrsministers zur Straßenverkehrsordnung vor, die am 1. Mai in Kraft treten. Die Vorschriften, die dazu dienen sollen, die Verkehrssicherheit zu erhöhen, weisen die Überwachungsorgane an, bei Kontrollen einen strengen Maßstab anzulegen. Entbehrliche Verkehrszeichen sollen beseitigt und bisher technisch nicht gesicherte Bahnübergänge gesichert werden. Durch häufige Kontrollen will man erreichen, daß Kraftfahrer immer abblenden, wenn dies nötig ist. Fußgänger werden angehalten, auf Landstraßen grundsätzlich links zu gehen.

## Sonntag für Sonntag
feiern die Gabor-Schwestern Hochzeit. Am 1. April machte Magda, die älteste (zweite von links neben ihrem Mann), den Anfang. Sie heiratete einen Industriellen aus New York. An den nächsten Sonntagen kommen Eva (zweite von rechts) und Zsa-Zsa Gabor (ganz links) an die Reihe. Auf unserem Bild von der Hochzeit Magdas ganz rechts Mutter Jolie Gabor.

## Japan will 500 Bergleute ins Ruhrgebiet schicken

WAZ DUISBURG, 6. April

500 japanische Bergarbeiter sollen demnächst zur Ausbildung ins Ruhrgebiet kommen. Darüber werden gegenwärtig Verhandlungen zwischen der japanischen und deutschen Regierung geführt, nachdem japanische Diplomaten vor einiger Zeit Musteranlagen im Revier besucht und dabei die Ausbildung ihrer Landsleute in Deutschland vorgeschlagen hatten. Die jungen Japaner sollen auf diesen Musteranlagen angelegt werden, damit sie moderne Abbau- und Fördermethoden kennenlernen. Die Zustimmung der Gewerkschaften zu dieser Aktion wird erwartet; die Bergbehörde könnte jedoch ihr Veto einlegen, wenn Japaner ohne ausreichende deutsche Sprachkenntnisse unter Tage eingesetzt werden sollen.

## Bert Trautmann

### Englands „Fußballspieler des Jahres"
LONDON, 3. April

*Bert Trautmann, der deutsche Torwart des englischen Ligaklubs Manchester City, wurde am Dienstag in London von der „Football Writers Association", dem Verband der eng-*

*lischen Fußball-Journalisten, zum „Fußballspieler des Jahres" gewählt. Der 29jährige gebürtige Bremer wird die mit dieser verbundene Trophäe am 3. Mai in London in Empfang nehmen, zwei Tage vor dem Pokalendspiel im Wembley-Stadion, das Manchester City gegen Birmingham City zu bestreiten hat.*

*Diese Auszeichnung, die Trautmann erhielt, wird jedes Jahr an denjenigen Fußballspieler verliehen, der sich durch die Qualität seines Spiels, durch seinen Sportgeist und durch sein Verhalten auf dem Spielfeld und im Privatleben für diesen Titel als würdig erweist.*

*Trautmann, der erst im letzten Jahr aus der Hand der Königin als Mitglied der im Cup-Finale knapp geschlagenen Manchester City die Cup-Medaille entgegennehmen durfte, geriet in den letzten Tagen des Krieges als Fallschirmjäger in britische Gefangenschaft. Er kam nach Liverpool, wo er einem Bombenräumkommando zugeteilt wurde. In seiner Freizeit spielte er Fußball, wie schon vor dem Kriege in Bremen. Hier zeigte er bereits seine großen Qualitäten als Torwart, bis am vergangenen Sonntag der „Sunday Dispatch" schrieb, daß Trautmann der beste Torwart der Welt sein.*

*Nach seiner Entlassung aus der Kriegsgefangenschaft verblieb der ehemalige „Pow" in England und nahm eine Stelle als Motorenschlosser in Liverpool an. Seinen Wohnsitz hatte er in St. Helens, wo er sich auch dem Fußballklub anschloß. Hier entdeckten ihn Funktionäre des Profiklubs Manchester City, bei dem er dann 1949 einen Vertrag unterschrieb.*

*Die Verpflichtung Trautmanns durch Manchester City löste seinerzeit einen Sturm der Entrüstung aus, aber schließlich setzte sich der Sportgeist der Engländer durch. Und heute gilt Trautmann als einer der besten und charakterlich wertvollsten Spieler auf dem Inselreich.*

WESTDEUTSCHE
**ALLGEMEINE**
Die unabhängige Zeitung des Ruhrgebiets

# Chruschtschew: Bald Wasserstoff-Raketen

## Sowjetische Ankündigung in London kühl aufgenommen

**LONDON, 23. April**

Mit einem bombastischen Appell an die führenden Männer der britischen Schwerindustrie über den Kopf der Regierung hinweg unternahm Parteisekretär Chruschtschew am Montag bei einem Besuch der mittelenglischen Industriestadt Birmingham eine Attacke auf das Verbot der Ausfuhr strategisch wichtiger Erzeugnisse nach der Sowjetunion. Das Verbot, so betonte er, habe lediglich den Ost-West-Handel lahmgelegt, nicht aber die technische Entwicklung in der Sowjetunion aufgehalten. Zum Beweis kündigte er an, daß die Sowjetunion demnächst über ferngelenkte Raketen mit Wasserstoffsprengladung verfügen werde, denen jeder Punkt der Erde erreichbar sei.

Die Sowjets hätten auch bereits als erste eine Wasserstoffbombe von einem Flugzeug aus zur Explosion gebracht. Die Hinweise auf die Wasserstoffbombe haben die Atmosphäre des Besuches etwas abgekühlt. Es wird mit jedem Tag deutlicher, daß es Bulganin und Chruschtschew vor allem darauf ankommt, einen Wirtschaftsvertrag mit nach Hause zu nehmen. Wie verlautet, haben sie einen zweiseitigen Handelsvertrag angeboten, der für die nächsten zwölf Monate einen Warenaustausch im Werte von 275 Mill. Pfund (rund 3,3 Md. DM) vorsieht, was genau zehnmal so viel wäre wie der Gesamtwert der britischen Ausfuhr nach der Sowjetunion im vorigen Jahr.

In Birmingham kam es auf der ganzen Strecke vom Flughafen bis in das Zentrum der Stadt zu feindseligen Demonstrationen durch antikommunistische Sprechchöre und Spruchbänder „Zurück nach Moskau", „Nieder mit den russischen Imperialisten". Chruschtschews Kopf rötete sich und seine Stimme hob sich, als er die Spruchbänder und drohenden Fäuste in seiner Rede erwähnte. „Ich möchte den Mann mit der erhobenen Faust daran erinnern, daß schon früher versucht wurde, in dieser Weise mit uns zu sprechen. Ich möchte niemandem raten, seine Faust gegen einen Russen zu erheben. Hitler versuchte, uns mit der geballten Faust anzugreifen. Heute liegt er im Grabe."

Nach ihrem Besuch in Birmingham erlebten die sowjetischen Gäste eine Luftparade der modernsten britischen Militärmaschinen auf dem Stützpunkt der Royal Air Force in Marham. Die politischen Besprechungen werden am Dienstag in London wiederaufgenommen.

## Die kleine Fernsehkritik

### Familie mit kleinen Sorgen

Eine Fernsehsendung, die seit Monaten regelmäßig wiederkehrt und sich im Laufe der Zeit nicht totgelaufen, sondern im Gegenteil verbessert hat, ist das Familienporträt „Unsere Nachbarn heute abend" vom Fernsehstudio Hamburg. An jedem Mittwochabend erhalten wir für eine halbe Stunde einen Einblick in das Leben einer fünfköpfigen Familie, in deren Sorgen und Freuden, wir das Bild vom anonymen „Mann auf der Straße" zu erkennen glauben. Nichts Dramatisches geschieht in dieser halben Stunde. Wir freuen uns mit Herrn Schölermann über eine Gehaltsaufbesserung, wir erleben den Umzug in eine größere Wohnung, den Besuch eines sagenhaften reichen Vetters, das Gespräch mit dem Klassenlehrer des jüngsten Sohnes, der den bestürzten Eltern das Warum und Wieso eines „blauen Briefes" auseinandersetzt. Banale Dinge also, jedem in der Praxis geläufig, und darum vielleicht nicht einmal unterhaltsam.

Trotzdem hat die Sendung Bestand und sogar viele Freunde gefunden. Und das hat seine Berechtigung. Die Familie Schölermann ist eine glückliche Familie, sie ist intakt. Auf ihrem Weg, den wir verfolgen, führt sie uns diskret, aber nachdrücklich immer wieder diese Tatsache vor Augen: daß die kleinen Freuden die größeren Sorgen durchaus kompensieren können, wenn man sich in Verständnis und Zuneigung gegenseitig Halt und Stütze gibt.

Natürlich sind nicht alle Sendungen gleichwertig in Pointierung und Themenwahl. Aber der tiefere Sinn und die Frische der Darstellung, die im Laufe der Zeit so gewonnen hat, daß auch noch das jüngste „Familienmitglied" Profil bekam, macht manchen Mangel wett.   E. G.

# Remmert tot, Faust schwer verletzt

## Weltmeisterpaar auf dem Hockenheim-Ring verunglückt

*Das Weltmeisterschaftsgespann: links Remmert, rechts Faust.*

**HOCKENHEIM, 20. April**

Der Beifahrer des BMW-Gespanns, Remmert (Fulda), verunglückte am Freitag bei einem Training des BMW-Rennstalls auf dem Hockenheimring tödlich. Unter der Leitung des BMW-Rennleiters Alex von Falckenhausen hatten alle vom Werk unterstützten Fahrer der BMW, unter ihnen Fergus Anderson, Walter Zeller und die Weltmeister Faust/Remmert, Noll/Cron als Seitenwagenfahrer, ein erstes Training auf dem Hockenheimring absolviert.

Gegen 12 Uhr, als die Seitenwagenfahrer auf der Strecke waren, ereignete sich nach Augenzeugenberichten auf dem völlig geraden Streckenabschnitt vor der Hockenheimer Stadtkurve ein noch ungeklärter Zwischenfall. Nach den Augenzeugen soll sich der Beifahrer Remmert auf ein Zeichen seines Fahrer Faust plötzlich in seinem Beiwagen aufgerichtet haben. Das Fahrzeug kam daraufhin ins Schleudern, kam auf den Grünstreifen und flog mehr als 25 Meter durch die Luft. Beide Fahrer wurden herausgeschleudert. Beifahrer Remmert war sofort tot, Faust wurde mit schweren Verletzungen in das Hockenheimer Krankenhaus eingeliefert.

Das Gespann hatte das von der Fachwelt mit Spannung erwartete neue Dreirad, ein ungewöhnlich niedriges Fahrzeug, gefahren. Die Nachricht von dem schweren Unfall brachte Fergus Anderson mit, der mit auf der Rennstrecke war.

# General Gruenther zurückgetreten

## Oberbefehlshaber der NATO „macht jüngerem Platz" Chef der Luftstreitkräfte General Norstad Nachfolger

Berichte unserer Nachrichtendienste　　　　PARIS, 13. April

Der Ständige Rat der fünfzehn Nordatlantikpaktstaaten bestimmte am Freitag in einer Sondersitzung General Norstad (USA), Chef der NATO-Luftstreitkräfte, zum neuen Oberbefehlshaber der alliierten Streitkräfte in Europa als Nachfolger von General Gruenther. General Gruenther gibt des NATO-Oberkommando gegen Ende dieses Jahres aus persönlichen Gründen ab, wie Präsident Eisenhower am selben Tage bekanntgab. General Gruenther begründete seinen Schritt damit, daß er Platz machen wolle für jüngere Männer und neue Ideen.

Nicht Gesundheitsrücksichten seien Anlaß seines Rücktritts. Sein Ausscheiden sei auch durch keinerlei Meinungsverschiedenheiten oder sonstige Hintergründe irgendwelcher Art bedingt. Er habe diesen Wunsch bereits im November vorigen Jahres in Washington Präsident Eisenhower vorgetragen und dessen Zustimmung erhalten. Der britische Feldmarschall Montgomery hat sich erboten, sein Kommando als stellvertretender NATO-Oberbefehlshaber auch unter General Norstad beizubehalten.

Gruenther betonte ausdrücklich, daß sein Rücktritt nicht mit der kürzlich in der Bundesrepublik und in den Niederlanden an ihm geübten Kritik zusammenhänge, deren Anlaß die ihm zugeschriebene Äußerung gewesen war, daß die NATO im Ernstfall diese beiden Partnerländer nicht verteidigen, sondern nur im Gegenstoß befreien könne. Der General betonte noch einmal, daß seine Planung darauf abziele, Westeuropa so weit östlich wie möglich zu verteidigen.

Er war sichtlich bewegt, als der holländische NATO-Botschafter van Starkenborgh als Doyen der Ständigen Vertreter der NATO-Länder ihm den Dank für seine hervorragenden Leistungen aussprach. „Ein Stück meines Herzens bleibt hier", sagte der General bei seinem Abschied.

**GENERAL GRUENTHER,** 57 Jahre alt, war seit 1939 und im Kriege der Generalstabschef und engste persönliche Mitarbeiter Eisenhowers. Als dieser 1952 sein NATO-Oberkommando niederlegte, um Präsident der USA zu werden, behielt Gruenther unter dem Nachfolger General Ridgway diese Funktion bei. Nach Ausscheiden Ridgways 1953 berief ihn das Vertrauen der übrigen NATO-Partner zum neuen Oberbefehlshaber.

**GENERAL NORSTAD,** der Sohn eines Pastors aus Minneapolis, ist erst 49 Jahre alt. Er gilt als Spezialist für die strategische Bomberwaffe. Unter seiner Leitung wurde das 21. amerikanische Bomberkommando aufgebaut, das den Luftkrieg gegen Japan führte und die Atombomben auf Hiroshima und Nagasaki abwarf. Norstad ist der erste Luftwaffenoffizier, der das Amt des NATO-Oberbefehlshabers übernimmt.

## „Mahlzeit im Wasserglas" soll duftenden Braten ersetzen

### Internisten begutachten neuartige Entfettungsmethode

BAD SCHLANGENBAD　　　　10. April

Als wirksam und dabei unschädlich wurde auf dem Internistenkongreß in Bad Schlangenbad eine neuartige Entfettungsmethode begutachtet. Das neue Schlankheitsmittel — „Mahlzeit im Wasserglas genannt" — soll zwar den Magen füllen und für mehrere Stunden beschäftigen, jedoch keine Kalorien liefern. Es wird aus Algen gewonnen.

Vor einer Mahlzeit, die man überspringen will, mischt man das Mittel in Pulverform mit Wasser zu einem Getränk, das nach Zitronen schmeckt. Die Flüssigkeit verdickt sich dann im Magen zu einer Art Gelee. So wird die Eßlust völlig befriedigt. Wer die „Mahlzeit im Wasserglas" einnimmt, kann angeblich vor einem duftenden Braten sitzen, ohne den geringsten Appetit zu verspüren.

## Geohrfeigter Kritiker verklagt Käthe Dorsch

WIEN, 15. April

Der Wiener Schriftsteller und Theaterkritiker Hans Weigel erhob am Wochenende gegen die Schauspielerin Käthe Dorsch Privatklage wegen tätlicher und mündlicher Beleidigung. Käthe Dorsch hatte dem Wiener Kritiker vor dem Eingang eines Kaffees aufgelauert und ihm einige Ohrfeigen versetzt, nachdem Weigel ihre schauspielerische Leistung in Christopher Frys „Das Dunkel ist licht genug" nicht gerade wohlwollend beurteilt hatte. Außerdem wird in der Klage ausgeführt, daß die erbostе Künstlerin den Kritiker auch als „Dreckkerl" und „Dreckmaul" bezeichnet habe.

*Käthe Dorsch:
Kritiker geohrfeigt*

Weigel beantragte in seiner Klage eine psychiatrische Untersuchung der Künstlerin, da diese bereits früher einmal in Berlin den Kritiker und jetzigen Ost-Professor Wolfgang Harich in gleicher Weise angegriffen habe und offenbar zu solchen Reaktionen neige. Das Vorgehen der Schauspielerin wurde am Sonntag von der Wiener Presse einmütig mißbilligt.

*MESSERSCHARF sind die Tragflächen dieses neuesten amerikanischen Überschall-Düsenjägers F-104. Er soll bis in die obere Stratosphäre aufsteigen können und im Horizontal- und Steigflug gleich schnell sein.*

## Pankow entläßt „Nichtamnestierte"

BERLIN, 13. April

Die überwiegende Zahl der Heimkehrer, die im Dezember 1955 von den Sowjets den Behörden der Sowjetzone als „Nichtamnestierte" übergeben und in das Zuchthaus Bautzen eingeliefert worden waren, ist nach einer Mitteilung des Deutschen Roten Kreuzes am Freitag überraschend entlassen worden. Während etwa 120 der Freigelassenen in der Sowjetzone bleiben sollen, dürften 79 in die Bundesrepublik und 29 nach West-Berlin fahren. In Bautzen sollen nur noch etwa 35 Heimkehrer zurückgeblieben sein.

## Neuer Riesen-Flugzeugträger in USA in Dienst gestellt

NEW YORK, 15. April

Das größte Kriegsschiff der Welt, der amerikanische 60 000-t-Flugzeugträger „Saratoga", wurde am Samstag in New York feierlich in Dienst gestellt. Die „Saratoga" ist das zweite Schiff der „Forrestal"-Klasse und weist zahlreiche Verbesserungen auf. Der Marineminister Thomas nannte sie „einen schwimmenden, beweglichen, kämpfenden Flugplatz", der so viel „tödliche Waffen" befördere, wie sie noch niemals an einem einzigen Ort beisammengewesen seien.

## Ulbricht: In Sowjetzone wird zuviel verhaftet

BERLIN, 22. April

Die „strengste Einhaltung der demokratischen Gesetzlichkeit" forderte der Sekretär des SED-Zentralkomitees, Ulbricht, am Wochenende bei einer Kundgebung zum zehnten Jahrestag der SED in Ost-Berlin. In der Sowjetzone müsse weniger verhaftet und mehr überzeugt werden.

## Tscherwenkoff abgetreten

BELGRAD, 16. April

Als erster Regierungschef in den sowjetischen Satellitenstaaten ist am Montag der in letzter Zeit schon heftig kritisierte Ministerpräsident Bulgariens, Tscherwenkoff, dem neuen antistalinistischen Kurs zum Opfer gefallen. In Gegenwart einer zu Gast weilenden parlamentarischen Delegation aus Jugoslawien reichte Tscherwenkoff am Montag der Sobranje (Parlament) sein Rücktrittsgesuch ein, die es auf die Tagesordnung ihrer Sondersitzung setzte.

Die Annahme des Rücktritts und die Wahl des Nachfolgers — voraussichtlich der stellv. Ministerpräsident Jugoff — finden am Dienstag statt. Tscherwenkoff erhielt beim Betreten der Sobranje keinen Beifall.

# Volkspolizei stoppt Dr. Suhr

*Volkspolizisten verwehrten am Donnerstag dem Regierenden Berliner Bürgermeister Dr. Suhr das Betreten der in der Sowjetzone gelegenen West-Berliner Exklave Steinstücken, weil er keinen Passierschein hatte. Ein Volkspolizeioffizier erklärte Suhr, daß er ebenso wie jeder andere West-Berliner Einwohner bei den Sowjetzonenbehörden einen Passierschein beantragen müsse, wenn er durch sowjetzonales Gebiet nach Steinstücken wolle. Der Offizier lehnte es ab, den Passierschein zu besorgen. Dr. Suhr wird bei den Westalliierten dagegen protestieren, daß er durch die Sowjetzonenbehörden in der Ausübung seiner Amtsbefugnisse behindert wird.*

Zu der Serie von Filmen über das Thema der Jugendverwahrlosung gehört auch „ . . . denn sie wissen nicht was sie tun". James Dean („Jenseits von Eden", der kürzlich tödlich verunglückte, spielt darin den Anführer einer Bande von Halbwüchsigen. Unser Foto zeigt Dean bei einer Messerstecherei.

Zur Freude aller Filter-Raucher...

mit
FEINFILTER
*im Königsformat*
$8\frac{1}{3}$

... mild und rein —
ob mit — ob ohne Filter

LUX

### Grace Kelly in Monaco eingetroffen

*Mit Salutschüssen, dem Heulen der Schiffssirenen und Jubelrufen wurde Grace Kelly, die künftige Landesmutter von Monaco, am Donnerstag empfangen, als sie den Boden „ihres" Landes betrat. Fürst Rainier holte seine Braut mit seiner Jacht von dem amerikanischen Ozeandampfer „Constitution" ab. Unser Bild zeigt das Brautpaar an Bord der fürstlichen Jacht „Deo Juvante".*

### Ziviltrauung in Monaco vollzogen

*Verhältnismäßig ruhig verlief am Mittwochvormittag die Ziviltrauung zwischen Fürst Rainier III. von Monaco und der amerikanischen Filmschauspielerin Grace Kelly im Thronsaal des Schlosses in Monte Carlo. Unbewegt saß das Brautpaar, wie unser Bild zeigt, vor dem Standesbeamten. Am Donnerstagvormittag findet die kirchliche Trauung statt.*

# Tausende bewundern Brautkleid

## Fürst Rainier und Grace Kelly in der Kathedrale von Monte Carlo getraut - Ganz Monaco jubelt zu

Berichte unserer Nachrichtendienste                    MONACO, 19. April

Mit zitternden Händen steckte am Donnerstagvormittag Prinz Rainier III. Grace Kelly den Trauring an den Finger, nachdem sie sich vor dem Altar der Kathedrale von Monte Carlo das Ehegelöbnis gegeben hatten. Rund 1000 Hochzeitsgäste, unter ihnen die offiziellen Vertreter von 25 Nationen, lauschten den ruhigen, gefaßten Worten, mit denen Rainier und Grace die schicksalsschweren Fragen des Bischofs Gilles Barthe beantworteten. Offensichtlich waren beide tief ergriffen. Wie am Tage zuvor bei der Ziviltrauung schien die junge Fürstin von Monaco mit den Tränen zu kämpfen.

Bischof Barthe, der die Trauungszeremonie vorgenommen hatte, wies in einer kurzen Ansprache das fürstliche Paar auf die Pflichten hin, die der Ehestand einem Christen und insbesondere einem Monarchen auferlege. Die Fürstin werde als Ehefrau Freude und Erfüllung in der Familie finden, die sie sich wünsche. Nach den Worten des Bischofs, die er in Englisch und Französisch vortrug, sprach der Beichtvater der Familie Kelly aus Phiiadelphia, John Cartin.

### Apostolischer Segen

Schließlich übermittelte der päpstliche Legat, Monsignore Marella, die Botschaft des Papstes. Darin heißt es: „Wir erflehen überreiche göttliche Gnade für die Familie, die Sie gründen werden, und für das Fürstentum Monaco und senden Ihnen aus tiefstem Herzen als Zeichen unseres guten Willens den apostolischen Segen." Der Chor stimmte in der überfüllten Kathedrale die Hallelujahymne von Händel an. In die Stimmen der Chorsänger mischten sich die dröhnenden Klänge der Orgel und die Trompetenfanfaren der Palastwache.

Als die junge Fürstin am Arm ihres Vaters die Kirche betreten hatte, richteten sich Hunderte von Augenpaaren auf das märchenhaft schöne Brautkleid aus Taft und Spitzen mit langem Schleier und Schleppe. Die Schöpfung der amerikanischen Modekünstlerin Helen Rose soll später im Museum zu Philadelphia ausgestellt werden. Fast 25 Meter schwerer Taftstoff, ebensoviel leichterer Seidentaft und fast 100 Meter Tüll waren erforderlich, um das Kleid nach den eigenen Entwürfen der Braut zu arbeiten. Der elfenbeinfarbene Schleier ist mit Tausenden kleiner Perlen besetzt. Eine kleine, mit Orangenblüten besetzte Kappe bildet die Krönung.

### Goldbestickte Uniform

Der Fürst stand seiner Braut nichts nach; denn auch er hatte sich nach eigenen Entwürfen eine goldbestickte Paradeuniform anfertigen lassen. Offenbar war jedoch der Kragen etwas zu hoch geraten; er schien Rainier ab und zu unbequem zu werden. Abgerundet wurde das farbenprächtige Bild durch die weißseidenen Organdy- und Taftkleider der sechs Brautjungfern.

Einen Zwischenfall gab es, als ein sechsjähriger Page, der den Ehering Grace Kellys auf einem Seidenkissen zum Altar tragen sollte, den Ring plötzlich fallen ließ. Pater Tucker, der Vertraute des Fürsten, hob den Ring schnell auf und flößte dem verängstigten Jungen durch einen Blick Mut ein.

Bei strahlendem Sonnenschein traten Rainier und Gracia Patricia nach der Brautmesse aus dem Tor der Kathedrale. Fast alle Monegassen und Tausende von schaulustigen Touristen aus ganz Europa riefen: „Es lebe der Fürst — es lebe die Fürstin". 21 Salutschüsse donnerten in den Himmel. Unter den Klängen des Präsentiermarsches von Monaco schritt das Fürstenpaar die Front einer Ehrenkompanie ab, die aus französischen, englischen, amerikanischen und italienischen Matrosen gebildet war. Dann bestieg man einen offenen, funkelnagelneuen Rolls Royce zu einer Rundfahrt durch das kleine Fürstentum.

*IN EINEM OFFENEN ROLLS ROYCE fuhr das frischgebackene Fürsterpaar von Monaco nach der kirchlichen Trauung in der Kathedrale zum Schloß zurück. Zehntausende säumten die engen Straßen und warfen Blumen auf den langsam dahingleitenden Wagen. Lächelnd lehnte sich Grace an die Schulter ihres Mannes, um Schutz vor den Wurfgeschossen zu suchen. Sofort nach Rückkehr ins Schloß vertauschte die Fürstin ihr Brautkleid mit einem hellgrauen Seidenkleid, um sich für die Hochzeitsreise in Richtung Rom zu rüsten.*

**Deutsche Militärpolizei**

versieht jetzt den Sicherheitsdienst vor dem Bundesverteidigungsministerium in Bonn. In ihrer Uniform unterscheiden sich die deutschen Militärpolizisten nur wenig von ihren amerikanischen Kollegen: sie tragen Kunststoffhelm, weißes Koppelzeug und amerikanische Pistole in gelbem Lederfutteral.

# Verhandlungen mit Sowjets in London beendet

## Keine wesentlichen Fortschritte erzielt
## Deutschlandgespräche völlig ergebnislos

Von unserem Korrespondenten JOHN F. REYNOLDS

LONDON, 25. April

Mit einer zusätzlichen Konferenz am Mittwochnachmittag wurden die offiziellen Besprechungen zwischen Premier Eden und seinen sowjetischen Gästen Bulganin und Chruschtschew endgültig abgeschlossen. Gleichsam in letzter Stunde sind noch die größten Anstrengungen gemacht worden, um einen Mißerfolg zu verhindern, oder positiv ausgedrückt, zumindest einen Teilerfolg zu erzielen. In der Schlußsitzung wurde das Kommuniqué formuliert, das am Donnerstagabend veröffentlicht werden soll. Fest steht schon jetzt, daß in der Frage der Wiedervereinigung Deutschlands und der europäischen Sicherheit keinerlei Ergebnisse erzielt worden sind.

Der sowjetische Staatsbesuch geht am Freitag zu Ende. Bulganin und Chruschtschew werden im Hafen Portsmouth wieder an Bord des Kreuzers „Ordschonikidse" gehen. Am Donnerstag ist noch ein Besuch in Schottland vorgesehen. Eine Frage, die sich als ein Ergebnis aus den Erörterungen noch ergeben muß, ist die, ob Sir Anthony Eden einen Gegenbesuch in Moskau machen wird. Es besteht kein Zweifel darüber, daß die sowjetischen Gäste den Premier dazu eingeladen haben.

Die Abrüstungsfrage war am Dienstagabend Gegenstand eines zweistündigen Gesprächs, das der amerikanische Abrüstungsdelegierte Stassen mit Chruschtschew auf einem Empfang der Sowjetführer im Hotel Claridge hatte. Es soll eine gewisse Klarstellung erbracht, aber nicht zur Überbrückung wesentlicher Differenzen in den beiderseitigen Abrüstungsproblemen geführt haben.

Die britische Labour Party will sich weiter um die Freilassung der Sozialisten bemühen, die in kommunistischen Ländern gefangengehalten werden. Generalsekretär Phillips wird der sowjetischen Regierung über die Londoner Botschaft eine Liste mit 150 Namen zustellen.

# Haifisch in der Ostsee gefangen

Einen zwölf Zentner schweren Grundhai fing die Besatzung des Trawlers von Kapitän Knielf aus Rostock in der Ostsee. Selbst die ältesten Fischer können sich nicht erinnern, daß jemals in der Ostsee ein Haifisch gesichtet oder gar gefangen worden ist.

# Neuer Wagen für Anspruchsvolle

Eines der komfortabelsten neuen deutschen Automobile fand gestern im Essener Autohaus an der Rüttenscheider Straße viele Bewunderer: Der neue BMW 503 — hier als viersitziges Kupee —, ein 3,2-Liter-V-Achtzylinder mit 140 PS, der eine Spitzengeschwindigkeit von 190 km/st erreicht. Ausgerüstet mit vielerlei Komfort (Seitenfenster öffnen und schließen sich auf Knopfdruck elektro-hydraulisch), zeigt er eine neue rassige und elegante Linie. — Ein Wagen für anspruchsvolle Fahrer.

# Heinz im Glück - aus

## Parker löscht des Dortmunders Zukunftsträume

DORTMUND, 29. April

Aus einem „Heinz im Glück" ist mittlerweile ein „Heinz im Unglück" geworden. Ob Neuhaus leichtsinnig wurde, als er merkte, daß dieser Parker langsam auf den Beinen war — ob es tatsächlich ein genialer Bluff des Kanadiers war oder ein Glücksschlag, der Neuhaus in der dritten Runde auf die Bretter warf, das soll nicht näher untersucht werden. Und wenn der Ringrichter ein Auge zugedrückt hätte, so hätte er statt des „Aus" genausogut den Kampf wieder freigeben können, als Neuhaus bei „neun" halbwegs auf den Beinen war — vielleicht hätte Neuhaus sich erholen können und Parker beweisen müssen, ob sein entscheidender Haken eben ein Zufallsschlag war oder ob er durch sein Zögern Neuhaus entscheidend getäuscht hatte.

Das alles hat nichts mehr zu sagen. In den zweieinhalb Runden, in denen Parker in Dortmund seine Boxkunst demonstrierte, sah er nicht wie Weltklasse aus. Weltklasse war allerdings der Haken, mit dem er Neuhaus von den Beinen holte, in der gleichen Art, wie Neuhaus manchen Gegner vernichtend geschlagen hat. Und diese Haken werden am höchsten im Boxgeschäft bewertet. Aber man kann sich des Eindrucks nicht erwehren, als wenn ein Klasseboxer dem Kanadier keine Gelegenheit gegeben hätte, einen solchen Schlag anzusetzen — vielleicht sogar ihn vorher entscheidend zu treffen. Möglichkeiten waren genug vorhanden.

Die Zukunft für Neuhaus sieht nach diesem Kampf nicht gut aus. Ob es ihm gelingt, noch einmal ein „Heinz im

*Nach dem Kampf — Neuhaus*
WAZ-Bild: Werner Ebeler

Glück" zu werden, ist zweifelhaft. Auch wenn er sich in dem anstehenden Kampf gegen den Italiener Cavicchi den Europameistertitel zurückholen sollte. Immerhin hat er eine Epoche lang die Schwergewichtsklasse in Deutschland souverän beherrscht — und ein Ersatzmann für ihn ist nicht vorhanden.                   W. H. Koch

# Kominform aufgelöst

MOSKAU, 17. April

Die sofortige Auflösung des 1947 gegründeten Kominform (Informationsbüro der kommunistischen und Arbeiterparteien), der Nachfolgeorganisation der Kommunistischen Internationale (Komintern), gab am Dienstag der erste stellv. sowjetische Ministerpräsident Mikojan bekannt. Auch die Zeitschrift des Kominform stellt ihr Erscheinen ein.

Dem Kominform gehörten die kommunistischen Parteien der Sowjetunion, Frankreichs, Italiens, der Tschechoslowakei, Jugoslawiens, Ungarn, Bulgariens, Polens und Rumäniens an. Sitz des Kominform war zuerst Belgrad, nach dem Bruch Titos mit Moskau, Bukarest. Ende 1952 war die Mehrzahl der 18 kommunistischen Führer die an der Gründung in Polen teilgenommen hatten, hingerichtet oder kaltgestellt.

### Aus geflochtenem Stroh

*sind der flache Hut und die Handtasche — nach mexikanischem Vorbild — hergestellt. Diese Modeneuheit stammt natürlich aus Paris.*

# Wöchentlich 50 Deutsche zur Fremdenlegion

## Franzosen jetzt wählerisch

WAZ BONN, 20. April

Noch immer gehen wöchentlich im Durchschnitt 50 junge Deutsche zur französischen Fremdenlegion. Wie am Freitag in Bonn aus Kreisen der Landesregierung Rheinland-Pfalz mitgeteilt wurde, haben die Franzosen so große Auswahlmöglichkeiten, daß eine strenge gesundheitliche und sogar eine moralische Auslese getroffen werden könne. So wird z. B. auf Grund der Fahndungsblätter der deutschen Kriminalpolizei ge-

prüft, ob der Bewerber nicht wegen krimineller Handlungen gesucht wird.

Die meisten Bewerber kommen aus Nordrhein-Westfalen. Da fast alle Werbestellen der Fremdenlegion auf deutschem Boden inzwischen aufgelöst sind, gehen die jungen Deutschen jetzt gleich über die Grenze und lassen sich in Frankreich anwerben. Oft ist der Übergang legal, weil sie sich einen Reisepaß besorgt haben.

*ZU DEN ERSTEN GÄSTEN bei den diesjährigen französischen Filmfestspielen in Cannes gehörte die junge französische Filmschauspielerin Brigitte Bardot, die unser Bild zusammen mit ihren Kollegen Maurice Ronnet (links) und Maurice Regamey auf der Terrasse des Carlton-Hotels zeigt.*

# Abertausende Tote im Verkehr

So kann es nicht weitergehen, da sind sich alle einig. Wie die rasant steigenden Unfallzahlen zu stoppen sind, darüber rätseln 1956 die Experten.

Die Statistik sagt Ende des Jahres alles: noch einmal vier Prozent mehr Verletzte als im Vorjahr, 365.000 bei 1,5 Millionen Verkehrsunfällen, deren Zahl gleich um ein Viertel zunimmt. „Täglich 4.200 Kfz.-Schäden" titelt die WAZ. Dazu kommen, schlimmer noch, sechs Prozent mehr Tote als 1955, insgesamt 13.000 Opfer. Dabei gibt es erst fünf Millionen Kraftfahrzeuge, nur ein Zehntel so viele wie fünf Jahrzehnte später.

Gemessen an der Kfz-Dichte sterben auf deutschen Straßen so viele Menschen wie sonst nirgendwo auf der Welt. Der WAZ-Kommentator sieht sogar „einen inneren Zusammenhang" zur deutschen Rekordzahl an verschiedenen Verkehrsschildern. Gründlicher als hierzulande werde nirgendwo ein Verkehrsteilnehmer verwirrt.

Es scheint aber nicht nur am deutschen Schilderwald zu liegen, dessen Durchforstung schon damals zum Standardrepertoire verkehrspolitischer Forderungen gehört. Die Generation am Steuer ist noch nicht mit dem motorisierten Verkehr aufgewachsen, obwohl das Auto in diesem Nachkriegsjahr 70 wird. Noch 1926 sind auf der so genannten OW4, 1956 schon zum Ruhrschnellweg ausgebaut, mehr als ein Drittel aller Fahrzeuge Fuhrwerke. Vor dem Krieg zählte der Besitz eines Automobils zu den Privilegien einer Minderheit.

Am Ende der Nachkriegszeit werden Motorrad oder Mini-Pkw für kleine Leute erschwinglich, eiserne Sparsamkeit vorausgesetzt. Mit der preußischen Tugend Disziplin allerdings ist es bei den Neu-Fahrern anscheinend nicht weit her. Alkohol am Steuer nennt die Statistik als Hauptgrund für den Führerscheinentzug. Und obwohl es das Punkte-System noch nicht gibt, verlieren mehr Verkehrssünder ihre Fahrerlaubnis auf Grund schwerer Verstöße als heute.

Besonders sicher sind die Autos Jahrgang 1956 auch nicht. Selbst Luxuskarossen wie der BMW 507, das erste von nur 252 Serien-Exemplaren wird im Dezember gebaut, haben keinen Gurt. Die weit verbreiteten, weil im Unterhalt billigen Rollermobile bieten gar keinen Schutz. Beim neuen Victoria Spatz, einem 507 im Miniaturformat, saugt sich die Kunststoffkarosserie gerne mit Benzin voll und entzündet sich dann am heißen Auspuff. Feuervogel tauft der Volksmund den zweisitzigen Spatz, von dem nur 1.588 Stück flügge werden. Überhaupt geht die Zeit der improvisierten Tüftler-Autos zu Ende. 1956 endet auch endgültig die Produktion bei Bugatti im französischen Molsheim. Die deutsche Automobilindustrie baut in diesem Jahr erstmals über eine Million Pkw.

Das löcherige Straßennetz fördert auch nicht gerade die Verkehrssicherheit. Kreuzungsfreie Autobahnen sind die Ausnahme, unfallträchtige Land- und bestenfalls Bundesstraßenkilometer die Regel. Die WAZ meint kurz: „Revier braucht auch den Emscherweg". Gemeint ist die nördliche Parallele zum Ruhrschnellweg, der 1956 schon abschnittsweise Realität ist. Die OW3, die heutige A 42, besteht dagegen vor 50 Jahren aus zerstückelten Abschnitten zwischen Duisburg und Kamen. Die Ost-West-Verbindung Nummer drei ist schon seit 1923 in Planung, und deshalb konnte die Trasse von weiterer Bebauung frei gehalten werden. Doch bis zum Baubeginn der A42 als Emscherschnellweg soll es noch bis 1968 dauern. Und gekommen ist er im Osten nur bis an die Stadtgrenze von Dortmund.

Die Verkehrspolitik muss 1956 auf die Unfallwelle reagieren. Man höre und staune: Erst seit Mai jenes Jahres dürfen Falschparker auf Kosten des Besitzers abgeschleppt werden. „Fußgänger haben jetzt mehr Rechte", lautet die Schlagzeile in der WAZ zu weiteren Änderungen. Immerhin müssen jetzt Autofahrer an neuen Zebrastreifen den Fußgängern absoluten Vorrang gewähren – wenn der Überweg von zwei gelb blinkenden Leuchten flankiert wird. Zur Pflicht wird gleichzeitig zumindest ein Außenzusätzlich zum Innenspiegel. Verboten wird der so genannte Damensitz, was manche Moralisten für verwerflich halten, weil Frauen nun mit gespreizten Beinen auf Zweirädern Platz nehmen müssen. Nicht übermittelt ist, ob Nationalisten gegen das Beleuchtungsverbot des Kennzeichens D protestieren. Wichtiger für die Zukunft sind 1956 erste Forderungen einer Zentralkartei. Die wird tatsächlich zwei Jahre später beim Kraftfahrt-Bundesamt eingeführt. Und Punkte gesammelt werden in Flensburg bis heute.

*Gerd Heidecke*

EINZELPREIS 20 PF / NR. 125
VERLAGSORT ESSEN

DONNERSTAG, 31. MAI 1956
BUNDES-AUSGABE

WESTDEUTSCHE
ALLGEMEINE
Die unabhängige Zeitung des Ruhrgebiets

# Sowjetzone nach wie vor Zone des Unrechts

## Bundesregierung beantwortet Große Anfrage - Noch 18 900 politische Häftlinge

Von unserem Bonner Büro
Schu BONN, 30. Mai

**Die Bundesregierung ist nicht der Überzeugung, daß sich in der Sowjetzone bereits ein Weg zur Rechtsstaatlichkeit abzeichnet. „In der Behandlung der 18 Mill. Deutschen ist der Uhrzeiger kaum merklich über Stalin hinausgerückt." Dies war der Tenor der Regierungserklärung, welche Bundesminister Jakob Kaiser am Mittwoch vor dem Bundestag als Antwort auf eine Große Anfrage aller Fraktionen abgab. Anfang Mai dieses Jahres gab es nach dem Bericht Kaisers in der Sowjetzone immer noch rund 18 900 politische Häftlinge. Die Bundesregierung werde alles tun, so versicherte Kaiser, um die Freizügigkeit in ganz Deutschland zu fördern und die geistige Freiheit zu vertiefen.**

Die mehr als sechsstündige Debatte ergab die einmütige Ansicht sowohl der Regierung wie aller Parteien, daß ein Höchstmaß solcher Beziehungen erreicht werden muß.

In der Frage, wie w e i t diese Bemühungen gehen sollen, ergaben sich allerdings unterschiedliche Auffassungen zwischen den Koalitions- und den Oppositionsparteien. So sagte der SPD-Abgeordnete Mommer, wenn beispielsweise der Bundesverkehrsminister mit dem Verkehrsminister der Sowjetzone über eine Verbesserung der Verkehrsverbindungen sprechen würde, dann läge darin noch keine Anerkennung des Sowjetzonenregimes. Der CDU-Abgeordnete Walter Brookmann erklärte demgegenüber, seine Partei sei fest entschlossen, allen Versuchen zu widerstehen, die gegenwärtigen Sowjetzonenmachthaber durch ein ständig wachsendes Netz von Verflechtungen anzuerkennen.

Eine Amnestie der in der Bundesrepublik inhaftierten kommunistischen Überzeugungstäter stellte die Bundesregierung nicht in Aussicht; doch ließ sie diese Frage offen. Die Abgeordneten Wehner (SPD), Lemmer (CDU), Will (FDP) und Seiboth (BHE) forderten übereinstimmend die Freilassung dieser Inhaftierten.

Minister Kaiser gab folgende Zahlen über die politischen Häftlinge in der Sowjetzone bekannt:

Seit dem 8. Mai 1945 sind nach den Informationen der Bundesregierung insgesamt über 70 000 Personen in Sowjetzonenlagern und Haftanstalten verstorben, darunter über 1 000 Jugendliche. Rund 47 500 sind vermißt und verschollen. Von den etwa 800 zu Freiheitsstrafen Verurteilten des 17. Juni 1953 befinden sich noch etwa 600 in Haft. Seit Januar 1954 bis heute sind insgesamt 13 428 Gefangene entlassen worden, davon 1 285 seit Dezember 1955.

Fortsetzung auf Seite 2

Willy Brandt, SPD-Abgeordneter und Präsident des Berliner Abgeordnetenhauses, begründet vor dem Bundestag die Große Anfrage aller Fraktionen über die Lage in der Sowjetzone. Unser Bild zeigt links auf der Regierungsbank Bundeskanzler Dr. Adenauer, der zum Schutz gegen das Scheinwerferlicht des Fernsehens eine Sonnenbrille trägt. ap-Bild

### 223 politische Häftlinge in der Bundesrepublik

BONN, 30. Mai

In der Bundesrepublik befinden sich wegen politischer Straftaten 223 Personen in Haft, wie von unterrichteter Seite in Bonn am Mittwoch mitgeteilt wurde. Davon sind 136 in Untersuchungs- und 87 in Strafhaft. In diesen Zahlen sind 77 Untersuchungsgefangene und 31 Strafgefangene enthalten, die sich auf Grund des Berliner Gesetzes zum Schutz der persönlichen Freiheit vom 14. Juni 1951 zu verantworten haben. Außerdem befinden sich im Bundesgebiet wegen Landesverrats 76 Personen in Strafhaft und 172 Personen in Untersuchungshaft. (dpa)

## Tempo der westdeutschen Aufrüstung wird sich voraussichtlich verzögern

### Bonn: Kabinett beschließt Beteiligung an Stationierungskosten

Von unserem Bonner Büro
Mü BONN, 30. Mai

**Das Tempo der westdeutschen Aufrüstung wird sich erheblich verzögern. Dies gilt in Bonn als sicher, nachdem das Bundeskabinett, wie verlautet, in einer Geheimsitzung am Mittwochabend beschlossen hat, auch künftig einen Anteil an den Stationierungskosten zu übernehmen. Wie wir berichteten, hatten die Alliierten für das kommende Jahr die Zahlung von 2,5 Md. DM gefordert.**

In unterrichteten Kreisen der Bundeshauptstadt nimmt man an, daß die Bundesregierung aus politischen Gründen etwa 1,4 Md. DM als Bar- oder Werkleistungen bereitstellen wird, um sich an den Unkosten der Alliierten für ihre in Westdeutschland stationierten Truppen zu beteiligen. Eine rechtliche Verpflichtung zur Zahlung dieser Gelder besteht auf Grund der Pariser Verträge nicht mehr.

Die Aufrüstung wird sich vor allem deshalb verzögern, weil die Mittel für diese Stationierungskosten dem bereits vom Parlament bewilligten Verteidigungshaushalt entnommen werden müssen. Diese Beträge konnte Verteidigungsminister Blank bisher noch nicht ausgeben. Sie lagerten in Schäffers sogenanntem „Juliusturm".

Die abschließenden Verhandlungen zur endgültigen Klärung der Stationierungskostenfrage werden in den nächsten Tagen auf höherer Ebene fortgeführt. Bisher hatten sich lediglich die Sachverständigen beider Seiten zu Vorbesprechungen getroffen.

### Eisenhower billigt Moskaureise des Stabschefs der Luftwaffe

WASHINGTON, 30. Mai

Der Stabschef der amerikanischen Luftstreitkräfte, General Twining, hat mit Billigung von Präsident Eisenhower die Einladung zur Luftparade nach Moskau angenommen. Mehrere Offiziere der Luftwaffe werden ihn begleiten. Außer dem amerikanischen Luftwaffenstabschef hat der sowjetische Generalstabschef, Marschall Sokolowski, auch die Stabschefs der Luftstreitkräfte Großbritanniens und Frankreichs sowie anderer Länder zum Tag der sowjetischen Luftstreitkräfte eingeladen. (dpa/ap)

## Tito nach Moskau unterwegs

### Sowjets bereiten triumphalen Empfang des jugoslawischen Staatschefs vor

Berichte unserer Nachrichtendienste
BELGRAD/MOSKAU, 30. Mai

**Der jugoslawische Staatspräsident Marschall Tito trifft am Samstag zu einem dreiwöchigen Staatsbesuch in Moskau ein. Er erwidert damit den Besuch, welchen die Sowjetführer Bulganin und Chruschtschew im vergangenen Sommer Jugoslawien abstatten, um sich mit Tito zu versöhnen. In Moskau werden alle Vorbereitungen getroffen, um Tito einen triumphalen Empfang zu bereiten, wie ihn die sowjetische Hauptstadt noch nicht erlebt hat. Bulganin bezeichnete den Besuch als Beginn einer neuen Phase der freundschaftlichen Beziehungen zwischen der Sowjetunion und Jugoslawien.**

Dank der beiderseitigen Bemühungen hätten sich im Verlauf des vergangenen Jahres die Beziehungen zwischen den beiden Ländern zu enger Zusammenarbeit entwickelt. Mit Freude, betonte Bulganin, habe die sowjetische Regierung festgestellt, daß Jugoslawien zu vielen internationalen Problemen eine ähnliche Haltung einnehme wie die Sowjetunion.

### Bonn hält an Gültigkeit des Reichskonkordats fest

WAZ BONN, 30. Mai

**Die Bundesregierung halte nach wie vor an ihrer Auffassung fest, daß das 1933 zwischen Hitler und dem Vatikan abgeschlossene Reichskonkordat immer noch ein gültiger Vertrag sei, erklärte Bundesaußenminister v. Brentano am Mittwoch im Bundestag. Die Bundesregierung habe wegen des niedersächsischen Schulgesetzes Klage vor dem Bundesverfassungsgericht in Karlsruhe erheben müssen, da die Bestimmungen dieses Schulgesetzes dem Konkordat widersprächen. Dort seien u. a. allein 304 katholische Bekenntnisschulen in Gemeinschaftsschulen umgewandelt worden. Die Regierung könne nicht zulassen, daß das Vertrauen in die internationale Vertragstreue der Bundesrepublik geschädigt werde.**

Mit dieser Stellungnahme setzte sich Brentano in Gegensatz zu den Sprechern von SPD und FDP, die sich in der Konkordatsdebatte für ein neues Rechtsverhältnis zwischen der Bundesrepublik und dem Vatikan einsetzten, aber die Gültigkeit des jetzigen, noch von Hitler abgeschlossenen Konkordats aus juristischen und vor allem aus moralischen Gründen bestritten.

Fortsetzung auf Seite 2

## 11 Mill. DM mehr für Jugendförderung

### . . . von Ausschuß beschlossen

WAZ BONN, 30. Mai

Zur Förderung der Jugend in der Bundesrepublik hat der Haushaltsausschuß des Bundestages am Mittwoch die Mittel erheblich erhöht. Er beschloß die Steigerung der Ausgaben für den Bundesjugendplan im kommenden Rechnungsjahr von 36 auf 46,8 Mill. DM. In diesem Fonds sind unter anderem Mittel für die Betreuung der jugendlichen Sowjetzonenflüchtlinge enthalten, ferner 4,5 Mill. DM für die Ferienerholung für Kinder und Jugendliche in Westdeutschland sowie 7,5 Mill. DM für Überbrückungsdarlehen und Beihilfen zur Fortsetzung der unterbrochenen Schul- und Berufsausbildung.

*

**Die ersten Atomreaktoren** für die Bundesrepublik werden schon in den nächsten Wochen in den USA bestellt, erklärte Bundes-Atomminister Strauß am Mittwoch in einer Rundfunkansprache.

**Für eine zweijährige Dienstzeit** im Rahmen der allgemeinen Wehrpflicht in der Bundesrepublik sprach sich der Oberbefehlshaber der britischen Rheinarmee, General Sir Richard Gale, am Mittwoch in Bonn aus.

**Die SPD-Führungsgremien**, Parteivorstand, Parteiausschuß und Kontrollkommission werden am Samstag zu ihrer letzten gemeinsamen Sitzung vor dem Münchner Parteitag, der vom 10. bis 15. Juli stattfindet, zusammentreten.

**Gegen eine beabsichtigte** Ablehnung von Studentenreisen in die Bundesrepublik haben die Studenten der technischen Hochschule Dresden auf zwei großen Protestversammlungen Einspruch erhoben.

**Der Bundesgrenzschutz** soll nach der jetzt laufenden Überführung des Mannschaftsbestandes in die Bundeswehr wieder auf 10 000 Mann aufgefüllt werden. (WAZ/dpa/ap)

### Morgen keine Zeitung

Wegen des gesetzlichen Feiertages Fronleichnam erscheint die nächste Ausgabe der WAZ am Samstag zur gewohnten Stunde.

Verlag und Redaktion

### NRW-Ministerium empfiehlt Überholverbot für Lkw.

WAZ DÜSSELDORF, 30. Mai

Überholverbote an langen und steilen Steigungen für Lkw. über 1,5 t und für Lastzüge sollen nach einer Empfehlung des NRW-Verkehrsministeriums von den Straßenverkehrsämtern erlassen werden. In dem Runderlaß des Ministeriums heißt es, daß die Bestimmungen der Straßenverkehrsordnung, wonach Lastzüge und Lkw. an Steilstrecken nicht überholen dürfen, wenn dadurch der schnelle Verkehrsablauf gestört wird, nur unzulänglich beachtet werde. Allein ein radikales Überholverbot für die Lkw. könne hier Stockungen und Verkehrsgefährdungen verhindern.

### Bundesverfassungsgericht erklärt Apothekenstopp-Gesetze für nichtig

KARLSRUHE, 30. Mai

Der erste Senat des Bundesverfassungsgerichtes hat am Mittwoch auf Antrag der bayrischen Staatsregierung die beiden vom Bund erlassenen Apothekenstoppgesetze für nichtig erklärt. Nach diesen Gesetzen durfte die Erlaubnis zur Errichtung einer neuen Apotheke nur auf Grund der Bestimmungen erteilt werden, die am 1. Oktober 1945 in den einzelnen Ländern des Bundesgebietes galten. Das Bundesverfassungsgericht hat jedoch entgegen der Auffassung Bayerns die Zuständigkeit des Bundes bestätigt. Die beiden Apothekenstoppgesetze wurden für nichtig erklärt, weil sie mit rechtsstaatlichen Grundsätzen nicht übereinstimmten und zweifelhaft ließen, welche Bestimmungen gültig seien. (ap)

## Dortmund schlägt den HSV 5:0

Mit 5:0 deklassierte Westmeister Borussia Dortmund am Mittwochabend in der überfüllten Kampfbahn „Rote Erde" in Dortmund den Nordmeister Hamburger SV im Vorrundenspiel um die deutsche Fußballmeisterschaft. Unser Bild zeigt das erste Tor für Dortmund durch den Halbrechten Preißler, der überraschend aus 25 Metern einschießt. — Das zweite Spiel dieser Gruppe, Viktoria Berlin gegen VfB Stuttgart, endete 3:3. WAZ-Bild: Werner Ebeler

### Karlsruhe ordnet Volksbegehren in Baden an

KARLSRUHE, 30. Mai

**In einer aufsehenerregenden Entscheidung verfügte der Zweite Senat des Bundesverfassungsgerichtes in Karlsruhe am Mittwoch, daß im Gesamtraum des ehemaligen Freistaates Baden, den heutigen Regierungsbezirken Nord- und Südbaden des Landes Baden-Württemberg, ein Volksbegehren stattfinden muß. Das Gericht setzte dafür keine Frist. Mit diesem Urteil gab der Senat einer Beschwerde statt, die der Heimatbund Badener Land gegen die Ablehnung seines Volksbegehrens-Antrages durch das Bundesinnenministerium erhoben hatte. (dpa/ap)**

### Fabrikmauer stürzt auf 26 Frauen

WOLFENBÜTTEL, 30. Mai

In einer Wolfenbütteler Konservenfabrik stürzte am Mittwochmittag in einem Arbeitsraum der Spargelschälerinnen eine Wand ein und begrub 26 Frauen unter sich. Sechs Frauen wurden schwer, die übrigen leichter verletzt. In einem Nebenraum waren an der Wand große Kohlenvorräte bis unter die Decke gestapelt, die vermutlich die Wand eingedrückt haben. (ap)

# Atomwaffen aus USA für NATO-Partner

## Mitteilung Präsident Eisenhowers vor Kongreß

Berichte unserer Nachrichtendienste        WASHINGTON, 7. Mai

Die USA beabsichtigen, NATO-Länder mit Atomwaffen zu beliefern, erklärte Präsident Eisenhower am Montag dem Kongreß. In seinem Bericht über das amerikanische Auslandshilfsprogramm teilte Eisenhower mit, daß die Vereinigten Staaten ihre Streitkräfte in Europa mit ferngelenkten Geschossen mit Atomladungen und Atomartillerie ausrüsten und daß ihre militärische Stärke auf dem Kontinent durch diese neuen Waffen gestiegen sei. Amerika wolle seine NATO-Partner ebenfalls mit „bestimmten Arten moderner Verteidigungswaffen und mit Ausrüstung" beliefern, wie sie den USA-NATO-Streitkräften in Europa zur Verfügung gestellt wurden.

Eisenhower bezifferte die gesamten Streitkräfte der freien Welt auf über 200 Divisionen, 2000 Kriegsschiffe und 300 Luftgeschwader. 1955 hätten die USA rund 15 v. H. der Verteidigungsausgaben der NATO getragen, die insgesamt auf zwölf Md. Dollar (rund 50 Md. DM) geschätzt werden. An Militärhilfe allein lieferten die USA an befreundete Staaten seit 1949 Material im Werte von rund 12,4 Md. Dollar. Für die Auslandshilfe bewilligte der Kongreß 2,7 Md. Dollar für das am 30. Juni endende Finanzjahr. Den größten Teil der Zuwendungen erhält Asien mit 52 v. H. Es folgen der Nahe

**OST UND WEST** müssen nach neuen Wegen der Verständigung suchen, um der Welt die Katastrophe eines Atomkrieges zu ersparen, erklärt' Tito in Paris. Coty sagte, Frankreich stehe an der Seite seiner westlichen Verbündeten, versuche aber, mit Jugoslawien und anderen Ländern die Mauer des Mißverstehens zwischen Ost und West zu durchbrechen. Unser Bild zeigt den Empfang Präsident Titos und Frau Jowankas durch Staatspräsident Coty.

Osten und Afrika mit 14 v. H. und Europa mit 13 v. H.

# Vorläufig kein deutsches Farbfernsehen

## ... erst in mehreren Jahren möglich

WAZ BONN, 9. Mai

Erst in mehreren Jahren kann in der Bundesrepublik an die Einführung des Farbfernsehens gedacht werden. Das ist das Ergebnis einer mehrwöchigen Reise von europäischen Fernsehexperten durch die USA, Frankreich, England und Holland. In einer Mitteilung des Bundespostministeriums in Bonn heißt es dazu am Mittwoch, die Einführung des Farbfernsehens in der Bundesrepublik sei vor allen Dingen deshalb besonders schwierig, weil geplant sei, die künftigen Farbsendungen mit den heute bereits in Betrieb befindlichen Schwarz-Weiß-Empfängern aufnehmen zu können. Ein regelmäßiges Farbfernsehprogramm gibt es zur Zeit nur in den USA.

# 23500 Polen bisher amnestiert

WARSCHAU, 8. Mai

Bis zum 6. Mai wurden nach amtlichen Berichten über 23 500 Polen auf Grund der Ende April vom Parlament in Warschau verabschiedeten politischen Amnestie aus den Gefängnissen entlassen. Es wird damit gerechnet, daß bis Mitte Mai der letzte der von der Amnestie begünstigten Häftlinge frei sein wird. Ende Mai wird auch die zweite Aktion abgeschlossen sein, durch welche die Haftdauer zahlreicher Gefangener verkürzt wird. Der Warschauer Rundfunk hatte am 21. April angekündigt, daß insgesamt 30 000 Gefangene amnestiert und daß die Freiheitsstrafen für 70 000 andere herabgesetzt werden sollen.

Wie die polnische Presseagentur pap mitteilt, sind die Behörden bemüht, die amnestierten Häftlinge in die Wirtschaft einzugliedern. Die Bedürftigen sollen mit Geld und Kleidung unterstützt und die Kranken gesundheitlich betreut werden. Für die erste Hilfe wurden 14 Millionen Zloty bereitgestellt. Von der Amnestie werden in großem Umfange politische Delikte betroffen.

Der Warschauer Rundfunk meldete Ende April, daß alle Gefangenen, die als „Spione" oder als „Terroristen" verurteilt wurden, mit einer Herabsetzung ihrer Strafe rechnen können und daß alle Personen, die u. a. wegen staatsfeindlicher Propaganda und illegalem Grenzübertritt in den Gefängnissen sitzen, begnadigt werden.

# Josephine tritt ab

Zu einem letzten Deutschlandbesuch traf Josephine Baker, die berühmte Negertänzerin und Chansonette, am Wochenende auf dem Düsseldorfer Flughafen ein. Nach einem herzlichen Empfang und einer ausgedehnten Autogrammstunde fuhr Josephine nach Köln weiter, wo sie sich mit einem letzten Auftritt von ihren zahlreichen deutschen Verehrern verabschiedet. Die Tänzerin beschließt mit einer Tournee durch die großen Städte Europas ihre jahrzehntelange erfolgreiche Bühnenlaufbahn. Sie will sich in Zukunft nur noch der Erziehung ihrer zahlreichen Adoptivkinder widmen.

# Fußgänger haben jetzt mehr Rechte

## Mopeds nicht mehr schneller als 40 km/st - Straßenverkehrsordnung ab 1. Mai neu geregelt

**WAZ RUHRGEBIET, 30. April**

Am 1. Mai treten wichtige Änderungen in der Straßenverkehrsordnung der Bundesrepublik in Kraft. Nachfolgend versuchen wir, die wichtigsten Neuerungen in Stichworten zusammenzufassen:

**❶** a) Fußgänger haben an Zebrastreifen mit gelber Blinkleuchte absolutes Vorgehrecht vor allen Fahrzeugen. (Siehe unsere Zeichnung.) Die Fußgänger haben den Überweg in angemessener Eile zu überqueren. b) Neben dieser neuen Art

von Überwegen bleiben die bisher bekannten Fußgänger-Überwege mit Zebrastreifen ohne Blinkleuchten bestehen. Hier hat der Fußgänger keinen Vorrang, jedoch hat ihm der Fahrzeugführer das

Überschreiten der Fahrbahn zu ermöglichen. c) Bleiben noch Fußgänger-Überwege, die durch einfache Nagelung oder durch einfache Leitlinien gekennzeichnet sind: hier hat der Fahrzeugführer ebenfalls mit Fußgängern zu rechnen, und es besteht deshalb für ihn eine erhöhte Sorgfaltspflicht.

**❷** Mopeds fahren in Zukunft nicht mehr schneller als 40 km/st. Sie werden ab 1. Mai grundsätzlich wie Kleinkrafträder behandelt. Mopedfahrer müssen künftig alle Verkehrszeichen beachten, die für Kraftfahrzeuge gelten. Jedoch dürfen sie weiterhin nicht die Autobahn, die Radwege nur, wenn sie mit Muskelkraft angetrieben werden, benutzen.

**❸** Der sogenannte Damensitz auf Krafträdern oder Rollern ist verboten.

**❹** Fußgänger müssen in Zukunft, wenn Gehwege nicht vorhanden sind, außerhalb geschlossener Ortschaften auf der äußersten linken Straßenseite gehen.

**❺** Parkuhren sind ab sofort zulässig, müssen benutzt werden und gelten als Verkehrszeichen.

**❻** Die Polizei beginnt am 1. Mai mit der Überwachung der strikten Innehaltung des Sonntagsverkehrsverbotes für Lastkraftwagen in der Zeit von 0.00 bis 22.00 Uhr.

**❼** Nebelscheinwerfer dürfen nur bei starkem Nebel oder Schneefall, und zwar nur in Verbindung mit dem Abblendlicht eingeschaltet werden. Sind Nebelscheinwerfer nicht vorhanden, so ist nur das Abblendlicht zu benutzen.

**❽** Neben dem Innenspiegel wurde noch zusätzlich ein Außenspiegel an Kraftwagen vorgeschrieben.

**❾** Die Beleuchtungseinrichtung an den Kraftfahrzeugen wurde vereinheitlicht. Leuchtstoffe beispielsweise an Stoßstangen sind nicht mehr gestattet. Verboten sind ferner Rückstrahler am Schmutzfänger der hinteren Kotflügel und die Beleuchtung des internationalen Zeichens „D".

## Großer Preis von Cannes für „Die Welt des Schweigens"

**WAZ CANNES, 11. Mai**

Der Große Preis der Internationalen Filmfestspiele von Cannes 1956, die „Goldene Palme", wurde dem abendfüllenden französischen Dokumentarfilm „Die Welt des Schweigens" verliehen. Der von dem französischen Tiefseeforscher Jacques-Ives Cousteau gedrehte Film zeigt Aufnahmen von der Tier- und Pflanzenwelt des Meeres. Als bester Spielfilm wurde der sowjetische Streifen „Othello" ausgezeichnet. Den Preis

*Susan Hayward*

für den Film mit der „poetischsten Stimmung" erhielt der schwedische Film „Lächeln einer Sommernacht". Als bestes „Dokument der Menschlichkeit" wurde der indische Film „Pater Panchali" ausgezeichnet.

Als beste Schauspielerin wurde Suzanne Hayward für ihre Rolle in dem amerikanischen Film „Morgen werde ich weinen" genannt. Der Preis für den besten männlichen Darsteller wurde nicht vergeben.

## XP-500 frißt alles

Den General Motors in den USA ist mit der Entwicklung eines sogenannten „Freikolben-Motors", den XP-500, nach dreijährigen Versuchen eine revolutionierende Neuerung auf dem Gebiet des Baus von Auto-Motoren gelungen. Unser Bild zeigt den Wagen, in dem der neue Motor eingebaut ist. Wie bereits berichtet, hat der Motor weder eine Kurbelwelle noch irgendwelche andere umlaufende Teile, wie sie vom normalen Automobilmotor her bekannt sind. Durch ein Rohr werden heiße Gase in eine Turbine geblasen, die die Kraft auf die Hinterräder des Fahrzeuges überträgt. Als Kraftstoff können neben Benzin auch Dieselöl, Bunkeröle, und sogar Walöle und pflanzliche Öle verwendet werden.

*Helfer aus der Steckdose*

*Dein Kühlschrank*

*Deine Speisekammer!*

*Strom kommt sowieso ins Haus - nutz das aus!*

# England setzt Truppenstärke um über 70000 Mann herab

## Bekanntgabe Verteidigungsminister Moncktons im Unterhaus

**LONDON, 17. Mai**

Eine Verminderung der britischen Streitkräfte auf 700 000 Mann gab Verteidigungsminister Monckton in Beantwortung einer Labour-Anfrage im Unterhaus bekannt. Insgesamt werde die Stärke der britischen Streitkräfte gegenüber dem Stand vom 1. April 1955 um 122 000 Mann herabgesetzt. Eine Kürzung um 50 000 Mann ist bereits verwirklicht. Zur Zeit hat Großbritannien noch 772 000 Mann unter Waffen.

**Berichte unserer Nachrichtendienste**

Monckton begrüßte die Absicht der Sowjetregierung, die Stärke der sowjetischen Streitkräfte herabzusetzen und versicherte, Großbritannien werde nur die Streitkräfte behalten, die es zur Erfüllung seiner Verpflichtungen brauche. In den Abrüstungsvorschlägen, die dem Fünfmächte-Ausschuß in London vorgelegt wurden, war für Großbritannien eine Abrüstung auf 750 000 Mann (USA-Vorschlag) und 650 000 Mann (sowjetischer Vorschlag) vorgesehen.

# Wehrpflicht: für und wider

## Gegensätzliche Standpunkte in den Hauptfragen

Von unserem Bonner Büro        Mü BONN, 4. Mai

Die grundsätzlichen Meinungen von Regierungskoalition und Opposition zur Frage der allgemeinen Wehrpflicht prallten am Freitag im Bundestag hart aufeinander. In der zum Teil sehr erregten Debatte brachten nochmals alle Parteien ihre Argumente für oder gegen die Wehrpflicht vor, die wir nachfolgend gegenüberstellen:

### ❶ Sind wir rechtlich verpflichtet?

**Ja** Bundesregierung: Mit den Pariser Verträgen ist die Verpflichtung aus dem nicht wirksam gewordenen EVG-Vertrag übernommen worden, 500 000 deutsche Soldaten aufzustellen. Diese Verpflichtung kann nur mit der Wehrpflicht erfüllt werden.

**Nein** Opposition: Es gibt keine rechtliche Verpflichtung zur Wehrpflicht. In den Pariser Verträgen wird die Zahl 500 000 nur als Höchstgrenze genannt. Dieser Ansicht stimmte überraschend auch der CSU-Abgeordnete Dr. Jäger zu.

### ❷ Sind wir politisch gebunden?

**Ja** Bundesregierung: 500 000 Mann entsprechen 1 v. H. der Bevölkerung. Andere NATO-Staaten stellen mehr Soldaten. Daher liegen 500 000 Mann für uns an der unteren Grenze des „Zumutbaren". Im Vergleich zu anderen NATO-Staaten müßten wir 700 000 Mann bewaffnen, im Vergleich zum Osten 1 000 000.

**Nein** Opposition: Andere NATO-Staaten wie die USA, England und Frankreich entsenden Truppen in die ganze Welt. Für uns kommt eher ein Vergleich mit Italien in Frage. Der NATO-Staat Italien hat ein stehendes Heer von 286 000 Mann = 0,6 v. H. der Bevölkerung.

### ❸ Sind 500 000 Mann militärisch notwendig?

**Ja** Bundesregierung: 500 000 deutsche Soldaten sind notwendig, um die NATO-Streitkräfte so zu verstärken, daß das Risiko für einen Angreifer zu groß wird. Auch im Atomzeitalter sind Streitkräfte herkömmlicher Art nicht überflüssig. Die Bundesrepublik wird damit besser geschützt.

**Nein** Opposition: Der NATO-Oberbefehlshaber Gruenther hat erklärt, neben dem deutschen Verteidigungsbeitrag sei zur Abschreckung eines Angriffs auch die Erlaubnis zur Verwendung von Atomwaffen nötig. Die Bundeswehr werde also den Atomkrieg nicht verhindern.

### ❹ Ist ein Berufsheer eine politische Gefahr?

**Ja** Bundesregierung: Die Verteidigung von Freiheit und Demokratie ist Aufgabe des ganzen Volkes. Ein Berufsheer läuft Gefahr, zum „Staat im Staate" zu werden. Trotz guten Willens von politischer und militärischer Führung wird ein Heer aus Berufssoldaten isoliert im Volk stehen.

**Nein** Opposition: Die Gesinnung auch eines Wehrpflichtheeres hängt von dem Kern der Berufssoldaten ab, das sind nach Blanks Plänen 230 000 Mann. Wenn die Bundesregierung es sich nicht zutraut, eine Freiwilligenarmee zu kontrollieren, solle sie als unfähig zurücktreten.

### ❺ Dient Wehrpflicht der Wiedervereinigung?

**Ja** Bundesregierung: Erst die Bereitschaft des einzelnen in der Bundesrepublik, die Freiheit zu verteidigen, legitimiert die Bundesrepublik, für ganz Deutschland zu sprechen und die Wiedervereinigung auf friedlichem Wege anzustreben.

**Nein** Opposition: Die Sowjetzonenregierung wird mit der Wehrpflicht nachziehen. Die notwendige Wehrüberwachung wird die Bewegungsfreiheit vor allem der Jugendlichen einschränken. Die Spaltung würde dadurch nur noch vertieft werden.

*Mehr Kinder- mehr Ein- kommen*

*Steigerung der Nettoeinkommen in Prozent*

FRANKREICH 91,3

BELGIEN ITALIEN SAARGEBIET 51,8 / 50,6 / 49,0

NIEDERLANDE 31,7

BUNDESREPUBLIK 23,9

FRANKREICH 30,7

ITALIEN BELGIEN 18,1 / 16,1

NIEDERLANDE SAARGEBIET 11,7 / 11,6

BUNDESREPUBLIK 7,0

bei **2** bei **4** Kindern

*In welchem Maße das Nettoeinkommen einer Arbeiterfamilie mit Kindern in den Ländern der Montanunion ansteigt, stellten jetzt die letzten „Statistischen Informationen" der Hohen Behörde in Luxemburg fest. Dabei schneiden die Eltern in der Bundesrepublik am schlechtesten ab. Der gewaltige Unterschied von 23,7 v. H. im Vergleich zu Frankreich bei zwei Kindern und von 67,4 v. H. bei vier Kindern ist darauf zurückzuführen, daß in den übrigen Ländern der Montanunion weitreichende Familienbeihilfen und höhere Kinderzuschläge als in der Bundesrepublik gezahlt werden.*

---

# Gunst der Kinobesucher gehört 1956 Marianne Koch / Claus Biederstaedt

**waz** ESSEN, 28. Mai

Über tausend Filmbesucher beantworteten der Zeitschrift „Der neue Film" die Frage nach dem beliebtesten Nachwuchsstar. Die Gunst der deutschen Kinobesucher gehört 1956 Marianne Koch, sowie Claus Biederstaedt und Walter Giller. „Königswalzer", „Des Teufels General" und „Ludwig II" sind mit Marianne Kochs Erfolg verbunden. Mittlerweile hat sie

einen Film in Hollywood gedreht: „Four Bright Girls", ein zweiter, „The Godess", folgt unmittelbar. Bei Biederstaedt erinnern wir uns an „Urlaub auf Ehrenwort" und bei Giller an „Schwedenmädel". Unter den Nachwuchsdarstellerinnen führen Liselotte Pulver, Caterina Valente, Elisabeth Müller, Nadja Tiller. Bei den Nachwuchsdarstellern halten Joachim Fuchsberger, Gerhard Riedmann, Horst Buchholz und Erik Schumann die Spitze.

## Größte Koksofenanlage der Welt jetzt in Betrieb genommen

HAMM, 30. April

Die Schachtanlage „Radbod" der Altenessener Bergwerks AG in Bockum-Hövel bei Hamm (Westfalen) nahm am Montag eine neue Koksofen-Batterie von 21 je sechs meter hohen Koksöfen in Betrieb. Die Gesellschaft verfügt damit über 56 jetzt täglich 1600 t Kohle zu Koks verbatterie, die von der Gesellschaft als die größte der Welt bezeichnet wird, können jetzt täglich 1600 t Kohle zu Kocks verarbeitet werden.

Der Vorstand der Gesellschaft entschloß sich 1952 zum Bau dieser modernen Großanlage, um die Gaslieferungsverträge weiterhin erfüllen zu können.

### Zonengrenze befreit nicht von Alimenten

KASSEL, 18. Mai

Väter, die in Westdeutschland leben und in der Sowjetzone ein uneheliches Kind haben, müssen die Unterstützungsbeiträge auf Sperrkonten einzahlen. Wie ein Sprecher der Jugendbehörde in Kassel mitteilte, werden diese Gelder von Zeit zu Zeit mit Genehmigung der zuständigen Landeszentralbank und der Notenbank der Sowjetzone im Verhältnis 1:1 verrechnet. Die gleiche Regelung gilt für Väter, die in der Sowjetzone leben und ein uneheliches Kind in Westdeutschland haben.

*Durchschnittlich 49 Stunden arbeitet der westdeutsche Industriearbeiter in der Woche. Damit liegt die Bundesrepublik, wie aus einer Untersuchung der UNO für 1955 hervorgeht, hinsichtlich der Arbeitszeit an der Spitze der westeuropäischen Industrieländer. Das hohe Ergebnis wird u. a. auf zahlreiche Überstunden und den geringen Anteil der Kurzarbeit in der westdeutschen Industrie zurückgeführt.*

# Mendes-France zurückgetreten

WAZ PARIS, 23. Mai

Der Stellv. französische Ministerpräsident und Führer der Radikalsozialisten, Mendes-France, ist am Mittwoch wegen Meinungsverschiedenheiten über die Algerien-Politik der Regierung Mollet zurückgetreten. Unmittelbare Folgen für die sozialistisch-radikalsoziale Regierungskoalition ergeben sich daraus nicht, da die übrigen radikalsozialistischen Regierungsmitglieder — u. a. Innenministerium, Verteidigung und Erziehung — auf Wunsch von Mendes-France im Amt bleiben.

Der ehemalige Ministerpräsident, der u. a. durch die Beendigung des Indochinakrieges hervortrat, hat zwar die Entsendung französischer Truppen nach Algerien unterstützt, möchte sie aber im wesentlichen zum Schutz der dort lebenden Franzosen verwendet sehen. Die von Mollet eingeleitete Befriedungsaktion mit militärischen Mitteln, nach deren Beendigung erst Verhandlungen stattfinden sollen, findet nicht seine Billigung. Er beanstandet auch die brutalen Methoden, deren sich die Truppen gegenüber der mohammedanischen Bevölkerung angeblich bedienen.

# Deutschland unterliegt England 1:3
### 95 000 Zuschauer waren im Olympia-Stadion zu Berlin dabei

WAZ BERLIN, 27. Mai

Die deutsche Fußball-Nationalmannschaft verlor am Samstag im Berliner Olympiastadion vor 95 000 Zuschauern gegen England 1:3 (0:1). Die Deutschen stemmten sich mit aller Kraft gegen die Niederlage, scheiterten aber immer wieder an der überragenden Technik und der Schnelligkeit der Engländer. Dieses Bild ist ein Beispiel dafür: Mittelläufer Wewers (links) stürzt sich mit einem Spreizschritt auf den Ball, den der englische Mittelstürmer Taylor aber mit einer leichten Fuß- und Körperdrehung an ihm vorbeizieht.

# Zum achten Mal: Künstliche Sonne
### H-Bombe über dem Pazifik explodiert - Rauchpilz 40 km hoch

AN BORD DER „MT MCKINLEY", 21. Mai

Mehrere tausend Meter über der kleinen Pazifik-Insel Namo detonierte am Montagmorgen kurz vor Morgengrauen die erste von einem Flugzeug abgeworfene amerikanische Wasserstoffbombe. Ein gewaltiger Feuerball von fünf bis sieben Kilometer Durchmesser erleuchtete die Weiten des Ozeans, so daß noch die 56 Kilometer weit entfernten Beobachter auf dem Schiff „Mt. McKinley" den Eindruck hatten, die Sonne sei aufgegangen. Kurz danach stieg ein Rauchpilz etwa 40 km in die Höhe und breitete sich etwa 160 km weit aus. Die Stärke der angewandten Wasserstoffbombe wird auf zehn bis zwanzig Megatonnen geschätzt (eine Megatonne entspricht einer Million Tonnen TNT-Sprengstoff).

Kurz nach der Explosion durchflogen Flugzeuge den höchsten Teil der Wolke, um Spaltprodukte zu sammeln. Die Piloten dieser Maschinen wurden nach ihrer Rückkehr mit einem großen Kran aus ihren Flugzeugen gehoben, damit niemand mit den radioaktiven Maschinen in Berührung kam.

Die Bombe wurde von dem B 52-Düsen-Bomber „Babara Grace" abgeworfen. Wie die Besatzungsmitglieder nach der Rückkehr berichteten, erreichte die Druckwelle der Explosion sie erst mehr als 60 km von der Abwurfstelle.

*DIESER VOLKSHUBSCHRAUBER, der etwa 50 kg wiegen und nicht mehr als 1600 DM kosten soll, wurde während der Flugtage in Oerlingshausen (Lippe) zum erstenmal öffentlich vorgeführt. Der Apparat, dessen Einzelteile mit Gebrauchsanweisung geliefert und der vom Benutzer selbst zusammengebaut werden kann, erreicht eine Höchstgeschwindigkeit von 105 km/st.*

# Kabinett beschließt
# „Produktivitätsrente"

## Vom 1. Januar 1957 an sollen Rentner 50 bis 60 v. H. des Arbeitslohnes erhalten

Von unserem Bonner Büro      Schu BONN, 23. Mai

6,5 Millionen Alters- und Invalidenrentner in der Bundesrepublik erhalten vom 1. Januar 1957 an statt bisher 35 v. H. etwa 50 bis 60 v. H. ihres früheren Arbeitseinkommens als Rente. Das betrifft nicht nur die heutigen Altersrentner, sondern auch die 16 bis 17 Millionen Arbeiter und Angestellte, die heute Sozialbeiträge zahlen. Diese müssen dafür 1 v. H. ihres Lohn- oder Gehaltseinkommens mehr an Sozialbeiträgen zahlen. Auch für die Arbeitgeber erhöht sich der Anteil entsprechend. Künftig müssen auch alle bisher nicht versicherungspflichtigen Angestellten Sozialbeiträge für die Rentenversicherung zahlen.

Diesen Gesetzesentwurf zur Neuordnung der Rentenversicherung für Arbeiter und Angestellte verabschiedete das Bundeskabinett am Mittwoch. Damit ist nach jahrelangen Vorarbeiten der erste Schritt zur Reform der sozialen Leistungen getan. Seit Bismarck, sagte Bundesarbeitsminister Storch, habe es eine derartig umfassende Sozialmaßnahme nicht gegeben. Es habe zwar lange gedauert, aber ganz bestimmt nicht zu lange.

Die Bundesregierung ist im wesentlichen den Vorschlägen des Arbeitsministeriums gefolgt, nach denen die Renten der wirtschaftlichen Entwicklung angepaßt werden sollen. Die beiden Kernpunkte des Entwurfs besagen:

❶ Die Höhe der Rente richtet sich sowohl nach den während des Arbeitslebens gezahlten Beiträgen als auch nach den Durchschnittslöhnen a l l e r Arbeitnehmer, wie sie während der letzten drei Jahre vor der Festsetzung der einzelnen Rente gezahlt worden sind.

❷ Die einmal laufende Rente wird alle fünf Jahre dem jeweiligen Volkseinkommen angepaßt.

## Radioaktiver Regen in Japan
### Auch Bayern mißt Verseuchungsgrad der Niederschläge

TOKIO, 24. Mai

Radioaktiver Regen geht über Japan nieder. Das gaben am Donnerstag die Wetterwarte in Tokio und das japanische Ministerium für Sozialfürsorge bekannt. Die Verseuchung des Regens wurde von einer Wetterwarte in Westjapan auf den britischen Atomversuch bei der Monte-Bello-Inselgruppe am 16. Mai zurückgeführt. Die sommerliche Regenzeit in Japan hat dieses Jahr früher als gewöhnlich eingesetzt.

Das Ministerium warnt die Bevölkerung vor allem davor, Früchte und Gemüse aus Mitteljapan zu essen, da ihr radioaktiver Gehalt fünfmal höher sei als der Grad, der für den menschlichen Genuß noch als gefahrlos angesehen wird. Meldungen über radioaktiven Regen laufen in Tokio aus allen Teilen des Landes ein.

Auch in Bayern werden jetzt ständig die Niederschläge auf etwaige Radioaktivität untersucht. Landwirtschaftsminister Baumgartner gab am Donnerstag im Parlament bekannt, daß München im Mai, Juni und Dezember 1955 schwere radioaktive Regen gehabt habe. Die damaligen Mengen seien nicht ungefährlich gewesen.

Nach Baumgartners Ansicht reichen die bisherigen wissenschaftlichen Untersuchungen der Universität München über die Auswirkungen radioaktiver Niederschläge noch nicht aus, um die Frage zu beantworten, ob eine radioaktive Verseuchung zum Schaden der Landwirtschaft festzustellen ist. Das erste Untersuchungsergebnis soll in einigen Wochen bekanntgegeben werden.

## Premier Eden untersucht Froschmann-Affäre
### Offizielle Londoner Stellen: Hintergründe unbekannt

Von unserem Korrespondenten
JOHN F. REYNOLDS
LONDON, 7. Mai

Premierminister Eden hat von der britischen Spionageabwehrorganisation, M. I. 5, einen eingehenden Bericht angefordert über die Affäre des Kapitänleutnants a. D. Lionel Crabb (46). Der unter dem Namen „König der Froschmänner" bekannte Taucher verschwand am 19. April, dem Tage nach der Ankunft des sowjetischen Kreuzers „Ordschonikidse", auf geheimnisvolle Weise im Kriegshafen von Portsmouth. Erst neun Tage später gab die britische Admiralität lakonisch bekannt, daß Crabb als „vermißt, wahrscheinlich tot" gelten müsse.

Es steht heute außer Frage, daß einstweilen keine amtliche Stelle in London die wirklichen Hintergründe dieser Affäre kennt, und es bestehen nur geringe Zweifel daran, daß die Regierung über die geheime Mission, die Crabb ganz offensichtlich zu erfüllen hatte, vorher nicht unterrichtet war.

Crabb war vor mehr als Jahresfrist aus der Marine ausgeschieden und ins Zivilleben zurückgekehrt. Aber er führte weiterhin Sonderaufträge durch, ohne Zweifel im Auftrag von M. I. 5, der er wahrscheinlich angehörte. Die Organisation arbeitet völlig selbständig, und ihre Unternehmungen sind häufig den Regierungs- und Militärstellen nicht bekannt. Es ist daher durchaus vorstellbar, daß selbst die Admiralität von einer M.-I.-5-Aktion im Zusammenhang mit dem sowjetischen Kreuzer nicht die geringste Ahnung hatte. Aber M. I. 5 ist dem Premierminister verantwortlich: nur er kennt ihren Chef, nur er kann Berichte anfordern, aber selbst er darf den Inhalt dieser Berichte seinen Kabinettskollegen nicht bekanntgeben.

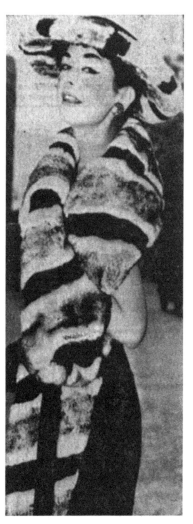

AUS CHINCHILLA-KANIN ist diese dreifarbig gestreifte Pelzstola und der dazu passende Hut, der auf der Internationalen Pelzschau in London gezeigt wurde. Der Preis der Schöpfung wurde nicht genannt.

WESTDEUTSCHE
**ALLGEMEINE**
Die unabhängige Zeitung des Ruhrgebiets

# SOLO

## Rotes JOHANNISBEER-GELEE

**schmeckt**

**köstlich**

**wie die**

**frische**

**Frucht**

Frei von chemischen Konservierungsmitteln. Nicht gefärbt.

# SOLO

## ist einzigartig!

# Zyprioten rächen sich

## Zwei Engländer als Vergeltung für die Hinrichtung von zwei Zyprioten gehängt - Erregung in Griechenland

Berichte unserer Nachrichtendienste        NIKOSIA/ATHEN, 11. Mai

Zwei Unteroffiziere der britischen Besatzungsarmee auf der Insel Zypern, die vor einiger Zeit in die Hände zypriotischer Untergrundkämpfer fielen, sind als Vergeltung für die am Donnerstag stattgefundene Hinrichtung zweier junger Zyprioten durch die Engländer gehängt worden. Die zypriotische Vergeltungsaktion wurde am Freitag von der „Bewegung für den Anschluß Zyperns an Griechenland" durch Flugblätter, die Jugendliche in den Straßen Nikosias verteilten, bekanntgegeben.

Die Hinrichtung der Zyprioten (der eine, Karaolis, hatte einen Polizisten in Nikosia erschossen, der andere, Demetriou, einen englischen Zivilisten verletzt) hatte auf der Insel und in ganz Griechenland große Erregung und Trauer ausgelöst, wobei es in Athen und Saloniki zu blutigen Ausschreitungen kam, für die der griechische Ministerpräsident Karamanlis „anarchistische Elemente" verantwortlich macht. Allein in Athen wurden sieben Todesopfer und 124 Schwerverletzte gezählt.

Die verwitwete Mutter und die Eltern der hingerichteten Zyprioten hatten noch in letzter Minute an Königin Elizabeth von England appelliert, ihre Söhne zu begnadigen. Doch wurden diese Gesuche, ebenso wie die Interventionen der griechischen Regierung und britischer Labour-Abgeordneter von dem britischen Generalgouverneur auf Zypern, Harding, mit dem Hinweis abgelehnt, daß im Interesse von Ruhe und Ordnung auf der Insel ein Exempel statuiert werden müsse. Am Montag findet im Londoner Unterhaus eine Debatte über die Vorgänge in Zypern statt.

### Athen: Unkluge Politik

Die zypriotische Untergrundbewegung kündigt in den Flugblättern an, daß jede weitere Hinrichtung eines Zyprioten mit der Hinrichtung eines Engländers und jede Folterung eines Zyprioten mit der Folterung eines Engländers beantwortet würde. „Wir sind gezwungen, für unsere Freiheit die gleichen Mittel anzuwenden, die die Engländer für ihre Unterdrückung benutzen." Ministerpräsident Karamanlis bezeichnete in Athen die Exekution als „unkluge Politik", die sich gegen die Interessen der freien Welt und Großbritanniens richte. Der Stadtrat von Athen hat die Aufstellung zweier Denkmäler der Hingerichteten beschlossen.

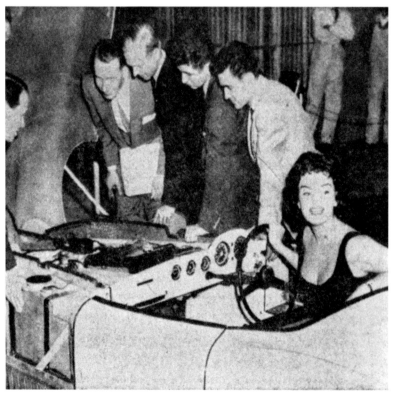

*DER MOTOR WIRKTE ANZIEHENDER auf die Männer als die Reize der „Miß Schweden 1955" Zahra Norbo, die am Steuer des schwedischen Sportwagens Saab Sonett auf der New-Yorker Automobilausstellung saß.*

## Immer mehr Urlauber sehen gern

# einmal andere Gesichter

**Mit Kollegen in Urlaub zu fahren, ist zwar bequem, aber Betriebe fördern auch die individuelle Reise**

Von unserem Redaktionsmitglied ROLF BUTTLER                    IM RUHRGEBIET, 14. Mai

---

Bergleute in Gelsenkirchen sind keine Individualisten. Die in Essen und Mülheim sind es nur zu einem Teil. Die vom Niederrhein und die Hüttenwerker in Oberhausen sind es ganz und gar — und zwar auf dem Gebiet ihrer Urlaubsgestaltung. Man ist versucht, so — vergröbernd — die Erfahrungen großer Betriebe zusammenzufassen, die seit Jahren ihre Belegschaftsangehörigen auf ihre Kosten in Ferien fahren lassen: ins Sauerland oder nach Jugoslawien. — Darin steht auch schon ein Teil der Antwort auf die Frage, die jetzt, nach dem „Auftauen" der Eisheiligen, wieder in zahlreichen Betrieben akut wird: „Wollen unsere Leute lieber organisierte Gruppenverschickung oder einen Zuschuß zur selbstgeplanten Urlaubsreise?" — Die Antworten sind so spannungsweit wie nur denkbar: ganz entschieden „Ja" und ganz entschieden „Nein".

---

Nach 1945 kompensierte man. Teppiche gegen Speck und Kohlen gegen Urlaub. So entstanden Ferienheime großer Zechengesellschaften, entstanden Kontakte mit Pensionen, die zum Teil heute noch bestehen. So entstand die Urlaubsverschickung in Gruppen, weil es keine andere Möglichkeit gab, damals.

Heute gibt es andere Möglichkeiten. Aber auch die Gruppenreise, zur Gesellschaftsreise kultiviert, steht weiterhin in Blüte. Eine Soziologie dieser Gesellschaftsreise könnte auf eine Begründung nicht verzichten, welche auf die Vorzüge des „den einzelnen von den Sorgen der Planung, des Suchens und der Ungewißheit entlastenden Arrangements" verweist.

### Ganz unter sich

Die Erfahrungen der Sozialabteilungen jener Betriebe mit Gruppenferien sagen genau dasselbe: „Sie sind bequemer für den einzelnen. Er braucht nur eine Unterschrift zu leisten. Alles andere ist, wie man hier sagt, vorgekaut." Man wird mit dem Bus vor der Haustür abgeholt und dortselbst wieder abgesetzt. Man findet im Bus seine Kumpel. In der Pension wird gemeinsam Skat gespielt, gegessen, gekegelt, marschiert und der abendliche Bierschoppen gepflegt. Man kennt sich. Man braucht sich nicht zu „genieren". Man ist, und zwar ganz bewußt, unter sich. Nicht zuletzt deshalb, weil man auch heute noch mehr „Korpsgeist" besitzt als viele andere Berufsgruppen.

Aber vielleicht ist das alles nicht so entscheidend wie diese eine Tatsache: es ist so am bequemsten. Und man hat sich so daran gewöhnt. Bestrebungen, die individuelle Reise mit Zuschuß an die Stelle der „vorgekauten" Gruppenreise zu setzen, stießen — beispielsweise in einem Gelsenkirchener Betrieb — auf Ablehnung.

### Zuerst ein Wagnis

Das Gegenteil erlebte ein Oberhausener Betrieb der Eisenindustrie. Bis vor zwei Jahren fuhr man „gemeinsam". Dann waren die Stimmen der Unzufriedenen nicht mehr zu überhören: „Laßt uns fahren, wohin wir wollen. 49 Wochen die gleichen Gesichter, die gleichen Gespräche genügen vollauf. In den Urlaubswochen wollen wir ,andere' sein . . ."

Der erste Versuch war ein von vielen Verantwortlichen umsorgtes Wagnis. Wohin würden die 140 DM Urlaubsgeld fließen? Etwa in die Kassen einheimischer Wirte?

Die zwei Jahre alte Erfahrung lautet: Von jeweils etwa 600 Männern, die mit 140 DM und der Auflage ausgerüstet wurden, von ihrem Ferienort eine Karte zu schreiben, meldeten sich:

Von Orten von Oberhausen entfernt:

- bis zu  50 km:  47 Männer
- bis zu 100 km: 102 Männer
- bis zu 150 km: 144 Männer
- bis zu 200 km:  82 Männer
- über 200 km: 145 Männer
- aus dem Ausland:  59 Männer

Und zwar sowohl aus Holland und Österreich als auch aus der Schweiz, aus Belgien, Frankreich, Italien, England, Jugoslawien und Polen. 13 schrieben keine Karte.

Das Ohr des Arbeitsdirektors vernahm die einhellige Zufriedenheit. Und es ist verständlich, daß in einem Betrieb, in dem die Form der Mitbestimmung teilweise über den gesetzlich vorgeschriebenen Rahmen hinausgeht, diese Zufriedenheit als ein weiterer Beweis für den Erfolg einer seit Jahren betriebenen intensiven Bemühung zur Verbesserung des Betriebsklimas angesehen wird. Auch die Erfahrungen eines außerhalb Oberhausens liegenden Zweigbetriebes rechtfertigen die Bemühungen, dem Arbeiter möglichst viel Selbständigkeit zu geben: der Gedanke der individuellen Reise mit Zuschuß setzt sich allmählich durch.

### Abwandlungen

Die Erfahrungen eines dritten, wieder eines Bergbaubetriebes, lassen auf den ersten Blick annehmen, als gäbe es tatsächlich so etwas wie eine aufsteigende Linie der „Individualisten", die im niederrheinischen Raum ihre Scheitelhöhe hätte. In den Essener Betrieben dieser großen Gesellschaft überwiegt die Gruppenreise. Sie ist aber schon abgewandelt mit der Möglichkeit der Einzelunterbringung, Wahl des Eßlokals usw., kurz, „die vom Betrieb vorbereitete, individuelle Gruppenreise". In Mülheim ist sie stark mit Einzelreisen durchsetzt, während am

Niederrhein die Einzelreise mit Zuschuß überwiegt.

Beide, Einzel- und Gruppenreisender, erhalten die gleichen betrieblichen Zuschüsse. Dennoch fährt der Einzelreisende für gewöhnlich mit 100 DM mehr in Urlaub. Aus dem Gedanken: „Weg vom ,Festlegen', hin zur Selbständigkeit" führte man ein Feriensparen ein mit einer Prämie von 50 DM für den, der 100 DM selbst gespart hat. Ein anderer Grund kommt hinzu: der Mann soll seine Frau mit in Ferien nehmen können. Die Erfahrung: bis zu 70 v. H. der Verheirateten tun es. Und die gesamtbetriebliche Erfahrung lautet: Die Einzelreise mit Zuschuß gewinnt mehr und mehr Boden auch im Mülheimer und Essener Raum.

### Im Bergbau schwierig

So betrachtet, erscheint die Anfangsbehauptung von den „größeren Individualisten in Oberhausen und den weniger großen in Gelsenkirchen" gerechtfertigt. Sie ist es aber nicht. Die Abgrenzung nach Orten ist schon deshalb nicht möglich, weil hier oder dort jene Bemühungen früher erfolgreicher waren als anderswo, das Getriebe des Arbeitslebens aufzulockern, besonders auch im Urlaub. Solche Bemühungen sind in Bergbaubetrieben mit ihrem unverhältnismäßig großen und raschen Belegschaftswechsel ungleich schwieriger als in anderen beständigeren Werksfamilien.

*Ferien mit echter Erholung sind das Ziel aller Urlaubsaktionen. Gleichgültig, ob in Gruppen- oder Einzelreisen. Verschiedene Betriebe haben eigens Kneippkuren eingerichtet. Unser Bild zeigt eine Gruppe auf dem Weg zum Wassertreten in einem kühlen Gebirgsbach des Hochsauerlandes.* WAZ-Bild: Archiv

## An Österreich-Ungarns Grenze:

# Todeszone fliegt in die Luft

### Ungarische Truppen sprengen Minen - Wien fürchtet Anwachsen der Flüchtlingszahl

**Von unserer Korrespondentin HANNI KONITZER-RAMBOUSEK**          WIEN, 18. Mai

Der 200 Kilometer lange Eiserne Vorhang an der österreichisch-ungarischen Grenze fliegt buchstäblich in die Luft. Vom südlich der Donau gelegenen Grenzort Deutsch-Jahrndof bis an das österreichisch-ungarisch-jugoslawische Dreiländereck arbeiten Hunderte von ungarischen Soldaten, um die vor acht Jahren mit allen denkbaren technischen Raffinements angelegte „Todeszone" entlang der Grenze in die Luft zu sprengen. Der Abbau soll in spätestens drei Monaten beendet sein. Dieser Eiserne Vorhang zwischen Ungarn und Österreich war der dichteste in ganz Europa. Er machte jeden normalen Grenzverkehr unmöglich, so daß die österreichischen Zollhäuser entlang dieser Grenze — von zwei Übergangsstellen abgesehen — leerstanden.

Schon gleich hinter dem Grenzstein beginnt das teilweise elektrisch geladene Stacheldrahtsystem. Zwei etwa anderthalb Meter hohe Stacheldrahtverhaue laufen parallel, ungefähr ein Meter voneinander getrennt, ohne Unterbrechung vom Norden bis zum Süden der Grenze. Der Zwischenraum ist dicht vermint. Mit freiem Auge kann man auf der österreichischen Seite die Hälse der Sprengkörper und Leuchtminen aus dem Erdreich ragen sehen. Diesem System folgt dann ein breiter, auf infalls stark verminter Wiesengürtel und dahinter ein ständig frisch umgepflügter Ackerstreifen.

### Nicht ernst genommen

Außerdem zieht sich ein System von Wachttürmen, immer in Sichtweite voneinander aufgebaut, entlang der Grenze hin. Jeder dieser Wachttürme war Tag und Nacht besetzt. Mit Ferngläsern beobachteten mit Maschinenpistolen bewaffnete Grenzsoldaten von hier aus die „Todeszone", und bei Dunkelheit erstrahlten von diesen Türmen die Scheinwerfer auf das verlassene minenstarrende Land. Niemand weiß, wie vielen verzweifelten Menschen der Versuch, trotz allem den Weg in die Freiheit auch über dieses teuflische Grenzsystem hinweg zu wagen, das Leben gekostet hat. Nur hin und wieder mal Nachts hörten die österreichischen Grenzbewohner Detonationen und vernahmen den verzweifelten Aufschrei getroffener Menschen.

Die ungarische Ankündigung über die geplante Sprengung des „Vorhanges" haben die Österreicher zunächst nicht

ernst genommen. Schon seit dem 11. Mai rücken täglich auf Armeelastkraftwagen ungarische Truppenabteilungen an verschiedenen Stellen des Eisernen Vorhangs an und machen sich an die Minensuche. Mit langen Holzstangen, teilweise auch mit Suchgeräten, durchstochern sie das Gebiet und stecken überall dort Fähnchen in den Boden, wo sie einen Sprengkörper entdeckt haben. Wie gefährlich dieser Einsatz ist, zeigt, daß jedes Soldatenkommando von einem Sanitätsauto begleitet ist, und einige Male schon konnten die Österreicher auch beobachten, wie nach einer Explosion sich ein Krankenwagen in rascher Fahrt von der Grenze ins Landesinnere entfernte.

### Wachttürme niedergelegt

Ungarische Pioniere nehmen dann die Sprengung oder Ausgrabung der Minen vor. Ist das beendet, rücken Kommandos mit Drahtscheren dem Drahtverhau zu Leibe. Im nördlichen Burgenland, gegenüber dem österreichischen Dorf Pamhagen, ist heute schon ein Grenzstreifen von etwa 700 Meter Länge völlig unbefestigt.

Auch die Wachttürme sind niedergelegt worden.

Die ungarischen Soldaten amüsieren sich offenbar köstlich darüber, daß sie heute im Blickfeld so vieler österreichischer und ausländischer Fotoreporter und Filmleute stehen und geben sich sehr leutselig. Vor 14 Tagen noch hätten sich die Soldaten vor solchen Fotoleuten entweder versteckt oder bleierne Grüße hinübergeschickt, wie es oft genug in den letzten Jahren vorgekommen ist. Jetzt zeigten sie sich sogar auf Bitten eines Wochenschaureporters bereit, für diesen eigens eine Mine zur Explosion zu bringen. Bei der Ortschaft Louising am südlichen Burgenland haben sie allerdings durch eine Spezialkolonne eine künstliche Nebelwand entlang der Grenze ziehen lassen, so daß man die arbeitenden ungarischen Soldaten nicht mehr länger beobachten konnte. Wahrscheinlich wurden „Dinge" entfernt, die die Ungarn geheimhalten wollen . . .

### „Halb Ungarn will zu uns"

In Wien herrscht über die Entfernung des Eisernen Vorhanges, gegen den man solange gekämpft hat, trotz allem keine reine Freude. „Wenn bisher schon jeden Monat etwa 40 ungarische Flüchtlinge trotz der ‚Todeszone' durch den eisernen Vorhang flüchten konnten, wie viele werden erst kommen, wenn jetzt die Grenzsperren fallen?" fragt man sich im Innenministerium. Man fürchtet einen ähnlichen Flüchtlingsstrom, wie er sich Monat für Monat von der deutschen Sowjetzone in die Bundesrepublik ergießt. „Halb Ungarn will ja zu uns herüber, wenn die Grenzen offen sind", erklärte ein Beamter. Allerdings nimmt man in Österreich an, daß die ungarische Regierung einen zehn bis zwanzig Kilometer langen Streifen hinter der Grenze als Sperrzone errichten wird, in der man sich nur mit einem besonderen Ausweis bewegen darf, so daß die Grenzen auch weiterhin unter scharfer Kontrolle bleiben.

## Erstes Regiment der Volksarmee vereidigt

**BERLIN, 30. April**

In Anwesenheit des Sowjetmarschalls Gretschko wurde am Montag in einer Kaserne des Bezirks Potsdam das erste Regiment der „Nationalen Volksarmee" vereidigt. Der genaue Ort wurde von der sowjetzonalen Nachrichtenagentur ADN nicht genannt. Die Soldaten schworen, „meinem Vaterland, der DDR", alle Zeit treu zu dienen und es unter Einsatz ihres Lebens zu schützen. Der sowjetzonale Verteidigungsminister Generaloberst Willi Stoph (SED) übergab dabei die erste Regimentsfahne der Sowjetzone.

Verteidigungsminister Stoph erklärte in einer Ansprache, die „Kampfbanner der Arbeiter- und Bauernmacht" sollten jeden Volksarmisten an seinen Schwur erinnern. Die von Stoph übergebene Regimentsfahne trägt in der Mitte des schwarzrotgoldenen Tuches, das mit einer goldenen Kordel umsäumt ist, das Staatswappen der Sowjetzone aus Hammer, Ähren und Zirkel. Es wird eingefaßt von den Worten „Für den Schutz der Arbeiter- und Bauernmacht".

*ZUR WAHL DER „MISS EUROPA"* trafen die Kandidatinnen in Stockholm ein. Von links: die „Königinnen" aus Schweden, Griechenland, Schweiz, Frankreich, Holland, Finnland, Belgien, Österreich und Deutschland.

# Moskau will 1,2 Mill. Soldaten entlassen

## Amtliche sowjetische Bekanntgabe - Westen: Wirtschaftliche Gründe

Berichte unserer Nachrichtendienste      MOSKAU, 14. Mai

Die Sowjetunion gab am Montag eine Verringerung ihrer Streitkräfte bis zum 1. Mai 1957 um 1,2 Mill. Mann bekannt. Insgesamt sollen 63 Divisionen, darunter drei Divisionen der Luftwaffe und 30 000 Mann der sowjetischen Besatzungstruppen in Deutschland, aufgelöst werden. 375 Schiffe würden aus dem aktiven Dienst gezogen und eine Anzahl von militärischen Ausbildungsstätten aufgelöst. Eine Kürzung des Militärhaushaltes sei vorgesehen. Die demobilisierten Soldaten sollen Arbeitsplätze in der Industrie und Landwirtschaft erhalten.

Dieses einseitige Vorgehen der Sowjetunion war nach dem Scheitern der Londoner Abrüstungsverhandlungen in den westlichen Hauptstädten erwartet worden und ist nach Ansicht politischer Beobachter in Moskau sowohl von außenpolitischen Erwägungen als auch von dem Wunsch diktiert, die schwere Rüstungslast, die auf der sowjetischen Wirtschaft liegt, zu vermindern und der Industrie und Landwirtschaft weitere Arbeitskräfte zuzuführen.

Die Sowjetregierung begründet ihren Schritt mit dem Wunsch, einen neuen Beitrag zur Abrüstung und zur Sicherung des Friedens bei dem gleichzeitigen Bestreben zu leisten, noch günstigere Bedingungen für den wirtschaftlichen Aufbau in der Sowjetunion zu schaffen. Die Westmächte werden aufgefordert, einen ähnlichen Schritt zu tun, „wenn sie ernsthaft zur Stärkung des Friedens beitragen wollen". Die Sowjetregierung sei bereit, ihre Streitkräfte noch weiter zu vermindern, wenn sich die Westmächte zu einem ähnlichen Schritt entschließen würden.

Die Schätzungen der Stärke der sowjetischen Streitkräfte schwanken zur Zeit zwischen 4 und 4,6 Mill. Mann, während die USA etwa 2,9 Mill. Mann unter Waffen haben.

## 25 amerikanische Panzer

und sieben 15,5-Zentimeter-Geschütze sowie 20 Panzerbergungsfahrzeuge trafen am Dienstag als erste größere Lieferung schwerer amerikanischer Waffen für die Bundeswehr an Bord des Schiffes „Kingsport Victory" im Bremer Hafen ein. Der Chef des militärischen Führungsrates im Bundesverteidigungsministerium, Generalleutnant Heusinger, übernahm die Waffenlieferung und dankte in einer kurzen Ansprache auf englisch für die Waffenhilfe der USA, die er als einen historischen Akt bezeichnete.

## Erste Trauerparade der Bundeswehr
### Zwei Generale folgen dem Sarg des verunglückten Stabsfeldwebels

WAZ LÜNEBURG, 15. Mai

Auf dem Kasernenhof des Panzerlehrbataillons der neuen deutschen Bundeswehr in Munsterlager in der Lüneburger Heide erklang am Dienstag das „Lied vom guten Kameraden". Zwei Generale, Brandstetter (Hannover) und Reinhardt (Bonn), und zwei Oberstleutnant schritten hinter dem mit der Bundesflagge bedeckten Sarg, als der erste Tote seit der Aufstellung der Bundeswehr mit militärischen Ehren nach einer Trauerparade in seine schwäbische Heimat überführt wurde.

Stabsfeldwebel Xaver Allgeier (42) aus Ehingen im Schwabenland, war, wie gemeldet, als Waffenwart tödlich verunglückt. Die Lüneburger Kriminalpolizei hat festgestellt, daß der Waffenfeldwebel mit einer ihm unbekannten amerikanischen Pistole hantiert hatte.

Im weiten Viereck waren am Dienstag die Lehrbataillone der Panzertruppe und Panzergrenadiere angetreten. Die deutschen Soldaten mit umgehängtem Karabiner und Parade-Stahlhelm, die 35 amerikanischen Instrukteure ohne Waffen mit Schirmmütze. Insgesamt umstanden 250 Soldaten den Platz, als das Musikkorps des Bundesgrenzschutzes mit einem Choral diese erste Trauerparade der Bundeswehr einleitete.

## Moskaus Abrüstungsplan läßt US-Aktienkurse fallen

NEW YORK, 15. Mai

Die Wallstreet reagierte am Wochenanfang auf den neuen sowjetischen Abrüstungsschritt mit einem Kurs-Sturz, der alle Märkte teilweise empfindlich traf und zu Verlusten von einem bis 5 Dollar je Aktie (1 Dollar etwa 4,20 DM) führte. Abgestoßen wurden aber im wesentlichen nur kleinere und kleinste Pakete, während die Banken und Großaktionäre im Hintergrund blieben.

## Zum Flug in die Stratosphäre

. . . werden Piloten der amerikanischen Luftwaffe diesen Anzug tragen. Das neuentwickelte Bekleidungsstück wurde bei der Eröffnung der „Woche der amerikanischen Streitkräfte" in Detroit zum erstenmal öffentlich gezeigt.

# Revier braucht auch den Emscherweg

## Schon 1923 geplant, aber die nördliche Städtereihe hat immer noch keine leistungsfähige Verbindung

**RUHRGEBIET, 8. Mai**

Mehr als eine Million Menschen wohnt in den Städten und Stadtteilen der Emscherzone. In keinem anderen Gebiet nimmt die Siedlungsdichte so rasch zu. Bergbau und Kohlechemie haben hier ihren Schwerpunkt, sie breiten sich ständig noch weiter aus. Die Querbeziehungen der Emscherstädte haben nach den Ermittlungen des Siedlungsverbandes einen Umfang, der um nur ein Drittel kleiner ist als das Verkehrsvolumen des Ruhrschnellweges. Bei dieser Sachlage mutet es grotesk an, daß diese Städtereihe bis heute keine zügige, leistungsfähige Straßenverbindung hat. Der Ruf nach dem „Emscherweg" wird immer dringlicher.

Der Kraftfahrer muß sich über Umwege und teils dörfliche Straßen mühsam von einer Stadt zur anderen tasten. Lägen diese Siedlungszentren, die zum Teil Großstadtrang haben, wie in anderen Landschaften weiter auseinander, so wären sie selbstverständlich durch eine Bundes- oder Landstraße verbunden. Die Verbandsversammlung des Siedlungsverbandes, in der alle Städte und Kreise des Reviers vertreten waren, hat schon 1923 ein Programm beschlossen, das zunächst den Ausbau des Ruhrschnellweges innerhalb von sieben Jahren und anschließend daran den der OW III — des Emscherweges — vorsah.

Der Ruhrschnellweg konnte fristgerecht fertiggestellt werden und wurde als Teil der Reichsstraße 1 übernommen. Die Wirtschaftskrise, die dann einsetzte, später der Vorrang der Autobahnen und schließlich der Krieg haben den Emscherweg noch nicht zum Zuge kommen lassen. Nur einige Teilstrecken und Brückenbauwerke

*In der Planung sieht die OW III, der Emscherweg, gut aus. Leider sind aber nur kleine Teilstrecken (schwarz gezeichnet) Wirklichkeit. Etwas mehr Solidarität unter den beteiligten Städten, der Industrie und den Bergwerksgesellschaften würde dem Projekt beim Lande und dem Landschaftsverband mehr Nachdruck verleihen.*
Karte: Ruhrsiedlungsverband

wurden fertiggestellt. Die frühzeitige Planung sicherte immerhin die Trace und bewahrte sie vor weiterer Verbauung.

Zuweilen wird eingewendet, der Emscherweg habe durch die Autobahn an Dringlichkeit verloren, ein Teil des zwischengemeindlichen Verkehrs benutze sie heute. Das ist aber eine sehr unerwünschte Notlösung, weil sie dem Charakter der Autobahn als Fernverkehrsstraße widerspricht und den Verkehrsfluß auf ihr empfindlich stört. Die nördliche Autobahn wird außerdem mit dem Ausbau der Hollandlinie in großem Umfange neuen Verkehr anziehen. Es wurde vorgeschlagen, dann eben ihre Leistung durch Ausbau der dritten Fahrbahn zu steigern. Die dritte Fahrbahn würde jedoch teurer als der Bau einer zweiten Straße.

### Verständnis wächst

Das Gemeinschaftsinteresse des gesamten Emschergebietes verlangt den Ausbau der OW III. Daß dieses Projekt über das Vermögen der durchweg steuerschwachen Kohlenstädte weit hinausgeht, steht außer Frage. Die Aussicht, daß Bund und Land einspringen, ist um so größer, je geschlossener alle Beteiligten das Anliegen vertreten. Der Siedlungsverband hat die gesetzlichen Möglichkeiten, die Unterordnung von Einzelinteressen unter das Gesamtinteresse zu erwirken. Er sollte davon Gebrauch machen.

Das Verständnis für dieses Anliegen des Reviers ist in letzter Zeit gewachsen. Das Land zeigt sich aufgeschlossener, und bei Verhandlungen, die vor einigen Tagen in Münster geführt wurden, hat sich der zuständige Vertreter des Landschaftsverbandes Westfalen-Lippe grundsätzlich zu der Ansicht bekannt, daß der Bau der OW III notwendig sei. (idr)

# Ruhrgebiet erhält zwei Atomreaktoren

## NRW wird Zentrum der industriellen Atomforschung

**Von unserem Bonner Büro**      **Mü BONN, 18. Mai**

Der Schwerpunkt der industriellen Atomforschung in der Bundesrepublik wird in Nordrhein-Westfalen, und damit vor allem im Ruhrgebiet liegen. Nach den Plänen, die jetzt im Bundesatomministerium in Bonn fertiggestellt sind, wird Nordrhein-Westfalen insgesamt vier Atomreaktoren sowie eine Isotopen-Trennanlage erhalten. Zwei der Atomreaktoren kommen ins Ruhrgebiet: Ein Materialprüfreaktor, mit dem die Industrie Veränderungserscheinungen z. B. bei Stahl feststellen kann, sowie ein Versuchskraftwerkreaktor, an dem das RWE (Rheinisch-Westfälisches Elektrizitätswerk) Ingenieure und Techniker mit der Energiegewinnung aus Atomen vertraut machen wollen.

*EINEN AUSBLICK ins Jahr 2000 gibt die Strandschöne in dem zukunftsträchtigen Plastik-Badeanzug (Mitte). Links eine Badekombination aus dem Jahre 1900 und rechts eine kecke Création Jahrgang 1920. Das alles in Paris gezeigt.*

Außer diesen beiden Reaktoren im Ruhrgebiet wird ein weiterer Versuchsreaktor im Raum Aachen aufgestellt, der eng mit der dortigen Technischen Hochschule zusammenarbeiten soll. Ein besonderes Atomforschungszentrum wird darüber hinaus, wie man aus Düsseldorf verlautet, zwischen Köln und Bonn errichtet. Am Autobahnkreuz in der Nähe der Köln-Rodenkirchener Rheinbrücke wird ein Unterrichts- oder Forschungsreaktor aufgestellt. An diesen Reaktor soll eine Radioisotopentrennanlage angeschlossen werden.

Um diese Anlagen sollen nach den bisherigen Plänen, bei denen die Düsseldorfer Landesregierung eine besondere Initiative entwickeln will, vier Institute

errichtet werden, die die Anwendung der Radioisotopen auf den Gebieten der Medizin, der Biologie, der Landwirtschaft und der Metallurgie untersuchen sollen. Der Kölner und der Aachener Reaktor sollen aus England bezogen werden, die anderen beiden aus den USA.

Im Rahmen dieses Atomindustrieprogramms wird auch Hamburg einen Reaktor erhalten, der sich besonders mit der Anwendung der Atomenergie beim Schiffsbau befassen soll. Weitere Unterrichts- bzw. Forschungsreaktoren kommen nach München und nach Frankfurt oder Darmstadt. Der Platz des letzteren Reaktors ist noch nicht endgültig entschieden.

# Große Vergangenheit wird lebendig

## Ausstellung „Werdendes Abendland an Rhein und Ruhr" auf Villa Hügel

Die Schau gliedert sich in vier mit kostbaren Leihgaben aus dem In- und Ausland beschickte Abteilungen. Die erste veranschaulicht Höhepunkte der römisch-rheinischen Städtekultur. Man betrachtet nachdenklich den Marmorkopf des römischen Feldherrn Agrippa, ein Porträt in weißem Marmor, man sieht den Grabstein des kurz nach 9 v. Chr. am Fürstenberg bei Xanten gefundenen Feldherrn Caelius, man steht vor einer bronzenen Adlerlampe, die bei Haltern in den Resten eines Legionslagers aufgefunden wurde. Vor ihr wird deutlich, wie sehr die Grenzen zwischen naturalistischer Darstellung und Chiffrensprache schon zu einer Zeit fließen, die mit den modernen Formproblemen der bildenden Kunst noch nichts gemeinsam hat.

In der zweiten Abteilung werden die gewaltigen Veränderungen sichtbar, die der Einbruch der Franken in das römisch-germanische Grenzgebiet heraufbeschwor.

Als unter Karl dem Großen Missionare aus Irland und England ihre Christisierungsarbeit aufnahmen, begann eine neue Epoche abendländischer Kulturgeschichte. Sie ging unter im Sturm der Wikinger.

In der vierten und größten Abteilung der Ausstellung sind die großartigsten Zeugnisse der Kultur unter den ottonischen Kaisern gesammelt. Ihre Dokumente werden ergänzt durch Modelle, Großfotos und kostbare Handschriften.

Was sich hier dem Betrachter an Meisterwerken der Goldschmiedekunst darbietet, ist im Grad der Nuancierung schlechthin einzigartig. Demonstrativstes Beispiel ist die von uns abgebildete Arche des heiligen Willibrord aus der Münsterkirche St. Martin zu Emmerich — ein Gebilde kostbarster und zeitloser Durchleuchtung christlicher Symbole. Und

welche ergreifende Schlichtheit der Darstellung, welche grandiose Dramatik geht von den Szenen aus dem Leben Jesu aus, die das aus dem Aachener Domschatz stammende Elfenbeindiptychon festhält!

Zahlreiche Handschriften runden das Bild dieser Schau ab.

*Einer der Anziehungspunkte der Ausstellung „Werdendes Abendland" in Villa Hügel sind die Insignien des hl. Römischen Reiches Deutscher Nation aus Aachen mit der Kaiserkrone, dem Schwert und der Lanze.*

Vielleicht hat man die Herrichtung der Ausstellungskulisse — fast alle Räume der Schau sind durch Stoffdrapierungen umgestaltet worden — ein wenig zu ernst genommen. Vielleicht auch hat man zuviel aufgeboten, wo weniger mehr gewesen wäre — rund 600 Jahre Kulturgeschichte sind für den mit keinerlei Vorkenntnissen ausgerüsteten Beschauer (und mit ihm muß man ja vor allem rechnen) eine gewaltige Spanne. In jedem Fall aber ist diese Schau eine Leistung ersten Ranges, repräsentativ und der kulturgeschichtlichen Einsicht förderlich zugleich. Denn sie vermittelt das Bild jener großen Zusammenhänge, ohne die die Vorstellung unserer Welt nicht denkbar ist. **W. T.**

# 18 Menschen sterben in abgestürztem Reisebus

## Urlaubsfahrt endet auf abschüssiger Paßstraße bei Bozen

WAZ BOZEN, 23. Mai

18 Reisende wurden getötet und 26 zum Teil schwer verletzt, als ein Wiener Reiseomnibus in der Nähe von Bozen auf der Talfahrt vom gefährlichen Kardaunpaß eine 15 Meter hohe Böschung in den reißenden Eggentaler Bach stürzte. Unser Bild zeigt den in der Schlucht liegenden Omnibus. Rechts oben die Straße und das Geländer, das der Bus durchbrach. Das Unglück ereignete sich in der Nacht zum Mittwoch gegen 23 Uhr. Die Insassen des Omnibusses — darunter Frauen und Kinder — stammten alle aus ein und demselben Wiener Wohnblock, wo auch der Leiter der Reisegesellschaft herkam. Der Bus befand sich auf der Heimfahrt von Venedig nach Wien. Die ersten Untersuchungen deuten auf ein Verschulden des Fahrers und des Reiseleiters hin. Bei Unkenntnis der kurvenreichen, glatten und steil abschüssigen Straße hatten es beide offensichtlich an der notwendigen Vorsicht fehlen lassen.

# Ruhrzechen fördern mehr Kohle als 1938

## Mit 10,77 Mill. t im März

DORTMUND, 25. Mai

Die Zechen des Ruhrgebietes haben im März dieses Jahres mit 10,77 Millionen Tonnen die monatsdurchschnittliche Steinkohlenförderung von 1938 übertroffen, die sich nur auf 10,60 Millionen Tonnen belief. Wie das Statistische Büro der NRW-Handelskammern in Dortmund am Freitag mitteilt, wurde diese Förderleistung von 483 000 Beschäftigten im Bergbau erzielt. 1938 waren nur 335 000 Arbeitnehmer im Bergbau tätig. Ferner wird mitgeteilt, daß die Einwohnerzahl des Ruhrgebietes von 1938 bis 1956 von 3,89 Millionen auf 4,71 Millionen gestiegen sei.

# Hoesch-Konzern wiederhergestellt

WAZ DORTMUND, 17. Mai

Die Hauptversammlungen der im Zuge der Entflechtung von Hoesch getrennten Altenessener Bergwerks AG. und Industriewerke AG. billigten die Organschaftsverträge mit der Hoeschwerke AG. Damit ist der Hoesch-Konzern im alten Umfang wiederhergestellt worden. Wie auf der HV der Hoesch-Werke AG. mitgeteilt wurde, erwartet die Verwaltung auch für das laufende Geschäftsjahr einen angemessenen Erfolg, der eine entsprechende Dividendenzahlung ermöglicht.

# Der legendäre Ritt von Stockholm

Ein Sportjahr voller Höhepunkte. Prall gefüllt mit Top-Ereignissen. Überfrachtet von den Gefühlen, den Emotionen der strahlenden Sieger, von denen sich einige „unsterblich" machen, weil sie auf immer und ewig große Geschichte schreiben. So führt Kapitän Ady Preißler den Ballspielverein Borussia Dortmund von 1909 zum ersten Mal seit seiner Gründung zur deutschen Meisterschaft. So wird Toni Sailer aus Kitzbühel zum „König" der Olympischen Winterspiele von Cortina d'Ampezzo, wo er alle drei Alpinen Ski-Wettbewerbe gewinnt, den Slalom, den Riesenslalom und die Abfahrt. So vollbringt die Dortmunder Hausfrau und Mutter Ursel Happe-Krey bei den Schwimm-Wettbewerben der Sommerspiele von Melbourne die einmalige Leistung, mit 30 Jahren das Gold über 200 Meter Brust zu gewinnen. So werden Hans-Günter Winkler und seine „Wunderstute" Halla zur Legende, als sie bei den Reiterspielen von Stockholm im prächtigen Zusammenwirken von Mensch und Tier den Doppel-Triumph für die deutsche Equipe manifestieren.

1956 – das olympische Jahr. Diesmal jedoch ganz anders aufgesplittet als vorher üblich. Im Winter Cortina, im Spätherbst Melbourne, doch mittendrin Stockholm. Und zwar deshalb, weil die Reit-Wettbewerbe, die normalerweise ins Programm der Sommerspiele eingebettet sind, wegen der besonderen klimatischen Bedingungen in Australien und auch wegen der strapaziösen Anreise nach Melbourne mit Rücksicht auf die Pferde in die schwedische Metropole verlagert werden.

Es wird ein großartiges Fest, bei dem die deutschen „Rotröcke" die leuchtenden Glanzpunkte setzen. Allen voran Hans Günter Winkler, dessen Visitenkarte bereits vor dem Start in Stockholm eine Reihe grandioser Erfolge ausweist: Der gebürtige Wuppertaler, der im westfälischen Warendorf sein Zuhause gefunden hat, wurde schon 1952 als erfolgreichster Reiter der Welt mit dem begehrten „Cup des Königs von Kambodscha" ausgezeichnet. Er wurde 1954 Weltmeister in Aachen, 1955 Weltmeister in Madrid und Sieger beim Deutschen Derby in Hamburg.

Doch der 17. Juni 1956 stellt alles in den Schatten, was gewesen ist und künftig auch noch werden könnte. Im ersten Umlauf der olympischen Konkurrenz verletzt sich Hans Günter Winkler, im Sattel der Stute Halla sitzend, so schwer an der Leiste,

dass er wegen unsäglicher Schmerzen eigentlich hätte aufgeben müssen. Doch damit riskiert er nicht nur seine eigene riesige Chance, sondern auch die der Mannschaft, deren Hoffnungen auf Gold ohne ihn gegen Null tendieren.

Also tritt Winkler zum zweiten Umlauf an, kaum fähig zu gehen, geschweige denn zu reiten. Aber seine Halla, eine Mischung aus eigenwilliger Zicke und eigensinnigem Genie, die offenbar intuitiv zu ahnen scheint, mit welchen Problemen ihr Reiter zu kämpfen hat, lässt ihn nicht im Stich. „Sie spürte, was los war", sagt Winkler nach seinem goldenen Ritt, „sie hat mich mit einer unglaublichen Behutsamkeit über den Parcours getragen."

Vor dem Start wird Winkler medizinisch intensiv betreut. Mannschaftsarzt Dr. Büsing führt ihm ein Zäpfchen ein, das in seiner Dosierung so stark ist, dass Winkler kaum richtig sehen kann. Seine Mannschaftskameraden Fritz Thiedemann und Alfons Lütke-Westhues hieven ihn in den Sattel – dann meistern Halla und er die 15 Hindernisse ohne Fehler. Halb ohnmächtig fällt Winkler den schwedischen Turnierhelfern in die Arme – aber zugleich beseelt vom Glück. Denn er gewinnt Gold, die Mannschaft gewinnt Gold. Sensationell, ein Drama ohne Beispiel. Und ein unvergesslicher Augenblick, den die deutschen Sportfans fast mit dem „Wunder von Bern" vergleichen, mit jenem legendären Fußball-Triumph im Weltmeisterschafts-Finale 1954 gegen Ungarn.

In solchen Dimensionen zu denken, kommt Ursel Happe-Krey nicht entfernt in den Sinn. Und doch: Das 200-Meter-Brust-Finale von Melbourne wird zum Höhepunkt ihrer außergewöhnlichen Laufbahn und zu einem Meilenstein in der Geschichte des deutschen Schwimmsports. Ursel Happe, immerhin mit der Empfehlung des Europameistertitels von 1954 am Start, gilt gegenüber der Ungarin Eva Szekely, 1952 bereits Olympiasiegerin in Helsinki, lediglich als Außenseiterin. Mit Zähigkeit, Kraft und Stehvermögen aber setzt sich die Dortmunderin durch. Nach 2:53,1 Minuten ist sie am Ziel ihrer Träume: Gold für die 30 Jahre alte Mutter von zwei Kindern – das erste olympische Gold seit 28 Jahren für den Deutschen Schwimmverband. Krönender Abschluss eines Sportjahres voller Höhepunkte.

*Hans-Josef Justen*

EINZELPREIS 20 PF / NR. 146
VERLAGSORT ESSEN

DIENSTAG, 26. JUNI 1956
BUNDES-AUSGABE

# WESTDEUTSCHE ALLGEMEINE

*Die unabhängige Zeitung des Ruhrgebiets*

## Sowjets geben Rundfunkhaus in West-Berlin frei

**Senat nimmt Angebot zur bedingungslosen Rückgabe an - „Geste des guten Willens"**

Berichte unserer Nachrichtendienste BERLIN, 25. Juni

**Die Sowjets werden das Rundfunkhaus an der Masurenallee in West-Berlin räumen und den West-Berliner Behörden übergeben. Der Senat in West-Berlin hat ein sowjetisches Angebot zur bedingungslosen Rückgabe des seit 1952 leerstehenden Gebäudes angenommen, wie am Montag von zuständiger Seite mitgeteilt wurde. In Kürze soll ein Übergabe-Protokoll ausgearbeitet werden. Ein Sprecher des Senats bezeichnete das sowjetische Angebot als eine „Geste des guten Willens".**

Bis zum Kriegsende diente das Funkhaus in der Masurenallee dem „Großdeutschen Rundfunk". Seit dem Zusammenbruch 1945 bildet es eine sowjetische Enklave in West-Berlin. Kurz nach Einstellung der Kampfhandlungen wurde in dem Gebäude der Sendebetrieb für den „Berliner Rundfunk" unter sowjetischer Leitung wiederaufgenommen. Im Zuge der Auseinandersetzungen während der Berliner Blockade wurde es aber von dem Ostsender geräumt, der sich inzwischen in Berlin-Schöneweide (Sowjetsektor) ein neues Rundfunkgebäude errichtet hat. Seit 1952 hielten sich lediglich noch sowjetische Wachmannschaften in dem Rundfunkhaus an der Masurenallee auf.

Über die Verwendung des Gebäudes nach seiner Rückgabe wurde vom Senat noch keine Entscheidung gefällt. Inzwischen hat jedoch der Sender Freies Berlin beim Senat bereits Ansprüche darauf geltend gemacht. Möglicherweise wird das Haus aber dem deutschen Langwellensender angeboten werden.

Siehe auch Kommentar auf Seite 2

### Eisenhower verläßt am Wochenende Krankenhaus

WASHINGTON, 25. Juni

Am kommenden Wochenende wird Präsident Eisenhower das Krankenhaus verlassen, teilte der Pressesekretär des Weißen Hauses, Hagerty, am Montag mit. Eisenhower habe die feste Absicht, das kommende Wochenende bereits auf seiner Farm bei Gettysburg zu verbringen, wo er am Sonntag mit seiner Frau den 40. Hochzeitstag feiern will. (dpa/ap)

### Einzelhandelsangestellte sollen samstags ab 14 Uhr frei haben

BONN, 25. Juni

Einen freien Samstagnachmittag sollen künftig die Angestellten des westdeutschen Einzelhandels haben. Der Bundestagsausschuß für Sonderfragen des Mittelstandes hat sich am Montag in Bonn darauf geeinigt, einen Ladenschluß um 14 Uhr zu empfehlen. Bis zum 31. Dezember 1957 sollen die Geschäfte zunächst um 16 Uhr schließen. (dpa)

### *Hunderttausende empfangen den Deutschen Fußballmeister*

Ein triumphaler Empfang wurde dem neuen Deutschen Fußballmeister, Borussia Dortmund, am Montag in seiner Heimatstadt zuteil. Tausende Dortmunder erwarteten die Mannschaft am Bahnhof, rund 200 000 säumten die Straßen, durch die die Spieler der Meistermannschaft gefahren wurden. Polizei mußte Bewohner des Dortmunder Nordens daran hindern, den Borsigplatz in den Vereinsfarben der Borussia schwarz-gelb anzustreichen.

WAZ-Bild: Werner Ebeler

Siehe auch im Sportteil

### Noch keine Einigung über Steuerpläne

WAZ BONN, 25. Juni

**Der vom Bundesrat vorgeschlagene Wegfall des Notopfers Berlin wurde am Montag vom Finanz- und Steuerausschuß des Bundestages mit knapper Mehrheit abgelehnt. Dagegen stimmte der Ausschuß der im Programm der Koalitionsparteien vorgesehenen linearen Senkung der Einkommensteuer um 10 v. H. zu. Abgelehnt wurde die von der SPD beantragte Einführung eines besonderen Arbeitnehmer-Freibetrages von 600 DM jährlich. Die von der Koalition empfohlene Senkung der Umsatzsteuer von 4 auf 3 v. H. für 40 000 D-Mark Jahresumsatz wurde dagegen unter der Voraussetzung gebilligt, daß der Gesamtumsatz 300 000 DM nicht übersteigt.**

Die SPD nannte die Ausschußbeschlüsse „absolut irreal". Der Steuerzahler werde noch länger auf Steuersenkungen warten müssen, weil jetzt zwischen Bundestag und Bundesrat das Tauziehen beginne. Wie verlautet, soll am Freitag über eine Angleichung der Standpunkte beraten werden.

### CSU: Kein Ausscheiden aus Bonner Koalition

WAZ BONN, 25. Juni

**Die CSU-Landesgruppe wird keinesfalls aus der Bonner Koalition ausscheiden. Dies erklärten führende CSU-Abgeordnete am Montag in Bonn im Zusammenhang mit den Spannungen zwischen Bundeskanzler Adenauer und Finanzminister Schäffer. Vertreter der CSU-Landesgruppe werden am Dienstag mit dem Kanzler Besprechungen führen, in denen die Differenzen beseitigt werden sollen. Außerdem sollen hierbei die Forderungen der CSU nach einer Kabinettsumbildung im Hinblick auf die vier der FVP angehörenden Minister zur Sprache kommen.**

Die CSU hatte am Wochenende in Bayreuth die Rehabilitierung Schäffers gefordert. Wie die WAZ berichtete, hatte ein Sprecher der Bundesregierung den Inhalt eines Schäffer-Briefes über die Höhe der Stationierungskosten als unrichtig bezeichnet. Die CSU hat daraufhin Schäffer demonstrativ ihr Vertrauen ausgesprochen. Wie in Bonn bekannt wurde, wird Schäffer an der Dienstag-Besprechung mit dem Kanzler nicht teilnehmen.

### Alte UKW-Radios stören Fernsehempfang

**Post berät kostenlos**

WAZ BONN, 25. Juni

Die in letzter Zeit zahlreich gewordenen Störungen des Fernsehempfangs in der Bundesrepublik sind auf UKW-Rundfunkempfänger zurückzuführen, die 1952 und vorher hergestellt wurden. Dies teilte das Bundespostministerium in Bonn mit. Das Ministerium kündigte an, daß Rundfunkindustrie und -handel in der Bundesrepublik in Kürze eine gemeinsame Erklärung veröffentlichen werden, in der die Maßnahmen zur Beseitigung der auftretenden Schwierigkeiten erklärt werden sollen. Gleichzeitig empfahl das Bundespostministerium **den Rundfunkteilnehmern mit störenden** UKW-Empfängern, sich von der zuständigen Funkstörungsmeßstelle der Bundespost kostenlos beraten zu lassen.

*

**Die außenpolitische Debatte** im Bundestag wird voraussichtlich am Freitag stattfinden, verlautete am Montag bei einem Gespräch des Bundeskanzlers mit dem Vorstand der CDU/CSU-Bundestagsfraktion.

**Bundeskanzler Adenauer** empfing am Montag den indonesischen Staatspräsidenten Dr. Sukarno.

**Einstimmig verabschiedete** der Verteidigungsausschuß des Bundestages am Montag den Wortlaut des Paragraphen, der im kommenden Wehrpflichtgesetz das Recht auf Kriegsdienstverweigerung grundsätzlich niederlegt.

**In der Sowjetzone** sei bisher nur ein Bruchteil der politischen Gefangenen entlassen worden, erklärte der Berliner SPD-Vorsitzende Franz Neumann am Montag vor der Presse. (WAZ/dpa/ap)

### Oberst Nasser erster Staatspräsident Ägyptens

WAZ KAIRO, 25. Juni

Zum ersten verfassungsmäßigen Staatspräsidenten Ägyptens ist der bisherige Ministerpräsident, Oberst Nasser, am Montag feierlich proklamiert worden. Das ägyptische Volk hatte am Samstag die neue, vom Revolutionsrat ausgearbeitete Verfassung angenommen und Nasser mit 99,9 v. H. aller abgegebenen Stimmen zum Präsidenten gewählt. Wie das Innenministerium bekanntgab, wurden bei einer Wahlbeteiligung von 94 v. H. für Nasser 5 496 965 Stimmen abgegeben.

Mit der Annahme der Verfassung ist der als Regierung tätige Revolutionsrat automatisch zurückgetreten. Er wird jedoch bis zu den Wahlen zur Nationalversammlung im Herbst weiter die Geschäfte führen. Es wird erwartet, daß Nasser später den Revolutionsrat auflösen und die Umstellung der Regierungstätigkeit nach den Bestimmungen der neuen Verfassung bekanntgeben wird.

Mit den letzten Beschlüssen des Revolutionsrates wurde der Innenminister ermächtigt, alle Personen ohne gerichtliche Verfügung zu inhaftieren, gegen die der Revolutionsrat früher Maßnahmen ergriffen hatte.

### Nehru schlägt Sechserkonferenz mit China und Indien vor

**Nach den USA-Wahlen – Auch zur Lösung der Deutschlandfrage**

Von unserem Korrespondenten JOHN F. REYNOLDS

LONDON, 25. Juni

**Der zur Commonwealthkonferenz in London eingetroffene indische Ministerpräsident Nehru hat in Gesprächen mit Premierminister Eden den Vorschlag einer Sechsmächtekonferenz einschließlich Rotchinas und Indiens gemacht. Diese neue Gipfelkonferenz, die natürlich erst nach den amerikanischen Präsidentenwahlen stattfinden könnte, würde sich im wesentlichen mit den gleichen Themen befassen wie die vorjährige Gipfelkonferenz in Genf, u. a. also auch mit Deutschland.**

Obwohl die Genfer Konferenz zu keinem konkreten Ergebnis führte, hat sie nach Nehrus Auffassung doch wesentlich zu einer Verbesserung des internationalen Klimas und damit auch zur allgemeinen Entspannung beigetragen. Sie könnte durchaus greifbare Ergebnisse zeitigen, 1. wegen der Erweiterung des Teilnehmerkreises und 2. wegen der größeren Elastizität der sowjetischen Außenpolitik, bedingt durch die Ersetzung Molotows durch Schepilow.

Was die Deutschlandfrage anbelangt, so sind sich Eden und Nehru auf Grund ihrer persönlichen Verhandlungen mit Bulganin und Chruschtschew darin einig, daß die Wiedervereinigung ohne direkte Verhandlungen zwischen Bonn und Pankow heute nicht mehr möglich ist. Auf britischer Seite herrscht jedoch die Auffassung, daß die Initiative zu solchen direkten Verhandlungen auf keinen Fall von außenstehenden Mächten kommen könne.

Der indische Ministerpräsident teilt diese Auffassung nicht, sondern glaubt, daß eine neue Gipfelkonferenz das geeignete Forum wäre, um auch diese Frage zu behandeln, zumal nach seiner Meinung in den nächsten Monaten auch in der deutschen Sowjetzone gewisse Personalveränderungen vor sich gehen werden, die eine solche Annäherung — gleichsam unter dem Schutz der von ihm angeregten Gipfelkonferenz — möglich machen würden.

### *Verliebt*

*Ohne Filmmaske, in natürlicher Pose, zeigt sich Marilyn Monroe (30) auf einer Pressekonferenz in Washington mit ihrem zukünftigen Ehemann, dem Dramatiker Arthur Miller (40).* ap-Bild

### SPD fragt nach Werbestellen der „Vereinigung ehem. Legionäre"

WAZ BONN, 25. Juni

Nach Informationen des SPD-Bundestagsabgeordneten und früheren NRW-Innenministers Dr. Menzel unterhält die „Vereinigung ehemaliger Legionäre" in Deutschland Büros zur Anwerbung für die französische Fremdenlegion. In der Fragestunde des Bundestages am Mittwoch wird Menzel fragen, ob das der Bundesregierung bekannt ist. Er teilt mit, daß sich die Vereinigung in den Städten Baden-Baden, Berlin, Freiburg, Mainz und Tübingen anonymer Deckadressen bedient.

### USA-Soldat fliegt „schwarz" – lähmt Luftverkehr über Frankfurt

WIESBADEN, 25. Juni

Ohne Genehmigung und vor allem ohne jegliche Pilotenerfahrung flog am Montagvormittag der USA-Soldat Thomas Smith (25) mit einer zweimotorigen C-47-Maschine über Frankfurt und Wiesbaden umher. Smith war auf dem Flugplatz Wiesbaden-Erbenh im gestartet. Er gehört zum technischen Personal des Flugplatzes. Solange sich Smith in der Luft befand, hatten alle Verkehrs- und Militärmaschinen in Frankfurt und Wiesbaden Startverbot. Nach einer knappen halben Stunde absolvierte Smith eine „annehmbare Landung, ohne die Maschine zu beschädigen". Der „Flieger" befindet sich bereits zur Beobachtung im Militärhospital. (ap)

### *„Verwöhnt die Babies nicht!"*

***Medizinischer Informationsdienst appelliert an die Mütter***

MÜNSTER, 25. Juni

„Runter mit den Steckkissen und dem Federbett im Sommer" und „zurück zur Natur"! Mit diesen „Stoßseufzern eines Säuglings" appellierte der Deutsche Medizinische Informationsdienst am Montag an die Mütter, ihre Säuglinge im Sommer nicht zu verwöhnen. Wenn sich in der warmen Jahreszeit alles leichter kleide, solle man den Säugling nicht vergessen und keine Angst davor haben, daß das Baby Zug an die Beinchen bekomme oder ihm die Sonne ins Gesicht scheine.

Man brauche jedoch einen Säugling nicht gleich stundenlang in die pralle Sonne zu legen, sondern langsam mit fünf bis zehn Minuten anfangen. Zunächst soll man auch nur die Beinchen in die Sonne legen und später dem Kind auch ein weiches Tuch um den Kopf legen oder einen leichten Hut aufsetzen. (dpa)

### Bonn: Moskauer Zwischenfall darf sich nicht wiederholen

WAZ BONN, 25. Juni

**Der deutsche Botschafter in Moskau, Dr. Haas, hat in seinem Protest gegen die Verletzung der Exterritorialität seines künftigen Moskauer Wohnsitzes darum gebeten, daß die schuldigen Milizsoldaten zur Rechenschaft gezogen werden. Die Sowjetregierung solle dafür sorgen, daß eine Wiederholung derartiger Vorfälle in Zukunft vermieden wird, heißt es in dem am Montag in Bonn veröffentlichten Protestschreiben. Wie die WAZ am Montag berichtete, gilt der Protest der Verhaftung zweier Personen auf dem Grundstück von Haas durch sowjetische Milizionäre.**

Der Sprecher des Auswärtigen Amtes erklärte dazu am Montag in Bonn, man solle den Vorgang der Verhaftung nicht dramatisieren, sondern erst den genauen Bericht der deutschen Botschaft abwarten.

# Molotow zurückgetreten

## Bisheriger Chefredakteur der „Prawda" Tschepilow zum Nachfolger ernannt - Engster Mitarbeiter Chruschtschews

Berichte unserer Nachrichtendienste    MOSKAU, 1. Juni

Der langjährige sowjetische Außenminister Molotow wurde am Freitag durch den bisherigen Chefredakteur der parteiamtlichen „Prawda", Dimitri T. Tschepilow, einem der engsten Mitarbeiter des Parteichefs Chruschtschew, abgelöst. Nach der amtlichen Mitteilung hat Molotow um seine Ablösung nachgesucht, und das Präsidium des Obersten Sowjets hat diesem Ersuchen stattgegeben. Molotow bleibt offensichtlich weiterhin erster Stellvertreter des Vorsitzenden des Ministerrates der Sowjetunion. Seine Ablösung erfolgte am Vorabend des Eintreffens des jugoslawischen Staatschefs Tito in Moskau.

Molotow war seit 1939 das ausführende Organ der Außenpolitik Stalins, und politische Beobachter fragten sich, ob er nicht unter den veränderten politischen Umständen eine Belastung für die sowjetische Außenpolitik geworden sei. Bereits während der Genfer Außenministerkonferenz im Herbst vorigen Jahres hatten sowjetische Kreise inoffiziell von der Möglichkeit gesprochen, daß Tschepilow Molotow ablösen könnte. Damals erklärte auch Molotow mehreren Ausländern, daß er alt werde (Molotow ist 66 Jahre alt) und sich in Kürze zur Ruhe setzen wolle. Seine Ablösung, einen Tag vor dem Eintreffen Titos, kam dennoch überraschend, da sich Molotow offensichtlich der vollen Gunst der Kreml-Gewaltigen erfreute. Er nahm noch am Donnerstagabend an einem Empfang in der britischen Botschaft teil, ohne erkennen zu lassen, daß sein Rücktritt bevorstand.

Der neue sowjetische Außenminister ist 51 Jahre alt und gilt als einer der führenden Parteiideologen. Er wurde schon seit einiger Zeit als persönlicher Berater Chruschtschews in außenpolitischen Fragen angesehen, begleitete ihn und Bulganin 1954 nach Peking und im vergangenen Jahr nach Belgrad. Kurz danach bereitete er in Kairo die Waffenlieferungen des Ostblocks an Ägypten vor.

### Adenauer: Keine Überraschung

WAZ BONN, 1. Juni

Mit dem Rücktritt Molotows sei seit längerer Zeit zu rechnen gewesen, da sein Einfluß abgenommen habe, erklärte Bundeskanzler Dr. Adenauer. Vielleicht habe auch eine Rolle gespielt, daß man Tito nicht von Molotow empfangen lassen wolle. Der Pressechef der SPD, Fritz Heine, sagte, der Rücktritt sei zweifellos eine Konsequenz der sowjetischen Politik in neuester Zeit.

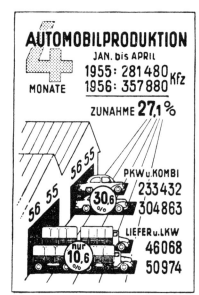

In den ersten vier Monaten 1956 wurden im Bundesgebiet 357 880 Kraftwagen und Straßenzugmaschinen produziert. Der gleiche Zeitraum des Vorjahres hatte ein Produktionsergebnis von 281 480; die Produktion nahm also gegenüber 1955 um 27,1 v. H. zu. Entscheidenden Anteil an der Produktionszunahme hatten Personen- und Kombinationskraftwagen, während die Produktion von Liefer- und Lastkraftwagen nur um 10,6 v. H. zunahm.

## Alkohol Hauptgrund für Führerscheinentzug

### 1955: 21 500 Fahrerlaubnisse eingezogen

FLENSBURG, 1. Juni

Insgesamt 21 454 Kraftfahrzeug-Führerscheine wurden 1955 entzogen, wie das Kraftfahrt-Bundesamt in Flensburg am Freitag mitteilt. Trunkenheit am Steuer war dabei in drei von fünf Fällen der Grund.

## Zahl der Erwerbslosen nähert sich Tiefstand

NÜRNBERG, 5. Juni

Die Zahl der Arbeitslosen im Bundesgebiet ist im Mai um 96 118 auf 538 811 zurückgegangen und hat sich damit dem im September 1955 erreichten niedrigsten Stand von 495 000 Erwerbslosen stark genähert. Die Zahl der erwerbslosen Männer verringerte sich um 64 876 auf 253 054, die der Frauen um 31 242 auf 285 757. Am stärksten ist die Arbeitslosigkeit in Bayern gesunken. Dann folgen Niedersachsen mit einem Rückgang um 19 737 auf 112 012 und NRW mit 12 011 auf 91 931.

Molotow: *Eiskalter Revolutionär*

Tschepilow: *Führender Partei-Ideologe*

## 67 753 uneheliche Besatzungskinder leben gegenwärtig im Bundesgebiet

WAZ BONN, 6. Juni

Anfang dieses Jahres gab es 67 753 uneheliche Besatzungskinder in der Bundesrepublik. Von den ermittelten Vätern waren rund 37 200 Amerikaner, 10 200 Franzosen, 8400 Briten und 1700 Belgier. Das teilte Bundesjustizminister Neumayer am Mittwoch in der Bundestagsfragestunde mit. Die Zahlen seien aber nicht ganz vollständig. Inzwischen seien die amerikanischen Militärbehörden zwar bereit, Unterhaltsklagen an USA-Soldaten weiterzuleiten, jedoch leisteten sie keine

Hilfe bei der Vollstreckung dieser Klagen. Das erfolge nur, wenn ein amerikanisches Gericht den Betreffenden zum Unterhalt in Deutschland verurteile oder wenn der betreffende Amerikaner die Vaterschaft anerkenne. Die Bundesregierung werde sich bemühen, diese amerikanische Haltung zu ändern, sagte Neumayer. Auch mit den anderen betroffenen Besatzungsmächten seien Verhandlungen im Gange, um den Unterhalt der Kinder sicherzustellen.

## Radiowellen aus dem Weltraum: Die Venus ist noch immer zu heiß

WASHINGTON, 5. Juni

Der radiotechnischen Versuchsstation der amerikanischen Marine ist es gelungen, zum ersten Male Radiosignale von der Venus aufzufangen. Diese atmosphärischen Ausstrahlungen der Venus waren sehr schwach. Die Wissenschaftler glauben jedoch, aus ihnen schließen zu können, daß auf der Venus noch immer so hohe Temperaturen herrschen, daß menschliches Leben dort ausgeschlossen ist.

**WESTDEUTSCHE**
## ALLGEMEINE
Die unabhängige Zeitung des Ruhrgebiets

# Ruhrbergbau soll Italiener als Bergleute beschäftigen

### Empfehlung der Hohen Behörde der Montanunion - Keine grundsätzlichen Bedenken der Gewerkschaft

Von unserem Bonner Büro          Schu BONN, 7. Juni

Den Einsatz von ausländischen Arbeitern, vor allem von Italienern, hat die Hohe Behörde der Montanunion dem Unternehmensverband Ruhrbergbau zur Überwindung des Arbeitskräftemangels empfohlen, wie am Donnerstag von der Verbindungsstelle der Hohen Behörde in Bonn mitgeteilt wurde. Bei einer entsprechenden Erhöhung der Belegschaftsstärken könne die Kohleförderung erheblich gesteigert werden. Dazu sei jedoch die Hinzuziehung von ausländischen Arbeitskräften notwendig.

In dem Schreiben der Hohen Behörde wird behauptet, daß die IG Bergbau keine grundsätzlichen Bedenken gegen den Einsatz von italienischen Arbeitskräften erhoben habe. Von der Gewerkschaft sei jedoch darauf hingewiesen worden, daß durch einen solchen Einsatz die Grubensicherheit auf keinen Fall gefährdet werden dürfe.

Deshalb empfehle die Hohe Behörde dem Unternehmensverband die Errichtung von Ausbildungszentren für ausländische Arbeitskräfte. Die Schwierigkeiten sprachlicher Natur ließen sich durch Sprachschulung und Berufsausbildung überwinden. Man könne sich vorstellen, daß nach Schulung eines Stammes von italienischen Arbeitern die Ausbildung weiterer Arbeitskontingente leichter sein werde. Die Montanunion müsse in diesem Jahr etwa 25 bis 30 Mill. t USA-Kohle einführen. Davon benötige die Bundesrepublik rund 10 Mill. t. Nach Auffassung maßgebender Kreise der Montanunion sei die Förderkapazität der westdeutschen Zechen mit etwa 8 bis 10 Mill. t nicht ausgenutzt. Zur vollen Ausnutzung dieser Kapazitäten müßten jedoch rund 17 000 Bergarbeiter neu angelegt werden. Soviel könne der deutsche Arbeitsmarkt allein nicht mehr aufbringen.

**Wochenende auf der Autobahn**

## Moshe Sharett zurückgetreten

JERUSALEM, 18. Juni

Israels Außenminister seit Gründung des Staates im Jahre 1948, Moshe Sharett, ist am Montag zurückgetreten. Zu seinem Nachfolger wurde Frau Golda Myerson ernannt, die bisher das Arbeitsministerium leitete. Der Rücktritt Sharetts ist auf Meinungsverschiedenheiten mit Ministerpräsident Ben Gurion zurückzuführen. Wie es in politischen Kreisen Jerusalems heißt, möchte Ben Gurion die Außenpolitik Sicherheitserwägungen unterordnen, während Sharett sich bemüht habe, das Gleichgewicht zwischen Israel und den arabischen Staaten hauptsächlich durch diplomatische Mittel wiederherzustellen. Sharett gab seinen Rücktritt auf einer Sondersitzung des Kabinetts bekannt.

## Präses D. Wilm weiht St. Reinoldi in Dortmund

WAZ DORTMUND, 3. Juni

Mit einem Festgottesdienst wurde am Sonntag die größte Kirche der Dortmunder Protestanten — St. Reinoldi — im Stadtzentrum wieder eingeweiht. Der Präses der Evangelischen Landeskirche Westfalen, D. Wilm, hielt vor fast 2000 Gästen aus allen Kreisen der Dortmunder Bevölkerung die Festpredigt, die auch in die gegenüberliegende evangelische Marienkirche übertragen wurde. Die Reinoldi-Kirche, vermutlich im 9. Jahrhundert gegründet, war im Jahre 1943 bei einem Bombenangriff zerstört worden. An dem Wiederaufbau hatte die gesamte Bevölkerung nicht nur durch vier erfolgreiche Aufbau-Lotterien ihren Anteil; der neue Turm, ein Wahrzeichen der Stadt Dortmund, wurde aus dem kommunalen Steueraufkommen finanziert.

# 2 Tote, 138 Verletzte bei Zugzusammenstoß

Von unserer Dortmunder Redaktion      Hi DORTMUND, 24. Juni

Ein schweres Eisenbahnunglück ereignete sich am Sonntag in Dortmund. Etwa 450 m westlich des Hauptbahnhofs stieß um 7.27 Uhr morgens der Nahschnellverkehrszug 3507 mit einem aus vier Wagen bestehenden Eiltriebwagenomnibus frontal zusammen. In den Triebwagen, die bei dem Aufprall ineinandergeschoben und schwer beschädigt wurden, befanden sich Bundesbahnbedienstete mit ihren Angehörigen auf einer Ausflugsfahrt nach Werdohl im Sauerland. Zwei Insassen des Triebwagenzuges wurden getötet, 20 schwer und 118 leicht verletzt.

In dem aus Hagen kommenden Personenzug wurde niemand verletzt. Die Toten sind der 47 Jahre alte Reservelokführer Anton Bartmann aus Schwerte (Ruhr) und die 37 Jahre alte Cäcilie Rahmann aus Amelsbüren.

Nach den bisherigen Ermittlungen hat der Personenzug aus Hagen das Unglück dadurch verursacht, daß er ein auf Halt stehendes Signal überfuhr und in die Fahrstraße des Triebwagenzuges geriet.

Unser Bild zeigt den völlig zertrümmerten Triebwagen vor den Puffern der Personenzuglokomotive.      WAZ-Bild: Schley

# Saar kehrt am 1. Januar 1957 heim

### Deutsch-französische Einigung nach turbulenter Nacht in Luxemburg - Franzosen dementierten Bundeskanzler

Von unserem nach Luxemburg entsandten Redaktionsmitglied
**JOACHIM SCHULZ**

LUXEMBURG, 5. Juni

Am 1. Januar 1957 wird das Saarland wieder zu Deutschland zurückkehren. Das ist das politische Ergebnis der deutsch-französischen Konferenz in Luxemburg vom Montag. Bis dies wirklich feststand, wurde es Dienstag früh 3 Uhr. Im Gegensatz zum gewöhnlichen Verlauf einer internationalen Konferenz (erst Krise — dann Einigung oder Scheitern) ging es in Luxemburg nämlich anders herum: erst „Einigung", dann „Krise" — oder was man in der Nacht zum Dienstag zwischen Mitternacht und 3 Uhr dafür hielt — und zu guter Letzt doch Einigung.

Um 22 Uhr hatte der müde, aber zufriedene Bundeskanzler den seit den Vormittagsstunden ausharrenden Journalisten von der „vollen Einigung" berichtet. Nur wenig später wurden sogar die Einzelheiten des Ergebnisses bekannt. Da platzte mitten in den noch auf das Kommuniqué wartenden, müden Rest der Presseleute die Bombe! Ein französischer Sprecher erklärte, der schon vor der Formulierung der Verlautbarung heimgegangene Kanzler habe die Presse falsch informiert. Es sei bisher (bis Mitternacht!) keine Einigung erzielt worden. Jetzt mache man erst einmal Pause, um dann wiederum zusammenzutreten.

### Die 90 Mill. t Warndt-Kohle

Was war passiert? Wie erst später bekannt wurde, hatten die französischen Sachverständigen ihrer Delegationsführung vorgerechnet, die ausgehandelte, mehr als komplizierte Regelung der Warndtfrage bringe Frankreich nicht die gewünschten 90 Mill. t Warndtkohle. Man fühle sich, schlicht gesagt, von den Deutschen übervorteilt.

Was sich nun abspielte, glich einem Gespensterreigen. Die Presseleute wurden wieder mehr als munter. Man telefonierte, widerrief Berichte, um sie dann doch zu bestätigen, telefonierte, informierte. Ein Gerücht jagte das andere, ohne daß der wirkliche Stand der Dinge bekannt wurde. „Aber die ganze französische Morgenpresse berichtet über die Einigung", rang eine Französin verzweifelt die Hände. Ihren deutschen Kollegen ging es nicht besser.

Der an der Bar des Hotels „Brasseur", des Hauptquartiers der deutschen Delegation, wartende saarländische Arbeitsminister Conrad distanzierte sich bereits von der noch vor drei Stunden gegebenen Zustimmung der Saarregierung. Dieses gelte nur der um 22 Uhr getroffenen Absprache, nicht aber für spätere Änderungen. Geduldig erklärte er allen, die es wissen wollten, an Hand einer Zeichnung die Streitfrage — in normalem Deutsch war die Sache wegen ihrer Kompliziertheit nicht darzustellen.

### Delegationstroß ratlos

In der Zwischenzeit war Außenminister von Brentano beim Bundeskanzler, der die Nacht im Hause des Vizepräsidenten der Montanunion Dr. Etzel verbrachte und um 2 Uhr noch immer nicht in seinem Bett lag; entgegen dem Befehl seiner Ärzte: spätestens um 22.30 Uhr ist Zapfenstreich.

Der aufgescheuchte Delegationstroß war völlig ratlos. „Soll man nun ‚Einigung' durch ‚Scheitern' ersetzen oder nicht?" fragte ein Pressemann einen plötzlich auftauchenden hohen Beamten des Auswärtigen Amtes. Der beruhigte: Adenauer und Mollet seien „über die Einzelfragen nicht so orientiert gewesen." So umschrieb er vorsichtig die mangelnde Sachkenntnis der beiden Regierungschefs von den komplizierten wirtschaftlichen Fragen, über die sie sich aus politischen Gründen großzügig einig geworden waren. Bei diesen „Einzelheiten" gehe es immerhin um große Objekte. Der strittige Punkt werde aber gewiß noch im Laufe der Nacht geklärt.

Als übler Scherz wurde es einem der im Vestibül des „Brasseur" Wartenden angekreidet, als er mit den Worten „der Minister" Alarm schlug. Es war aber nur Bundesminister Storch, der ahnungslos von einer Arbeitsministerkonferenz der Montanunion kam und von der Saarkonferenz weniger wußte als jeder andere. Brentano dagegen ließ bis nach 2 Uhr morgens auf sich warten und beruhigte dann die Gemüter: „Es ist alles in Ordnung." In zehn Minuten werde das Kommuniqué vorliegen.

### „...mit Genugtuung feststellen"

Die zehn Minuten dauerten eine Stunde, bis der französische Text (noch 15 Minuten vor dem deutschen) bestätigte: „Sie (die beiden Regierungen) konnten mit Genugtuung feststellen, daß es ihnen gelungen ist, ihre Auffassungen in allen Fragen in Übereinstimmung zu bringen". Das bedeutete:

**1** Der Saarvertrag soll so rechtzeitig fertig sein, daß die politische Angliederung der Saar an die Bundesrepublik am 1. Januar 1957 erfolgen kann. Der wirtschaftliche Anschluß soll bis zum 1. Januar 1960 abgeschlossen sein.

**2** Die Franzosen bauen rund 66 Mill. t Warndtkohle selbst ab, rund 24 Mill. t werden ihnen von der Bundesrepublik geliefert.

**3** Der Moselkanal wird gebaut. Für seine Benutzung werden Schiffahrtsabgaben berechnet. Die Gesamtkosten für die Gewinnung der Elektrizität werden mit 240 Mill. DM von den RWE (Rheinisch-Westfälische Elektrizitätswerke) getragen. Davon sind 180 Mill. DM für die Maschinen (reiner „Elektroteil") und 60 Mill. DM für die Wasserbauten (Dämme usw.) verwandt. Die Kosten der Kanalisierung (insgesamt 310 Mill. DM) tragen Frankreich mit 250 Mill. DM und die Bundesregierung mit 60 Mill. DM. Die Gesamtkosten betragen also rund 550 Mill. DM.

**4** In der Frage des Rheinseitenkanals sind die deutschen Wünsche erfüllt worden. Es wird ein sogenanntes Landeskulturwehr bei Vogelgrün gebaut und ein Stauwehr bei Markolsheim.

**5** Zur Regelung des Notenumtauschs sollen die Vertreter der beiden Notenbanken noch Lösungsvorschläge vorlegen.

Die Abkommen, die die Moselkanalisierung betreffen und an deren Formulierung man jetzt ebenso wie an die des Saarvertrages und des Abkommens über den Rheinseitenkanal herangeht, bedürfen im übrigen der Zustimmung Luxemburgs. Belgien soll konsultiert werden. Die Verträge müssen von den Parlamenten dieser Länder ratifiziert werden.

***Ernste Mienen*** *hatten die Leiter der französischen und deutschen Delegation bei den Luxemburger Saarverhandlungen am Montag aufgesetzt. Wie bereits berichtet, wurde erst in den späten Nachtstunden eine Einigung erzielt. Das Bild links zeigt den französischen Ministerpräsidenten Mollet (mit Brille) und Außenminister Pineau mit ihren Mitarbeitern. Auf dem rechten Bild Bundeskanzler Adenauer mit Außenminister von Brentano.*

# Arbeitnehmer verbessern Lebensstandard

## Statistisches Bundesamt: Gesamteinnahmen der Haushaltungen 1955 um 8,6 v. H. gestiegen

BONN, 4. Juni

Die Gesamteinnahmen der Arbeitnehmerhaushaltungen in der Bundesrepublik haben sich 1955 um 8,6 v. H. auf durchschnittlich 550 DM erhöht. Die ausgabefähigen Einnahmen — das sind die Gesamteinnahmen nach Abzug der Steuern und gesetzlichen Versicherungen — stiegen gegenüber 1954 um 8,2 v. H. auf 485 DM. Diese Angaben des Statistischen Bundesamtes, die am Montag veröffentlicht wurden, stützen sich auf regelmäßige Untersuchungen in vierköpfigen Haushaltungen von Arbeitnehmern (Arbeiter, Angestellte und Beamte), die ihren Wohnsitz in Städten mit 20 000 und mehr Einwohnern haben.

Im Jahre 1955 konnten diese befragten Haushaltungen im Durchschnitt monatlich 33,31 DM mehr ausgeben als im Jahr zuvor. Die monatlichen Verbrauchsausgaben lagen im Schnitt bei 469,10 DM. Die Ausgabenanteile für Genußmittel, Heizung, Licht, Bekleidung, Bildung, Unterhaltung und Verkehr haben sich vergrößert, während der Anteil der Nahrungsmittel und des Hausrates zurückging.

Eine Untersuchung der Verbrauchsentwicklung seit 1950 zeigt, daß in der Gesamterhöhung die Bedarfsgruppe „Hausrat" mit 155 v. H. an erster Stelle lag, und zwar mit den Schwerpunkten der zusätzlichen Hausratanschaffungen in den Jahren 1951, 1952 und 1954. Die Schlußfolgerung, daß hier nun der Nachholbedarf gedeckt sei, ist nach Ansicht des Statistischen Bundesamtes noch verfrüht. An zweiter Stelle der Zunahme steht mit 112 v. H. die Bedarfsgruppe Genußmittel, welche die stärkste Erhöhung nach den Preisrückgängen infolge der Steuersenkung für Kaffee, Tee und Tabakwaren im Jahre 1953 erfuhr.

Die Erhebungen des Statistischen Bundesamtes verdeutlichen, daß die Haushaltungen bei Preissenkungen den Verbrauch der betreffenden Waren stärker gesteigert haben, als der Preisrückgang war. Auf Preiserhöhungen reagierten die Haushaltungen bei fast allen Waren mit Einschränkungen. Mit Mengen- und Qualitätseinschränkungen reagierten die Haushaltung auf Preiserhöhungen bei den teuren Nahrungsmitteln (z. B. Butter und Kalbfleisch). Hier waren die Haushaltungen trotz ihrer Mehreinnahmen nicht geneigt, den Verbrauch auszudehnen. Eine Ausnahme bildeten Kartoffeln, die trotz Preissteigerungen qualitativ und quantitativ stärker verlangt wurden.

DIESER „ANTI-ATOMANZUG", der aus einem Stück gearbeitet ist und den Träger hermetisch von der Außenwelt abschließt, wurde in den USA erstmalig vorgeführt. Der Anzug wird durch Druckluft aufgebläht und soll sowohl vor radioaktiven Strahlen als auch vor Giftgas schützen.

## Sechsjähriger Junge von Ruinen erschlagen

Beim Spielen auf dem Ruinengrundstück Michaelstraße 6 in Essen-Ost wurde ein sechsjähriger Junge durch umstürzende Trümmer schwer verletzt. Das Kind starb auf dem Weg zum Krankenhaus.

Zum erstenmal seit vielen Jahren spielt Ingrid Bergman die weibliche Hauptrolle in einem Film, in dem ihr Mann, Roberto Rosselini, nicht Regie führt, sondern der französische Spitzenregisseur Jean Renoir. Ingrid Bergman stellt die polnische Prinzessin Elena Sorokowska dar, die bei den ersten Erschütterungen des russischen Zarenreichs nach Paris kam, um hier als Mäzenatin nette und begabte Männer zu fördern. Der Streifen nennt sich „Elena und die Männer". Einer der Partner Ingrids ist Jean Marais, der sich auf unserem Bild in der reichen Uniform eines Generals präsentiert.

## Bochumer begeistern in Paris

### „Messemer gehört zu den größten Schauspielern der Zeit"

**WAZ** PARIS, 7. Juni

25 Hervorrufe und ein Publikum, das den Saal nicht verlassen wollte — das war das Ergebnis der Gastpremiere des Bochumer Schauspiels mit Sartres „Der Teufel und der liebe Gott" in der theaterverwöhnten Hauptstadt Frankreichs. Den Löwenanteil daran hatte die faszinierende Leistung Hans Messemers in der Rolle des Götz. Er beherrscht auch die ersten Kritiken.

Der Kritiker von „France soir" bekennt, daß ihm „einfach das Wort fehlt", um diesen Götz genügend zu kennzeichnen. Robert Kemp eröffnet seine Kritik im „Le Monde" mit der Feststellung: „Diese Vorstellung ist unvergeßlich!" In „Le Temps de Paris" erklärt B. Jeener: „Hans Messemer gehört zweifellos zu den größten Schauspielern dieser Zeit. (Ich bedenke meine Worte wohl!)" Neben ihm werden Rosel Schäfer, Manfred Heidmann und Holger Kepich besonders genannt. Die ganze Inszenierung lief mit einer großartigen Präzision ab. Hans Schalla und das Ensemble haben es geschafft. Mit dieser Aufführung ist Bochum zur Sensation der Pariser Theaterwochen geworden. Daß nach solchem Ereignis Schalla eingeladen wurde, sich ein Stück auszuwählen und wiederzukommen, versteht sich fast von selbst.

## Die Erfahrungen des Flugzeugbaus

. . . hat Ernst Heinkel, der bekannte Flugzeugkonstrukteur, beim Bau seiner „Heinkel-Kabine" verwertet. Dies macht sich nicht nur in der Form, sondern vor allem auch in dem niedrigen Leistungsgewicht von 25,6 kg/PS — bedingt durch die Leichtbauweise — bemerkbar. Die Heinkel-Kabine (drei Räder, Einstieg von vorn, 1-Zyl.-Viertakt-Motor von 9,5 PS, Dauergeschwindigkeit 80 km/st) ist jetzt immer häufiger auf den westdeutschen Straßen zu sehen. Sie kann zwei Erwachsene und zwei Kinder aufnehmen. Preis 2750 DM.

### Noch 800 000 Deutsche in Gebieten jenseits der Oder/Neiße
#### 175 000 siedeln um

BONN, 17. Juni

800 000 Deutsche leben noch in den Gebieten jenseits der Oder und Neiße. Die meisten von ihnen, etwa 500 000, wohnen im schlesischen Raum vor allem im oberschlesischen Industriegebiet. Nach den Feststellungen des Suchdienstes des Deutschen Roten Kreuzes, von dem diese Angaben stammen, haben 175 000 dieser Deutschen die Erlaubnis zur Umsiedlung erhalten. Ungezählte Anträge seien jedoch von den polnischen Behörden abgelehnt worden.

Eine eingehende Umfrage der kürzlich in der Bundesrepublik eingetroffenen Umsiedler hat jetzt auch Aufschluß über die heutigen Bevölkerungszahlen in den wichtigsten ostdeutschen Städten gegeben. Danach leben in Breslau zur Zeit 480 000 Menschen, davon 1500 Deutsche. Die übrigen Städte zeigen folgendes Bild. Danzig 1956: 253 000, davon 1400 Deutsche; Königsberg 1956: 212 000 Russen, keine Deutschen mehr; Kattowitz 1956: 142 000, davon 6000 Deutsche; Stettin 1956: 260 000, davon 1600 Deutsche. Neben Königsberg gibt es in Gumbinnen, Tilsit, Küstrin und Insterburg keine Deutschen mehr.

### Orff und Schmidt-Rottluff erhielten „Pour le merite"

waz BONN, 18. Juni

Der Orden „pour le mérite" für Wissenschaft und Künste hat in Bonn auf der diesjährigen Sitzung seines Kapitels den Komponisten Carl Orff und den Maler Karl Schmidt-Rottluff als Nachfolger für Thomas Mann und Emil Nolde zu Mitgliedern des Ordens gewählt.

Carl Orff, am 10. Juli 1895 in München geboren, gilt heute als einer der führenden deutschen Komponisten. Am meisten bekannt wurde von seinen Werken außer einer Musik zu Shakespeares „Sommernachtstraum" und der Oper „Der Mond" seine große Bühnenkomposition „Carmina Burana". Zu Orffs neueren Tonschöpfungen gehört vor allem die 1949 in Salzburg uraufgeführte Oper „Antigonae".

Karl Schmidt-Rottluff, der am 1. Dezember 1884 in Rottluff bei Chemnitz geboren wurde, kam als Autodidakt zur Malerei und galt früh als einer der Meister des Expressionismus. Ende der zwanziger Jahre kehrte er zu lyrischen Motiven in Stilleben und Landschaft zurück. Das Dritte Reich verwarf seine Kunst als „entartet". 1947 wurde Karl Schmidt-Rottluff als Professor an die Hochschule für bildende Künste nach Berlin berufen.

### Pankow legt Strafen fest für „Staatsverbrechen"

BERLIN, 19. Juni

Einzelheiten der angekündigten Ergänzung des sowjetzonalen Strafgesetzbuches hat Justizminister Hilde Benjamin am Dienstag in einem Interview mit dem SED-Zentralorgan „Neues Deutschland" mitgeteilt. Eine der neuen Bestimmungen, die den Artikel 6 der Sowjetzonenverfassung ersetzen werden, sieht vor, daß mit Zuchthaus bestraft wird, „wer einen anderen zum gesetzwidrigen Verlassen der DDR verleitet". Ferner wird bestraft, wer Bewohnern der Sowjetzone oder Ost-Berlins bei der Flucht nach dem Westen Hilfe leistet und „wer eine Existenzmöglichkeit außerhalb der DDR verspricht".

***Der letzte britische Soldat*** verläßt die Suezkanalzone. Schon einige Tage vor dem zwischen Großbritannien und Ägypten vereinbarten Räumungstermin (18. Juni) schifften sich die letzten britischen Truppen nach Zypern ein. Unser Bild zeigt Brigadier Lacey (rechts), der sich von ägyptischen Offizieren verabschiedet, bevor er als letzter der zwölf Offiziere und 68 Mannschaften die „Evan Gibb" besteigt.

*EINEN SPAZIERGANG am Eiffelturm in Paris unternahmen Audrey Hepburn und Fred Astaire. Die beiden Filmstars sind gegenwärtig in Paris mit den Dreharbeiten für die Musikkomödie „Funny Face" beschäftigt. Sie spielt ein Modell, er einen Modefotografen.*

## Neuntes Schuljahr für alle Bundesländer empfohlen

BONN, 20. Juni

Die Ständige Konferenz der Kultusminister hat alle Bundesländer aufgefordert, ein neuntes Schuljahr anzustreben. Die Kinder hätten im allgemeinen erst nach dem achten Schuljahr die körperliche und geistige Reife für den Eintritt in das Berufsleben. Das neunte Schuljahr solle die Bildungsarbeit der Volksschule abschließen und den Übergang zur Lebenswelt des Berufes anbahnen. Der enge Zusammenhang zwischen Volksschule und Berufsschule soll durch eine Verbindung der Bildungspläne berücksichtigt werden.

Jugendlichen, die die Volksschule besucht haben, soll nach Bewährung in der Berufs- und Fachausbildung bei besonderer Begabung und bei Nachweis eines angemessenen Bildungsstandes der Zugang zu einem Hochschulstudium ermöglicht werden.

## Kleinstes Atomteilchen von US-Forschern entdeckt

WASHINGTON, 22. Juni

Die amerikanische Atomenergie-Kommission hat die Entdeckung des kleinsten Teilchens der Welt der Atome, des „Neutrino", bekanntgegeben. Der amtierende Vorsitzende der Kommission, William F. Libby, erklärte, die Entdeckung sei von „sehr großer Bedeutung als weiterer Schritt zur Erschließung der Grundkenntnisse, von denen der Fortschritt in der Nutzung von Atomenergie abhängt." Das neuentdeckte Teilchen könne möglicherweise zur Erkenntnis der bindenden Kräfte führen, von denen die Atome zusammengehalten werden und die nach den Worten Libbys eines der größten Geheimnisse ist, denen sich die Atomwissenschaftler gegenübersehen. Das „Neutrino" ist derart klein, daß es in der Vergangenheit unmöglich war, seine Existenz zu beweisen.

# 2,5 Milliarden DM für Stationierungskosten

## ... soll Bund an Alliierte zahlen - Geheimes Rundschreiben

### Von unserem Redaktionsmitglied GÜNTHER MUGGENBURG

BONN, 18. Juni

Die Bundesrepublik wird im Rechnungsjahr 1956/57 insgesamt 2,5 Milliarden DM für Stationierungskosten zahlen. Dies geht aus einem geheimen Rundschreiben hervor, das am Montag von Regierungsseite den Abgeordneten der Regierungskoalition im Haushaltsausschuß des Bundestages zugeleitet wurde. Die im Ausschuß vertretenen Abgeordneten der Opposition haben dieses Schreiben nicht erhalten.

Nach dem Rundschreiben soll die Bundesrepublik für die Stationierung alliierter Truppen im Bundesgebiet 1,45 Md. DM in bar und außerdem 1 Md. DM in sog. „geldwerten Leistungen" aufbringen. In dem Schreiben, dessen Inhalt eine scharfe Debatte im Bundestag auslösen dürfte, wird betont, daß die Alliierten in den jüngsten Verhandlungen alle Bedingungen abgelehnt haben, welche die Bundesregierung an eine nochmalige Zahlung der Stationierungskosten knüpfen wollte. Das Verhandlungsergebnis sehe im wesentlichen so aus:

**1** Die Alliierten behalten sich das Recht vor, auch im kommenden Jahr und möglicherweise noch darüber hinaus weitere Stationierungskosten von der Bundesrepublik zu fordern.

**2** Die Alliierten haben es abgelehnt, der souveränen Bundesrepublik die gleiche Stellung anderer Länder einzuräumen, in denen ebenfalls NATO-Verbände stationiert sind. Dazu gehören z. B. England und Frankreich. Die alliierten Truppen werden somit bei uns auch künftig eine Sonderstellung einnehmen, die uns Mehrbelastungen von rund 1 Md. D-Mark (z. B. durch Abgabenbefreiung und andere steuerliche Vergünstigungen) aufbürdet.

**3** Die Alliierten haben die Forderung abgelehnt, der Bundesrepublik beim „Infrastruktur-Programm" die gleichen Rechte der anderen Länder zuzubilligen. Unter diesem Programm ist der Aufbau der bodenständigen Organisation der NATO zu verstehen.

In Bonner Kreisen wird erwartet, daß vor allem die letzten beiden Punkte eine scharfe Kritik im Parlament auslösen werden, weil damit der Bundesrepublik zumindest teilweise auch nach Erlangung der Souveränität die Gleichberechtigung verwehrt werde. Diese Bestimmungen seien im Grunde härter als die Vereinbarung über die Barzahlung von Stationierungskosten.

# Junkermann belegt fünften Platz in der „Tour de Suisse"

### Zwei Schweizer vorn - Graf siegt mit Vorsprung

*Auf der Abfahrt vom Simplon ereigneten sich zahlreiche Stürze, die aber alle ohne ernsthafte Verletzungen abliefen. Das Bild hält den Sturz des Franzosen Raymond Reißer fest, derweil kämpft der Holländer Jan Nolten um sein Gleichgewicht.*

ZÜRICH, 24. Juni

Die „Tour de Suisse" endete Samstag in Zürich mit einem Sieg des Schweizers Rolf Graf, der die acht Etappen in einer Gesamtzeit von 47:05:02 Stunden bewältigte. Den zweiten Platz belegte sein Landsmann Fritz Schär (47:10:01) vor dem Belgier Joseph Plankaert (47:12:48) und dem Schweizer Hans Hollenstein (47:15:19). Hans Junkermann (Krefeld) hielt sich in dem Klassefeld großartig und kam mit 47:17:19 Stunden auf den fünften Platz. Horst Backat, der zweite der drei im Rennen verbliebenen Deutschen, placierte sich als Dreizehnter. Franz Reitz endete abgeschlagen an 41. Stelle. Paul Maue mußte während der vorletzten Etappe aufgeben.

Hessen geht neuen Weg mit

# Sonderklassen für „Halbstarke"
## Milieu-Wechsel soll schwererziehbaren Kindern helfen

**WAZ Frankfurt (Main), 19. Juni**

Das Land Hessen will jetzt einen neuen Versuch mit schwer erziehbaren Kindern machen. Mit Versetzungen und Sonderklassen hofft man die Böswilligen und besonders Widerspenstigen zähmen zu können. Nicht Strafe, sondern Bewährung soll den neuen Weg kennzeichnen.

Überall in den Volksschulklassen finden sich die Kinder, die ohne ersichtlichen Grund aus dem Rahmen fallen. Erst sind sie verschlossen und störrisch, doch dann kommt es plötzlich über sie. Zank, Streit und Unfug lassen sie immer weiter abgleiten. Am Ende steht dann der „Halbstarke" als Bandenmitglied. Hessen will dieser Entwicklung zum Rowdy einen Riegel vorschieben. Drei Maßnahmen sollen jetzt praktisch erprobt werden. Ein Kind, das sich nachhaltig seinem Lehrer widersetzt, soll:

❶ in eine Parallelklasse derselben Schule oder

❷ in eine Parallelklasse einer Nachbarschule versetzt werden.

❸ falls diese beiden Möglichkeiten nichts fruchten, in eine Sonderklasse für schwererziehbare Kinder eingewiesen werden.

In allen Fällen sind jedoch vor der Versetzung die Erziehungsberechtigten zu hören.

Kultusminister Arno Hennig hat den Erlaß nur schweren Herzens unterschrieben. Nach den Berichten und Erfahrungen der letzten Jahre hat aber die Zahl derjenigen Kinder ständig zugenommen, die dem Lehrer im Unterricht große Schwierigkeiten bereiten. Andererseits will Arno Hennig nichts von dem Rohrstock wissen. „Entehrende körperliche Strafen" bleiben weiterhin verboten.

„Wir wissen, daß man mit den neuen Maßnahmen das Übel nicht an der Wurzel anpacken kann", sagen die zuständigen Pädagogen. „Oft ist es nicht ein Schülerproblem. Die Eltern sind meist an der Widerspenstigkeit ihrer Kinder mit schuld. Böswillige Kinder stammen vielfach aus zerbrochenen Ehen."

Im hessischen Kultusministerium sieht man diese Seite des Problems ebenfalls. Aber die Erwachsenen sind nun einmal in keine „Sonderklasse" zu schicken. Bleibt nur die Versetzung der Kinder. Eine Änderung des Milieus hat oft schon Wunder bewirkt. Mancher Schüler wurde dabei vor charakterlichen Fehlentwicklungen bewahrt. In den Sonderklassen wird daher die erzieherische Ordnung das Thema Nr. 1 sein, auch wenn die geistige Ausbildung etwas in den Hintergrund rückt. Man glaubt jedoch mit dem neuen Weg den „Erwachsenen von morgen" besser dienen zu können als mit dem sturen Einmaleins.

## „Weiser Führer"

*. . . bedeutet der Indianername „Layadanolu", den Bundeskanzler Dr. Adenauer jetzt führen darf. Am letzten Tag seines Aufenthaltes in den USA ernannten ihn die „Vereinigten Stämme der Indianer" zu ihrem Ehrenhäuptling. Adenauer wurde ein bunter Federschmuck aufgesetzt, und er mußte eine Friedenspfeife rauchen (unser Bild). Zuvor hatte die Marquette-Universität in Milwaukee dem Kanzler die Ehrendoktorwürde verliehen.*

*Bei seiner Ankunft auf dem Flughafen Wahn am Samstag äußerte sich der Bundeskanzler zufrieden über die Ergebnisse seiner achttägigen Reise durch die Vereinigten Staaten. Vor allem an der Frage der deutschen Wiedervereinigung nehme man überall großen Anteil. Präsident Eisenhower, den er im Krankenhaus besucht hatte, habe einen außerordentlich guten und frischen Eindruck gemacht.*

# Schweiz war 1955 Hauptreiseziel

### 2,5 Mill. deutsche Besucher

**BRÜSSEL, 18. Juni**

Die deutschen Reisenden sind 1955 am häufigsten nach der Schweiz gefahren, geht aus einer Veröffentlichung der Europäischen Kommission für den Fremdenverkehr in Brüssel hervor. Die Zahl der deutschen Reisenden nach der Schweiz erreichte 2,5 Mill., nach Italien 2,3 und nach Österreich 1,1 Mill. 15,1 v. H. aller amerikanischen Touristen in Europa reisten 1955 nach Deutschland; sie verausgabten 288 Mill. DM. Insgesamt hat sich die Zahl der amerikanischen Reisenden, die im vergangenen Jahr Europa besuchten, um 14,3 v. H. erhöht.

## Größter Hochverratsprozeß gegen Kommunisten angelaufen

**WAZ KARLSRUHE, 25. Juni**

Der bisher größte Hochverratsprozeß gegen führende westdeutsche Kommunisten lief am Montag nach über zweijähriger Vorbereitung vor dem VI. Strafsenat des Bundesgerichtshofes in Karlsruhe an. Der Prozeß wird mehrere Wochen dauern. Auf der Anklagebank sitzen der KP-Parteisekretär Friedrich Rische (Ratingen), die KP-Vorstandsmitglieder Richard Scheringer (Ingolstadt) und Karl Zemke (Dortmund), der Vorsitzende des KP-Landesvorstandes von NRW, Josef Ledwohn (Herne) und die Fotografin Christine Zellner (München). Angeklagt waren ursprünglich auch der Vorsitzende der westdeutschen KP, Max Reimann, und seine rechte Hand, der Parteisekretär Walter Fisch (Düsseldorf). Beide sind jedoch in die Sowjetzone geflüchtet.

Den fünf Angeklagten wird vorgeworfen, sie hätten als Mitglieder einer vom Parteivorstand gebildeten Kommission das im November 1952 von Max Reimann verkündete „Programm der nationalen Wiedervereinigung Deutschlands" ausgearbeitet und — mit Ausnahme von Zemke — für die Verwirklichung in Wort und Schrift geworben. Nach Auffassung der Bundesanwaltschaft ist das „Programm der nationalen Wiedervereinigung" nach seinem gesamten Inhalt dazu bestimmt, den gewaltsamen Sturz der jetzigen Bundesregierung vorzubereiten.

Unter „Urlaubsbeschäftigung" rangiert das Sonnenbaden bei diesen Strandnixen an erster Stelle.

# „Goldene" für Winkler und die Mannschaft

## Stolze Siege in Stockholm – Amazonen erringen Medaillen in der Dressur

Von unserem nach Stockholm
entsandten Sonderberichterstatter
DR. GERHARD STABENOW

STOCKHOLM, 17. Juni

Den größten Triumph seit der Olympiade in Berlin 1936 feierte die deutsche Reiterei im Großen Preis der Nationen in Stockholm: Die deutsche Mannschaft Hans-Günther Winkler, Fritz Thiedemann und Alfons Lütke-Westhues errang die Goldmedaille in der Mannschaftswertung mit 40 Fehlern vor der italienischen Equipe mit 66 und der Mannschaft Großbritanniens mit 69 Fehlern.

Weltmeister Hans-Günther Winkler (Warendorf) errang die Goldmedaille in dem schwersten Jagdspringen, das je auf Olympischen Spielen zu bewältigen war, mit vier Fehlern in zwei Umläufen. In seinem zweiten Ritt, von dem Deutschlands und sein Sieg abhingen, überwand der im ersten Umlauf verletzte Winkler mit seiner elfjährigen Weltmeisterschaftsstute „Halla" den Parcours im totenstillen ausverkauften Olympiastadion fehlerlos. Fritz Thiedemann und der junge Alfons Lütke-Westhues, die beiden ländlichen Reiter unserer Equipe, trugen durch bravouröse Ritte ihren Teil zu dem stolzen Sieg bei.

Die deutsche Dressurmannschaft Hannelore Weygand, Anneliese Küppers (Duisburg) und Lieselotte Linsenhoff hatte am Samstag in der Dressur die Silbermedaille in der Mannschaftswertung und durch Lieselotte Linsenhoff auf „Adular" die Bronzemedaille in der Einzelwertung errungen. Zusammen mit den Erfolgen

Hans-Günther Winkler auf „Halla" überfliegt eines der schwierigsten Hindernisse: eine große Tonne — genannt „Schweinestall" — im zweiten Durchgang. Trotz schmerzhafter Verletzung blieb Weltmeister Winkler fehlerlos.

in der Military haben die neun deutschen Reiterinnen und Reiter. in den Mannschaftswettbewerben eine goldene und zwei silberne, in den Einzelwertungen eine goldene, eine silberne und eine bronzene Medaille errungen. Jeder der neun eingesetzten deutschen Olympiateilneh-

mer bringt aus Stockholm mindestens eine Medaille mit.

Bundespräsident Heuss und Bundeskanzler Adenauer haben der siegreichen deutschen Equipe und Goldmedaillengewinner Winkler Glückwunschtelegramme gesandt.

## In flotter Uniform

. . . fahren vier weibliche Taxichauffeure eines Kölner Mietwagenunternehmers ihre Kundschaft. Ihre Dienstkleidung ähnelt der der Stewardessen, und ihr Make-up wird ebenso gepflegt wie das der Kolleginnen von der fliegenden Fakultät.

# Ost-Berlin meldet Entlassung von 19064 Häftlingen

## 691 SPD-Mitglieder besonders aufgeführt – Kritik an der Justiz

Berichte unserer Nachrichtendienste                     BERLIN, 21. Juni

Die Sowjetzonenregierung hat am Donnerstag bekanntgegeben, daß sie in letzter Zeit 19 064 Strafgefangene aus der Haft entlassen hat. Darunter befänden sich auch 691 frühere oder jetzige SPD-Angehörige, die wegen „krimineller Verbrechen" im Auftrage des Ostbüros der SPD „zu Recht verurteilt" worden seien.

Neben den SPD-Angehörigen sind der Mitteilung zufolge 15 075 Häftlinge entlassen worden, deren Urteile unter den Bedingungen des „kalten Krieges" gefällt worden seien, aber jetzt korrigiert werden könnten, sowie 3308 Kriegsverurteilte. In den sowjetzonalen Haftanstalten befänden sich jetzt nur noch elf Kriegsverurteilte, die wegen besonders schwerwiegender Verbrechen in KZ. nicht entlassen werden könnten. Nach Meinung der Sowjetzonenregierung hat sie damit „einen entscheidenden Beitrag zur Entspannung der Lage in Deutschland und zur Verbreiterung der Verständigungsmöglichkeit zwischen den beiden deutschen Staaten" geleistet.

Wie dazu der West-Berliner Untersuchungsausschuß Freiheitlicher Juristen er-

klärt, habe sich die Entlassungsaktion in der Sowjetzone in der Mehrzahl auf rein Kriminelle erstreckt. Ausdrücklich ausgenommen seien u. a. politisch Verurteilte, die nicht Mitglieder der SPD waren. Von maßgebender sozialdemokratischer Seite wurde festgestellt, daß sich in den Zuchthäusern der Zone weit mehr als 691 Sozialdemokraten befänden.

Am gleichen Tage hat das SED-Organ „Neues Deutschland" scharfe Kritik an Justizminister Hilde Benjamin und Generalstaatsanwalt Melsheimer geübt. So hätten sie die marxistische Lehre vom Klassenkampf schematisch und starr angewandt und selbst in Verstößen von Radfahrern gegen die Straßenverkehrsordnung einen Ausdruck des verschärften Klassenkampfes gesehen.

# Metallindustrie führt 45-Stunden-Woche ein

### Vereinbarung der Spitzenverbände - Sonderregelung für NRW

WAZ BREMEN, 13. Juni

Nach Vorverhandlungen in Hannover und Frankfurt hat die dritte Arbeitszeitkonferenz der Arbeitgeberverbände der Metallindustrie mit der IG Metall in Bremen zu einer Einigung geführt. Den einzelnen Tarifverbänden wird empfohlen, die Arbeitszeit von 48 auf 45 Stunden je Woche zu verkürzen. Gleichzeitig sollen die Tariflöhne um 8 v. H. erhöht werden. Diese Tariflohnaufbesserung setzt sich aus dem von der Gewerkschaft geforderten vollen Lohnausgleich für die Arbeitszeitverkürzung (etwas über 6 v. H.) sowie einer zusätzlichen kleinen Lohnerhöhung von nicht ganz 2 v. H. zusammen.

Die neuen Tarifverträge sollen vom 1. Oktober 1956 an gelten und bis zum Jahresende 1957 gültig bleiben. Als Sicherung gegen eine Verteuerung wurde eine Klausel vereinbart, die neue Verhandlungen vorsieht, wenn der Preisindex der Lebenshaltung um 3,5 Punkte steigt.

Für die Metallindustrie in Nordrhein-Westfalen, wo der Lohntarif Ende Juni abläuft, ist mit der Großen Tarifkommission der IG Metall ein Sonderabkommen geschlossen worden. Für dieses größte Tarifgebiet wird für das Zwischenvierteljahr bis zum 1. Oktober 1956 eine Lohnerhöhung um 4 v. H. gewährt. Von da an sollen die in der allgemeinen Empfehlung befürworteten Vereinbarungen abgeschlossen werden.

## Dramatiker Miller heiratet Marilyn

Marilyn Monroe (30) wird in Kürze den amerikanischen Dramatiker Arthur Miller (40) heiraten. Dies teilte Miller am Donnerstag in Washington mit. Miller gab die Erklärung während einer Verhandlungspause des Repräsentantenhaus-Ausschusses zur Untersuchung amerikafeindlicher Umtriebe ab, von dem er über seine frühere politische Tätigkeit verhört wird. Der Dramatiker („Tod des Handlungsreisenden", „Hexenjagd", „Alle meine Söhne") hatte in der Verhandlung ausgesagt, er habe niemals unter kommunistischer Parteidisziplin gestanden, jedoch 1947 Beiträge für gewisse Kampfgruppen geleistet. Eine Unterstützung kommunistischer Anliegen komme für ihn jedoch heute nicht mehr in Frage. — Miller ist erst am 11. Juni in Reno nach langjähriger Ehe von seiner ersten Frau geschieden worden. Miller gab bekannt, daß

Marilyn schon am 13. Juli als „Frau Miller" nach London reisen werde, wo sie zusammen mit Sir Laurence Olivier in einem neuen Film mitwirken wird. Für sie ist es die dritte Ehe.

Bilder: WAZ-Archiv

# 74 Menschen versinken mit Verkehrsflugzeug im Meer

### Venezolanische Super-Constellation explodiert vor USA-Küste

NEW YORK, 20. Juni

In Brand geraten, ins Meer gestürzt und explodiert ist am frühen Mittwochmorgen dicht vor der amerikanischen Küste (etwa 39 Seemeilen östlich von New Jersey) ein venezolanisches Verkehrsflugzeug. Alle 74 Insassen der Maschine kamen ums Leben. Unter ihnen befindet sich die in Deutschland geborene venezolanische Stewardeß Frederica Thal (19). Es ist das schwerste Unglück, das den regulären Liniendienst der Zivilluftfahrt bisher betroffen hat.

Die viermotorige Super-Constellation der „Linea Aeropostal Venezolano" war um 23.18 Uhr (Ortszeit) von New York nach Caracas in Venezuela gestartet. Eine Stunde später meldete der Pilot, daß ein Motor ausgefallen sei und die Maschine nach New York zurückkehre. Um 1.25 Uhr funkte die Besatzung, daß sie den Treibstoff ablasse, um sich auf eine Notlandung vorzubereiten. Dann überstürzten sich die Ereignisse. Um 1.30 Uhr kam der Funkspruch: „Treibstoff hat Feuer gefangen." Das war die letzte Meldung. Sekunden später stürzte die Maschine brennend ins Meer und explodierte.

## Deutsche Touristen in Holland an der Spitze

AMSTERDAM, 4. Juni

Ausländische Touristen haben im vergangenen Jahre Holland einen Gewinn von weit über 200 Millionen Gulden (220 Millionen DM) gebracht. Wie aus dem Jahresbericht des niederländischen Fremdenverkehrsverbandes hervorgeht, kam der weitaus größte Teil der Auslandstouristen aus Deutschland.

Insgesamt buchten 1955 die niederländischen Hoteliers und Pensionsbetriebe über zwei Millionen Übernachtungen. Der deutsche Anteil betrug 29 v. H., der britische und amerikanische je 14 und der belgische und französische je 8 v. H.

Die Tagesbesuche sind in diesen Angaben nicht enthalten. Doch auch hierbei stehen die Besucher aus Deutschland weitaus an der Spitze.

IN SEKUNDENSCHNELLE ANGEZOGEN ist ein Mann mit dem neuen „Blitzanzug", den ein Herrenmodegeschäft in Hollywood zum Preise von 567 DM verkauft. Die gesamte Bekleidung — Hose, Hemd und Schlips — besteht aus einem Stück, das vorn durch einen Reißverschluß zum An- und Ausziehen geöffnet werden kann.

## Oberst Nasser erster Staatspräsident Ägyptens

wʌz KAIRO, 25. Juni

Zum ersten verfassungsmäßigen Staatspräsidenten Ägyptens ist der bisherige Ministerpräsident, Oberst Nasser, am Montag feierlich proklamiert worden. Das ägyptische Volk hatte am Samstag die neue, vom Revolutionsrat ausgearbeitete Verfassung angenommen und Nasser mit 99,9 v. H. aller abgegebenen Stimmen zum Präsidenten gewählt. Wie das Innenministerium bekanntgab, wurden bei einer Wahlbeteiligung von 94 v. H. für Nasser 5 496 965 Stimmen abgegeben.

Mit der Annahme der Verfassung ist der als Regierung tätige Revolutionsrat automatisch zurückgetreten. Er wird jedoch bis zu den Wahlen zur Nationalversammlung im Herbst weiter die Geschäfte führen. Es wird erwartet, daß Nasser später den Revolutionsrat auflösen und die Umstellung der Regierungstätigkeit nach den Bestimmungen der neuen Verfassung bekanntgeben wird.

Mit den letzten Beschlüssen des Revolutionsrates wurde der Innenminister ermächtigt, alle Personen ohne gerichtliche Verfügung zu inhaftieren, gegen die der Revolutionsrat früher Maßnahmen ergriffen hatte.

# Blutige Militärrevolte in Argentinien niedergeschlagen

### Durch Einsatz von Bombern in mehreren Städten – Anhänger Perons

Berichte unserer Nachrichtendienste
BUENOS AIRES, 10. Juni

Die argentinische Regierung hat am Sonntag eine blutige Revolte unterdrückt, die von Teilen der Armee getragen war und von General Tanco, einem wegen revolutionärer Umtriebe gesuchten Anhänger des im Vorjahr gestürzten Diktators Peron, geführt wurde. Der Aufstand war am Samstagabend in der Hauptstadt Buenos Aires, in La Plata, Santa Rosa, Rosario und anderen Städten gleichzeitig ausgebrochen.

Mit Hilfe regierungstreuer Truppen und unter Einsatz von Bombenflugzeugen, die in La Plata und Santa Rosa den letzten Widerstand brachen, gelang es am Sonntag, die Rebellion vollständig niederzuschlagen, wie Vizepräsident Admiral Rojas, in Vertretung des, wie es heißt, „abwesenden provisorischen Staatspräsidenten General Aramburu" über den Rundfunk bekannt gab. Die Führer des Aufstandes sollen beim Eingreifen der loyalen Truppen geflohen sein.

Auf Grund des von der Regierung sofort verhängten Standrechts sind in der Nähe von Buenos Aires zwei pensionierte Offiziere und 22 Zivilisten erschossen worden, die meisten davon, als sie versuchten, ein Polizeirevier zu stürmen. Wieviel Tote und Verwundete es bei der Niederschlagung des Aufstandes insgesamt gegeben hat, ist bisher nicht bekanntgegeben worden.

Admiral Rojas würdigte in seiner Rundfunkansprache besonders, daß die Gewerkschaften sich der Revolte nicht angeschlossen haben. Wie verlautet, hatte zum Plan der Aufständischen ein Überraschungsstreik auf den Eisenbahnen und in den Kraftwerken gehört, der aber ausgeblieben ist.

## *Mit einem Besuch im Ruhrgebiet*

. . . begann der indonesische Staatspräsident Dr. Sukarno am Montag seinen achttägigen Staatsbesuch in der Bundesrepublik. Unser Bild zeigt ihn zusammen mit einem 88jährigen Pensionär der Firma Krupp in der Siedlung Altenhof in Essen, wo er vom Generalbevollmächtigten Beitz begrüßt wurde. Anschließend wurde der indonesische Staatsmann in der Villa Hügel von Alfried Krupp und dem Essener Oberbürgermeister Toussaint in Anwesenheit von NRW-Ministerpräsident Steinhoff empfangen.

## Neues Milchstraßensystem von US-Forscher entdeckt

PASADENA, 25. Juni

Ein neues, gewaltiges Milchstraßensystem, das ungeheure Energien entwickelt und wie ein kosmisches Zyklotron wirkt, wurde von dem aus Deutschland stammenden Astronomen Dr. Walter Baade auf dem Mount Palomar-Observatorium (Kalifornien) entdeckt. Nach Mitteilung Dr. Baades handelt es sich um ein langgestrecktes Milchstraßensystem, dessen Zentrum einen mächtigen Energiestrom aussendet und ein riesiges Magnetfeld mit Elektronen höchster Energiestufe bildet. Das von Dr. Baade als M-87 bezeichnete Sternsystem ist nach Angabe seines Entdeckers ein „Phänomen, wie es die Astrophysik bisher noch nie beobachtet hat". Einzelheiten über seine Entdeckung wird Dr. Baade noch veröffentlichen.

### Imitierte Hitlerstimme auf Schallplatte: „Ich lebe und komme zurück"

LÜNEBURG, 1. Juni

Die Lüneburger Kriminalpolizei hat Ermittlungen nach den Herstellern und Verbreitern einer Schallplatte eingeleitet, auf der eine imitierte Hitler-Rede zu hören ist.

Wie die Polizei mitteilte, wird die Platte unter der Hand für 20 DM gehandelt. Sie soll in Argentinien hergestellt worden sein. Der Text wird von einem Stimmenimitator in Hitlers Sprechstil täuschend ähnlich gesprochen und beginnt mit der Erklärung, daß „der Führer" noch lebe und bald zurückkehren werde, um das geteilte Reich wieder zu vereinen.

# Sechs Minuten für Reklame
### Bayern beginnt im November mit Werbe-Fernsehen

wʌz MÜNCHEN, 18. Juni

Als erster deutscher Sender wird der Bayerische Rundfunk ab November ein tägliches Werbefernsehprogramm ausstrahlen, wie Fernsehintendant Dr. Clemens Münster dazu erklärte, seien die Gründe „defensiver Natur". Es solle verhindert werden, daß ein ungesunder Wettbewerb zwischen kommerziellem Programm und unabhängigen Anstalten eintreten. In England habe man beispielsweise schlechte Erfahrungen gemacht, als die BBC das Werbefernsehen einer privaten Sendestation überließ.

Dr. Münster verspricht sich vom Werbefernsehen außerdem eine „attraktive Bereicherung" des Gesamtprogramms. Zunächst will man in Bayern sechs bis acht Minuten dauernde Werbesendungen in ein halbstündiges aktuelles Programm einbauen. Ob diese gemischte Sendung später auch von den anderen deutschen Fernsehstationen übernommen wird, müsse abgewartet werden. Wegen der Programmerweiterung reiche die jetzige technische Ausrüstung nicht mehr zu, man werde deshalb zwei neue Studios und Aufzeichnungsanlagen in Betrieb nehmen.

Als Träger des Werbefernsehens wurde in München eine G. m. b. H. gegründet, an der der Rundfunk selbst maßgebend beteiligt ist. Andere Interessentengruppen wie die Post und der Markenartikelverband wurden zur Beteiligung eingeladen. Allerdings haben einige Organisationen, darunter der Zeitungsverlegerverband, ihre Mitarbeit an dieser Fernsehgesellschaft bereits abgelehnt.

Der Bayerische Rundfunk wolle mit dem Werbefilmsehen kein Geschäft machen, bemerkte Dr. Münster. Die Gewinne sollen für kulturelle Zwecke bereitgestellt werden. Ein kleiner Teil werde zur Finanzierung des neuen Halbstundenprogramms (19 bis 19.30 Uhr) verwandt.

Bis jetzt hat der Bayerische Rundfunk 30,5 Mill. DM im Fernsehen investiert.

Die vier bisher bestehenden Sender erreichen aber erst 40 v. H. der Bevölkerung. Zwei neugeplante Sender, die vor allem Ostbayern versorgen sollten, mußten auf tschechischen Einspruch hin vom Aufbauprogramm gestrichen werden.

Als interessante Neuerung will man in der Fernsehstation München-Freimann demnächst das erste Fernsehteleskop der Welt in Betrieb nehmen. Es handelt sich um ein astronomisches Spiegelfernrohr, in das an Stelle des menschlichen Auges eine Fernsehkamera blickt. Es läßt Direktaufnahmen des Planetariums in tausendfacher Vergrößerung zu. Kamera und Objektiv sind mit einem Spezialmotor gekoppelt, so daß das Objektiv automatisch den Bewegungen der Gestirne folgt und immer im Bildbereich bleibt.

# Fußball-Meisterschaft bleibt im Revier

### Borussia Dortmund schlägt Karlsruhe nach überlegenem Spiel verdient 4:2

*Rudi Fischer, Karlsruhes guter Torwart, hat sich voll eingesetzt. Er fängt den Ball vor Preißler, der ihn hart bedrängt. Im Tor sind die Karlsruher Baureis und M. Fischer auf das Schlimmste gefaßt.*

Von unserem nach Berlin entsandten Sportredakteur
**WILHELM HERBERT KOCH**

BERLIN, 24. Juni

Der Siegesteller des Deutschen Fußballmeisters bleibt im Westen; Rot-Weiß Essen übergab ihn an den neuen Deutschen Fußballmeister Borussia Dortmund. In einem begeisternd schönen Spiel schlug die Dortmunder Borussia den Karlsruher SC mit 4:2. Der Sieg ist vollauf verdient, und er beweist, daß der schnelle, kurze Flachpaß, meisterlich beherrscht, der Schlüssel zum Erfolg im modernen Fußball ist.

Borussia hat nicht nur verdient gewonnen, sondern auch meisterlich schön gespielt. Den objektiven Berliner Zuschauern ging das Herz über bei diesen schnellen Zügen, bei diesem Mannschaftsspiel, das alle Möglichkeiten der Kombinationen ausnutzte, und die beiden Dresdener, die neben mir saßen, versicherten immer wieder, daß sie solch einen Fußball seit Jahren nicht mehr gesehen hatten.

*Mannschaftskapitän Addy Preißler auf den Schultern seiner Kameraden mit dem Siegesteller. Es war Preißlers drittes Endspiel: 1949 mit der Borussia gegen Mannheim — knapp verloren — 1951 mit Preußen Münster gegen Kaiserslautern — knapp verloren — und jetzt hat es geklappt. Für die Borussia und Preißler, Kapitulski, Peters und Bracht (von links nach rechts) freuen sich mit ihrem strahlenden Mannschaftskapitän.*

Nach dem überraschenden Führungstreffer der Karlsruher in der achten Minute schloß Niepieklo einen geschlossenen Angriff der Dortmunder mit dem Ausgleich ab. Fredi Kelbassa, dessen Einsatz am Samstag noch fraglich erschien, beförderte einen Eckball in der zweiten Hälfte der ersten Halbzeit mit Kopfstoß ins Tor zum 2:1. Der Dortmunder Sturmregisseur Preißler, klug und zielstrebig operierend, brachte bald nach dem Wiederanpfiff einen saftigen Weitschuß im Netz der Karlsruher unter, und Rechtsaußen Peters verwandelte einen vom Torwart abgeklatschten Freistoß zum vierten Tor für Borussia. Das unnötige Selbsttor Burgsmüllers gab den Süddeutschen zwar noch einmal kurz Auftrieb, aber die routinierte Mannschaft aus Dortmund behielt die Nerven und ließ sich den verdienten Sieg nicht mehr gefährden.

## Städtetag erstmals im Revier

Zum ersten Male seit der Gründung des Deutschen Städtetages vor mehr als 50 Jahren tagt die Hauptversammlung dieser bedeutendsten Spitzenorganisation deutscher Städte und Gemeinden in Essen. Der Städtetag vertritt die Interessen von rund 400 Groß- und Mittelstädten mit etwa 25 Millionen Einwohnern. An der Spitze der 900 Delegierten und Gäste begrüßte Essens Oberbürgermeister Dr. Toussaint den Regierenden Bürgermeister von Berlin und Präsidenten des Städtetages, Professor Otto Suhr. Ministerpräsident Steinhoff, seit Jahren als Oberbürgermeister von Hagen mit den Aufgaben und Sorgen der Städte vertraut, erklärte die Bereitschaft der Landesregierung, die Forderungen der Gemeinden auf steuer- und finanzpolitischem Gebiet in der Landesverfassung zu verankern.

### Amerikanische Familien nehmen Berliner Kinder auf

FRANKFURT, 5. Juni

Das Hauptquartier der USA-Luftwaffe in Europa hat am Dienstag die amerikanischen Familien in Deutschland aufgerufen, sich an der Hilfsaktion für erholungsbedürftige Berliner Kinder zu beteiligen. Das Berliner Rote Kreuz hatte die USA-Luftwaffe informiert, daß noch 300 Berliner Kinder Ferienplätze bei amerikanischen Familien in der Bundesrepublik suchten. Etwa 100 Kinder hätten bereits einen Freiplatz bei Amerikanern gefunden.

# Die „Gastarbeiter" kommen

Die Welt staunt immer noch: Es ist gerade einmal ein Jahrzehnt her, dass der Zweite Weltkrieg endete und die einstige Wirtschaftsmacht Deutschland am Boden lag. Doch jetzt – nur acht Jahre nach dem Start der DM-Währung – sind Industrie und Handel nicht wieder zu erkennen. Weltweit spricht man anerkennend vom „Wirtschaftswunder". Das sehen viele Menschen in Deutschland allerdings nicht so euphorisch. Bisher haben sie von dem gigantischen wirtschaftlichen Aufschwung noch relativ wenig profitiert. Aber 1956 zeichnet sich die Wende ab.

Da ist einmal die Arbeitszeit. Sie liegt in zahlreichen Branchen bei 48 Stunden in der Woche – auf dem Papier. In Wirklichkeit wird meist mehr gerackert. Denn Arbeitskräfte sind knapp, Arbeitslosigkeit ist fast unbekannt. Um alle Aufträge erfüllen zu können, müssen Überstunden gemacht werden. Das aber kann nicht der Alltag sein, meinen immer mehr Menschen. Sie fordern mehr Freizeit. Die Gewerkschaften haben deshalb schon 1954 ihr Ziel für die nächsten Jahre formuliert: die 40-Stunden-Woche bei vollem Lohnausgleich. Ein großer Schritt in diese Richtung wird im Sommer in der Metallindustrie vereinbart: Statt 48 soll bald nur noch 45 Stunden in der Woche gearbeitet werden. Und selbst beim Einkommen machen die Arbeitgeber, die unbesetzte Stellen befürchten, Zugeständnisse: Sie zahlen ihren Mitarbeitern – trotz geringerer Arbeitszeit – bald acht Prozent mehr Lohn.

Das Prinzip von Angebot und Nachfrage auf dem Arbeitsmarkt wird den umworbenen Beschäftigten in den kommenden Jahren weitere Einkommenssteigerungen bescheren. Aber es werden auch schon die Grundlagen für künftige gesellschaftliche Probleme gelegt. In ihrer Not versucht die Industrie, fehlende Arbeitskräfte durch Roboter zu ersetzen. Vor allem im Autobau wird die Automatisierung der Produktion vorangetrieben. Zudem werben Wirtschaft und Regierung im Ausland um Arbeitskräfte. Anfang 1956 kommen die ersten Italiener in ein Land, das diese Menschen offenbar nur als Notstopfen ansieht und sie denn auch als „Gastarbeiter" tituliert und behandelt.

Was dem arbeitenden Volk dank der rosigen Wirtschaftslage recht ist, soll auch den Rentnern billig sein. Sie sind die wahren Verlierer von Krieg und Geldentwertung. Vor allem die vielen Kleinrentner leiden darunter und sind von der allgemeinen wirtschaftlichen Erholung abgekoppelt. Das Jahr 1956 steht im Zeichen der Diskussion um die „Dynamische Rente". Mit ihr wird der Grundstein dafür gelegt, dass die Renten künftig entsprechend der allgemeinen Lohnsteigerung erhöht werden. Dieses Prinzip ist nicht unumstritten. Kritiker verweisen darauf, dass solch ein System allenfalls drei, vier Jahrzehnte lang funktionieren kann. Doch die Bundespolitiker des Jahres 1956 sehen das anders und machen kurz nach Jahreswechsel den Weg für die „Dynamische Rente" frei. Die Rentner können jubeln. Ihnen beschert diese Reform bis zu 60 Prozent mehr Einkommen.

Geld ist also zunehmend vorhanden. Damit es auch in den Kassen des Handels landet, setzen die Anbieter immer stärker auf Werbung, wie Reklame jetzt genannt wird. In fast keinem Haushalt fehlen die Bilder-Sammelalben, mit dem Margarine- und Haferflocken-Hersteller versuchen, Dauerkunden zu gewinnen. Werbefiguren werden geboren. So geht das HB-Männchen Bruno zum ersten Mal in die Luft. Und dort sind auch schon die spektakulären „Himmelsschreiber" im Einsatz. Das sind Flugzeuge und ihre Piloten, die mit Kondensstreifen vornehmlich Waschmittelnamen ans Firmament malen. Doch diese Werke sind oft schnell vom Winde verweht – oder kaum zu sehen. Denn zunehmend wird, vor allem im Ruhrgebiet, eine Schattenseite des Wirtschaftswunders deutlich: die Luftverschmutzung. „Ersticken wir im Staub?" fragt 1956 eine große Illustrierte und warnt vor Langzeitschäden für die Menschen durch die vergiftete Luft. Den Begriff „Umwelt" gibt es noch nicht und er würde in der Aufbruchstimmung dieser Tage auch kaum eine Rolle spielen. Die Wirtschaft hat Vorrang und im Ruhrgebiet vor allem ein Produkt, für das man keine Werbung machen muss: Kohle. Obwohl die Förderung Rekordhöhen erreicht, ist dieser Grundstoff knapp. Wie attraktiv und begehrt er ist, zeigt sich beim Start der ARD-Fernsehlotterie, deren Erlös ab 1956 zunächst in Ferienplätze für Berliner Kinder fließt. Wer „mit fünf Mark dabei" ist, dem winkt als einer der Hauptpreise jede Menge Kohle: Zentnerweise schwarzes Gold von der Ruhr.

*Wilfried Beiersdorf*

EINZELPREIS 20 PF / NR. 173
VERLAGSORT ESSEN

FREITAG, 27. JULI 1956
BUNDES-AUSGABE

# WESTDEUTSCHE
# ALLGEMEINE
## Die unabhängige Zeitung des Ruhrgebiets

# Ozeanriese gesunken

DAS LETZTE BILD DES ITALIENISCHEN OZEANRIESEN „ANDREA DORIA": mit dem Bug voran sinkt er in die Tiefe.

DER BUG DES SCHWEDISCHEN SCHIFFES „STOCKHOLM", das mit der „Andrea Doria" zusammenstieß, wurde durch den Zusammenprall eingedrückt.
(ap-Funkbilder aus New York)

## 29000-t-Luxusdampfer im Atlantik gerammt
### Passagiere gerettet – Fünf Tote – Zahlreiche Schwerverletzte

Berichte unserer Nachrichtendienste
NEW YORK, 26. Juli

Die schwerste Schiffskatastrophe im Nordatlantikverkehr seit dem Untergang der „Titanic" 1912 ereignete sich in der Nacht zum Donnerstag vor der amerikanischen Ostküste. Zwei der modernsten großen Fahrgastschiffe der Europa-Amerika-Route, die 29000 BRT große italienische „Andrea Doria" und die 12000 BRT große schwedische „Stockholm", stießen mit insgesamt 1384 Personen an Bord in dich-

tem Nebel, 45 Seemeilen vor der Insel Nantucket, zusammen. Die „Andrea Doria" wurde dabei so schwer beschädigt, daß sie am Donnerstagmittag sank. Passagiere und Besatzung wurden von einigen zu Hilfe geeilten Schiffen übernommen und befinden sich in Sicherheit. Bei dem heftigen Anprall, der auch in die „Stockholm" ein großes Leck riß, gab es auf beiden Schiffen zahlreiche Verletzte, von denen fünf inzwischen gestorben sind. Der „Stockholm" gelang es, nach New York zurückzufahren.

Die Ursache des Unglücks ist noch völlig rätselhaft. Beide Schiffe gehörten zu den sichersten des Nordatlantikverkehrs und waren mit modernsten Radaranlagen ausgerüstet. Man vermutet, daß vor dem Zusammenstoß eine Radaranlage ausgefallen war. Verschiedene günstige Umstände, vor allem die ruhige See, verhinderten eine noch größere Katastrophe. Obgleich dichter Nebel herrschte, waren fünf Stunden nach dem Zusammenstoß alle Schiffbrüchigen von anderen Schiffen übernommen.

Die „Andrea Doria" war auf der Fahrt von Genua nach New York. An Bord wurde bereits Abschied gefeiert, als um 23.20 Uhr ein gewaltiger Stoß das Schiff erschütterte. Die „Stockholm", die auf dem Weg von New York nach Europa war, hatte es in Höhe der Brücke gerammt. Zwei Minuten später gingen von beiden Schiffen die ersten SOS-Rufe in den Äther. Die „Andrea Doria" zeigte sogleich starke Schlagseite. In den regen Funkspruchverkehr schalteten sich die amerikanischen Küstenstationen und nach und nach zahlreiche Schiffe ein. „Wir sind in der Nähe und kommen zu

Hilfe", funkte der große französische Passagierdampfer „Ile de France". Als erster traf der Dampfer „Cape Ann" kurz nach Mitternacht zwischen den beiden havarierten Ozeanriesen ein. Er brachte acht Rettungsboote zu Wasser. Die „Andrea Doria" hatte sich um 45 Grad zur Seite geneigt. Sie war völlig manövrierunfähig und konnte ihre eigenen Boote nicht niederlassen. Über Strickleitern und Transportnetze kletterten die 1143 Passagiere in die Rettungsboote der inzwischen herangekommenen „Ile de France" und acht weitere Schiffe der Küstenschutzes. Viele

der Schiffbrüchigen waren im Schlaf überrascht worden. Sie kletterten in Pyjamas die Strickleitern herab. Viele waren verletzt, einige weinten um Angehörige, die sie tot glaubten. „Es war schrecklich", schilderte der Kapitän des französischen Schiffes. „Wie im Krieg." „Zuerst gingen Kinder und Frauen, dann die Männer von Bord. Alle bewahrten Disziplin", schildert ein anderer Augenzeuge.

#### Mit Hängematten in Hubschrauber

Ärzte und Krankenschwestern waren zur Stelle und leisteten Erste Hilfe. Hubschrauber trafen ein, um Schwerverletzte, darunter ein fünf Jahre altes Mädchen, zu übernehmen. Sie konnten aber weder auf der „Andrea Doria" noch auf der „Stockholm" landen. So mußten die Verletzten mit Hängematten in die Flugzeuge hinaufgeholt werden.

Als letzter ging am Donnerstagvormittag Kapitän Piero Calamai von Bord der „Andrea Doria". Mit einem Teil der Besatzung hatte er noch alles getan, um das Schiff über Wasser zu halten und eventuell abzuschleppen zu lassen. Aber es lag an Steuerbord schon bis über das Hauptdeck im Wasser. Um 15.09 Uhr MEZ ging die „Andrea Doria" über den Vordersteven in die Tiefe. Der Atlantik ist an dieser Stelle 67 m tief. Der Regionaldirektor der „Italian Line" meldete aus dem Flugzeug, mit dem er über der Unglücksstelle kreiste: „Ich sehe nur noch ein paar Luftblasen und auf dem Wasser treibende Rettungsflöße."

**Siehe auch im Innern des Blattes**

## Über 20000 Berliner Ferienkinder am Ziel
### 35000 Freiplätze gemeldet

FRANKFURT, 26. Juli
Über 20000 Berliner Ferienkinder sind jetzt bei ihren Pflegeeltern im Bundesgebiet und zum Teil auch in anderen westeuropäischen Staaten eingetroffen. Wie Direktor Schwarz von der Stiftung

Hilfswerk Berlin am Donnerstag in Frankfurt mitteilte, sind bisher rund 35000 Freiplätze in Familien und Heimen gemeldet worden. Mit dem Beginn der Berliner Ferien vor drei Wochen sei das Angebot von Ferienplätzen ruckartig emporgeschnellt. Darum und wegen der Überlastung der Transportmittel aus Berlin in der Reisezeit seien noch nicht alle Ferienkinder eingetroffen. (dpa)

Der ägyptische Staatspräsident Nasser kündigte am Donnerstag in Alexandrien an, daß seine Regierung beschlossen habe, die Suez-Kanal-Gesellschaft zu verstaatlichen.

### Sowjetzone
### läßt 281 Häftlinge frei

BERLIN, 26. Juli
Aus den Zuchthäusern Bautzen, Luckau und Brandenburg in der Sowjetzone sind am Mittwoch 281 politische Häftlinge vorzeitig entlassen worden. Bei den Freigelassenen handelt es sich nach Angaben des Deutschen Roten Kreuzes um Gefangene, die von sowjetischen Militärtribunalen zu Freiheitsstrafen verurteilt worden waren. 35 von ihnen sind in der Nacht zum Donnerstag in West-Berlin eingetroffen. 78 wurden in die Bundesrepublik entlassen, während die übrigen 168 in Orte der Sowjetzone als den früheren Wohnsitz oder in Krankenhäuser entlassen wurden. (ap/dpa)

Eine erneute mündliche Verhandlung im Verbotsprozeß gegen die KPD hat der kommunistische Prozeßbevollmächtigte, Kaul, beim Bundesverfassungsgericht beantragt.

Um die Mittel zur Finanzierung des Krieges in Algerien aufzubringen, beabsichtigt die Regierung Mollet Einsparungen innerhalb der Regierung und Verwaltung in Höhe von 400 Milliarden Frank vorzunehmen und im Rahmen 10000 Regierungsangestellte zu entlassen.

Der amerikanische Botschafter in der Bundesrepublik, Conant, ist am Donnerstag zu einem sechswöchigen Erholungsurlaub in die USA abgeflogen. (WAZ/dpa/ap)

## Bonn schlägt Ministerkonferenz über Truppenverminderung vor
### Bundesregierung richtet Note an die Partner der Westeuropaunion

BONN, 26. Juli
In einer Note an die sechs Partnerstaaten innerhalb der Westeuropäischen Union (WEU) hat die Bundesregierung am Donnerstag vorgeschlagen, daß sich alle Mitglieder der WEU auf einer Ministerkonferenz mit der neuen strategischen Lage und den Plänen zur Verminderung der herkömmlichen Waffen befassen sollen. Neben dem Wunsch nach einer kontrollierten Abrüstung betont die Note, die neue strategische Planung sei für Westeuropa von lebenswichtiger Bedeutung. Gleichzeitig wird in der Note noch einmal vor einer überstürzten Umrüstung von konventionellen auf atomare Waffen gewarnt.

In Bonn ist es noch nicht bekannt, ob auf Grund der Initiative der Bundesregierung eine Sitzung des Rates der Westeuropäischen Union einberufen wird.

Wie in Bonn verlautet, schlägt die Bundesregierung in ihrer Note an die WEU-Staaten (England, Frankreich, Italien, Belgien, Holland und Luxemburg) vor, an Stelle des geplanten Abbaues der westlichen Streitkräfte lieber Maßnahmen zu einer kontrollierten Abrüstung in Ost und West vorzubereiten. Zu der Note erklärte Vizekanzler Blücher am Donnerstag in Bonn, eine rechtzeitige deutsche Äußerung über eine militärische Neuplanung sei dringend notwendig gewesen.

Unterrichtete Kreise in London berichteten am Donnerstagabend über eine starke Verärgerung im britischen Außenministerium — auch bei Außenminister Lloyd —, weil ein Sprecher der Bundesregierung den Inhalt der Noten an die WEU-Partner bereits vorher bekanntgegeben und damit gegen die diplomatische Höflichkeit verstoßen habe. Ein Sprecher des Foreign Office lehnte jeden Kommentar zu dem Inhalt der Note ab und erklärte, der Text der Note werde in London „noch erwartet". (WAZ/ap)

### Theologiestudenten greifen in Streit um Evangelische Synode ein

WAZ BONN, 26. Juli
Die Konvente der Theologiestudenten der Evangelischen Kirche im Rheinland stellten sich am Donnerstag in Bonn mit einer Erklärung hinter die Bonner Theologie-Professoren Gollwitzer und Iwand und wandten sich scharf gegen das Vorgehen von Pastor Dr. Müller. Wie wir berichteten, hatte Müller Anfang dieser Woche in Bonn in einer öffentlichen Veranstaltung scharfe Angriffe gegen Mitglieder der Evangelischen Synode geführt und sie beschuldigt, innerkirchliche Beschlüsse durch unerlaubte Manipulationen in eine politische Aktion umgemünzt zu haben.

**Siehe auch Kommentar auf Seite 2**

### Bulganin: Schlesien für immer polnisch

WARSCHAU, 26. Juli
In einer Grußbotschaft an die Bevölkerung Schlesiens versicherten der sowjetische Ministerpräsident Bulganin und Verteidigungsminister Schukow, daß die Westgrenze Polens für immer unverändert bleiben werde.

Die Garantie dafür sei die Freundschaft der sozialistischen Nationen und vor allem die Freundschaft zwischen den polnischen und der sowjetischen Nation. Die „Rückgabe" Schlesiens an Polen sei ein „Akt der Gerechtigkeit" gewesen. Niemand werde in der Lage sein, diesen Akt zunichte zu machen. „Die Westgrenzen und Schlesien sind jetzt für immer polnisch." Bulganin leitet eine sowjetische Regierungsdelegation, die zu den Festlichkeiten des polnischen Nationalfeiertages nach Warschau kam und inzwischen Polen bereits hatte. (dpa/ap)

### Paßzwang fällt für Belgien und Luxemburg

BRÜSSEL, 26. Juli
Der Paßzwang zwischen der Bundesrepublik, Belgien und Luxemburg fällt am 5. August, auf Grund eines Notenaustausches zwischen dem belgischen Außenminister Spaak und dem deutschen Botschafter Ophuels über ein entsprechendes Abkommen. Ein gleichlautendes Abkommen ist durch einen Notenaustausch mit der luxemburgischen Regierung abgeschlossen worden. (dpa)

# Wirbelsturm rast über Ruhrgebiet

## Temperatursturz von 30 auf 15 Grad

WAZ RUHRGEBIET, 9. Juli

Nach dem bisher heißesten Tag dieses Jahres mit Temperaturen um 30 Grad kam es am Montagabend zu weitverbreiteten schweren Unwettern über dem ganzen Rheinland und dem Ruhrgebiet. Der Gewitterfront, die von England herübergewandert war, ging ein orkanartiger Sturm voraus, der den Himmel verfinsterte und Staub in riesigen Mengen aufwirbelte. Bäume wurden entwurzelt, Dächer abgedeckt, und in manchen Gebieten kam es zu vorübergehenden Überschwemmungen.

Der heiße Tag hatte Hunderttausende von Menschen in die Freibäder und an die Flußufer gelockt, wo sie von den Gewittern überrascht wurden. Auf der Ruhr bei Mülheim kenterte bei dem Sturm ein Paddelboot. Der Paddler, ein 18jähriger Bäckergeselle, ertrank vor den Augen zahlloser Badegäste. Die Meteorologen erwarten als Folge des Unwetters für Dienstag weitere Niederschläge mit Hagel und Temperaturen um 15 Grad.

Am Montagvormittag war das gleiche Unwetter mit wolkenbruchartigen Regenfällen über London niedergegangen. Viele Untergrundstationen mußten wegen Überflutung geschlossen werden. Die Feuerwehr der britischen Hauptstadt wurde innerhalb zwei Stunden über 300mal alarmiert.

**MONTAG, 15 UHR:** Hochbetrieb an der Ruhr

**MONTAG, 18.45 UHR:** Flucht vor dem Gewitter    WAZ-Bilder: Werner Ebeler

# 45-Stunden-Woche für die Metallindustrie gesichert

### IG Metall nimmt Vorschlag der Arbeitgeberverbände an - Sicherungsklausel entfällt

WAZ FRANKFURT, 3. Juli

Der Hauptvorstand der IG Metall hat am Dienstag in Frankfurt den Vorschlag des Gesamtverbandes der metallindustriellen Arbeitgeberverbände angenommen, die sog. Sicherungsklausel im Bremer Abkommen über die kürzere Arbeitszeit in der westdeutschen Metallindustrie zu streichen und dafür die Laufzeit des neuen Tarifabkommens um drei Monate zu verkürzen. Das Bremer Abkommen tritt somit, wie vorgesehen, für das Bundesgebiet vom 1. Oktober 1956 an und für das Tarifgebiet Berlin vom 1. Januar 1957 an in Kraft.

Nach dem neuen Tarifabkommen wird die Arbeitszeit in der Metallindustrie von 48 Wochenstunden auf 45 Wochenstunden verkürzt. Gleichzeitig tritt eine Lohnerhöhung um 8 v. H. einschließlich des Lohnausgleiches für die Arbeitszeitverkürzung in Kraft.

Der Vorstand der IG Metall erklärte dazu, daß nach seiner Auffassung durch die Sicherungsklausel im Bremer Abkommen die Währung nicht gefährdet werden könne. Die Gewerkschaft habe jetzt dem Vorschlag der Arbeitgeber deshalb zugestimmt, weil sie nun die Möglichkeit habe, schon am 30. September 1957 und nicht erst am 1. Januar 1958 über neue Tarifverträge zur Regelung der Arbeitszeit und der Löhne zu verhandeln. Ursprünglich sollte die Laufzeit des jetzigen Abkommens bis 31. Dezember 1957 befristet werden.

Die im Bremer Abkommen aufgenommene Sicherungsklausel sah die Aufnahme von neuen Lohnverhandlungen für den Fall vor, daß das amtliche Lohnkostenindex nach Inkrafttreten des Tarifabkommens um mehr als 3,5 Punkte (bezogen auf 1953) steigen sollte.

*ROMANISCHE LINIE nennen die Pariser Figaros diese neuen Damenfrisuren für den Herbst und den Winter.*

## Eine gute Nachricht

Das letzte Hindernis für die Einführung der 45-Stunden-Woche in der Metallindustrie ist gefallen. Der Hauptvorstand der IG Metall hat auf die umstrittene Sicherungsklausel verzichtet und den Vorschlag der Arbeitgeber angenommen, der als Entgelt eine Kürzung der Laufzeit des Tarifabkommens um ein Vierteljahr vorsieht.

Das ist eine gute Nachricht. Man darf der Metallindustrie bestätigen, daß sie einen entscheidenden Schritt nach vorn getan und den Mut zu einem nicht geringen Risiko gezeigt hat. Auch die Gewerkschaft ist nicht kleinlich gewesen. Sie hat es auf sich genommen, das begreifliche Verlangen nach Sicherung der Lohn-Kauf-Kraft zurückzustellen. Besonders ist zu begrüßen, daß sich die Spitzenverbände auf dem Verhandlungsweg einig geworden sind.

Die Vereinbarung war von Anfang an eine Angelegenheit des Vertrauens auf beiden Seiten; sie erfordert auch künftig noch viel guten Willen. Die Betriebe in der Metallindustrie haben für mehr als ein Jahr Ruhe und können in dieser Zeit die Rationalisierung zum Auffangen der Mehrkosten durchführen. Je mehr Abstand sie von Preisaufschlägen nehmen, desto reibungsloser kann die kürzere Arbeitszeit gesamtwirtschaftlich getragen werden.

Auch die Belegschaften sollten dabei mithelfen und den ohne Kampf erzielten sozialen Fortschritt durch ihre Arbeitsleistung anerkennen. Eine solche Zusammenarbeit ist notwendig. Denn man darf sich nicht darüber täuschen, daß die Arbeitszeitverkürzung in der Metallindustrie gerade an der Ruhr noch schwierige Probleme aufwerfen wird.                          J. S.

## 450000 Evakuierte warten auf Rückkehr
### . . . in ihre Heimatorte

wAz BONN, 2. Juli

Insgesamt 450 000 Evakuierte in der Bundesrepublik müssen noch in ihre Heimatorte umgesiedelt werden, davon 300 000 innerhalb der Bundesländer und 150 000 von Land zu Land. Bundesvertriebenenminister Oberländer forderte am Montag in Bonn, daß 5 v. H. der Neubauwohnungen für diese Evakuierten reserviert werden. In diesem Falle wäre das Evakuiertenproblem in drei bis vier Jahren zu lösen.

## Immer mehr Führerscheine für Frauen

Die Zahl der an Frauen erteilten Kraftfahrzeug-Führerscheine nimmt ständig zu. Während 1953 mit 108 000 noch etwa jeder achte Führerschein einer Frau erteilt wurde, ist nach den jetzt ausgewerteten Unterlagen im Jahre 1955 bereits jeder sechste Führerschein von Frauen erworben worden.

# Flugzeugkatastrophe in den USA fordert 128 Menschenleben

## Zwei viermotorige Passagiermaschinen am Grand Canyon abgestürzt

WINSLOW (Arizona/USA), 1. Juli

**Beim** Absturz zweier amerikanischer Verkehrsmaschinen über dem wildzerklüfteten und unzugänglichen Gebirgsgebiet des Grand Canyon im amerikanischen Staate Arizona sind am Wochenende 128 Menschen ums Leben gekommen. Trotz des Einsatzes zahlreicher, mit modernsten Hilfsmitteln ausgestatteter Rettungsmannschaften gelang es erst 24 Stunden nach dem Unglück einem Hubschrauber, in unmittelbarer Nähe der nur 300 Meter voneinander entfernt liegenden Flugzeugwracks zu landen. Die Besatzungsmitglieder des Hubschraubers fanden keine Überlebenden vor. Die Katastrophe ist die schwerste in der Geschichte des zivilen Luftverkehrs.

Die beiden Maschinen, eine Super Constellation und eine DC 7, waren am Samstagvormittag in drei Minuten Abstand von Los Angeles abgeflogen. Die letzte Nachricht, die die Bodenstation der einen Fluggesellschaft aufnahm, war der Funkspruch „wir stürzen . . .". Die Worte waren in größter Hast gesprochen und die Verbindung brach danach unvermittelt ab. Erst am späten Abend sichtete eines der zahlreichen Suchflugzeuge die

Trümmer der beiden vermißten Maschinen auf zwei Hügeln am Abgrund des berühmten Grand Canyon. Die Wrackteile waren in weitem Umkreis verstreut und brannten teilweise noch.

## Um den Stammsitz

. . . derer von Cramm, Schloß Wispenstein bei Hannover, zu besichtigen, trafen Barbara Hutton und Gottfried von Cramm auf dem Flugplatz in Hannover ein. Das Ehepaar, so heißt es, erbrachte damit wieder einmal den Beweis, daß die Gerüchte um Scheidungsabsichten eben nur Gerüchte seien . . .

## In langen Hosen

. . . wollte Marlene Dietrich den Spielsaal des Kasinos von Monte Carlo betreten. Man verweigerte ihr den Eintritt. Auch ein Protest bei dem Besitzer des Kasinos, Onassis, blieb erfolglos. Sie mußte umkehren. Hier verläßt sie das Kasino in Begleitung des Filmproduzenten Girosi.

**108 SEIFENKISTEN-RENNSIEGER**

kämpfen in Duisburg am 22. Juli 1956

**UM DEN GROSSEN OPEL PREIS**

# Nach dem neuen Nummernschild braucht sich niemand zu drängen

## Straßenverkehrsamt schickt Einladungen – Es bleibt beim 42-cm-Schild

Was die Kraftfahrer zahlreicher anderer Städte seit der Umstellung auf die neuen weißgrundigen Nummernschilder in Harnisch brachte, brauchen die 47 500 motorisierten Essener nicht zu befürchten: Eine Verlängerung der Schilder um zehn Zentimeter, deren Anbringung bei einigen Fahrzeugtypen nicht unerhebliche Montagekosten verursacht, ist in Essen nicht notwendig. „Wir können alle erforderlichen Buchstaben und Ziffern auf dem bisher üblichen 42-Zentimeter-Schild unterbringen", sagt das Straßenverkehrsamt. Gestern tauchten die ersten Wagen mit den neuen Kennzeichen im Straßenbild auf.

Die Kosten für diese ministeriell angeordnete Umstellung zahlt der Kraftfahrer aus seiner Tasche. Macht an Umschreibgebühren beim Straßenverkehrsamt: Für Personen- und Lastwagen 3,50

*So sieht es aus: schwarze Ziffern und Buchstaben auf weißem Grund.*

D-Mark, für Motorräder 2,50 DM. Dazu kommt der Preis für jedes neue Schild, rund 4,50 DM.

### Essener fahren mit „E"

Daß die Essener bei der alten Schilderlänge lassen können, verdanken sie der Tatsache, daß zur Ortskennzeichnung

unserer Stadt nur der eine Buchstabe „E" bestimmt wurde, dem nach einem raffiniert ausgeklügelten System Buchstaben und Zählen folgen.

Das sieht so aus: Hinter dem „E" steht einer von zwanzig Buchstaben des Alphabetes, für jeden Buchstaben wird von 1 bis 999 gezählt. Zum Beispiel: E—A1 (übrigens nicht der Wagen des Oberbürgermeisters, da für städtische Wagen Sondernummern reserviert sind). In dieser Gruppe können 19 980 Fahrzeuge gekennzeichnet werden. Bei der zweiten Gruppe sind nach dem „E" zwei Buchstaben und jeweils eine zweistellige Zahl notwendig — beispielsweise „E — AA 99" —, um weitere 39 600 Numerierungsmöglichkeiten zu gewinnen. Nach diesen beiden Verfahren können in Essen dann 59 580 Fahrzeuge gekennzeichnet werden, also rund 12 000 mehr, als zur Zeit in unserer Stadt zugelassen sind. Seit 1951 wuchs die Zahl der Kraftfahrzeuge jährlich im Durchschnitt um 4500 an. Wenn die Motorisierung in demselben Tempo fortschreitet, wird das Straßenverkehrsamt noch fast drei Jahre lang mit diesem Numerierungssystem auskommen.

### 4,1 Millionen Möglichkeiten

Aber es ist auch dann nicht „ausverkauft": Bei zwei Buchstaben und dreistelligen Zahlen gibt es weitere 360 000 verschiedene Numerierungen, und bei Ausnutzung der vierstelligen Zahlen lassen sich schließlich insgesamt 4 199 580 Kombinationsmöglichkeiten erreichen.

Seit Montag werden im Straßenverkehrsamt täglich 80 Umschreibungen von alten auf neue Nummern vorgenommen. Zunächst werden die Fahrzeuge großer Firmen gekennzeichnet, dann kommen die Einzelfahrer an die Reihe. „Aber, bitte, nicht drängeln", sagt das Straßenverkehrsamt. „Jeder wird schriftlich eingeladen." Bis 30. Juni 1958 muß die Umschreibung abgeschlossen sein.

# „Ab 1964 Autos mit Turbinen'

## USA-Ingenieure geben dem Kolbenmotor noch acht Jahre

Der Turbinengebrauchswagen steht „vor der Tür". Spätestens im Jahre 1964 werden die USA-Automobilwerke Autos mit Strahltriebwerken zum Verkauf bereit haben. Darüber sind sich der Präsident von General Motors, Harlowe Curtice, und der Chefingenieur von Chrysler, George Huebner, einig. Noch vor zwei Jahren herrschte die Ansicht vor, es werde frühestens 1980 so weit sein.

In den vergangenen beiden Jahren ist es den amerikanischen Ingenieuren gelungen, die Turbinenaggregate in einem Maße zu vervollkommnen, daß ihr Einbau in Autos keine unlösbaren Schwierigkeiten mehr bereitet. Der Turbinenmotor hat nur ein Fünftel der Teile des klassischen Kolbenmotors, zugleich ist er um zwei Drittel leichter.

Indessen: Die Vorzüge erscheinen noch zu gering im Verhältnis zu dem Preis, den man heute für ein Düsenauto fordern müßte. Ein einziges Aggregat würde

selbst bei Serienproduktion zwischen 36 000 und 60 000 DM kosten. Bis 1964 hofft man jedoch, die Herstellung so verbilligen zu können, daß ein Turbinenmotor nicht viel mehr als ein herkömmlicher Verbrennungsmotor kostet.

Bedeutend schwieriger dürfte das Problem des Brennstoffs werden. Der Verbrauch einer Turbine ist sehr viel höher als der des Kolbenmotors, und selbst wenn Rationalisierungsversuche Erfolg haben sollten, werden neue Wege der Brennstoffversorgung gefunden werden müssen. Nicht minder schwierig erscheint die Frage, wie die Zeit, die eine Turbine braucht, um anzuspringen, mit den Erfordernissen des modernen Verkehrs in Übereinstimmung zu bringen ist. Und schließlich muß eine Möglichkeit gefunden werden, die durch die Kompression des Kolbenmotors arbeitende „Motorbremse", die bei der Turbine wegfällt, durch ein anderes Bremsaggregat zu ersetzen. A. R.

## WDR errichtet drei neue UKW-Sender

MÜNSTER, 1. Juli

Der Westdeutsche Rundfunk wird drei neue UKW-Sender in Münster, im Teutoburger Wald und in Langenberg aufstellen, wie der WDR-Pressechef Rick in Münster mitteilte. Einem entsprechenden Vorschlag des Intendanten Hartmann habe der Verwaltungsrat des Westdeutschen Rundfunks in seiner letzten Sitzung zugestimmt. Die drei Sender sollen noch in diesem Jahr in Betrieb genommen werden. Damit würden gleichzeitig die Voraussetzungen geschaffen, um im Bedarfsfall zwei getrennte UKW-Programme neben dem Mittelwellen-Programm in allen Teilen des Landes zu hören.

# Als Thronfolgerin vorgestellt

*… wurde offiziell am Wochenende die 18jährige Tochter der holländischen Königin, Prinzessin Beatrix. In Begleitung ihrer Mutter, Königin Juliana, und ihres Vaters, Prinz Bernhard der Niederlande, traf die Kronprinzessin im Städtischen Museum in Amsterdam mit den Stadtvätern zusammen. Unser Bild zeigt Prinzessin Beatrix auf einer anschließenden Bootsrundfahrt, neben ihr der Oberbürgermeister von Amsterdam, Arnold d'Ailly.*

## Kaufmannsberuf am stärksten gefragt

KÖLN, 10. Juli

Von 1000 Jugendlichen wollten im vergangenen Jahr 112 Kaufmann werden. 1950 waren es 91. Wie aus einer Statistik des Deutschen Industrieinstituts weiter hervorgeht, sind auf den zweiten Platz der Berufswunschliste die Maschinenschlosser gerückt. Sie haben die Maurer-Anwärter auf den dritten Platz verdrängt, den 1950 die Bau- und Möbeltischler hielten. Die vierte und fünfte Stelle nahmen 1955 Kraftfahrzeughandwerker und Elektro-Installateure ein. Bäcker, Schuhmacher, Zimmerleute und Herrenschneider liegen weit hinten. Die Metzger sind vom elften Platz im Jahre 1950 an den Schluß der Tabelle gerückt.

WESTDEUTSCHE
**ALLGEMEINE**
Die unabhängige Zeitung des Ruhrgebiets

# Carlo vor Kohle — ein Versuch

### Bergarbeitermangel zwingt zum Einsatz von Italienern — Sicherheit erfordert Sprachunterricht

Von unserem Redaktionsmitglied FERDINAND HANNEN                                        RUHRGEBIET, 3. Juli

In den Lohnlisten einiger Ruhrgebietszechen tauchen in den letzten Wochen Namen auf, die unzweifelhaft südlich der Alpen gebräuchlich sind: Versuchsweise sind auf einigen Schachtanlagen Italiener angelegt worden, von denen einige auch bereits unter Tage einem für sie ungewohnten Beruf nachgehen. Die Zechengesellschaften, der Unternehmensverband Ruhrbergbau und die Industriegewerkschaft Bergbau sind sich darin einig, die Entwicklung der Belegschaftsstärken unter Tage mit Unbehagen zu betrachten. Allein 1955 haben mehr als 51 000 Bergleute „dem Pütt" den Rücken gekehrt. Die Abkehrer sind durch Neuanleger nicht mehr ausreichend zu ersetzen.

Um die dringend gewünschte Mehrförderung von 10 Millionen Jahrestonnen zu erreichen, müßten etwa 10 000 bis 15 000 Bergleute zusätzlich angelegt werden, und zwar vorwiegend unter Tage. Der Ruhrbergbau hat einen Gesamtpersonalbedarf — wenn man den Aufstockungsbedarf einbezieht — von 65 000 bis 70 000 Mann jährlich. Zu diesen Zahlen führt eine Vorausberechnung, die in Essens Glückauf-Haus, dem Sitz des Unternehmensverbandes, aufgestellt wurde.

### Strenger Winter half

Die Fluktuation — der Wechsel in andere Berufe — erfaßte im Jahre 1955 beispielsweise mehr als 15 v. H. der gesamten Untertagebelegschaft. Sie lag auch in den Vorjahren ungefähr in dieser Größenordnung. Die Erfahrung zeigt, daß die Belegschaftsstärken im Winter in die Höhe schnellen und im Hochsommer ihren Tiefstand erreichen. Der letzte strenge Winter, der das Baugewerbe schwer traf, spiegelte sich in den Lohnlisten des Ruhrbergbaus wider: Die Belegschaftszahlen stiegen.

„Es ist so, daß wir mit den derzeitigen Belegschaftsstärken die vorhandene Kapazität der Zechen nicht ausfahren können", kennzeichnet Ulrich von Tippelskirch, Sachbearbeiter des Unternehmensverbandes, die Klemme, in der der Bergbau gegenwärtig steckt.

Zwar durchstreifen die Werber der Zechengesellschaften seit Jahren planmäßig Flüchtlingslager und Notstandsgebiete in Deutschland und auch in Österreich, um neue Bergleute an den Kohlenstoß zu bringen, aber:

● Die Vollbeschäftigung hat fast alle Reserven aufgesogen.

● Der Bergmannsberuf ist von der Lohnseite und von den Arbeitsbedingungen her nicht attraktiv genug.

● Die gesundheitlichen Anforderungen, die angesichts der schweren Untertagearbeit unerläßlich sind, filtern aus dem möglichen Angebot an Arbeitskräften unerbittlich einen beachtlichen Prozentsatz aus.

Beim Unternehmensverband zieht man die Schlußfolgerung, daß bei anhaltender Hochkonjunktur der Kräftebedarf des Ruhrbergbaues auf dem innerdeutschen Arbeitsmarkt nicht zu decken sei. Folgerichtig hat die Bundesanstalt für Arbeitsvermittlung eine Außenstelle in der norditalienischen Stadt Verona eingerichtet, nachdem ein entsprechendes Regierungsabkommen die rechtlichen Voraussetzungen geschaffen hatte. Die Werber haben bereits ihre Kontaktleute jenseits der Alpen, und sie haben auch schon gewisse Vorstellungen über die bergmännische Eignung bestimmter Bevölkerungsteile des südlichsten Montanunion-Partners.

### Paragraph 309 entscheidet

Nun ist der normale Italiener der deutschen Sprache nicht mächtig, und das ist ein Umstand, der besondere Beachtung verlangt. Der § 309 der Bergpolizeiverordnung für den Bereich des Oberbergamtes Dortmund schreibt nämlich vor, daß nur im Bergbau angelegt werden darf, wer die deutsche Sprache so weit versteht, daß er die Anweisungen der Vorgesetzten richtig auffassen kann. Dies ist wegen der Gefährlichkeit des Untertagebetriebes eine durchaus gerechtfertigte Forderung.

Die IG Bergbau hat zu diesem Punkte drei Bedingungen angemeldet:

**❶** Fremdsprachige Arbeiter sollen zunächst nur gruppenweise mit Dolmetscher unter einem deutschen Vorarbeiter über Tage solche Tätigkeiten verrichten, bei denen die Grubensicherheit nicht gefährdet werden kann.

**❷** Sie sollen arbeitstäglich zwei Stunden durch einen Sprachlehrer und einen bergmännischen Ausbilder in der deutschen Sprache unterwiesen werden.

**❸** Eine Kommission, bestehend aus Vertretern der Bergbehörde, der Zechenleitung und des Betriebsrates, soll die Sprachkenntnisse überprüfen, ehe die Ausländer unter Tage eingesetzt werden.

## Bergbau erfüllt eine soziale Funktion

Weder die Unternehmerseite noch die Gewerkschaften sind über die Aussichten beglückt, die sich gegenwärtig bieten. „Wir haben uns damit abgefunden, daß viele Neubergleute ihren Beruf nur als Sprungbrett ansehen und nach etwa zwei Jahren die Marke endgültig abgeben", sagt man in der Abteilung Arbeitseinsatz im Glückauf-Haus. „Aber dadurch, daß der Bergbau auf diese Weise Tausenden zu einem Start in andere Berufe verhilft, erfüllt er eine soziale Funktion. Und wenn dem schon so ist, dann ziehen wir es natürlich vor, unseren Landsleuten ein Sprungbrett zu bieten."

*Das sind drei der mehr als dreißig Italiener, die auf der Wanne-Eickeler Zeche Unser Fritz arbeiten. Aldo Pedrotti (Mitte) hat Frau und Kind daheim in Trient, ist 27 Jahre alt und war in Italien Handlanger im Tiefbau. Er und seine Kameraden sind in zwei Lagern untergebracht. Sie wundern sich über einiges, am meisten über die Mengen von Kartoffeln, welche die „Tedesci" zu verspeisen pflegen.* WAZ-Bild: W. Ebeler

**Köstlicher Kaffee für wenig Geld!**

**ALI** KAFFEE-EXTRAKT IN PULVERFORM

Zu 100% aus reinem Bohnenkaffee

Die Doppeldose (30-35 Tassen) DM 4.85   Die Normaldose (15-18 Tassen) DM 2,70 - Die Tube (2-3 Tassen) DM 0,45

*AUCH KIRCHLICH ließen sich die Filmschauspielerin Marilyn Monroe und ihr Mann, der Dramatiker Arthur Miller, trauen. Die Zeremonie verlief genauso still wie die Eheschließung vor dem Standesbeamten und wurde in der Wohnung eines Bekannten Marilyns in Lewisboro von einem Rabbiner vollzogen.*

## „Fasten macht nicht schlank", sagen USA-Ernährungsforscher

ST. LOUIS (USA), 13. Juli

Mit irrtümlichen Ansichten auf dem Gebiet der Ernährung wollen die Mitglieder der Amerikanischen Ernährungsgesellschaft jetzt aufräumen. Sie bestreiten die Richtigkeit der allgemein verbreiteten Meinung, daß man durch Auslassen einer Mahlzeit am Tag abnehmen oder durch Obst und Fruchtsäfte schlank werden könne. Die Gesellschaft, der eine Reihe bedeutender amerikanischer Ernährungswissenschaftler angehört, will ihre Behauptung demnächst durch die Veröffentlichung einer Schrift über gesunde Ernährung erhärten. Zu den Irrtümern, die sie bereits aufgeklärt haben, rechnen die Fachleute u. a. den Aberglauben, Fisch sei eine ausgezeichnete Gehirnnahrung, der Genuß von Sellerie beruhige die Nerven, Austern und Oliven gäben Kraft und Käse verursache Verstopfung.

## *Jetzt wieder randlos*

*Hüte à la Josephine aus den Tagen nach der Französischen Revolution (1789) sind der letzte Modeschrei. In Köln wurden die neuen Linien für den kommenden Winter jetzt erstmals von der „Arbeitsgemeinschaft Hut" dem Fachpublikum vorgeführt. Drei Merkmale sind charakteristisch: die Hüte streben nach oben, sitzen gerade und fest auf dem Kopf und haben kaum noch Ränder. Turbaneffekte und Fesiormen herrschen vor.*

## Junger Maurer gewann 528 000 DM
### Lottotreffer aus dem Kochtopf – Die Wohnung gleich verlassen

WAZ LÜNEN, 2. Juli

Papierschnitzel im Kochtopf brachten dem 30jährigen Lüner Maurer Norbert Zimmermann von der Rathenaustraße ein Vermögen ein. Im Nordwest-Lotto gewann er am Sonntag die Rekordquote von 528 423 DM. Zimmermann hat in der vergangenen Woche drei Lottoscheine ausgefüllt. Mit Zahlen versehene Papierschnitzel schüttelte er im Kochtopf, zog dann jeweils sechs Schnitzelchen und übertrug die Zahlen auf die Lottoscheine.

Als die Kunde von dem Rekordgewinn in Lünen die Runde machte, fuhr Zimmermann mit seinem Motorrad gerade von der Dortmunder Zeche Hansa nach Hause. Dort wurde er von seinem Vater, einem pensionierten Gerichtsvollzieher, empfangen. Der hielt Mantel und Hut schon bereit. Mit seiner 27jährigen Frau Lene und seinem 1½jährigen blonden Töchterchen zog Norbert Zimmermann sofort aus. Bruder Willi aus Werne schüttelte am Abend alle lästigen Frager an der Korridortür ab: „Ab morgen ist hier alles dicht!" sagte er unserem Reporter.

Soviel hatte Norbert Zimmermann jedenfalls Bekannten schon erzählt: Der Vater soll bei der Verwaltung des Geldes helfen. „Nach der langjährigen Praxis als Gerichtsvollzieher wird der schon richtig zu wirtschaften wissen." Und: „Ein Häuschen für Familie und Eltern soll bald gebaut werden." Vorläufig jedenfalls werden Milchmann und Briefträger vergeblich bei Zimmermanns schellen ...

Begeisterung bei 12 000 Zuschauern in Deutschlands größter Halle:

# Aus Lust und Liebe

.. das waren die herzlichsten Worte beim Wettspülen der Männer in der ausverkauften Dortmunder Westfalenhalle. Herr F. Küting aus Salzkotten (4) fand auf die Frage, weshalb er seiner Frau beim Geschirrspülen hilft.

**Bundessieger im großen Pril-Spülwettsreit wurde Herr Wilfried Schulz aus Berlin mit der Startnummer 9.**

Damit ist er der schnellste und sauberste „Spüler" von vielen tausend ritterlichen Männern, die ihren Frauen mit „Lust und Liebe" bei der Hausarbeit helfen. Ist es nicht erfreulich, daß es so hilfsbereite Männer gibt? Und wie gut, daß es Pril gibt, denn

**Pril**
entspannt
das
Wasser

## Zigarettenverbrauch steigt weiter

HAMBURG, 16. Juli

2,9 Md. Zigaretten wurden im ersten Halbjahr 1956 von der Zigarettenindustrie im Bundesgebiet und West-Berlin mehr verkauft als in der gleichen Vorjahrszeit. Der Gesamtabsatz stieg damit nach Angaben des Verbandes der Zigarettenindustrie in der Berichtszeit auf 23,85 Md. Zigaretten. Der Zigarettenverbrauch liegt danach zur Zeit um rd. 40 v. H. über dem Stand vor der Tabaksteuersenkung. Im Mai und Juni wurde mit über 4 Md. Zigaretten ein monatlicher Höchststand erreicht. Der Marktanteil der reinen Orientzigarete hat sich auf 17 v. H. der Gesamtproduktion erhöht, der der Filterzigarette auf über 20 v. H.

## Gottfried Benn +

WAZ BERLIN, 8. Juli

**Kurz nach Vollendung des 70. Lebensjahres ist der Arzt, Lyriker und Essayist Gottfried Benn am Samstag in einem West-Berliner Krankenhaus gestorben.**

Die europäische Literatur verliert mit Gottfried Benn eine ihrer bedeutendsten und zugleich eigenwilligsten Gestalten. Als Mitgründer des literarischen Expressionismus wurde er ein scharfer und unnachsichtiger Diagnostiker seiner Zeit. Facharzt in Berlin und Militärarzt beider Weltkriege, hat er auch seiner dichterischen Produktion oft die Schärfe des Seziermessers mitgegeben. Zugleich aber eignet ihm eine Sprachkunst von höchster Präzision des Ausdrucks, die zumal seine Lyrik in den Rang Rilkes und Paul Valérys erhebt.

Benn, schon 1932 in die Akademie der Künste und Wissenschaften berufen, wurde 1951 mit dem Büchner-Preis ausgezeichnet. Noch zu seinem 70. Geburtstag am 2. Mai dieses Jahres stand er im Mittelpunkt zahlreicher Ehrungen. Unter seinen Nachkriegswerken ist der Prosaband „Der Ptolemäer" und die Selbstbiographie „Doppelleben" am bekanntesten geworden.

## Mordversuch wegen Fernsehstörung

### „Der Apparat flimmerte dauernd"

SPEKE (England), 16. Juli

Jack Pugh konnte auf seinem Fernsehapparat dem Programm nicht zusehen, weil ein schadhafter elektrischer Schalter in der Wohnung seines Nachbarn ständig Störungen verursachte. Mehrmals hatte er sich beschwert — ohne Erfolg. Am Donnerstagabend flimmerte es dem 50jährigen Pugh wieder vor den Augen. Wutentbrannt nahm er eine Pistole und ging zu den Nachbarn, der Familie Morrison. Er erhielt keine Antwort von den Morrisons — die selbst vor ihrem Fernsehapparat saßen — und schoß darauf viermal durch das Fenster, verwundete Herrn und Frau Morrison und traf deren Fernsehapparat. „Ich war am Ende meiner Kraft", erklärte Pugh der Polizei, die ihn wegen Mordversuchs festnahm.

Der Film „Schmutziger Lorbeer" soll der „härteste" Streifen sein, der nach dem Krieg in Hollywood gedreht wurde und z. B. „Die Faust im Nacken" an Schonungslosigkeit noch weit übertreffen. Nach einem Drehbuch von Budd Schulberg werden hier die üblen Geschäftsmethoden amerikanischer Boxmanager angeprangert, die mit Bestechungsgeldern einen ungeschlachten Boxriesen bis zum Weltmeisterschaftskampf durchschmuggeln. Hauptrollen: Humphrey Bogart und Mike Lane.

Flankiert von den beiden hübschen Damen Karin Dor und Eva Kerbler, lacht hier der bewährte Schlagertroubadour Vico Torriani sein betörendes Lächeln. Wir werden das muntere Dreigestirn demnächst in dem Film „Santa Lucia" sehen. Vico spielt da einen Eseltreiber, mit dem nicht nur feurige Italienerinnen, sondern auch eine Hochstaplergruppe manch schlimmes Bubenstückchen treiben. Es geht aber alles gut aus.

Als Klamotte hat man in Italien wieder einmal das maßlose Leben des bösen Kaisers Nero verfilmt. Die kesse Französin Brigitte Bardot, die sich allmählich auf smarte Verführerinnen zu spezialisieren scheint, spielt die Poppäa, der sehr witzige Komiker Sordi den Nero.

# Revier erhält erstes Paradies der Wanderer
## Große Pläne im Elfringhauser Tal – Autos nur auf der Hauptstraße – Ödland wird zu Parkplätzen

Die erste „Oase der Ruhe" im Ruhrgebiet soll noch im Laufe dieser Ausflugssaison geschaffen werden. Dafür sind das Elfringhauser Tal und seine Nebentäler vorgesehen, eines der schönsten Wandergebiete am Südrand des Reviers und ganz in der Nähe von Essen mit einer Ausdehnung von rund 8,5 km in der Länge und 7,5 km in der Breite. Unter der Federführung des Landespflegers beim Siedlungsverband haben sich die Beteiligten über das Verfahren verständigt.

Dem Fahrzeugverkehr soll keine Gewalt angetan werden. Die Talstraße von Nierenhof nach Herzkamp, die das Gebiet erschließt, bleibt ihm ebenso offen wie die wichtigsten Straßen, die in die Seitentäler führen. Alle anderen Straßen und Wege aber werden kategorisch gesperrt. Nur der Anliegerverkehr darf sie noch benutzen.

### Bewohner sind einverstanden

Auf diese Weise entstehen große, geschlossene Wanderbezirke, in denen die Erholungsuchenden mehrere Stunden weite Wege gehen können, ohne von Fahrzeugen bedrängt zu werden. Heute wird ihnen die Freude an diesen Gängen oft durch Kraftwagen getrübt, denen sie auf den meist nur einspurigen Wegen ausweichen müssen, und das Geknatter der Kräder und Mopeds dringt bis tief in die Felder und Wälder ein. In Versammlungen mit den Einwohnern der kleinen bäuerlichen Gemeinden und vielen Einzelverhandlungen mit privaten Wegeeigentümern haben sich die Beteiligten überzeugen lassen, daß mit dieser Maßnahme auch ihren eigenen Interessen gedient ist.

### Anfahrt wird nicht erschwert

Der Kraftfahrzeug ist heute nun aber der Hauptzubringer dieses Erholungsgebietes. Vielen Menschen aus den Industriegebieten gibt erst der „motorisierte Untersatz" die Gelegenheit, an schönen Tagen das Elfringhauser Tal aufzusuchen. Die Anfahrt soll ihnen nicht erschwert werden. Darum werden zugleich mit der Wegesperrung an vielen Punkten des Tales, unmittelbar an den Durchgangsstraßen oder in nächster Nähe Parkgelegenheiten geschaffen. Teils stellen Gaststätten, teils andere Grundeigentümer Flächen dafür zur Verfügung. Manches Stück Ödland und Randflächen, die landwirtschaftlich wenig eintragen, werden für diesen Zweck hergegeben:

Das alles kann mit einfachsten Mitteln bewerkstelligt werden. Gleichviel summieren sich die Kosten. In den kleinen Bauerngemeinden ist Bargeld knapp, die Unterhaltung der ausgedehnten Wegenetze bereitet ihnen ohnehin Kopfschmerzen. Die Bauern wollen durch Arbeitsleistung ihren Teil beisteuern; sie übernehmen die Aufstellung der Sperrschilder. In die Beschaffungskosten und die Kosten der Wegebaumaßnahmen teilen sich voraussichtlich Siedlungsverband, Kreis und Ämter.

An den Hauptzugängen des Elfringhauser Tales werden Hinweisschilder den Gast unterrichten, daß er in die „Oase für Wanderer" eintritt oder einfährt. Die Erfahrungen mit dieser ersten Befriedung im südlichen „Vorgarten" des Reviers werden wichtig sein für weitere Bemühungen, die Bedürfnisse der Bevölkerung nach ungestörter Erholung und die Ansprüche des modernen Verkehrs vernünftig gegeneinander abzugrenzen.

G. St.

***Die Essener Hügelregatta*** *war die erste Hauptregatta des Deutschen Ruderverbandes. Sie brachte zum erstenmal die Spitzenmannschaften aller Bootsgattungen zusammen. Es gab in allen Rennen ausgezeichneten Sport. Unser Bild zeigt den Start zum ersten Senior-Vierer mit Steuermann, den die Rudergesellschaft Gießen (erstes Boot vorn) gewann. (Siehe auch im Sportteil.)* WAZ-Bild: Werner Ebeler

# Papst mahnt Deutsche zur Geduld
## ... in der Frage der Wiedervereinigung – Gespräch mit dem Kanzler

WAZ ROM, 5. Juli

Am letzten Tage seines Besuches in Rom wurde Bundeskanzler Dr. Adenauer von Papst Pius in Privataudienz empfangen. Die Unterredung dauerte 35 Minuten. Anschließend wurde Außenminister von Brentano zu einem weiteren viertelstündigen Gespräch hinzugezogen und schließlich die gesamte deutsche Delegation vom Papst empfangen.

In seiner Ansprache vor der deutschen Regierungsdelegation drückte der Papst seinen Wunsch aus, es möchten die östlich der Bundesrepublik offenen Fragen Schritt für Schritt behandelt werden mit dem Ziel einer Gesamtlösung, die alle beteiligten Staaten und Familien billigerweise als tragbar empfinden". Ungeduld sei keine gesunde Atmosphäre zur Lösung politischer Fragen.

Der Papst hob als besondere Eigenschaften des Bundeskanzlers Zähigkeit, Weitblick und Geduld hervor und empfahl dem deutschen Volk, ebenfalls die Anwendung dieser Eigenschaften bei der Lösung der noch offenen Fragen. Er drückte seine Bewunderung für den raschen Wiederaufstieg Deutschlands aus. Dieser sei nicht möglich gewesen ohne die „hochwertigen Eigenschaften des Volkes" und die „überlegene Führung". Zwischen dem Papst und dem Kanzler wurde auch die Frage des Reichskonkordats erörtert.

# Juni 1956 drittkältester des Jahrhunderts

HAMBURG, 3. Juli

Der Juni 1956 war bei Temperaturen von durchschnittlich 15 Grad im Bundesgebiet der drittkälteste dieses Jahrhunderts, haben Meteorologen festgestellt.

Baden/Württemberg wurde am Montagnachmittag von heftigen Unwettern und Hagelschlag heimgesucht. Die Hagelkörner erreichten die Größe von Taubeneiern. In Heimerdingen (Kreis Leonberg) wurden zwei Maurer auf der Baustelle vom Blitz getroffen und getötet. Auf den Feldern und Straßen Bayerns richteten zu Tal fließende Wassermassen erhebliche Schäden an. Über Hamburg, Schleswig-Holstein und Berlin entluden sich Dienstag nacht schwere Sommergewitter mit Blitzen, die einen Mann töteten sowie fünf Bauernhöfe und mehrere besetzte Straßenbahnen in Brand setzten.

WESTDEUTSCHE
**ALLGEMEINE**
Die unabhängige Zeitung des Ruhrgebiets

# Oktober-Termin für Steuersenkung in Gefahr

### Bundestag verabschiedet Programm der Koalition – Bundesrat ruft Vermittlungsausschuß an

Von unserem Bonner Büro                    Schu BONN, 5. Juli

Die geplanten Steuersenkungen sind zu dem vorgesehenen Termin vom 1. Oktober höchst gefährdet. Dies zeichnete sich am Donnerstag in Bonn ab, nachdem der Bundestag das Steuersenkungsprogramm der Koalitionsparteien in dritter Lesung gegen die Stimmen von SPD und BHE sowie ohne Rücksicht auf die Wünsche des Bundesrates verabschiedet hat. Der Bundesrat wird mit Sicherheit gegen die Beschlüsse des Bundestages den Vermittlungsausschuß anrufen, so daß mit einer endgültigen Einigung bis 1. Oktober kaum noch zu rechnen ist.

Es besteht zwar die schwache Aussicht, daß sich der Vermittlungsausschuß schon kurz nach den Parlamentsferien im September einigt und die beiden Parlamente diese Einigung billigen. Sachverständige halten dies jedoch für nahezu ausgeschlossen.

Die Koalitionsparteien hielten in der Bundestagssitzung an ihrem Konzept fest, den Einkommensteuertarif durchgehend und in einem gewissen Ausmaß auch die Umsatzsteuer zu senken. Die Oppositionsparteien, SPD, FDP und BHE, sprachen sich dagegen für eine völlige Abschaffung des Notopfers Berlin aus, wofür die Senkung der beiden anderen Steuerarten entfallen sollte. Sie bekannten sich damit zu der Auffassung des Bundesrates.

Die Haltung der Koalitionsparteien wurde im wesentlichen dadurch bestimmt, daß sie dem gewerblichen Mittelstand unbedingt eine Senkung der Umsatzsteuer sichern wollten. Wäre dazu noch das Notopfer völlig abgeschafft worden, so müßten beide Erleichterungen aus der Kasse des Bundes gezahlt werden. Deswegen setzten die Regierungsparteien ihre Absicht durch, das Notopfer nur für die kleinen Einkommensbezieher wegfallen zu lassen und dafür die Einkommensteuer zu ermäßigen, die zu zwei Dritteln den Ländern und zu einem Drittel dem Bund zufließt. Damit werden die rund 2,7 Md. DM betragenden Gesamtlasten der beschlossenen Erleichterungen etwa zur Hälfte auf Bund und Länder verteilt.

## Erdbeben verwüstet ägäische Inseln

### Mindestens 40 Tote

ATHEN, 9. Juli

Eine schwere Erdbebenkatastrophe hat in der Nacht zum Montag zahlreiche Inseln

im Ägäischen Meer verwüstet und mindestens 40 Todesopfer gefordert. 20 Personen werden vermißt. Am schwersten betroffen wurde die wegen ihres Weines berühmte Insel Santorin (9000 Einwohner), auf der nach den ersten Berichten griechischer Regierungsstellen kein einziges Haus bewohnbar blieb. Eine riesige Rauchsäule steigt aus dem wieder in Tätigkeit getretenen Vulkan der Insel auf und kündet weithin von der Katastrophe.

Der Vulkanausbruch verursachte gleichzeitig mehrere Flutwellen, die noch auf über 150 km entfernten Inseln schwere Verwüstungen anrichteten. Auf der Insel Ios, wo durch die Erdstöße ebenfalls fast alle Häuser einstürzten, wurden bisher 10 Tote gezählt. Auch auf Kreta und in Athen war das Erdbeben zu spüren. In der griechischen Hauptstadt stürzten viele Menschen ins Freie, um sich in Sicherheit zu bringen. Die griechische Regierung hat eine Hilfeaktion für die betroffenen Inseln eingeleitet.

# Beschäftigung erreicht neue Rekordhöhe

### Fast 18,4 Millionen Arbeiter, Angestellte und Beamte im Bundesgebiet tätig

waz NÜRNBERG, 17. Juli

Die Zahl der im Bundesgebiet beschäftigten Arbeiter, Angestellten und Beamten hat sich nach Mitteilung der Bundesanstalt für Arbeitsvermittlung und Arbeitslosenversicherung seit 17,5 Mill. am 31. März um 860 000 auf fast 18,4 Mill. am 30. Juni erhöht. Beschäftigt waren an diesem Tage 12 352 000 Männer und 6 040 000 Frauen. Das sind fast 5 Mill. Beschäftigte mehr als am 30. Juni 1948.

Nach Angaben der Bundesanstalt ist mit der neuen Zahl der Ende September 1955 erreichte Höchststand der Beschäftigung seit Kriegsende um 584 900 oder 3,3 v. H. überschritten worden: bei den Männern um 325 900 (2,7 v. H.) und bei den Frauen um 259 000 (4,5 v. H.). Die Bundesanstalt führt diesen bei einem Rückgang der Arbeitslosenzahl um 540 000 beachtlichen Anstieg der Beschäftigung während des letzten Quartals vor allem auf drei Gründe zurück:

❶ Infolge des starken Nachwuchsbedarfs der Wirtschaft erhielten trotz rückläufiger Zahl der Schulentlassenen im letzten Quartal verhältnismäßig mehr Jugendliche — vor allem auch weibliche — eine Ausbildungsstelle, als dies sonst in diesem Zeitabschnitt der Fall war. Die Eingliederung der Schulentlassenen sei schneller vor sich gegangen.

❷ Der Zustrom von Flüchtlingen aus der Sowjetzone sei in den letzten Monaten stärker gewesen als vor einem Jahr.

❸ Das zusätzliche Angebot aus den „stillen" weiblichen Arbeitskraftreserven habe einen besonders starken Umfang angenommen.

Schließlich verweist die Bundesanstalt auf den geringen Grad der Arbeitslosigkeit, der am 30. Juni auf den Stand von insgesamt nur 2,5 v. H. der Beschäftigten gesunken sei, bei den Männern auf 1,7 v. H. und bei den Frauen auf 4,2 v. H.

# Stalin-Denkmal weicht einem Hotel

### Auch „Stalinstadt" bei Fürstenberg soll neuen Namen erhalten

BERLIN, 3. Juli

Auf ganz unverdächtige Weise will die Ost-Berliner Stadtverwaltung das bronzene Stalindenkmal an der Stalinallee verschwinden lassen. Wie am Dienstag in Ost-Berlin verlautete, soll auf dem Gelände, auf dem jetzt in einer Grünfläche das Denkmal steht, ein Hotel errichtet werden. Mit den Bauarbeiten werde voraussichtlich noch in diesem Jahre begonnen werden. Ebenfalls beseitigt werden soll der Name der „ersten sozialistischen Stadt Deutschlands", „Stalinstadt" bei Für-

stenberg an der Oder. Es ist geplant, die Wohnstadt des Eisenhüttenkombinats Ost zu gegebener Zeit unter dem Namen Fürstenberg mit der Nachbarstadt zu vereinigen.

Aus dem Sitz der sowjetischen Delegation bei den Vereinigten Nationen in New York wurde am Dienstag ein über eine Tonne schweres Beton-Relief von Stalins Kopf entfernt. „Der Umzug hat keinerlei politische Bedeutung", erklärte ein sowjetischer Beamter, „wir benötigen lediglich den Platz."

# Ministerpräsident Nehru in Bonn

*Bundeskanzler Adenauer begrüßt Ministerpräsident Nehru auf dem Flugplatz Wahn. Neben ihnen von links: ein Dolmetscher, Vizekanzler Blücher, Nehrus Tochter, Staatssekretär Kieiber, Bundeswirtschaftsminister Erhard, der deutsche Botschafter in Indien, Dr. Meyer, Staatssekretär Hallstein und der indische Botschafter in Bonn, Nambiar.* WAZ-Bild: Werner Ebeler

WAZ BONN, 13. Juli

Die Bundeshauptstadt steht in diesem Wochenende ganz im Zeichen des Besuchs des indischen Ministerpräsidenten Pandit Nehru, der von Regierungsseite als einer der wichtigsten Staatsbesuche seit Bestehen der Bundesrepublik bezeichnet wird. Nehru traf am Freitag-

vormittag von London kommend auf dem Flughafen Wahn ein.

Nehru wird bis Sonntag in Bonn bleiben. Sonntag nacht fährt er nach Hamburg, wo ihm von der dortigen Universität die Ehrendoktorwürde verliehen wird. Im Mittelpunkt seines Aufenthaltes in Bonn stehen längere Unterredungen mit Bundeskanzler Dr. Adenauer und Bundes-

präsident Prof. Heuss. Nach seiner ersten Unterredung mit dem indischen Ministerpräsidenten am Freitagnachmittag erklärte der Bundeskanzler: „Unsere Gespräche haben begonnen — und wie ich glaube — unter einem günstigen Vorzeichen." Das erste Gespräch habe viele Möglichkeiten zur gegenseitigen Hilfe aufgezeigt.

# Ruhrzechen legen Zehn-Jahres-Plan vor

## Fördersteigerung auf 160 Mill. Jahrestonnen bis 1965 möglich

WAZ ESSEN, 13. Juli

Der Ruhrbergbau denke nicht daran zu „resignieren", erklärte der Vorsitzende des Unternehmensverbandes Ruhrbergbau, Wimmelmann, am Freitag vor der Presse in Essen. Das Ergebnis sorgfältiger Überlegungen lasse eine optimistische Kohlenrechnung zu. Danach scheine eine Steigerung der Kohlenförderung in den nächsten zehn Jahren von jetzt 130 Mill. t auf 160 Mill. t jährlich als durchaus erreichbar.

20 Millionen Tonnen Mehrförderung könnten durch Verstärkung der Belegschaften und fortschreitende Rationalisierung erzielt werden. Weitere 10 Millionen Tonnen ließen sich durch Abteufen von Anschlußschächten und durch Zusammenfassung kleinerer Anlagen gewinnen. Hierbei handele es sich um 18 ausgereifte Projekte, die zum Teil schon begonnen oder aber von den Aufsichtsräten genehmigt seien. Die Finanzierung bereite keine Sorgen mehr.

Nach 1965 müsse man allerdings an den Ersatz der ausgekohlten Zechen denken. In den nachfolgenden Jahren sei mit einem Kapazitätsverlust von 6 Millionen Tonnen Kohle zu rechnen. Es gehe nun darum, entsprechend neue Kapazitäten zu schaffen. Die auf diesem Gebiet geprüften Möglichkeiten würden es erlau-

ben, die Kohlenförderung von 160 Mill. Tonnen ab 1965 nicht nur zu behaupten, sondern bis 1975 sogar auf 180 Millionen Tonnen jährlich zu steigern. Voraussetzung sei die Lösung des Finanzierungsproblems. Der Bergbau könne diese Investitionen nicht aus eigenen Erträgen bestreiten und auch keine Anleihen mit 8 v. H. oder 10 v. H. verzinsen. Die Steuerfreiheit für Untertage-Investitionen würde also eine wesentliche Hilfe bedeuten.

Eine Arbeitszeitverkürzung im Bergbau bei vollem Lohnausgleich werde sich auf den Kohlepreis auswirken und die Versorgung erschweren. Der Unternehmensverband wolle in Kürze mit der IG Bergbau über neue Arbeitszeiten verhandeln.

## Mit strahlendem Lächeln

. . . stellte sich Präsident Eisenhower den Fotografen, nachdem er bekanntgegeben hatte, daß er, wie bereits berichtet, trotz seiner jüngsten Erkrankung wieder für die Präsidentschaft kandidieren wolle.

WESTDEUTSCHE
**ALLGEMEINE**
Die unabhängige Zeitung des Ruhrgebiets

*Muttergottes von Tichwin (russisch, 17. Jahrhundert)*

# Ikonen sind gemalte Gebete

## Recklinghäuser Museum birgt einzigartigen Schatz östlicher Kunst

Die Gründung eines Ikonen-Museums ist auf doppelte Weise eine Tat. Zum einen vertieft sie beim Beschauer in dieser verflachenden Zeit indirekt die religiöse Besinnung. Zum andern erschließt sie eine in ihrem Wesen bei uns immer noch zu wenig bekannte Äußerung östlicher Kunst. Daß eine erlesene Ikonen-Sammlung mitten im Ruhrgebiet entstehen konnte, spricht auf ungewöhnliche Weise für das kulturelle Gespür der sie beherbergenden Stadt Recklinghausen: was man in monatelanger, sorgsam prüfender Arbeit im ehemaligen Gymnasium an der Peterskirche an Schätzen zusammengetragen hat, wird in seinem ganzen Wert erst in Generationen faßbar sein.

Werkzeug Gottes fühlte, geht schon daraus hervor, daß Ikonen erst im 17. Jahrhundert signiert wurden.

Die Ausstellung im Recklinghäuser Museum projiziert den großen Bogen der Ikonenmalerei von der frommen, konzentrierten Inbrunst, mit der diese Bilder im 12. Jahrhundert gearbeitet wurden, bis zur Verflachung im 19. Jahrhundert. Sie gliedert sich in der Darstellung der himmlischen Hierarchie, der Muttergottes, der kirchlichen Festtage und der Heiligen und zeigt außerdem die aus der Trennungswand zwischen Altarraum und Kirchenschiff entwickelten Ikonostasen und eine Reihe von Gegenständen des gottesdienstlichen Ritus.

Die strenge Symmetrie in der Darstellung der von uns abgebildeten Muttergottes aus dem 17. Jahrhundert läßt sich fast durch die ganze Reihe der Ikonen in Recklinghausen verfolgen. Und doch gewahren wir mit Staunen reizvolle Abweichungen: der eine Schiffsszene wiedergebende Ausschnitt auf einer großen Tafel mit Szenen um den heiligen Nikolaus etwa ist mit einer fast munteren Verspieltheit gemalt.

Auch die mannigfachen Techniken der Künstler werden in großartigen Beispielen deutlich. Neben schlichter Malerei kostbare Perlen- und Edelsteinausführungen, herrlich getriebene Fassungen, herausgehobene Heiligenscheine. Die minutiöse Sorgfalt der Ikonenmaler wird wohl am sinnfälligsten in den beiden Tafeln der Festtage und der Heiligen. Sie spiegeln das hohe Geschick des Künstlers, die Folge der Gestalten durch szenische Darstellungen gleichsam zu „dramatisieren".

Die Gliederung des Aufbaus, die Anordnung der mit Samt ausgeschlagenen Vitrinen, die Anschaulichkeit in die Ikonographie einführender Fotos, die Kultiviertheit des Katalogs — dies alles rundet ein lebendiges Werk der Kunstgeschichte, das weit und breit seinesgleichen suchen darf.
WERNER TAMMS

Die Entdeckung dieses Komplexes durch den Westen hat erst in der Mitte des vergangenen Jahrhunderts begonnen. Sie steht — wie Martin Winkler in seinem aufschlußreichen Vortrag zur Eröffnung des Museums ausführte — in unmittelbarem Zusammenhang mit jenen Zweifeln an der absoluten Gültigkeit abendländischer Kunst, die den Maler Gauguin in die Südsee trieben.

Man muß sich darüber klar sein, daß die Ikonenmalerei nur aus dem byzantinischen Christentum verständlich ist. Es erkennt der Erscheinung Christi, wie sie in den Ikonen bildnerisches Ereignis wird, unmittelbare Verehrung zu. Die Ikone will nicht weniger sein als das gemalte Gebet. Aus diesem Tatbestand ergibt sich die strenge Regelhaftigkeit, an die der Ikonenmaler gebunden war. Sie sagt freilich nichts gegen den Reichtum der Differenzierung. Wie sehr der Künstler sich als

# Bundestag beschließt Wehrpflicht mit 270 zu 166 Oppositionsstimmen

## Nach 16stündiger Debatte – Großer Teil der FDP enthielt sich der Stimme

### Von unserem Bonner Büro

**Mü BONN, 8. Juli**
Mit 270 gegen 166 Stimmen bei 20 Enthaltungen nahm der Bundestag am Samstag früh das Wehrpflichtgesetz in dritter Lesung an. Für die Einführung der Wehrpflicht stimmten die CDU/CSU, die FVP und die DP, dagegen die SPD und der BHE. Der größte Teil der FDP-Fraktion enthielt sich der Stimme. Damit besteht für alle Männer in der Bundesrepublik zwischen 18 und 45 Jahren die Pflicht, Wehrdienst zu leisten.

In der rund 16stündigen Debatte, die

nur von kurzen Pausen unterbrochen Diskussion über das Problem der Kriegsdienstverweigerer dar. Fast eine Sensation gab es, als sich der CDU-Abgeordnete Nellen aus Münster mit einer allgemein stark beachteten Rede auf die Seite der Opposition stellte, die sich gegen eine Einengung des Grundrechts wandte, das die Verweigerung des Kriegsdienstes mit der Waffe aus Gewissensgründen garantiert. Nellen, der immer wieder von Zwischenrufen seiner eigenen Fraktionskollegen gestört worden war, konnte sich jedoch bei der Mehrheit des Hauses nicht durchsetzen. Nach seiner Rede erhielt er Beifall nur von den Oppositionsparteien.

# Herrenkosmetik auch im Revier gefragt

**WAZ DUISBURG, 23. Juli**
Duisburg besitzt seit kurzem das erste Studio für Herrenkosmetik des Ruhrgebiets, nachdem Berlin, Frankfurt und München bereits mit ähnlichen Einrichtungen vorausgegangen waren. Eine Kosmetikerin nimmt sich hier jener Männer an, die sich mit Hängebacken, Augenfalten, Doppelkinn, Hautunreinigkeiten, Haarausfall oder sonstigen Kümmernissen nicht mehr

wohlfühlen oder einfach nur gepflegt aussehen wollen. Die „Verschönerung" dauert jeweils 60 Minuten und findet hinter verschlossenen Türen statt. Die Erfahrung, die die Kosmetikerin mit ihren Kunden gemacht hat: Alle sind sehr darauf bedacht, nicht von Freunden oder Bekannten gesehen zu werden. Viele kommen jedoch auch, weil sie von ihren Ehefrauen dazu veranlaßt worden sind.

# Suezkanal-Enteignung empört England und Frankreich

## Alle Rechte vorbehalten – Wirtschaftliche Gegenmaßnahmen erwogen

Berichte unserer Nachrichtendienste          LONDON/PARIS/KAIRO, 27. Juli

Die von Staatspräsident Nasser überraschend bekanntgegebene Verstaatlichung der Internationalen Suezkanalgesellschaft durch Ägypten hat eine weltpolitische Krise hervorgerufen, deren Auswirkungen noch nicht zu übersehen sind. In den westlichen Hauptstädten wurde in Konsultationen und eiligst anberaumten Konferenzen versucht, gemeinsame Schritte zu vereinbaren, um die Interessen der Weltschiffahrt und der Ölversorgung zu schützen. Die britische und die französische Regierung protestierten in scharfer Form gegen das Vorgehen Kairos und behielten sich alle Rechte vor.

Als Gegenmaßnahme erwägt Großbritannien neben der Anrufung des Weltsicherheitsrates eine Sperre der ägyptischen Sterling-Guthaben in England (etwa 130 Mill. Pfund = 1,5 Md. DM), die Einstellung von Waffenlieferungen an Ägypten und den Abzug der technischen Fachkräfte aus der Suezgesellschaft. Im Gegensatz zu der scharfen Reaktion in London und Paris hat das Staatsdepartement in Washington nach einer Sondersitzung des Kabinetts unter Vorsitz Eisenhowers nur auf die „weitreichenden Folgen der Enteignung" hingewiesen und erklärt, der Schritt Nassers habe Washington überrascht.

Staatspräsident Nasser sagte in seiner mit großem Beifall aufgenommenen Rede in Alexandria am vierjährigen Jahrestag der Revolution: „Das ist die ägyptische Antwort auf die Weigerung der Westmächte, den Bau des Assuan-Staudamms zu finanzieren." Ägypten werde die Kosten des Baus jetzt mit Hilfe der Einnahmen aus der Verwaltung des Suezkanals bestreiten. Es rechnet mit jährlich 36 Mill. Pfund (425 Mill. DM) an Kanalgebühren.

Die Verstaatlichung wurde am Freitag vollstreckt. Alle Gebäude der Kanalgesellschaft wurden durch Sonderbeauftragte ohne Zwischenfälle übernommen.

### Kursstürze in London und Paris

LONDON/PARIS, 27. Juli

Die Börsen in London und Paris standen am Freitag im Zeichen der Beschlagnahme der Suezkanalgesellschaft durch Ägypten. Bei erheblicher Nervosität und Unsicherheit wurden Kurseinbußen auf der ganzen Breite des Marktes verzeichnet.

## Kanalzone zum Militärgebiet erklärt

Zur Sicherung der Übernahme und des Schiffsverkehrs, der reibungslos weiterlief, wurde die Kanalzone zum Militärgebiet erklärt. Handlungen gegen die Gesellschaft und den Verkehr werden nach dem Militärstrafgesetzbuch geahndet.

Handelsminister Abu Nosseir wies energisch alle Vorwürfe Londons und Paris' über einen „Willkürakt" und eine „Bedrohung des Friedens" zurück. Unter Hinweis auf die Verstaatlichung der Anglo-Iranischen Ölgesellschaft machte er geltend, daß eine solche Enteignung „im modernen Völkerrecht anerkannt" sei.

Über allen Einrichtungen der Suezkanalzone wehte am gestrigen Freitag die ägyptische Flagge. Polizisten und Soldaten in Stahlhelmen bewachen die Gebäude. Eine Volksmenge versuchte in Port Said, die lebensgroße Statue des Erbauers des Suezkanals, des Franzosen Fernand de Lesseps, zu stürmen.

Die britische und die französische Regierung, die sich im Besitz der Aktienmehrheit der bisherigen Kanalgesellschaft befanden, sind nach übereinstimmender Ansicht aller politischen Beobachter in einer schwierigen Lage. Abgesehen von den vermögensrechtlichen Folgen richtet sich ihre Besorgnis vor allem auf die ungehinderte Zufahrt zu den Ölgebieten des Nahen Ostens und Südasiens sowie zu den britischen Dominions. Daneben müssen sie damit rechnen, daß Präsident Nassers Vorgehen die arabischen Staaten zu ähnlichen Enteignungsmaßnahmen gegenüber der Ölindustrie ermutigt. Meldungen aus den Hauptstädten der arabischen Länder lassen erkennen, daß die arabische Welt eindeutig hinter der Enteignung steht und Nassers Ansehen dadurch erneut gestiegen ist.

Die Maßnahme Kairos verletzt mehrere Abkommen und Verträge, vor allem den Konzessionsvertrag mit Großbritannien,

der erst 1968 ausläuft. Der Kanal ist ein Milliardenobjekt, dessen 800 000 Aktien an der Börse in einem Gesamtwert von umgerechnet rund 785 Mill. DM zu Buche stehen. Die Gesellschaft beschäftigt 150 000 Angestellte, davon 130 000 Ägypter.

*Nasser in Alexandria:*
*Antwort auf Assuan*

## In Badehose nach West-Berlin geflüchtet

### Duisburger hatte sich in Sowjetzone abgesetzt und kehrte zurück

BERLIN, 4. Juli

Durch die Havel schwimmend, ist in der Nacht zum Mittwoch der 29jährige Willi Hawner aus der Sowjetzone nach West-Berlin geflüchtet. Einen Koffer mit seinen Sachen zog er auf einem Floß aus zwei zusammengebundenen Brettern hinter sich her. Am West-Berliner Ufer in Glienicke meldete er sich bei der Polizei.

Hawner gab an, daß er aus Duisburg stamme und im August 1955 in die Sowjetzone gegangen sei, weil ihm seine Eltern wegen seines leichtsinnigen Lebenswandels häufig Vorwürfe gemacht hätten. In der Sowjetzone sei er in metallverarbeitenden Betrieben beschäftigt gewesen, doch habe sein Lohn von 350 Ost-Mark im Monat bei den hohen Preisen nicht ausgereicht. Deshalb habe er nach dem Westen zurückgehen wollen, aber von der Volkspolizei keine Ausreisegenehmigung erhalten. Daraufhin habe er sich am Dienstagabend durch die Postenkette der sowjetzonalen Grenzpolizei in Babelsberg durchgeschlichen und sei nach West-Berlin geschwommen.

## Nordseebäder melden Besucherrekord

### Teilweise Notquartiere

WESTERLAND/SYLT, 22. Juli

Trotz des anhaltend schlechten Wetters erleben die schleswig-holsteinischen Nordseebäder in diesem Jahr einen noch nie dagewesenen Besucheranstrom., wie die Kurverwaltung von Westerland auf Sylt mitteilt. Bereits jetzt melden fast alle Bäder eine Mehrbelegung von 25 bis 50 v. H. gegenüber dem Vorjahr. Mehrere Kurorte mußten deshalb bereits Notquartiere einrichten.

# Bert Brecht – für immer aktuell

Der Tod von Bertolt Brecht bedeutet 1956 eine Zäsur in der literarischen Szene. Ein Jahr zuvor ist Thomas Mann gestorben; im gleichen Jahr wie Brecht geht auch Gottfried Benn. Verkürzt ausgedrückt: Auf einen Schlag verliert die deutschsprachige Welt ihren größten Erzähler, ihren größten Dramatiker, ihren größten Lyriker. Drei Autoren, die sich radikal voneinander unterschieden haben und von denen doch jeder Bindeglied gewesen ist zur literarischen Vergangenheit.

1977, im Rückblick, wird Heinrich Böll feststellen, die neue deutsche Literatur sei eigentlich erst ab Mitte der 50er Jahre wahrgenommen worden; erst von da an habe man die konservativen Vorurteile allmählich überwunden.

1956 wird es zudem noch weitere Jahrzehnte dauern, bis ein hartnäckiges (Vor-)Urteil wenngleich nicht wirklich überwunden, so doch jedenfalls gründlich widerlegt ist: Dass Bert Brecht sich eines politisch-menschlichen Verrats schuldig gemacht habe. Indem er bewusst den Schulterschluss mit einem System der organisierten Unmenschlichkeit vollzogen habe.

Tatsache ist: Der 1898 in Augsburg geborene Dichter hat sich schon früh zur kommunistischen Bewegung bekannt; er hat als aufrechter Rebell begonnen, hat zwischenzeitlich die Grenze zur bedingungslosen sowjetischen Linientreue überschritten, schließlich sein Weltbild abermals geändert.

1934 bereits hat er sich in einem Aufsatz mit den Schwierigkeiten beim Schreiben der Wahrheit auseinander gesetzt. Der Text war zur Verbreitung in NS-Deutschland bestimmt; doch mit diesen Schwierigkeiten hat sich der aus dem Exil zurückgekehrte Dichter später auch in seiner Wahlheimat DDR abquälen müssen. „Versinke in Schmutz, umarme den Schlächter, aber ändere die Welt", heißt es in dem Lehrstück „Die Maßnahme" und, „nicht nur andere, auch uns töten wir, wenn es Not tut, da doch nur mit Gewalt diese tötende Welt zu verändern ist."

Brecht hat diese zynische Dialektik zehn Jahre später in seinem Arbeitsbuch revidiert. Er hat ein niederschmetterndes Buch über Stalin gelesen und erkannt, in welch erschreckendem Maße sich dieser Berufsrevolutionär in einen Bürokraten des Tötens verwandelte. Für Brecht steht fest: Im kapitalistischen Kleinbürgertum, im Faschismus, im Stalinismus erblickt der Sozialismus sein verzerrtes Spiegelbild – mit keiner seiner Tugenden, dafür mit allen Lastern.

Die Widersprüchlichkeit eines im ideologischen Dickicht herumirrenden Dichters, der die Welt in seiner Werkstatt der Erkenntnis, auf der Bühne also, freundlicher gestalten will, wird drei, vier Jahrzehnte nach seinem Tod umfassend untersucht worden sein. Und in der ersten Dekade des 21. Jahrhunderts wird man feststellen, dass sich angesichts von über fünf Millionen Arbeitslosen in Deutschland einerseits, von steigenden Börsenkursen und Unternehmensgewinnen andererseits die von Brecht angeprangerten Verhältnisse kaum wesentlich von der sozialen Kluft unterscheiden, die Kapitalismus und Neoliberalismus neuerdings schlagen.

Bert Brechts Stücke wie „Die heilige Johanna der Schlachthöfe", „Der gute Mensch von Sezuan" oder die thematisch von Grimmelshausen abgeleitete „Mutter Courage" über die am Krieg verdienende Marketenderin Anna Fierling werden deshalb immer wieder neu gelesen, neu inszeniert werden. Weil sie sich als weder politisch überholt noch ästhetisch schlicht erweisen. Immer wieder wird man erkennen, dass gerade in ihrer lapidaren Einfachheit, in ihrer Klarheit die immense Stoßkraft der Brechtschen Parabeln liegt.

Was man dem Lyriker Brecht – der gegen Ende des 20. Jahrhunderts dem Dramatiker Brecht kurzzeitig den Rang ablaufen wird – rühmend nachsagt, das gilt auch künftig für die besten seiner Theaterstücke. Niemand unter den nachgeborenen Dramatikern – und das schließt selbst einen Heiner Müller ein – wird das Metier der Klassiker-Parodie oder -Paraphrase so virtuos beherrschen wie Brecht selbst noch in der vergleichsweise schwachen Moritat vom „Aufhaltsamen Aufstieg des Arturo Ui". Und wer wird je ein solches Fanal gegen den Wider- und Wahnsinn des Krieges setzen wie Brecht mit seinem Trommelwirbel der stummen Courage-Tochter, die eine Stadt vor der Auslöschung durch die Soldateska bewahrt?

Für solche Szenen wird es auch fünf Jahrzehnte nach Brechts Tod nur ein Prädikat geben: Welttheater. Welttheater wie jener Schlusssatz aus dem „Galileo Galilei", der gegen die Düsternis inquisitorischer Wahrheitsunterdrückung aus vier schlichten Wörtern einen Funken Hoffnung zündet: „Die Nacht ist hell."

*Wolfgang Platzeck*

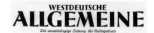

EINZELPREIS 20 PF / NR. 184
VERLAGSORT ESSEN

DONNERSTAG, 9. AUGUST 1956
BUNDES-AUSGABE

WESTDEUTSCHE
ALLGEMEINE
Die unabhängige Zeitung des Ruhrgebiets

# Flammen umschliessen 273 Bergleute
# Auf belgischer Zeche - Kaum Hoffnung

## Kurzschluss in 765 m Tiefe
## Aschenregen über Marcinelle

Berichte unserer Nachrichtendienste
CHARLEROI, 8. August

**Bei einer der größten Grubenkatastrophen Europas seit dem letzten Kriege sind am Mittwoch 273 Bergarbeiter in einer Grube in Marcinelle bei Charleroi von der Außenwelt abgeschnitten worden. Nach stundenlangen Rettungsarbeiten konnten bis zum späten Mittwochabend nur sieben Verletzte lebend geborgen werden. Die Direktion der Grube Marcinelle sagte, es bestehe nur noch wenig Hoffnung, daß die eingeschlossenen Bergleute gerettet werden können. Bisher wurden acht Tote aus dem rauchenden Schacht geborgen.**

**Am Nachmittag war es Rettungsmannschaften gelungen, einen Zugang zu dem Unglücksstollen durch einen fast 2 m dicken Betonverschluß zu sprengen. Rettungsmannschaften, die mehrmals versuchten, in den Schacht einzudringen, mußten immer wieder umkehren, weil ihnen die Gummistiefel an den Füßen schmolzen und ein Arbeiten in dem Schacht trotz des Einsatzes von Sauerstoffgeräten unmöglich ist.**

Die Männer sind 765 m unter Tage eingeschlossen. Ein Mitglied einer Rettungsmannschaft berichtete, daß bereits in 170 m Tiefe die Hitze unerträglich sei.

Der Brand entstand, als ein Förderwagen im Stollen umkippte, auf ein Starkstromkabel stürzte und dadurch einen Kurzschluß verursachte. Die Kabel für den Betrieb der Förderanlage schmolzen durch. Die Förderkörbe stürzten Hunderte von Metern tief in den Schacht hinunter.

Nach Bekanntwerden der Katastrophe spielten sich vor den Toren der Zeche erschütternde Szenen ab. Weinende Frauen und Kinder versuchten in ihrer Verzweiflung, die Polizeiketten zu überrennen. Die Nachricht von der Katastrophe hatte das Bergarbeiterstädtchen Marcinelle, das an der Sambre Charleroi direkt gegenüberliegt, schon in der Morgendämmerung alarmiert. Als die Menschen aus den Häusern stürzten, ging über der Stadt ein schwarzer Aschenregen wie bei einem Vulkanausbruch nieder. Die Grube in Marcinelle beschäftigt die meisten der in Belgien lebenden ausländischen Bergleute. Es handelt sich in der Hauptsache um Italiener und einige Griechen. Nach letzten Meldungen sollen auch unter den Verunglückten fünf Deutsche sein.

Bereits in den Nachmittagsstunden waren der Ministerpräsident und drei Minister Belgiens am Unglücksort eingetroffen. Am Mittwochabend begab sich König Beaudouin nach Marcinelle.

Siehe Seite Aus dem Westen

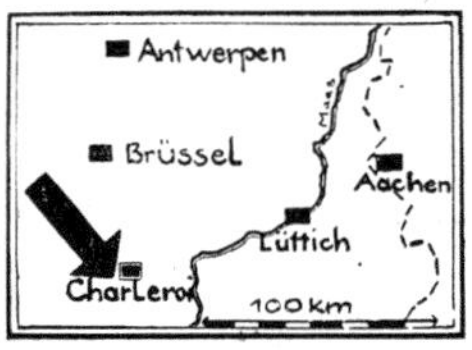


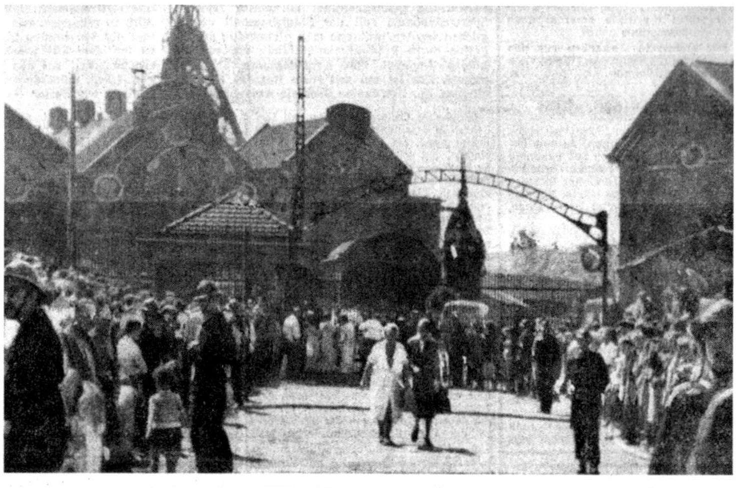

**DIE KOHLENGRUBE in Marcinelle. Angehörige der Bergleute warten vor dem Zechentor auf Nachricht über die Eingeschlossenen.** ap-Funkbild

## Eisenhower und Nehru gegen Gewaltanwendung in Suezkonflikt

### Indien nimmt an London-Konferenz teil – Antwort Moskaus steht noch aus

Berichte unserer Nachrichtendienste
WASHINGTON/NEU DELHI, 8. August

**Präsident Eisenhower und der indische Ministerpräsident Nehru haben sich am Mittwoch nachdrücklich gegen jede Gewaltanwendung im Suezkonflikt ausgesprochen. Gleichzeitig traten sie dafür ein, daß eine Lösung der Krise auf dem Verhandlungswege gefunden wird. Eisenhower äußerte auf seiner Pressekonferenz in Washington die Überzeugung, daß militärische Gewalt in der Suezkrise unter den gegenwärtigen Bedingungen niemals eine gute Lösung bringen könne.**

Nehru teilte vor dem indischen Parlament in Neu Delhi die Annahme der Einladung zur Suez-Konferenz mit. Er kritisierte die militärischen Maßnahmen Großbritanniens und Frankreichs und gab der Hoffnung Ausdruck, daß alle Parteien in Verhandlungen eine friedliche Lösung anstreben. Nehru erklärte, daß Ägypten selbst an der Konferenz „nicht teilnehmen könne und werde".

Der sowjetische Außenminister Schepilow teilte in Moskau mit, daß die Sowjetunion innerhalb von zwei Tagen die Einladung zur Suez-Konferenz beantworten werde. Aus diplomatischen Kreisen verlautet dazu, Schepilow habe in Gesprächen mit dem englischen und dem französischen Botschafter in Moskau angedeutet, die Sowjetunion werde die Einladung „mit verschiedenen Vorbehalten" annehmen.

### Nasser reist nach Moskau

MOSKAU/KAIRO, 8. August

**Der ägyptische Staatspräsident Nasser wird in der nächsten Woche zu einem seit Monaten geplanten Besuch nach Moskau reisen. Die ägyptische Botschaft in Moskau teilte am Mittwoch mit, daß Nasser seine Reisepläne bisher nicht geändert habe, die vorsahen, daß er am 14. August (zwei Tage vor Beginn der Londoner Suezkonferenz) in Moskau eintreffen solle. Der sowjetische Außenminister Schepilow bestätigte, daß die Sowjetregierung von irgendwelchen Änderungen in den Reiseplänen Nassers nichts wisse.**

**Aus Kreisen in Kairo, die Nasser nahestehen, wurde bekannt, daß Nasser die Absicht habe, erst Ende August nach Moskau zu fahren.** (dpa)

### Eden: Wir finden uns mit Verstaatlichung niemals ab

LONDON, 8. August

Premierminister Eden erklärte am Mittwoch, daß Großbritannien die Lösung der Suezkanalkrise nicht durch Gewalt, sondern durch ein internationales Übereinkommen auf breitester Grundlage suche. Eden, der über alle britischen Fernseh- und Rundfunkstationen zu der Suezkanalkrise Stellung nahm, fügte jedoch hinzu: „Wir können nicht zulassen, daß ein Diebstahl, der die Existenz vieler Nationen gefährdet, Erfolg hat. Wir müssen sicherstellen, daß das Leben der großen Handelsnationen der Welt nicht durch eine Unterbrechung der freien Durchfahrt durch den Kanal erstickt wird." Dies sei der Grund, warum Großbritannien die internationale Suezkanalkonferenz nach London einberufen habe. „Wir werden alles in unserer Macht Stehende tun, um ihre Aufgabe zu unterstützen. Ich bin sicher, daß die Konferenz ein arbeitsfähiges System für die Zukunft des Kanals schaffen kann." In diesem Zusammenhang gab Eden bekannt, daß 19 der 24 zur Suezkanalkonferenz geladenen Staaten bereits zugesagt hätten. Keiner habe abgelehnt, obwohl die offizielle Antwort der Sowjetunion, Ägyptens, Spaniens, Griechenlands und Indonesiens noch ausstehe. (dpa/ap)

## Schon 300 Tote in Kolumbien geborgen

BOGOTA, 8. August

**In der kolumbianischen Stadt Cali sind Rettungsmannschaften noch immer damit beschäftigt, Tote und Verletzte aus den rauchenden Trümmern zu bergen, mit denen ein Teil der Stadt (90 000 Einwohner) seit der furchtbaren Sprengstoffexplosion vom Dienstagmorgen bedeckt ist. Nach letzten amtlichen Berichten waren bis Mittwochmorgen über 300 Tote und 1000 Verletzte geborgen worden.**

Nach kolumbianischen Zeitungsmeldungen sollen bei dem Unglück 1200 Menschen ums Leben gekommen sein. Die Regierung ordnete eine dreitägige Staatstrauer an. Die Explosion wird, wie gemeldet, auf einen politischen Anschlag zurückgeführt. Durch die gewaltige Druckwelle, die nach der Explosion der acht dynamitbeladenen Lastwagen ausgelöst wurde, sind acht Wohnblocks völlig zerstört und viele andere Gebäude schwer beschädigt worden. Die Gebirgsstadt Cali liegt etwa 300 km südwestlich von Bogota. (dpa)

## 100 000 bei Eröffnungsgottesdienst des Ev. Kirchentages in Frankfurt

### Heuss, Gerstenmaier, Dieckmann und Nuschke als Ehrengäste

WAZ FRANKFURT, 8. August

Rund 100 000 Menschen wohnten am Mittwochnachmittag dem festlichen Gottesdienst auf dem Platz zwischen dem Römer und dem Dom in Frankfurt bei, der den Deutschen Evangelischen Kirchentag unter dem Geläut aller evangelischen Kirchenglocken Frankfurts offiziell eröffnete. Unter den Ehrengästen befanden sich Bundespräsident Heuss, Bundestagspräsident Gerstenmaier, der hessische Ministerpräsident Zinn sowie mehrere Bundes- und Länderminister. Aus der Sowjetzone waren Volkskammerpräsident Dieckmann und der stellvertretende Ministerpräsident Nuschke erschienen.

Die Predigt hielt als erster Geistlicher der gastgebenden hessischen Landeskirche Kirchenpräsident Niemöller. Die Botschaft von der Versöhnung, so sagte er, sei unsere tägliche Aufgabe und keine Vertröstung auf eine ungewisse Zukunft. Kirchentagspräsident von Thadden-Trieglaff begrüßte die führenden Männer aus Staat und Kirche. Tosender Beifall erhob sich, als er die Kirchentagsteilnehmer aus Mitteldeutschland willkommen hieß und erklärte, daß die Sehnsucht der Deutschen nach der Wiedervereinigung zu keiner Stunde erlösche.

Auch Bundeskanzler Adenauer entbot dem Kirchentag telegrafisch seine besten Wünsche. Besonders begrüßte er die Teilnehmer aus der Sowjetzone, denen er für ihre „Standhaftigkeit und Treue" dankte.

Siehe auch Seite 2

### 224 Umsiedler eingetroffen

BÜCHEN, 8. August

**224 Umsiedler aus den polnisch verwalteten deutschen Ostgebieten trafen in der Nacht zum Mittwoch auf dem Zonengrenzbahnhof Büchen ein. Die meisten Heimkehrer stammen aus Danzig und Oberschlesien, ein kleiner Teil aus Westpreußen und Pommern.** (dpa)

## Bund will für gutes Wasser sorgen

### Kabinett billigt Reinhaltegesetz

WAZ BONN, 8. August

Das Wasser in den Flüssen und Seen der Bundesrepublik soll sauberer werden. Diesem Ziel dient das Gesetz zur Reinhaltung der Bundeswasserstraßen, dessen Entwurf am Mittwoch vom Bundeskabinett verabschiedet wurde. Bundesverkehrsminister Dr. Seebohm erklärte dazu, die Verunreinigung der Gewässer habe einen Stand erreicht, der auf keinen Fall mehr geduldet werden könne. Die Öffentlichkeit sei mit Recht stark beunruhigt.

Der Gesetzentwurf sieht eine Reinhalteordnung vor, die sicherstellen soll, daß das Wasser der Flüsse und Seen mit wirtschaftlich vertretbaren Mitteln aufbereitet werden kann, um die Bevölkerung und die Industrie in ausreichender Güte und Menge mit Trink- und Brauchwasser zu versorgen.

*

**Großzügige Wirtschaftshilfe** der Bundesrepublik für die asiatischen Völker forderte der SPD-Vorsitzende Ollenhauer am Mittwoch in einem Interview mit der indischen Zeitung „Hindustan Standard".

**Vor gefälschten Einberufungsbefehlen** warnte am Mittwoch das Bundesverteidigungsministerium. Zur Zeit würden nur Einberufungen an Freiwillige verschickt.

**Bundeskanzler Adenauer** ist für den 24. und 25. September zu einem offiziellen Besuch nach Brüssel eingeladen worden, wie unterrichtete Kreise des belgischen Außenministeriums am Mittwoch mitteilten.

**Nach fast achtjähriger Haft** in der Sowjetzone ist die Stuttgarter Journalistin Else Banzhaff jetzt in der Bundesrepublik eingetroffen. Sie war 1948 auf einer Fahrt durch die Sowjetzone verhaftet und wegen angeblicher Spionage zu 25 Jahren Zwangsarbeit verurteilt worden.

**17 Passagiere** und vier Besatzungsmitglieder kamen am Mittwoch beim Absturz eines burmesischen Verkehrsflugzeuges, das auf dem Flug von Rangun nach Mandalay war, ums Leben. Die Ursache des Unglücks ist noch nicht bekannt.

**Präsident Eisenhower** kündigte am Mittwoch an, daß er mit NATO-Oberbefehlshaber General Gruenther, die Frage besprechen wird, wie sich eine Herabsetzung der amerikanischen Truppenstärke in Europa auswirken würde.

**Drei sowjetische Kriegsschiffe** trafen am Mittwoch zu einem viertägigen Besuch im Hafen der norwegischen Hauptstadt ein. Es ist der dritte sowjetische Flottenbesuch in Oslo seit der Oktoberrevolution im Jahre 1917. (WAZ/dpa/ap)

### In Rom 40 Grad im Schatten

ROM, 8. August

Heiße Luftmassen aus Afrika überfluteten am Mittwoch Süd- und Mittelitalien und trieben die Temperatur in Rom auf 40 Grad im Schatten, den höchsten Stand seit fünf Jahren. Nur weißgekleidete Polizisten waren zur Mittagszeit noch auf den meisten Plätzen und Straßen zu sehen. Selbst die Touristen wagten sich nicht mehr in die brütende Hitze hinaus. (ap)

### „Röhm-Putsch" kommt vor Gericht

MÜNCHEN, 8. August

Die blutige „Abrechnung" Hitlers mit angeblich abtrünnigen SA-Führern, der „Röhm-Putsch" von 1934, wird in Kürze noch ein gerichtliches Nachspiel haben. Nach langjährigen Ermittlungen hat jetzt die Münchner Staatsanwaltschaft gegen den früheren Kommandeur der „SS-Leibstandarte Adolf Hitler", Sepp Dietrich, und gegen den ehemaligen Kommandanten des KZ Dachau, SS-Oberst Lippert, Anklage wegen Beihilfe zum Mord erhoben. Im Sommer 1934 waren der damalige Stabschef der SA, Ernst Röhm, und andere hohe SA-Führer auf Hitlers Befehl hingerichtet worden. (dpa)

# Karlsruhe verbietet KPD

### Bundesverfassungsgericht stellt Verfassungswidrigkeit fest – Vermögen beschlagnahmt

WAZ KARLSRUHE, 17. August

Der I. Senat des Bundesverfassungsgerichtes in Karlsruhe hat am Freitag auf Antrag der Bundesregierung die KPD für verfassungswidrig erklärt und ihre Auflösung angeordnet. Gleichzeitig wurde der KPD verboten, Ersatzorganisationen zu gründen oder bestehende Organisationen fortzusetzen. Das Vermögen der KPD wird für gemeinnützige Zwecke eingezogen.

Der Präsident des Bundesverfassungsgerichtes, Dr. Wintrich, erklärte vor der Urteilsbegründung, es habe allein im politischen Ermessen der Bundesregierung gelegen, ein Verbotsverfahren gegen die KPD zu beantragen. Das Bundesverfassungsgericht habe das Verfahren nach rein rechtlichen Gesichtspunkten geführt und lediglich über die in der Verfassung begründete Rechtsfrage entschieden.

### Zwei Stunden Urteilsbegründung

Die Verlesung der Urteilsbegründung, die über zwei Stunden dauerte, fand in einer sachlichen Atmosphäre vor überfüllten Zuschauer- und Pressetribünen statt. Das Verbot der KPD, so stellte der Senat fest, könne kein Hindernis für die Wiedervereinigung Deutschlands darstellen, da das Urteil nur für den vom Grundgesetz zeitlich und sachlich beherrschten Raum wirke.

Maßgebend für das Urteil sei das Endziel der KPD gewesen, die sozialistisch-kommunistische Gesellschaftsordnung auf dem Wege über die proletarische Revolution und die Diktatur des Proletariats herbeizuführen. Dies sei unvereinbar mit einer freiheitlichen demokratischen Grundordnung. In der Verhandlung hätten die KPD-Vertreter selbst die Unvereinbarkeit der gegenwärtigen und der von ihnen angestrebten Staatsordnung bejaht.

Die Partei habe ihr Ziel zwar als nicht aktuell bezeichnet, doch beweise ihre Schulung und Agitation, daß sie die freiheitliche demokratische Grundordnung

der Bundesrepublik untergraben wolle.

Als überzeugende Beweise dafür wertete das Gericht die in Parteiverlautbarungen, Agitation und Propaganda sichtbaren Beschimpfungen, Verdrehungen und Verleumdungen mit verletzender Absicht. Eine solche Partei könne verfassungsrechtlich nicht mehr zur Mitwirkung an der Bildung staatlichen Willens in einer freiheitlichen Demokratie herangezogen werden.

### KP-Vertreter verlieren Mandate

Das Gericht hat zu der Frage der Mandatsverluste in den Parlamenten von Niedersachsen und Bremen — die einzigen Landesparlamente, in denen Kommunisten noch vertreten sind — nicht Stellung genommen. In diesen Ländern besteht jedoch die Regelung, daß bei Parteiverboten die betroffenen Abgeordneten ihre Mandate niederlegen müssen.

Die kommunistischen Vertreter in den Gemeinderäten, Stadträten und Kreistagen von NRW verlieren ebenfalls ihre Mandate. Das Kommunalwahlgesetz von NRW sieht dies für den Fall eines Parteiverbots vor. Nachwahlen erübrigen sich, weil in NRW im Herbst sowieso Neuwahlen für die kommunalen Parlamente stattfinden.

Noch während der Urteilsbegründung gaben Vertreter der Bundesregierung eine Erklärung ab, in der betont wurde, daß die Bundesregierung nicht die Absicht habe, strafrechtlich gegen diejenigen KPD-Mitglieder vorzugehen, die die verfassungsfeindlichen Bestrebungen der KPD nicht nennenswert unterstützt hätten. Jeder Versuch der Kommunisten, ihre

### Mit einem Transparent

„Trotz Verbot — KPD bleibt" wurde die Polizei empfangen, als sie in Düsseldorf das Haus der KPD-Landesleitung von Nordrhein-Westfalen besetzte.

Tätigkeit offen oder getarnt fortzusetzen, werde jedoch sofort unterbunden.

IN NEUEM KLEIDE präsentiert Opel das Modell 1957 seines „Olympia-Rekord". Der Wagen wurde äußerlich dem „Kapitän" weiter angepaßt. So wurde die Vorderfront neu gestaltet, wobei die Scheinwerfer von den fast geradlinig verlaufenden Vorderkotflügeln „überdacht" werden. Der vordere Radausschnitt wurde abgerundet. Im ganzen wirkt das Fahrzeug jetzt niedriger und gestreckter. Die hinteren Kotflügel laufen flossenartig in eine große Heckleuchte mit kombinierten Brems-, Schluß- und Blinkleuchten aus. Im Kofferraum wurde das Reserverad seitlich angeordnet. Von den technischen Verbesserungen ist die bemerkenswerteste die Synchronisierung auch des 1. Ganges. Der Preis wurde allerdings um 110 DM bzw. um 100 DM für die Nebentypen — Olympia Caravan und Schnell-Lieferwagen — erhöht.

## USA entwickeln neue Kernwaffen

WASHINGTON, 31. Juli

Die Vereinigten Staaten haben mit der Entwicklung von verschiedenen Arten neuer Atom- und Wasserstoffwaffen nach „neuen Grundsätzen" begonnen, wie die Atomenergiekommission in ihrem Bericht über das letzte halbe Jahr an den Kongreß bekanntgab. Zur Zeit würden bereits Erweiterungen in den Werken vorgenommen, um die neuen Kernwaffen in größeren Mengen herzustellen.

Die beiden Kernwaffenlaboratorien in Los Alamos und Livermore arbeiten bereits „nach neuen Prinzipien der Kernwissenschaft". Als Folge davon habe die Zahl der Arten von Kernwaffen, die in der Forschung, Entwicklung oder Produktion seien, erheblich zugenommen. In der Kernforschung für militärische Zwecke seien in den letzten sechs Monaten vor allem neue Verteidigungswaffen entwickelt worden. Es wird vermutet, daß es sich dabei vorwiegend um ferngelenkte Flak-Geschosse und Seeminen handelt.

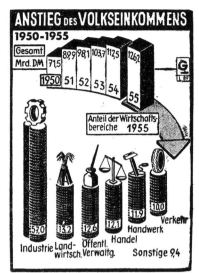

**ANSTIEG DES VOLKSEINKOMMENS**
1950-1955
Gesamt
Mrd. DM 71,5 · 82,9 · 98,1 · 103,7 · 112,5 · 126,2
1950 · 51 · 52 · 53 · 54 · 55
Anteil der Wirtschafts-bereiche 1955
57,0 · 13,2 · 12,6 · 12,1 · 11,9 · 10,0
Verkehr
Handwerk
Industrie · Land-wirtsch. · Öffentl. Verwaltg. · Handel · Sonstige 9,4

*Das Volkseinkommen im Bundesgebiet ist im letzten Jahr um 12,1 v. H. gestiegen. An diesem Anstieg haben alle Wirtschaftsbereiche ihren Anteil, jedoch bestehen Unterschiede in der Zuwachsrate. So liegt das Verkehrswesen mit einer Steigerung um 15 v. H. über dem Durchschnitt, Industrie und Handel weisen eine durchschnittliche Zunahme auf, während Handwerk (ohne Bau) und Landwirtschaft mit rund 7 v. H. unter dem Durchschnitt bleiben. Weitaus an der Spitze steht das Baugewerbe mit einer Steigerung um 21 v. H. Unsere Zeichnung veranschaulicht den Anteil der wichtigsten Wirtschaftsbereiche an der Entstehung des Volkseinkommens. Die Industrie führt dabei mit 57 Md. DM oder 45 v. H. mit Abstand.*

## „Industrialisierung gefährdet Familie"

WAZ MÜNCHEN, 6. August

Als Folge der wachsenden Industrialisierung werde im Jahre 2000 ein Viertel der gesamten Weltbevölkerung in Großstädten mit mehr als 100 000 Einwohnern leben, sagte die Leiterin der Sozial-Abteilung der Vereinten Nationen, Dr. Julia J. Henderson (USA), in einem Vortrag auf der internationalen Konferenz für Sozialarbeit, die zur Zeit in Anwesenheit von 2600 Delegierten aus 56 Nationen in München stattfindet.

Verstädterung bedeute zwar keineswegs immer eine Gefährdung der Familie, stets aber die Entwicklung von der Großfamilie zur aus höchstens zwei Generationen bestehenden Kleinfamilie. Dadurch werde die materielle und seelische Not vor allem der Alten und Körperbehinderten vergrößert. In allen sich industrialisierenden Ländern müsse es daher Aufgabe des Staates sein, dieser Not zu steuern.

Der englische Sozialwissenschaftler Titmuss unterstrich die wachsende Bedeutung, die der Pflege der menschlichen Beziehungen in der Industriegesellschaft zukomme.

Vizekanzler Blücher, der die Grüße des Bundeskanzlers und der Bundesregierung überbrachte, betonte in der feierlichen Eröffnungssitzung, daß das Konferenzthema — die Auswirkungen der Industrialisierung auf die Sozialarbeit in Familie und Gemeinwesen — einen wertvollen Beitrag für die internationale Zusammenarbeit darstelle. Konferenzleiter Haynes (London) sagte, die Zusammenkunft der in der Sozialarbeit stehenden Delegierten aus aller Welt verkörpere die weltweite Auffassung, daß der Mensch nicht Opfer der Maschine werden dürfe, und daß die Würde des Menschen stets gewahrt bleiben müsse.

# Münchner Halbstarke liefern Straßenschlacht mit Polizei

## Pflasterstein verletzt Beamten – Elf Jugendliche festgenommen

WAZ MÜNCHEN, 6. August

Zu einer regelrechten Straßenschlacht zwischen Polizisten und Halbstarken kam es am Sonntagabend auf dem Auerdult, einem traditionellen Vorstadtjahrmarkt in München. An die hundert Jugendliche zwischen 15 und 20 Jahren hatten sich zusammengerottet, als der Betrieb auf dem Rummelplatz schließen wollte. Die Lichter waren kaum verlöscht, als die Halbwüchsigen zu pfeifen und zu johlen begannen.

Die Polizei, die schon an Vortagen gegen Randalierende vorgehen mußte, hatte vorsorglich fünf Beamte in Zivil zum Jahrmarkt beordert, die nun versuchten, den Platz zu räumen. Immer mehr Halbstarke rotteten sich zusammen und leisteten Widerstand, selbst dann noch, als das Überfallkommando in einem Funkstreifenwagen eintraf. Mit Gummiknüppeln wurden die Randalierenden abgedrängt. Dann gingen etwa 300 Jugendliche zum Gegenangriff über und bewarfen die Polizisten mit Pflastersteinen, wodurch u. a. die Windschutzscheibe des Streifenwagens zersplittert und ein Beamter getroffen wurde. Schließlich trafen vom Polizeipräsidium der Wasserwerfer und ein zweites Überfallkommando ein. Danach zerstreuten sich die Jugendlichen unter Protestrufen und Pfiffen. Elf Jugendliche wurden festgenommen und werden wegen Aufruhrs angezeigt.

**Hundstage an der Ruhr: „Datt nennt man Kemping"**   WAZ-Bild: Werner Ebeler

# 6600 Verkehrstote im 1. Halbjahr 1956

## Unfallzahlen erneut um 6 v. H. gestiegen

Von unserem Bonner Büro          Mü BONN, 15. August

Trotz aller Aufrufe und Gegenmaßnahmen steigt die Zahl der Verkehrstoten und der Unfälle in der Bundesrepublik weiter an. Gegenüber dem ersten Halbjahr 1955 wurden im gleichen Zeitraum dieses Jahres rund 400 Tote und 10 500 Verletzte mehr gezählt. Die Zahl der Verkehrstoten in den ersten sechs Monaten 1956 liegt damit bereits bei rund 6600 und die der Verletzten bei rund 190 000.

Nach den am Mittwoch veröffentlichten Zahlen des Statistischen Bundesamtes hat die Zahl der Straßenunfälle mit Personenschaden im ersten Halbjahr 1956 um 6,1 v. H. gegenüber der gleichen Zeit des Vorjahres zugenommen, die der Verletzten um 5,7 v. H. und die der Getöteten um 6,5 v. H.

Trotzdem ist die Unfallzahl geringer gestiegen als die Verkehrsdichte. In den ersten sechs Monaten dieses Jahres erhöhte sich nämlich der Kraftfahrzeugbestand gegenüber der gleichen Vorjahreszeit um rund 10 v. H. Ende 1955 waren im Bundesgebiet rund 4,6 Mill. Kraftfahrzeuge zugelassen.

Neben einer größeren Disziplin aller Verkehrsteilnehmer wird in Bonn als die beste Möglichkeit zur Senkung der Unfälle der Ausbau des Straßennetzes bezeichnet. Wie wir berichteten, hatte Bundesverkehrsminister Seebohm dazu vor einigen Monaten einen großen Zehnjahresplan vorgelegt. Die Finanzierung dieses mit 35 Md. DM veranschlagten Projektes ist allerdings noch ungeklärt.

· In zuständigen Kreisen Bonns ist man der Ansicht, daß die Milliarden für den Straßenbau nicht ohne eine erneute Belastung der Kraftfahrer aufgebracht werden können. Wie wir bereits berichteten, denkt man im Finanzministerium an die Einführung einer Autobahnsteuer, die Erhöhung der Preise für Dieselkraftstoff und möglicherweise an die Einführung einer Reifensteuer.

# Die Revolte des armen Schusters
## Zur Uraufführung des Käutner-Films „Der Hauptmann von Köpenick"

*„Det Militär is wat for Jöhren oder Dienstbolzen, 'n besserer Herr kiekt da weg, wenn er sowat sieht."*

Aus „Der Hauptmann von Köpenick" von Zuckmayer.

Die neue Filmsaison, die so aufdringlich im Zeichen der Heide- und Hochwaldschmarren steht, wurde mit einem Meisterwerk eröffnet, mit dem „Hauptmann von Köpenick". Es ist kaum vorstellbar: dieses wunderbare Theaterstück Zuckmayers, das durch allzu häufige Aufführungen schon ein wenig abgenützt schien, erhält in der Filmfassung Helmut Käutners neuen Glanz und neue Effekte. Der Film hat kaum Schwächen. Er ist die ausgewogenste und künstlerisch beste Gemeinschaftsarbeit, die bislang aus der oft belächelten und zuweilen wenig ertragreichen Allianz Käutner/Zuckmayer hervorging. In Deutschland wurde ein erstklassiger Film gedreht. Der beste seit Jahren. Man glaubt es kaum.

Die Komödie basiert auf einem Schildbürgerstreich, der wirklich geschah. Da war einmal ein Mann, Wilhelm Voigt, Schuster von Beruf. Kleine Delikte hatten ihn ins Gefängnis gebracht. Nach seiner Entlassung bemühte er sich vergebens um einen Paß. Denn er lebte in Preußen, in einem Staat, in dem das Militär, die Uniform, überzüchtete Bürokratie und Borniertheit herrschten. Voigts Leidensweg durch das verfilzte Dickicht der Behörden endete immer wieder im Zuchthaus. Da verkleidete er sich als Hauptmann, charterte ein paar Soldaten und besetzte das Rathaus von Köpenick. Was ihm nie gelang, schaffte die Uniform: man behandelte ihn mit Ehrfurcht und Respekt. Aber in Köpenick gab es kein Paßamt. Der Bluff war umsonst.

Bei aller Komik der Ereignisse stimmt die Situation des hilflosen Schusters eigentlich traurig. Seine Pfiffigkeit ist ja nur eine Variante seines Wesens. In Wirklichkeit ist er ein armer Hund, Opfer der Verhältnisse und jener wilhelminischen Ära, in der Kadavergehorsam und bürokratische Prüderie als echte Tugenden galten. Der Hauptmann von Köpenick ist also ein Verwandter Don Quichotes, und sein Handeln und Scheitern hat etwas von der absurden Tragikomik der armen Helden Charlie Chaplins. Genau so muß er dargestellt werden. Und genau so spielt in dem Film Heinz Rühmann.

Heinz Rühmann ist die „große Sensation" des Films. Welch ein wunderbarer Schauspieler! Er dreht nicht auf und blödelt nicht. Er verfällt nicht einmal in jenes naiv ulkige Chargieren, das uns noch kürzlich in „Charleys Tante" verstimmte. Er hält Maß, trifft genau den Ton zwischen Traurigkeit und Spaß. Selbst Szenen, denen Zuckmayer zuviel Sentiment mitgegeben hat, werden von ihm gedämpft und eindrucksvoll unterspielt. Ein ganz anderer Rühmann steht vor uns. Ein idealer Hauptmann von Köpenick.

Auch die anderen Darsteller — bekannt aus vielen Filmen — erreichen hier ihr bisher bestes Format. Friedrich Domin, Martin Held, Hannelore Schroth, Leonhard Steckel, vor allem Walter Giller — sie alle sind gut und endlich richtig eingesetzt.

Ein Einwand: Zuweilen — und die Gefahr lag nahe — geraten manche Passagen in den Bereich der aggressiven Brettl-Klamotte. Man weiß ja, daß Käutner die Spießer nicht liebt und daß ihm alles Militante, alles Uniformierte verhaßt ist. Man spürt auch, welche Freude es ihm gemacht hat, die sozialkritische und antimilitaristische Tendenz der Komödie herauszustellen und ihre Aktualität zu unterstreichen. Aber dabei wird er leider oft zu direkt.

Spießer und Militaristen sind gegen die Behandlung mit Dreschflegeln längst gefeit. Man muß ihnen so überlegen und intelligent beikommen, wie es mit den guten Dialogen des Films getan wird.

MICHAEL LENTZ

*NUR DER ZWANG DER PUBLICITY veranlaßte das Schauspielerehepaar Elizabeth Taylor und Michael Wilding auf dem Flugplatz von Los Angeles sich gemeinsam einem Pressefotografen zu stellen. Kurz zuvor war bekanntgeworden, daß die beiden sich trennen wollen.*

## Verleger protestieren gegen Fernsehwerbung

FRANKFURT (Main), 31. Juli

Gegen die geplante Aufnahme von Reklamesendungen im Fernsehfunk haben der Bundesverband deutscher Zeitungsverleger und der Verband deutscher Zeitschriftenverleger in einem gemeinsamen Schreiben an die acht Rundfunksender in Westdeutschland und West-Berlin sowie an die Arbeitsgemeinschaft der Rundfunkstationen in Stuttgart Protest eingelegt. Das ausführliche, durch Rechtsgutachten begründete Protestschreiben stellt fest, eine privatwirtschaftliche Betätigung der Rundfunkanstalten auf dem Gebiet des Werbefunks und des Werbefernsehens sei mit den öffentlichen Aufgaben unvereinbar und rechtswidrig. Die beiden Verlegervereinigungen betonten, daß sich ihr Einspruch insbesondere gegen die schon für November geplante Einführung des Werbefernsehens durch den Bayrischen Rundfunk richtet.

# Rainier: Grace erwartet Baby

MONTE CARLO, 2. August

Die Fürstin Gracia Patricia von Monaco (26) erwartet ein Kind, mit dessen Geburt im Februar zu rechnen ist, wurde am Donnerstag in Monaco offiziell bekanntgegeben. Die freudige Nachricht wurde von Fürst Rainier (33) am Donnerstagabend über den monegassischen Rundfunk seinen Untertanen mitgeteilt. Der Fürst wies dabei auch auf die Bedeutung der Geburt des Kindes für die künftigen wirtschaftlichen Pläne Monacos hin. Die ehemalige Filmschauspielerin Grace Kelly hatte den Monegassenfürsten Mitte April geheiratet. Auf Grund eines monegassisch-französischen Vertrages verliert Monaco seine Unabhängigkeit, sobald die regierende Linie der Grimaldi ausstirbt. Das Paar hatte am 28. Juli einen Galaabend zugunsten des Roten Kreuzes im Sportklub von Monaco besucht. Dabei wurde das neueste, hier gezeigte Bild geschossen.

## „Ehemann sollte drei bis fünf Jahre älter als Ehefrau sein"

FRANKFURT, 1. August

Für die Ehe gilt ein Altersunterschied der Partner von drei bis fünf Jahren bei zwei Dritteln der Deutschen als ideal. 10 v. H. begnügen sich mit einem Abstand von ein bis zwei Jahren, während 17 v. H. es für günstiger halten, wenn der Ehemann sechs Jahre und mehr älter ist. Das ist das Ergebnis einer Meinungsumfrage, die das DIVO-Institut in Frankfurt bei einem repräsentativen Bevölkerungsdurchschnitt vornahm.

Über die Hälfte der Befragten nannten das 23. bis 25. Lebensjahr das beste Heiratsalter der Frau. Bei den Männern liegt das ideale Heiratsalter etwas höher. Nur 5 v. H. plädierten für Gleichaltrigkeit der Ehegatten und weniger als 1/2 v. H. der Befragten war dafür, daß die Frau älter sein sollte.

# Flammen umschliessen 273 Bergleute
# Auf belgischer Zeche - Kaum Hoffnung

## Kurzschluss in 765 m Tiefe
## Aschenregen über Marcinelle

### Berichte unserer Nachrichtendienste
**CHARLEROI, 8. August**

**Bei einer der größten Grubenkatastrophen Europas seit dem letzten Kriege sind am Mittwoch 273 Bergarbeiter in einer Grube in Marcinelle bei Charleroi von der Außenwelt abgeschnitten worden. Nach stundenlangen Rettungsarbeiten konnten bis zum späten Mittwochabend nur sieben Verletzte lebend geborgen werden. Die Direktion der Grube Marcinelle sagte, es bestehe nur noch wenig Hoffnung, daß die eingeschlossenen Bergleute gerettet werden können. Bisher wurden acht Tote aus dem rauchenden Schacht geborgen.**

Am Nachmittag war es Rettungsmannschaften gelungen, einen Zugang zu dem Unglücksstollen durch einen fast 2 m dicken Betonverschluß zu sprengen. Rettungsmannschaften, die mehrmals versuchten, in den Schacht einzudringen, mußten immer wieder umkehren, weil ihnen die Gummistiefel an den Füßen schmolzen und ein Arbeiten in dem Schacht trotz des Einsatzes von Sauerstoffgeräten unmöglich ist.

Die Männer sind 765 m unter Tage eingeschlossen. Ein Mitglied einer Rettungsmannschaft berichtete, daß bereits in 170 m Tiefe die Hitze unerträglich sei.

Der Brand entstand, als ein Förderwagen im Stollen umkippte, auf ein Starkstromkabel stürzte und dadurch einen Kurzschluß verursachte. Die Kabel für den Betrieb der Förderanlage schmolzen durch. Die Förderkörbe stürzten Hunderte von Metern tief in den Schacht hinunter.

Nach Bekanntwerden der Katastrophe spielten sich vor den Toren der Zeche erschütternde Szenen ab. Weinende Frauen und Kinder versuchten in ihrer Verzweiflung, die Polizeiketten zu überrennen. Die Nachricht von der Katastrophe hatte das Bergarbeiterstädtchen Marcinelle, das an der Sambre Charleroi direkt gegenüberliegt, schon in der Morgendämmerung alarmiert. Als die Menschen aus den Häusern stürzten, ging über der Stadt ein schwarzer Aschenregen wie bei einem Vulkanausbruch nieder. Die Grube in Marcinelle beschäftigt die meisten der in Belgien lebenden ausländischen Bergleute. Es handelt sich in der Hauptsache um Italiener und einige Griechen. Nach letzten Meldungen sollen auch unter den Verunglückten fünf Deutsche sein.

Bereits in den Nachmittagsstunden waren der Ministerpräsident und drei Minister Belgiens am Unglücksort eingetroffen. Am Mittwochabend begab sich König Beaudouin nach Marcinelle.

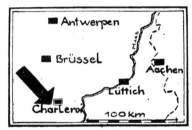

**DIE KOHLENGRUBE in Marcinelle. Angehörige der Bergleute warten vor dem Zechentor auf Nachricht über die Eingeschlossenen.**

## Schon 300 Tote in Kolumbien geborgen

**BOGOTA, 8. August**
In der kolumbianischen Stadt Cali sind Rettungsmannschaften noch immer damit beschäftigt, Tote und Verletzte aus den rauchenden Trümmern zu bergen, mit denen ein Teil der Stadt (90 000 Einwohner) seit der furchtbaren Sprengstoffexplosion vom Dienstagmorgen bedeckt ist. Nach letzten amtlichen Berichten waren bis Mittwochmorgen über 300 Tote und 1000 Verletzte geborgen worden.

Nach kolumbianischen Zeitungsmeldungen sollen bei dem Unglück 1200 Menschen ums Leben gekommen sein. Die Regierung ordnete eine dreitägige Staatstrauer an. Die Explosion wird, wie gemeldet, auf einen politischen Anschlag zurückgeführt. Durch die gewaltige Druckwelle, die nach der Explosion der acht dynamitbeladenen Lastwagen ausgelöst wurde, sind acht Wohnblocks völlig zerstört und viele andere Gebäude schwer beschädigt worden. Die Gebirgsstadt Cali liegt etwa 300 km südwestlich von Bogota.

# RWE baut Atomkraftwerk

## ... zu Versuchszwecken – In 10 bis 15 Jahren soll Großkraftwerk folgen

**Von unserem Redaktionsmitglied ERNST NEY**          **ESSEN, 16. August**
Das Rheinisch-Westfälische Elektrizitätswerk Essen, der größte Stromerzeuger der Bundesrepublik, wird ein Atomversuchskraftwerk mit 10 000 Kilowatt installierter Leistung bauen. Das gab Generaldirektor Dipl.-Ing. Heinrich Schöller am Donnerstag in Essen vor der Presse bekannt. Nach den Berechnungen des Unternehmens ist mit 20 bis 30 Mill. DM reinen Baukosten zu rechnen, nicht einbegriffen Grundstückskosten, Versicherungssummen und andere Posten. Der Aufsichtsrat hat das Bauvorhaben gebilligt. Über den Ort, an dem gebaut werden soll, ist eine Entscheidung noch nicht gefallen.

Das Unternehmen hat sich zu diesem Schritt entschlossen, weil es eigene praktische Erfahrungen sammeln will für die Errichtung und den Betrieb eines wirtschaftlich arbeitenden Großkraftwerks auf Atombasis mit etwa 700 000 bis eine Million Kilowatt Leistung. Nach den Schätzungen Schöllers wird es in etwa 10 bis 15 Jahren gebaut werden können und einen Baukostenaufwand von rund 1 Md. erfordern.

### Zunächst nur Vorarbeiten

Wann mit dem Bau begonnen werden kann, steht noch nicht fest. Zunächst müssen zwischen der Bundesrepublik und den Vereinigten Staaten alle vertraglichen Abmachungen unterzeichnet sein, in denen die Lieferung von Ausrüstungen und Betriebsmitteln für Atomkraftwerke geregelt werden wird. Auch die einschlägige Gesetzgebung der Bundesrepublik muß abgewartet werden. Die Vorarbeiten sollen jedoch soweit vorangebracht werden, sagte Schöller, daß mit den Bauarbeiten begonnen werden kann, sobald alle staatsrechtlichen und gesetzlichen Voraussetzungen gegeben sind. Auf die Frage eines Journalisten, ob man denn nicht bereits vorher anfangen könne, erwiderte Schöller lächelnd: „Was glauben Sie denn, da müssen Sie den Atomminister fragen."

# Bert Brecht gestorben: Das engagierte Genie

Der Tod Bertold Brechts ruft die Erscheinung eines Mannes an die Rampe, der gleichzeitig der bedeutendste unter den zeitgenössischen deutschen Dramatikern und einer der prominentesten Vertreter des Sowjetzonen-Regimes war. Er begann, sich schon früh zur kommunistischen Bewegung bekennend, als ehrlicher Rebell und endete an der starren, von ihm selbst bejahten Grenze sowjetischer Linientreue. Sie hat indessen — dies gilt es jenseits aller politischen Kritik festzuhalten — seine dramatische Stoßkraft nicht schwächen können.

Der 1898 zu Augsburg geborene Dichter errang seine ersten starken Bühnenerfolge mit „Baal" und „Trommeln in der Nacht", einem Heimkehrerstück, das Otto Falckenberg 1922 an den Münchner Kammerspielen herausbrachte. Es war die Zeit, da auf den meisten Bühnen noch der Expressionismus gedieh, aber auch die Zeit, da der Theaterkonzern der Rotters in Berlin und die Filmoperettenproduktion die Gehirne mit falschen Lebensbildern zu verwirren begannen.

Gegen diese Vernebelungstechnik auf breitester Front setzte sich der junge Brecht mit kalter Leidenschaft zur Wehr. Er verbannte von vornherein alle illusionären Mittel aus seinem Werk. Er lehnte schroff jede Verzauberung — zweifellos ein Urelement des Theaters — ab. Schon die Titel der folgenden Dramen zeigen, worauf er hinaus wollte: „Im Dickicht der Städte" heißt eines, das wie „Die heilige Johanna der Schlachthöfe" in Chikago spielt, „Mann ist Mann" ein anderes, geschrieben nach Mustern des Engländers Rudyard Kipling, die „Dreigroschenoper" (von Kurt Weill vertont), ein viertes, verfaßt nach der Bettler-Oper John Gays, von Brecht als soziale Satire modernisiert und mit zupackenden Songs versehen.

Gemeinsam mit Feuchtwanger dichtete Brecht „Das Leben Eduards II." nach, in dem sich wie auch in seinem Operntext zum „Verhör des Lukull" die Kampfansage gegen den Nimbus der „großen Männer" dramatisch realisiert. Nach Maxim Gorki entstand die „Mutter", thematisch von Grimmelshausen her kommt „Mutter Courage und ihre Kinder".

Wie stark die Faszination des umstrittenen Dichters bis in die letzten Jahre hinein gewesen ist, zeigt die Brecht-Renaissance auf bundesrepublikanischen Bühnen mit dem (während der Ruhrfestspiele 1955 aufgeführten) „kaukasischen Kreidekreis", mit dem „Galileo Galilei", mit dem „guten Menschen von Sezuan". Für die kommende Spielzeit bereiten mehrere westdeutsche Theater die „Dreigroschenoper" vor.

BERT BRECHT

Für Brecht war die „Fabel die Seele des Theaters". Er wollte den Menschen betrachten „nicht nur wie er ist, sondern wie er sein könnte". Er wollte in seinen „Lehrstücken" — und dies war das Herzstück seiner Dramaturgie — die „Verfremdung" des Theaters. Womit er nicht meinte: „dem Volke entfremdet, sondern abgenutzten Gefühlsinhalten, der Banalität, der Spießigkeit verfremdet".

Diese mit einer genialen Perfektion verwirklichte Technik, in des Autors besten Jahren für die sozial Erniedrigten und Beleidigten eingesetzt, macht Brechts Größe aus. Sie setzt den Aussagewert des Wortes wieder in seine Rechte ein. Sie kann spröde, hart, höhnisch, unmittelbar, aber auch auf eine bezaubernd schlichte Weise poetisch sein — manche Gedichte der „Hauspostille" sind der beste Ausweis für die Leuchtkraft des Schlichten, die diesem Mann zu Gebote stand.

Die Anklage des politisch-menschlichen Verrats wider Brecht, die Tatsache seiner bewußten Bindung an ein System der organisierten Unmenschlichkeit sind nicht zu entkräften. Wenn wir uns aber zu dem Wertmaßstab bekennen, daß die Gesetze von Kunst und Leben oft auseinander streben, bleibt uns nur die Ehrerbietung vor einem der größten und kühnsten Beweger, die das Theater dieses Jahrhunderts gekannt hat.        WERNER TAMMS

## Arbeitslosenzahl erneut gesunken

NÜRNBERG, 6. August

Die Zahl der Arbeitslosen in der Bundesrepublik hat sich im Juli um 49 303 auf 429 543 weiter verringert und damit einen neuen Tiefstand erreicht. Sie liegt um rund 65 000 unter dem bisher niedrigsten Vorjahrsstand von September 1955. Die stärkste Abnahme verzeichnete Nordrhein-Westfalen mit 9748 auf 74 422. Nach England hat die Bundesrepublik jetzt die wenigsten Arbeitslosen aller europäischen Industrieländer.

Wie der Präsident der Bundesanstalt für Arbeitsvermittlung und Arbeitslosenversicherung, Dr. Scheuble, am Montag in Nürnberg berichtete, ist der stärkere Rückgang der Frauenarbeitslosigkeit (um 28 707 auf 235 118) überwiegend auf die vermehrten Kräfteanforderungen für den Sommerschlußverkauf zurückzuführen. Der geringere Rückgang bei den Männern zeige, daß der Überdruck auf dem Arbeitsmarkt bereits etwas nachgelassen hat. Außerdem werde es immer schwieriger, aus dem bereits stark „durchkämmten" Arbeitslosenbestand die jeweils geeigneten Kräfte zu gewinnen.

Die Zahl der erwerbslosen Schwerbeschädigten ist dem Bericht zufolge trotz erheblicher Neuzugänge seit 1953 von 37 300 auf 17 400 gesunken.

## Sechs Jahre alt

. . . wurde am Mittwoch die Tochter Königin Elizabeths II. und des Herzogs von Edinburgh, Prinzessin Anne. Ihr Geburtstagsfoto zeigt sie in einem weißen Spitzenkleid, zudem sie eine Platinkette mit echten Perlen trägt.

## Zum erstenmal Jazz auf dem Evangelischen Kirchentag

BREMEN, 7. August

Zum erstenmal wird auf dem Deutschen Evangelischen Kirchentag in Frankfurt ein christliches Laienspiel mit Jazz als musikalischer Einlage aufgeführt. Die Spielschar einer bremischen Gemeinde wird unter der Leitung ihres Pastors das von Pfarrer Ernst Lange geschriebene Schauspiel „Hallelujah, Billy" uraufführen. Das Spiel vermittelt Eindrücke aus dem New-Yorker Neger- und Elendsviertel Harlem und verbindet Elemente des Theaters wie der Operette mit der Verkündung des Evangeliums. Etwa 40 Jugendliche wirken bei der Vorführung mit.

ERSTAUFFÜHRUNG ✳ Eine Schar beliebter Darsteller und der romantische Bodensee in einem Farbfilm voll LIEBE, SPANNUNG und HUMOR

Die Fischerin vom Bodensee

mit
**Marianne Hold**
**Gerhard Riedmann**
Annie Rosar, Joe Stöckel, Isa u. Jutta Günther

Es singt das Sunshine Quartett
Es spielt u. a. das „Schlagzeugwunder" Loisl Blank        Constantin-Film

Ein Lied, ein Schlager — und jetzt ein lebensfroher Film, der Jung und Alt gefallen wird!

| 15.00 17.30 20.15 | 17.30 20.00 So. a. 15.00 | Ab 16 Jahre zugelassen | 15.00 17.30 20.00 | 15.00 17.30 20.15 |
|---|---|---|---|---|
|  GEMAR |  CAPITOL | |  OLYMPIA | SÜD-Theater Tel. 7 27 90 |

# Williams läuft 100 m in 10,1

## Sensationeller Weltrekord des Amerikaners im Berliner Olympiastadion

BERLIN, 3. August

Einen sensationellen Weltrekord mit 10,1 Sekunden über 100 m lief am Freitag der 24jährige farbige Amerikaner Willie J. Williams im Berliner Olympia-Stadion. Williams erzielte diese Zeit, mit der er den bisherigen Weltrekord um eine zehntel Sekunde unterbot, während der Vorläufe zu den Internationalen Militär-Meisterschaften, die bis Sonntag in Berlin stattfinden.

Bei günstigen Wetterbedingungen ging er mit einem Blitzstart in Front und gewann seinen Lauf mit nahezu 15 m Vorsprung. Der Anerkennung des neuen Weltrekordes dürfte nichts im Wege stehen. Die Zeit wurde von drei Uhren mit 10,1 Sekunden, von einer Uhr mit 10,2 Sekunden gestoppt. Die Bahn entsprach den internationalen Vorschriften.

Williams löschte damit nach 20 Jahren den Weltrekord aus, den Jesse Owens (USA) 1936 mit 10,2 Sekunden über 100 m aufgestellt hatte. Diese Zeit war inzwischen von acht Läufern, darunter auch dem Deutschen Heinz Fütterer, eingestellt worden.

Williams gehörte bisher nicht der amerikanischen Olympiamannschaft an, aus der vier andere Mitglieder an den Militär-Meisterschaften teilnehmen. Bei den Olympia-Ausscheidungen der USA in Los Angeles war er im 100-m-Lauf wegen

So lief der Amerikaner Willie J. Williams ins Ziel. Etwa 15 m hinter ihm folgte der Ägypter Said Ahmed Zaky.

eines Wadenkrampfes mit 10,6 Sekunden nur Achter geworden.

Der neue Weltrekord-Inhaber leistet gegenwärtig in den USA seinen Militär-

dienst ab. Er ist verheiratet und Sportlehrer von Beruf. „Ich glaube, daß ich nun aber doch noch nach Melbourne kann", meinte er nach seinem Lauf.

## Neunjähriger Junge besteigt Mont Blanc

Nach einem dreitägigen Aufstieg mit seinem Vater und einem Bergführer erkletterte, wie berichtet, der neunjährige Emilio Stefanelli am 11. August das „Dach Europas", den 4810 Meter hohen Gipfel des Montblanc.

## Tabletten färben Frauenhaare blond

### Medizinisches „Wunder"

LONDON, 7. August

Ein Londoner Arzt behandelte zwei Patientinnen fünf Monate lang mit einer bestimmten Art von Tabletten. Die eine Patientin hatte Arthritis (Gelenkkrankheit), die andere litt an Allergie (anomale Reizempfindlichkeit). Die Tabletten bewirkten bei beiden ein Wunder. Die Patientinnen wurden im Verlauf von fünf Monaten platinblond und sind davon so entzückt, daß sie ihre Leiden vergessen haben. Der Fall wird im jüngsten Heft der britischen Medizinerzeitschrift „Lancet" berichtet.

# Bundesminister erhalten Äquatortaufe in der Luft

## Lufthansa eröffnet Südamerika-Dienst-Fluglinie von Hamburg

waz DÜSSELDORF, 15. August

Zum erstenmal nach sechzehnjähriger Unterbrechung flog am Mittwoch ein Lufthansa-Flugzeug von Hamburg aus über Düsseldorf, Frankfurt, Paris, Dakar nach Südamerika. Die viermotorige Super-Constellation wurde bei ihrer Zwischenlandung in Düsseldorf von Oberbürgermeister Gockeln und Lufthansa-Direktor Hoeltje begrüßt.

Die Maschine wird von Flugkapitän Mayr gesteuert, der auch 1939 Pilot der letzten Maschine war, welche die Südatlantikroute beflog. Erster Landeplatz in Südamerika ist Rio de Janeiro, Endpunkt der Linie Buenos Aires. Die Lufthansa hatte 1934 als erste Fluggesellschaft der Welt einen planmäßigen Südatlantikdienst eröffnet. Der Leiter des Düsseldorfer Flughafens, Freiherr von Buddenbrock, leitete seinerzeit die Seeflugabteilung der Lufthansa, die den Südatlantikdienst vorbereitete.

Bei der Zwischenlandung in Frankfurt stiegen Bundesminister Seebohm und Balke zu. Zusammen mit den übrigen Passagieren erwarteten sie zu mitternächtlicher Stunde über dem Atlantik die traditionelle Äquatortaufe.

Zweimal wöchentlich wird künftig die Deutsche Lufthansa die Route Hamburg—Buenos Aires in beiden Richtungen befliegen. Die 12 500 km lange Strecke wird nach dem Flugplan mit 48 Passagieren und drei Tonnen Fracht in 34 Stunden bewältigt werden.

Beim Südatlantik-Postdienst vor 20 Jahren wurde die Post mit einem einmotorigen Schnellflugzeug von Berlin über Stuttgart und Marseille nach Sevilla gebracht. Von dort flog sie eine Ju 52 nach einer Zwischenlandung auf den Kanarischen Inseln nach Bathurst an der westafrikanischen Küste. Ein Flugboot, das von einem dort verankerten Katapultschiff gestartet wurde, überquerte dann den Südatlantik.

## Auch das ist eine Folge der Automation:

# Arbeiter im Sessel

*So sieht der Steuerstand einer automatisierten Produktionsanlage bei den Chemischen Werken Hüls aus. Auf der großen Wandtafel ist das Produktionsschema nachgebildet, an den langen Schaltpulten werden die wenigen Handgriffe vorgenommen, die noch zur Steuerung der Anlage erforderlich sind.*
Bild: CWH

## Neue Anlage der Großchemie in Marl-Hüls: Produktion ist völlig ferngesteuert

Von unserem Redaktionsmitglied FERDINAND HANNEN    MARL-HÜLS, 15. August

> Der junge Mann hinter dem großen Metallschreibtisch erhebt sich aus seinem kunststoffbespannten Drehsessel und schlendert quer durch den großen Raum an die Fensterfront. Dort geht er in die Hocke: In zwei Aquarien tummeln sich bunte Zierfische zwischen zartgrünen Wasserpflanzen. „Sie haben wieder Junge gekriegt", sagt er. Schlauchleitungen mit blitzenden Ventilrädern führen den Fischen ständig gefilterte Frischluft zu. Die großen Fenster geben den Blick frei auf eine kleine Rasenfläche. Dahinter türmen sich wuchtige Metalltürme mit verschlungenen Rohrleitungen zu einem futuristisch anmutenden Stahlgebirge: Äthylen wird hier erzeugt, ein gasförmiger Kohlenwasserstoff und bedeutsam für zahlreiche Produkte der modernen Chemie. Dieser eine junge Mann überwacht diesen Produktionszweig der Chemischen Werke Hüls während seiner Schicht allein.

Nun wendet er sich wie zufällig den Meßgeräten und Schaltbildern zu, die drei Seiten des großen Raumes einnehmen: Alles läuft normal, er braucht keinen Finger zu rühren. Dieser Zweig des Werkes wird automatisch gesteuert.

„Heute morgen hat etwas nicht gestimmt", sagte der junge Mann und zeigt auf einen der Temperaturschreiber, über dessen Registrierpapier ein Schreibstift wirre Linien zieht. An einer Stelle hat er einen großen Ausschlag aufgezeichnet. Irgendwo entdeckte der junge Mann in seinem labyrinthgleichen Kontrollsystem die Fehlerquelle, betätigte einige Schalter, und der wildgewordene Temperaturschreiber beruhigte sich wieder.

Aber normalerweise stehen die Hauptschalter auf „Regler", und das bedeutet: der automatische Steuer- und Kontrollapparat bedient über unzählige Druckluftleitungen die unheimlich brummende Produktionsanlage auf der anderen Seite der Rasenfläche ohne menschlichen Zutun. Zwischen hohen Destillationskolonnen blähen sich weiße Windsäcke im Augustwind. Fast glaubt man sich an den Rand eines Flugfeldes versetzt, auf das sich in der nächsten Minute ein Hubschrauber herunterspiralt. Aber die Windsäcke zeigen an, in welche Richtung man zweckmäßigerweise rennt, wenn giftige Schwaden irgendwo aus einer der 600 kilometerlangen Rohrleitungen im Werksgelände entweichen sollten. Und die Gasmasken in den Bereitschaftsspinden mancher Betriebspunkte sind durchaus nicht als Schaustücke gedacht.

In einem unscheinbaren Backsteinbau ist die Abteilung „Betriebskontrolle" untergebracht, die solche ferngesteuerten Leitstände ausheckt und einbaut. Für diese zwangsläufig fortschrittsgläubige Abteilung ist beispielsweise eine vollautomatische Anlage, in der monatlich über 1000 Tonnen Abfallschwefelsäure wieder aufgearbeitet werden, ein „alter Hut". Hingegen ist die Anlage zur Erzeugung einer Substanz namens Äthylenoxyd gewissermaßen der letzte Schrei der Automation in Hüls. Die Äthylenanlage liefert die Ausgangsprodukt hierfür. Sie liefert aber auch das Ausgangsprodukt für Polyäthylen, das als Kunststoff für Rohre und Haushaltsgegenstände verwendet wird.

### Laie kann nur staunen

Durch eine breite Werkstraße und eine Grünfläche ist das Gebäude mit den „Kommandogeräten" von der Produktionsanlage getrennt. Diese Anlage unterscheidet sich äußerlich für einen Laien kaum von irgendwelchen anderen der Großchemie, und die Vorgänge in ihr sind absolut jenseits des Begriffsvermögens von Nicht-Chemikern. Der Kontrollraum unterscheidet sich äußerlich ebenfalls im Prinzip kaum von dem in der Äthylen-Gewinnung.

Er ist jedoch größer, es gibt dort wenigstens vier Leute gleichzeitig, aber auch sie wirken mehr als interessierte Beobachter denn als angespannt arbeitende Lohnempfänger. Der Kontrollraum in einem modernen Kraftwerk oder in einer Fabrik, die beispielsweise Kolbenringe für Flugzeugmotoren vollautomatisch herstellt, sähe diesem Kontrollraum sehr ähnlich.

Nun, hier wird Äthylenoxyd hergestellt, ein Produkt, das als Ausgangssubstanz für Stoffe, die in der Lack- und Waschmittelindustrie beispielsweise gebraucht werden, große Bedeutung erlangt hat.

Der Chemiearbeiter, der in der hergebrachten Weise in den großen Anlagen von Schauglas zu Schauglas turnt, hier ein Handrad dreht, dort ein Thermometer abliest, wird mehr und mehr vom Druckknopf-Experten abgelöst. Ohne sich von seinem Sessel zu erheben, bedient er ein Instrument, das ihm wahlweise die Temperatur an Dutzenden von Betriebspunkten anzeigt, die eine Steinwurfweite von ihm entfernt sind und die er aus seinem Kontrollraum nicht einmal sehen kann. Die Chemikalien, die bei der Äthylenoxyd-Gewinnung beteiligt sind, kommen mit der Steuerung in keine unmittelbare Berührung.

### Wenn der Strom ausfällt

Das Verfahren wäre mit dem eines Arztes vergleichbar, der im Stande wäre, aus dem Nebenzimmer den Puls eines Patienten zu fühlen. Es ist nicht einmal mehr erforderlich, daß ein Chemiker von Zeit zu Zeit an bestimmten Stellen des Produktionsprozesses Proben entnimmt und im Labor analysiert: Auch das erledigen Automaten und melden ihre Ergebnisse an die Prüfinstrumente. Elektrische Motoren schließen auf Druckknopfbefehl gewaltige Schieber in 45 Sekunden. Wer hinaufsteigt in die Anlage, müßte sich sechs Minuten lang redlich plagen, um denselben Effekt zu erzielen.

WESTDEUTSCHE
# ALLGEMEINE
Die unabhängige Zeitung des Ruhrgebiets

# Bunte Blätter

WOCHENENDBEILAGE WESTDEUTSCHE ALLGEMEINE                    SAMSTAG, 11. AUGUST 1956

## Mutters Ferien

**③** Mittagsruhe. Lange ist's her, daß Mutter im Dorf einkaufte, trockenes Holz sammelte, einen Ofen aus Steinen baute und Essen darauf kochte. Nun hat sie Ingrid und Mariechen zum Schlafstündchen ins Zelt gepackt. Vater schläft auch. Vor Mutter türmt sich ein Berg von Tellern, Tassen, Löffeln, Töpfen. Also wieder auf zum See und spülen. Inge darf helfen und tut es so eifrig, daß sie dabei mit dem Popo ins Wasser rutscht. Mutti wird ein trockenes Höschen heraussuchen müssen.

**④** Am Nachmittag. Vati hat inzwischen seinen spannenden Kriminalroman ausgelesen. Nun braucht er ein wenig Bewegung. „Man darf auch im Urlaub nicht zu faul werden, und ein kühles Bier vom Faß wird mir guttun", meinte er und begab sich auf einen kleinen Ausflug mit Inge, Ingrid und Mariechen, die sich auf Kuchen und Schlagsahne freuen. „Laßt mich nur hier", sagte Mutti, und sie sagte nicht, daß sie dabei im geheimen an die Löcher in Ingrids Söckchen und den Riß in Vaters Hemd — kleiner Unglücksfall beim Zeltbauen — denkt.

Text: ILSE PITSCH
waz-Bilder: HEINZ HELD

**①** Am Morgen. Dies ist Familie Müller im Urlaub: Vater, Mutter, Inge, Ingrid, Mariechen und ein Zelt. Eigentlich wohnen sie in einer großen Stadt. Vater hatte zu Mutter vor einem Jahr gesagt: „Im nächsten Sommer müssen wir einmal richtig ausspannen. Camping ist gesund und billiger", denn er bekommt nur eine mittlere Lohntüte. So gesund ist ein Frühstück im Grünen. Behaglich begibt sich Vater an den gedeckten Tisch. Mutter stand natürlich ein Stündchen früher auf, holte Wasser und Milch vom nächsten Bauernhof, weckte die Kinder, zog sie an und ermahnte sie, recht leise zu sein, weil Vati noch schlafen möchte. Nun sprudelt das Kaffeewasser auf dem Spirituskocher. Vater kann kommen.

**②** Am Vormittag. „Mutti, wir wollen baden." Die Sonne scheint, der See blitzt verlockend. Also nimmt Mutter ihre drei an die Hand und geht „plantschen" mit ihnen. „Mutti, einmal mit mir hüpfen." „Mutti, kann man hier Fischchen fangen?" „Ingrid, geh nicht so weit ins Wasser." „Inge, sei vorsichtig, hier liegen spitze Steine." Und mit einem Auge wacht Mutti über Mariechen, die irgendwo am Ufer buddelt. Vati aber „wacht" am Zelt, mit Morgenzeitung und Frühstückszigarette.

**⑤** „Muttiii! Ich muß aufs Töpfchen..." Mariechen aß auf dem Spaziergang mit Vati zuviel Kirschtorte, und nun sind das Malheur und der Jammer groß. Nur schnell Mariechen erlösen, denn schon heult auch Inge im Hintergrund, sie ist über einen Zeltpflock gestolpert und hält sich das verschrammte Knie. Dreimal Händchen waschen, dreimal Näschen putzen. Und beim Abendessen sagt Vati von seinem Ausflug: „Kinder sind doch eine anstrengende Sache."

**⑥** Wieder zu Hause. Mutters „Ferien" gingen zu Ende. Vati arbeitet wieder im Büro, Inge ist in der Schule, Ingrid und Mariechen spielen im Kindergarten. Statt Luftmatratzen aufzupumpen, macht Mutter wieder richtige Betten, statt des Lagerfeuers betätigt sie den Gasherd. Himmlisch ruhig ist doch eine solche Pause auf dem Balkon. Wohlig streckt sich Mutti in der Sonne aus. Ihre Ferien beginnen. Oder?

# 20 Tote durch Orkan

### Windstärke 12 über dem Bundesgebiet – 150 Personen verletzt

**RUHRGEBIET, 26. August**

Zwanzig Menschen fielen dem orkanartigen Sturm zum Opfer, der am Samstag über West-, Nord- und Mitteldeutschland hinwegraste und schwere Hagel- und Regenböen mit sich führte. Über 150 Personen wurden durch umstürzende Bäume und Mauern sowie herabfallende Dachziegel zum Teil schwer verletzt. Der durch den Sturm angerichtete Sachschaden läßt sich noch nicht abschätzen.

## Opfer im Ruhrgebiet

In **ESSEN** wurde am Samstag ein Bauarbeiter während des Sturms vom Dach einer Essener Schule gedrückt und getötet.

In **BOCHUM** wurde ein Bundesbahnbeamter aus Essen von einem umstürzenden Lichtmast am Kopf getroffen und tödlich verletzt.

In **DUISBURG** zerstörte der Sturm ein 1000-Personen-Zelt der Evangelisch-Freikirchlichen Gemeinde. Ein vom Sturm fortgetragener Dachstuhl stürzte auf eine Straßenpassantin. Die Frau blieb unverletzt.

In **WATTENSCHEID** wirbelte der Orkan die Zeltstadt des Bürgerschützenvereins durcheinander und zerstörte fünf Zelte. Das Schützenfest mußte verschoben werden.

In **GELSENKIRCHEN** wurde am Samstagmorgen ein 25 Jahre alter Maurer durch eine einstürzende Mauer schwer verletzt. Schwere Verletzungen erlitt gleichfalls ein 70 Jahre alter Radfahrer, der von einstürzendem Mauerwerk gestreift und zu Boden geworfen wurde.

In **DORTMUND** erlitt ein Mann aus Hörde lebensgefährliche Kopfverletzungen durch herabstürzende Steine.

Zu den vom Sturm besonders heimgesuchten Städten gehören Hannover, Hamburg, Berlin, Köln und die Städte des Ruhrgebiets. Sämtliche verfügbaren Feuerwehren und Polizeikommandos waren hier in ständigem Katastropheneinsatz, um die durch Sturmschäden entstandenen Verkehrshindernisse zu beseitigen. In Hannover sah es nach dem Orkan wie nach einem Bombenangriff aus. Häuser waren abgedeckt, viele hundert Bäume geknickt, Fensterscheiben eingedrückt worden. In Paderborn brach unter der Gewalt der Böen ein 40 m hoher Schornstein zusammen, wobei zwei Ziegeleiarbeiter getötet wurden.

Allein im Regierungsbezirk Detmold sind vier Tote durch entwurzelte Bäume, geschoßartig herabpfeifende Dachziegel und abgerissene Reklameschilder zu beklagen. In Herford erschlug ein entwurzelter Baum eine Frau. und in Friedewalde bei Minden drückte der Sturm einen Personenwagen von der Fahrbahn gegen einen Baum. Der Fahrer war sofort tot.

### Windböen auf dem Brocken

Auf dem Brocken, der höchsten Erhebung des Harzes, wurde Windstärke 12 gemessen. Sechs Personen, die den Brocken bestiegen hatten, wurden durch die Windböen hin und her geworfen und schwer verletzt.

Vor der Wesermündung sank am Samstagnachmittag im Sturm das deutsche Küstenmotorschiff „Anni Lina" aus Hamburg. Die Besatzung konnte gerettet werden. In Seenot gerieten zahlreiche Segeljachten entlang der gesamten deutschen Nordseeküste sowie auf der Unterelbe und der Unterweser. Die Insassen konnten in allen Fällen von Rettungsbooten geborgen werden.

In Köln wirbelte der Sturm einen großen Teil der 450 Zelte auf dem Messegelände in die Luft, die für die jungen Besucher des Katholikentages errichtet worden waren. An den Zelten, die anläßlich der Hausfrauenmesse in Hannover errichtet worden waren, und den acht Zelthallen der Bremer Landwirtschaftsausstellung richtete der Orkan ebenfalls große Schäden an.

Durch einen Felssturz wurde am Samstagabend die wichtige Straßen- und Bahnverbindung zwischen Österreich und Italien über den Brennerpaß unterbrochen. Die italienischen Behörden, die sofort Hunderte von Arbeitern an die Unfallstelle entsandten, erklärten, der Verkehr könne frühestens am Montagabend wieder freigegeben werden.

## Dortmund plant 5-Tage-Woche

**WAZ DORTMUND, 14. August**

Als erste Großstadt Nordrhein-Westfalens will Dortmund für seine städtischen Bediensteten die 5-Tage-Woche einführen. Der Haupt- und Finanzausschuß des Rates der Stadt hat diesen Plan bereits grundsätzlich zugestimmt und den Oberstadtdirektor Dortmunds beauftragt, unverzüglich mit den zuständigen Stellen darüber zu verhandeln.

Wie aus Kreisen der Stadtverwaltung verlautet, ha. die Arbeitsrechtliche Vereinigung als Tarifpartner der Gewerkschaft ÖTV und Arbeitgeberverband der Stadt- und Gemeindeverwaltungen Bedenken gegen die Einführung der 5-Tage-Woche bei den Städten und Gemeinden geäußert.

## Die Ruhr erhält eine neue „Quelle"

**WINTERBERG, 22. August**

Die Ruhrquelle auf dem Kahlen Asten, die täglich von 200 Ausflüglern besucht wird, wird nach den Plänen des Essener Gruga-Direktors Schmidt neu gestaltet, teilt die Hauptgeschäftsstelle des Sauerländischen Gebirgsvereins am Mittwoch mit. Der Gebirgsverein, der in Zusammenarbeit mit der Stadt Winterberg bereits mit der Neufassung der Quelle begonnen hat, beklagt sich über den „typischen Ausflugsbetrieb", der dort entstanden sei. „Das Wasser der Quelle wird dazu benutzt, Bierflaschen zu kühlen", hatte ein Schüler in einem Aufsatz nach der Besichtigung geschrieben. Der neue Plan sieht jetzt ein Sammelbecken von sechs Meter Durchmesser vor, das 60 Meter unterhalb der eigentlichen Quelle liegt.

## Automobilklubs warnen

**MÜNCHEN, 8. August**

Mit einer eindringlichen Warnung wenden sich die deutschen Automobilklubs erneut gegen die beabsichtigte Wiedereinführung allgemeiner Geschwindigkeitsbegrenzungen. Sie appellieren an die Mitglieder des Verkehrsausschusses des Bundestages, dem bereits vom Bundesrat beschlossenen „Ermächtigungsgesetz" nicht zuzustimmen.

Eine generelle Beschränkung der Höchstgeschwindigkeiten werde die Unfallzahlen auf den Straßen nicht senken, heißt es in der gemeinsamen Stellungnahme von ADAC, AvD, Touring-Club und Motorsport-Verband. Verkehrsdichte und Straßenverhältnisse regelten vielmehr die Geschwindigkeit von selbst so, wie sie vernünftig und ohne Gefährdung vertretbar sei. Die wenigen Gesetzesbrecher, die sich darüber hinwegsetzten, würden auch eine angeordnete Einschränkung mißachten.

Überdies würde sich die Bundesrepublik mit einer Geschwindigkeitsbegrenzung in Gegensatz zu den Bestimmungen aller übrigen europäischen Länder setzen. In keinem europäischen Reiseland — außer Jugoslawien — gebe es eine Geschwindigkeitsgrenze außerhalb geschlossener Orte.

## In Lizenz gebaut

Dies sind die drei Flugzeugtypen, die von deutschen Firmen in Lizenz für das Bundesverteidigungsministerium hergestellt werden. Die Fouga CM 170 R „Magister" (links), von der 360 Stück bestellt sind, ist eine Übungsmaschine für die Ausbildung von Düsenpiloten. Die zweisitzige Maschine erreicht mit ihren beiden Triebwerken eine Höchstgeschwindigkeit von 700 km/st und ist mit zwei MG's einem Film-MG, Bombenabwurfgeräten und Abschußvorrichtungen für Raketengeschosse ausgerüstet. Gebaut wird sie von der Flugzeugunion Süd, den früheren Heinkelwerken und der Firma Messerschmitt. Ein von Prof. Messerschmitt in Spanien entwickeltes Übungs-Düsenflugzeug wurde von Blanks Sachverständigen abgelehnt. — Das italienische Schulflugzeug „Piaggio P 149" (Bild rechts), viersitzig, 260 PS, Höchstgeschwindigkeit etwa 300 km/st, ist für die Anfängerschulung der Piloten vorgesehen. Die Arbeitsgemeinschaft Prof. Blume (Duisburg) und Focke Wulf wird 194 Flugzeuge dieses Typs bauen. Eine viersitzige Schul- und Reisemaschine, die Prof. Blume, ehemals Chefkonstrukteur der Arado-Werke, entwickelte, wurde ebenfalls in Bonn abgelehnt. — Der Transporter SNCAN 2501 „Noratlas" (Mitte) der verstaatlichten französischen Flugzeugindustrie kann schwere, sperrige Lasten oder auch Luftlande- und Fallschirmtruppen befördern und trägt etwa sechs Tonnen. 117 Maschinen dieses Typs werden bei der Flugzeugbau Nord GmbH in Hamburg gebaut. — Während des letzten Krieges hat die deutsche Flugzeugindustrie insgesamt über 110 000 Flugzeuge produziert.

# Katholikentag eröffnet

## Zahlreiche Ehrengäste in Kölner Messehalle – Kanzler unterbrach Urlaub

Bei der Eröffnung (von rechts): Fürst zu Löwenstein, Kardinal Frings, Dr. Adenauer, Erzbischof Jäger und Ministerpräsident Steinhoff.

waz KÖLN, 29. August

Der 77. Deutsche Katholikentag wurde am Mittwoch mit einer Feier in einem Kongreßsaal der Messehalle in Köln-Deutz vom Vorsitzenden des Zentralkomitees der deutschen Katholiken, Karl Fürst zu Löwenstein, eröffnet. Prominentester Ehrengast war Bundeskanzler Dr. Adenauer, der seinen Urlaub unterbrochen hatte, um am Katholikentag teilzunehmen. Er wurde von den 6000 Menschen stürmisch begrüßt.

Weitere Ehrengäste waren der Kölner Erzbischof, Kardinal Frings, der Apostolische Nuntius in Deutschland, Dr. Aloysius Münch, Kardinal Piazza aus Rom und zahlreiche Kardinäle, Erzbischöfe und Äbte.

Die Bundesregierung war vertreten durch die Minister von Brentano, Blank, Kaiser, Storch, Lübke und Strauß. Ferner waren erschienen NRW-Ministerpräsident Steinhoff, der Ministerpräsident von Rheinland-Pfalz, Altmeier, Saar-Ministerpräsident Dr. Ney und der amtierende Berliner Oberbürgermeister Amrehn.

## Fernseh-Tagesschau wird jetzt täglich gesendet

HAMBURG, 15. August

Die Tagesschau des Deutschen Fernsehens soll, wie am Mittwoch in Hamburg verlautete, vom 1. Oktober an täglich über alle Bildschirme in der Bundesrepublik und in West-Berlin gehen. Damit wird der Wunsch vieler Fernsehteilnehmer, nicht zuletzt aber auch der süddeutschen Rundfunkanstalten, erfüllt. Geplant ist eine Fünfzehn-Minuten-Sendung zu Beginn des Abendprogramms um 20 Uhr. Die Tagesschau sendete bisher nur jeden zweiten Abend aus dem Fernsehstudio in Hamburg-Lokstedt Bildberichte aus dem unmittelbaren Zeitgeschehen.

## Schwedische Reederei: „Andrea Doria" schuld an Schiffskatastrophe

NEW YORK, 7. August

Die schwedische Amerika-Linie hat am Dienstag in einer beim New Yorker Bundesbezirksgericht eingereichten Feststellungsklage der „Andrea Doria" die Schuld an dem schweren Schiffsunglück zugeschrieben, bei dem das italienische Fahrgastschiff am 26. Juli nach dem Zusammenstoß mit der „Stockholm" sank. Die schwedische Reederei kündigte gleichzeitig an, daß sie die italienische Reederei auf Schadenersatz verklagen werde.

In einem Schriftsatz der Reederei wird der Schiffsleitung der „Andrea Doria" vorgeworfen, daß sie ihren Dienst „nachlässig, unzulänglich und unaufmerksam" versehen habe. Die Radar-Ausrüstung der „Andrea Doria" sei mangelhaft unterhalten oder bedient worden. Auf der „Andrea Doria" habe man nichts unternommen, um die Kollision mit der „Stockholm" zu vermeiden.

Nach der Darstellung, die als erste von einer der beiden Reedereien zur Schuldfrage abgegeben wurde, hatte die „Andrea Doria" plötzlich vom Gegenkurs abgedreht und war der „Stockholm" direkt vor den Bug gefahren, obwohl sie die „Stockholm" an Backbord hätte einwandfrei passieren können.

# Lübke an Hausfrauen: Überlegter einkaufen

## Bundesernährungsminister kritisiert überhöhte Handelsspannen

**Von unserem Bonner Büro**

Mü BONN, 22. August

Bundesernährungsminister Lübke appellierte am Mittwoch in Bonn an die westdeutschen Hausfrauen, die Bundesregierung durch überlegtes Einkaufen bei ihrem Versuch zu unterstützen, die Lebensmittelpreise stabil zu halten. Gleichzeitig nannte der Minister Erzeugerpreise und Handelsspannen, aus denen hervorgeht, daß er den Handel in der Bundesrepublik teilweise für bestimmte Preissteigerungen der letzten Zeit verantwortlich macht.

Seine Vorwürfe gegen den Verteilungsapparat stützte Lübke mit folgenden Zahlen: an der Butterbörse werde gegenwärtig, wie auch in den vergangenen Wochen, ein Kilogramm Butter zu Preisen zwischen 6,05 und 6,15 DM verkauft, während den Verbrauchern diese Butter für 6,60 bis 7,20 DM angeboten werde. Ein Teil der Händler schlage also über eine D-Mark auf das Kilogramm Butter, obwohl die normale Handelsspanne von Groß- und Einzelhandel je Kilogramm Butter im Durchschnitt 0,65 DM betrage.

Lübke forderte die Hausfrauen auf, mehr ausländische Butter zu kaufen, die in ihrer Qualität zu keinerlei Beanstandungen Anlaß gebe. Wenn die Verbraucher nur deutsche Markenbutter haben wollten, könne der Preis natürlich nicht sinken, da die Eigenerzeugung mit dem steigenden Verbrauch nicht Schritt halte.

### „Auslandsbutter gut"

Ähnliche Beispiele gab Lübke zu den Schweinefleisch- und Kartoffelpreisen. So hätten im vergangenen Monat beim Erzeuger zehn Pfund Kartoffeln zwischen 0,52 und 0,60 DM gekostet. Die Hausfrau habe aber bei einigen Händlern bis zu 1,50 DM zahlen müssen. Lübke betonte, daß eine vernünftige Preisgestaltung wesentlich von dem menschlichen Qualitäten innerhalb des Verteilungsapparates abhänge.

Der Minister teilte mit, daß er beim Ansteigen der Butterpreise beim Deutschen Butterkontor die Freigabe von 3000 t eingelagerter Butter zum Preis von 6,05 DM je Kilogramm beantragt habe. Von dieser billigen Butter habe der Handel aber erst 400 t abberufen. Die Frage, ob die Hausfrauen diese Butter nicht haben wollen oder ob der Handel nicht am Bezug dieser billigeren Ware interessiert ist, blieb dabei offen. Abschließend verteidigte Lübke die deutsche Landwirtschaft, die an den unangemessenen Preissteigerungen kaum Schuld trage.

Am gleichen Tage wandte sich der Deutsche Bauernverband erneut gegen Buttereinfuhren. Die deutsche Produktion und die Buttervorräte, so wurde erklärt, reichten aus, um den Markt zu versorgen.

# Jugend im Umbruch

## ❷ Was ist ein Halbstarker?

### Von OTTO WITT

**Täglich liest und hört man seit einiger Zeit von den „Halbstarken", ohne daß jemand eindeutig zu sagen weiß, wann ein heranwachsender Mensch, der tagsüber seine Pflicht tut, diese herabsetzende Bezeichnung verdient. Wenn er mit Gleichaltrigen irgendwo herumsteht, in Gruppen mit knatternden Motorrädern durch die Gegend rast, vorübergehenden Mädchen zupfeift oder sich herumprügelt?**

Polizeibeamte, Jugendpfleger und Juristen beantworten solche Fragen mit ärgerlichem Kopfschütteln und lehnen das Wort überhaupt ab. Jugend, so sagen sie, hat nach dem Verlust der kindlichen Naivität und in der Auseinandersetzung mit der Erwachsenenwelt im Gefühl der eigenen Unfertigkeit immer Gruppen gebildet und durch Zahl Ansehen und Sicherheit gesucht. Daß die Halbwüchsigen heute motorisiert anstatt Pedalen trampelnd herumrasen, ist die Folge technischer Entwicklung; daß sie Mädchen zujohlen, verrät Frechheit und Unsicherheit, aber nicht Verderbtheit, und ist nicht neu.

### Verschärfte Wachstumskrise

Während es nun weder neu noch erschreckend ist, daß Menschen zwischen Kindheit und Erwachsensein unsicher und deshalb frech, scheu und deshalb laut, voller Minderwertigkeitskomplexe sind und deshalb angeberisch auftreten, ist heute die Wachstumskrise stark verschärft:

Zunächst ist aus noch ungeklärten Gründen der Mensch heute körperlich etwa zwei Jahre früher reif, bleibt aber in seiner seelisch-geistigen Entwicklung drei bis vier Jahre hinter den Gleichaltrigen der Jahrhundertwende zurück. Im Vollbesitz der körperlichen Kräfte und von allen Problemen belastet, die daraus resultieren, ist der Halbwüchsige seelisch und geistig noch ein Kind, das aber von den modernen Reizeinflüssen an der Besinnung auf sich selbst gehindert wird. Die Folge ist ein wildes Austoben, oft im Stil der vollerwachsenen Kräfte. Das zumal, als zahlreichen Urteilen zufolge die zunehmende Lärmempfindlichkeit der Erwachsenen und die Verkehrsgefahren auf der Straße eben dieses Austoben im Kindheitsalter verhinderten. Dazu kommt weiter, daß der junge Mensch im Beruf heute früher und mehr Verantwortung trägt als vor 50 Jahren.

Damals bewegte er sich in der „Nestwärme" der „Großfamilie", die ihm Liebe und Halt gab. In den Ferien fuhr er zu Großeltern oder anderen Verwandten. Diese enge Gemeinschaft aber ist zerbrochen, und auch das Lehrverhältnis hat viel von seinem erzieherischen Auftrag eingebüßt.

### Die Autoritäten fehlen

Noch vor hundert Jahren etwa gab es ein eindeutiges Autoritätssystem, dessen Spitze Gott und der Monarch waren, und wenn die Eltern gelegentlich an ihnen zweifelten, so verschwiegen sie das der Jugend. Von Gott und König leitete sich auch die Autorität des Vaters ab, die später dann nur noch tatsächlichen Charakter hatte, soweit er nämlich strafen oder belohnen konnte. Heute aber sind die Väter unsicher geworden und zweifeln an sich selbst. Zudem werden nach dem Urteil vieler sachverständiger Beobachter bereits allzuviele Kinder als Verbündete, ja als Richter in die Elternkonflikte hineingezogen. Aus Kreisen evangelischer Jugendbehörden wird auch Behauptungen des Familienministers Wuermeling widersprochen, die Familie habe sich als feste Burg in den Stürmen der Vergangenheit erwiesen und sei völlig gesund. Endlich zahlt der Jugendliche heute häufig Kostgeld und „erkauft sich damit die Befreiung von der Autorität".

Mit dem Zusammenbruch der alten Autorität, die den Halbwüchsigen oft jener Stütze beraubt, die jeder Gärtner dem jungen Baum zur Seite stellt, setzte auch die Entwicklung ein, die den jungen Menschen selbst zum Maß seiner Erziehung nimmt. Die Autorität wurde für überflüssig erklärt, Strenge sei fehl am Platz und klare Richtlinien hinderten nur die natürliche Entwicklung zur freien Persönlichkeit. Statt dessen aber ergab sich nach dem Urteil vieler Pädagogen Zügellosigkeit und Verantwortungslosigkeit, weil ernsthafte Konsequenzen von Fehlhandlungen nicht mehr eintraten. Wenn dann ein unausgereifter und disziplinloser Jugendlicher plötzlich mit 21 Jahren vom Gesetz oder auch vom Leben mit ganzer Härte behandelt wird, begreift er nichts mehr, und fühlt, nach dem Urteil mancher Jugendrichter, daß ihm unrecht getan wird.

### Mitschuld der Erwachsenen

**Denn alle befragten Jugendbeobachter waren sich in diesem Punkt einig: Das Problem der heutigen Jugend besteht nicht darin, daß sie jung, also unreif ist, sondern daß sie in eine Welt hineingestellt wird, die „im Übergang" ist, ohne feste Ordnungen und klare Autoritäten, an denen sie sich zustimmend oder auch ablehnend orientieren darf, um in Ruhe und Sicherheit erkennen, prüfen, werten und also reifen zu können. Und deshalb sprach mancher der Erzieher und Juristen nicht von „halbstarken Jugendlichen", sondern von „halbstarken Erwachsenen", die ihrer Aufgabe nicht gerecht werden.**

(Wird fortgesetzt)

# Die meistgekaufte Klinge der Welt: Gillette

In Deutschland von Gillette hergestellt

Gillette
BLUE
Gillette
BLADES
DM 1,50
für 10 Klingen
(auch im Spender)

Ein Beweis, daß Männer sich (mit Recht) nicht immer für das »Billigste« entscheiden!

# Halbstarke und andere Giganten

Kürzlich probten James Dean und Marlon Brando in Amerika erfolgreich den Aufstand, jetzt zieht das deutsche Kino mit: „Die Halbstarken" heißt der Film von Regisseur Georg Tressler, der die Jugend hierzulande elektrisiert.

Erzählt wird von einem Berliner Jugendlichen, der unter dem Einfluss seiner Freundin zum Bandenführer wird. Horst Buchholz, der den jungen Mann spielt, wird zum Idol. Mit seinem markanten Gesicht und der Haartolle könnte er sogar ein Bruder von James Dean sein. In Tresslers Film nach einer Erzählung von Will Tremper steht erstmals Karin Baal vor der Kamera, und zwar als Buchholz' Freundin. Mit ihrem trotzigen Gesichtsausdruck ist sie die Idealbesetzung einer „Halbstarken".

Für zahlreiche Jugendliche werden solche Filme zur gelebten Wirklichkeit. Nach den Kinovorführungen der „Halbstarken" und James Deans „Giganten", der jetzt auch in Deutschland läuft, kommt es in vielen Städten zu Randale, bei der mancherorts die Polizei einschreiten muss.

Überhaupt werden die Sitten lockerer. Ein Schmollmund aus Frankreich wird zum Inbegriff der Begierde: Brigitte Bardot. Das Ex-Fotomodell setzt in Roger Vadims Film „Und immer lockt das Weib" seine üppigen Körperreize ins rechte Licht. Und die südfranzösische Küstenstadt St. Tropez, in dem Teile des Films gedreht werden, wird zum Inbegriff des Ortes von Schönheit, Sünde, Sonne und Meer. Alle Achtung, Regisseur Roger Vadim ist ein geschickter Vermarkter der Reize seiner Frau Brigitte Bardot!

Auch Deutschland schickt eine erotische Verlockung ins Rennen: Sie heißt Marion Michael und ist „Liane, das Mädchen aus dem Urwald". Skandalträchtig wird damit geworben, dass der Film „unbekleidete Erotik" verspricht.

Wo die Jugend größere Freiheiten einfordert, ist Untertanendenken out. Frühere Autoritäten-Hörigkeit persifliert – nach einem wahren Vorfall – „Der Hauptmann von Köpenick". Der Film von Helmut Käutner nach Carl Zuckmayers Buch und Bühnenstück, ist eine Paraderolle für Heinz Rühmann. Wie der eigentliche Schuster Voigt durch die Hauptmannsuniform seine Umgebung blendet, spricht Bände für deutsche Autoritätsgläubigkeit. Auch dem Ausland gefällt es: „Der Hauptmann von Köpenick" wird einer der international erfolgreichsten Filme des deutschen Nachkriegskinos.

Aber es gibt auch die Männer, die an ihrer eigenen Verblendung scheitern: Der Indianerhasser Ethan Edwards in John Fords Western „Der schwarze Falke" ist so einer. John Wayne spielt ihn bedrückend eindringlich in Fords Anklage gegen Rassismus.

Durch seinen Hass auf einen weißen Wal, der ihm ein Bein abgerissen hat, wird Kapitän Ahab in den Tod getrieben. In John Hustons aufwändigem Abenteuerfilm „Moby Dick" spielt Gregory Peck den verbitterten Kapitän. Von der Kritik hoch gelobt, wird der Film beim Publikum ein Misserfolg: Für die Zuschauer ist der smarte Sympathieträger Peck als wahnsinniger Kapitän eine glatte Fehlbesetzung.

Dagegen nimmt das Publikum Kirk Douglas den Wahnsinn ab. Und zwar als „Vincent van Gogh – Ein Leben in Leidenschaft". Ebenso begeisternd: Anthony Quinns kraftvolle Darstellung von Paul Gauguin, Vincents zeitweiligem Malerfreund. Dramatisch, wie der Streit der beiden Vincents Weg in den Wahnsinn beschleunigte.

Reisen wird in diesen Tagen immer beliebter. So wird der opulente Bilderbogen „In 80 Tagen um die Welt" nach Jules Verne zum programmierten Erfolg. Man schaut gar über unsere gute alte Erde hinaus: Don Siegels „Die Dämonischen" handelt von außerirdischen Körperfressern, die sich menschlicher Hüllen bemächtigen. Und noch ein Science-Fiction-Film lehrt die Kinofans das Grauen: Das japanische Seemonster Godzilla, durch Atombombentests aus der Tiefe des Meeres aufgeschreckt, stampft über die Leinwände. Größer als Godzilla ist nur sein weltweiter Erfolg.

Den erwarteten Erfolg bringt auch die Fortsetzung des Kinorührstücks „Sissi". In diesem Jahr geht es weiter mit „Sissi, die junge Kaiserin". Der Film schildert die ersten Ehejahre der Kaiserin Elisabeth von Österreich. Die blutjunge Romy Schneider in der Titelrolle und der charmante Karlheinz Böhm als ihr Gemahl schwimmen auf einer Welle der Sympathie. Regisseur Ernst Marischka versteht es geschickt, unschuldige Liebe und zu Tränen rührende Tragik miteinander zu verbinden. Die „Sissi"-Filme sind letztlich opulent ausgestattete Heimatmärchen, die in den höchsten Kreisen spielen – da träumt das Kinopublikum doch gerne mit.

*Michael Vaupel*

EINZELPREIS 20 PF / NR. 215
ERLAGSORT ESSEN

FREITAG, 14. SEPT. 1956
BUNDES-AUSGABE

WESTDEUTSCHE
ALLGEMEINE
Die unabhängige Zeitung des Ruhrgebiets

# USA ziehen für Suez nicht in den Krieg

## Neue Suezkonferenz – Vertrauen für Eden

Berichte unserer Korrespondenten und Nachrichtendienste

WASHINGTON/LONDON, 13. September

**Die USA haben erneut ihren festen Willen unterstrichen, für den Suezkanal nicht in den Krieg zu ziehen. Im Einverständnis mit Eisenhower erklärte Dulles, Amerika werde die Fahrt durch den Suezkanal im Falle seiner Sperrung nicht mit Waffengewalt erzwingen, sondern es vorziehen, seine Schiffe den Weg um das Kap nehmen zu lassen. Dulles begrüßte die Gründung einer neuen Kanalbenutzergesellschaft. Die Behauptung Ägyptens, daß sie einer Kriegsprovokation gleichkomme, wies Dulles als völlig ungerechtfertigt zurück.**

Der britische Außenminister Lloyd sagte, daß die neue Suezkonferenz zur Gründung der Gesellschaft voraussichtlich in der nächsten Woche in London stattfinden werde. Auf ihr sollen die Staaten vertreten sein, die den Mehrheitsbeschluß der ersten Londoner Suezkonferenz billigten, darunter die Bundesrepublik. Dulles appellierte an die ägyptische Regierung, ihre ablehnende Haltung gegenüber der Gesellschaft zu revidieren. Hauptziel zur Beilegung der Krise müsse jetzt sein, das Problem aus dem erregten Stadium der Diplomatie herauszuführen und die künftige Gestaltung des Kanalbetriebes in die Hände der Schiffahrtssachverständigen zu legen. Dulles warnte Ägypten vor der Sperrung des Kanals, da dies eine Verletzung der Konvention von 1888 darstellen würde. In diesem Falle bliebe es den übrigen Unterzeichnerstaaten unbenommen, angemessene Maßnahmen zu ergreifen.

Außenminister Lloyd versicherte im Unterhaus nachdrücklich, Großbritannien werde im Suezkonflikt nicht nachgeben. Seine Regierung sei nicht bereit, den Übergang der uneingeschränkten Kontrolle der Kanalschiffahrt auf eine einzelne Regierung oder einen einzelnen Mann hinzunehmen.

### Vor den Sicherheitsrat

**Auf wiederholte Fragen des Labourführers Gaitskell im Unterhaus, ob der Ministerpräsident versichern könne, daß nicht daran gedacht sei, gegebenenfalls „den Weg durch den Suezkanal freizuschießen", erklärte Eden unter dem Beifall der Abgeordneten, die Westmächte würden den Sicherheitsrat der UNO anrufen, wenn Ägypten den Suezkanal für Schiffe des Benutzerverbandes sperren würde. Die Forderung Gaitskells, die Regierung solle sich ausdrücklich verpflichten, keine Gewalt anzuwenden, wies Eden zurück. Das Unterhaus sprach der Regierung Eden anschließend mit 319 gegen 248 Stimmen das Vertrauen aus, nachdem zuvor ein Tadelsantrag der Labour-Opposition abgelehnt worden war.**

### Bonn prüft neuen Vorschlag

WAZ BONN, 13. September

Maßnahmen zum Schutz der Bürger der Bundesrepublik in Ägypten hat das Auswärtige Amt eingeleitet, teilte Bundesaußenminister von Brentano am Donnerstag vor dem Außenpolitischen Ausschuß im Bundestag mit. (In Ägypten leben zur Zeit rund 1500 Staatsangehörige der Bundesrepublik, davon etwa 800 in Kairo.) — SPD-Abgeordnete empfahlen, die Bundesrepublik solle sich soweit wie möglich aus dem Suezkonflikt heraushalten. Der neue Vorschlag der drei Westmächte zur Regelung des Kanalverkehrs wird zur Zeit in Bonn geprüft.

### Nasser spricht von „Kriegsgefahr" Bulganin mahnt zu Mäßigung

KAIRO, 13. September

Die ägyptische Regierung hat den Plan der drei Westmächte, einen „Verband der Suezkanalbesitzer" zu bilden, scharf abgelehnt und durch ihren Botschafter in Washington erklären lassen, daß die Ausführung dieses Planes „Krieg" bedeuten würde. Ministerpräsident Bulganin griff durch ein Schreiben an Eden und an Mollet in die Entwicklung ein, indem er, wie verlautet, zu Geduld und Mäßigung im Suezkonflikt mahnt. (dpa/ap)

*Mit der Schließung dieses Deiches wurde der Polder Ost-Flevoland von der Zuidersee abgeriegelt und damit der dritte Teilabschnitt des seit 1950 durchgeführten Projektes der Trockenlegung begonnen. Unser Bild zeigt den Deich wenige Tage vor seiner Fertigstellung. Der Polder Ost-Flevoland ist der dritte, der nach Abriegelung der Zuidersee von der Nordsee eingedeicht und trockengelegt wird.*

ap-Bild / WAZ-Karte: Wilm Voßnacke

## IG Metall lehnt jeden Kontakt mit FDGB der Sowjetzone ab

### Einstimmiger Beschluß des Dortmunder Gewerkschaftstages

WAZ DORTMUND, 13. September

**Der Gewerkschaftstag der IG Metall in Dortmund lehnte am Donnerstag einstimmig jede Kontaktaufnahme mit dem sowjetzonalen FDGB ab. „Mit Feinden der Demokratie kann es keinerlei Gemeinsamkeit geben", heißt es in einer Entschließung des Gewerkschaftstages. Die westdeutsche Arbeitnehmerschaft solle „alles vermeiden, was das Diktaturregime in der Sowjetzone stärken könne."**

Vor allem solle sich kein Arbeitnehmer an Reisen und Delegationen beteiligen, die von der SED, dem FDGB und den kommunistischen Tarnorganisationen organisiert werden. Der sowjetzonale FDGB sei keine freie und unabhängige Gewerkschaftsorganisation, sondern entspreche seinem Wesen nach eher der ehemaligen DAF oder den „Zwangssyndikaten" in Spanien. Mit dem FDGB und seinen Beauftragten könne es solange keinerlei Gespräche geben, als nicht in der Sowjetzone das uneingeschränkte Koalitions- und Streikrecht sowie freie und geheime Wahlen in den dortigen Gewerkschaften sichergestellt seien.

## Holland feiert Fertigstellung eines Polders in der Zuidersee

### Neues Ackerland für Tausende von Siedlern entsteht

AMSTERDAM, 13. September

**Niederländische Wasserbauingenieure und Deicharbeiter schlossen am Donnerstag in Gegenwart von Königin Juliana den 90 km langen Ring-Deich Flevoland im Iysselmeer. Innerhalb dieses umdeichten Gebietes — Ost-Flevoland — werden in den nächsten acht Monaten 55 000 ha (220 000 Morgen) Neuland trockengelegt und später abschnittsweise besiedelt.**

Um den Austrocknungs- und Kultivierungsprozeß des neuen Polders rasch zu vollenden, sind schon jetzt unter Wasser die eingeplanten Kanäle und Entwässerungszüge gebaggert worden. Ungefähr drei Jahre nach der Kultivierung des Marschbodens wird mit dem Bau der Straßen, Höfe und Dörfer begonnen werden. Jeder Dorfbereich wird eine Ackerlandgröße von 4500 ha (18 000 Morgen) umfassen und ist auf 1500 bis 2000 Einwohner berechnet. (dpa)

## Notopfer Berlin soll fallen

### Vermittlungsausschuß berät

WAZ BONN, 13. September

Die Abschaffung des Notopfers Berlin anstelle einer durchgehenden Einkommensteuertarifsenkung von rd. 10 v. H. sagen unterrichtete Kreise in Bonn als Ergebnis der Freitag beginnenden Verhandlungen des Vermittlungsausschusses voraus. Es hat den Anschein, als würden das Bundesfinanzministerium und die CDU/CSU mit einer solchen, von den Ländern und den Oppositionsparteien des Bundestages vorgeschlagenen Regelung einverstanden sein. Dafür sollen sich die Länder jedoch bereit erklären, dem Bund einen Teil des dadurch entstehenden Ausfalls für die Unterstützung Berlins zur Verfügung zu stellen.

*

**Die Fahrzeiten im Interzonenverkehr** werden vom 30. September an um fast eine Stunde verkürzt. Die Bundesbahnverwaltung in West-Berlin teilte mit, die Kontrollen an den Grenzübergängen würden von bisher durchschnittlich einer Stunde auf jetzt 15 Minuten herabgesetzt.

**Insgesamt 30 Offiziere** hat der Personalgutachterausschuß für die Einstellung als General oder Oberst in die Bundeswehr abgelehnt. Der Leiter der Personalabteilung des Bundesverteidigungsministeriums, Gumpel, hatte Anfang der Woche erklärt, der Ausschuß habe bisher 13 Bewerber abgelehnt.

**Eine Delegation des Zentralkomitees der SED** unter Leitung des Parteisekretärs Ulbricht und der verbotenen KPD unter Führung Max Reimanns ist am Donnerstag, zur Teilnahme am Parteitag der KP Chinas in Peking eingetroffen.

**Im Grenzdurchgangslager Friedland** sind am Donnerstag nach einer Pause von über fünf Monaten wieder vier Rußlandheimkehrer eingetroffen.

**Zum neuen Präsidenten des Bundesgesundheitsamtes** ist der bisherige Ministerialrat im Bundesinnenministerium, Prof. Dr. Wilhelm Hagen, ernannt worden. (WAZ/dpa/ap)

### Kanzler empfiehlt Steigerung der Importe

WAZ BONN, 13. September

**Bundeskanzler Dr. Adenauer befürwortete am Donnerstag im Bulletin der Bundesregierung größere Einfuhren zur Deckung der steigenden Waren-Nachfrage im Inland. Der auf über 15 Md. DM angewachsene Devisenvorrat der Länderbank solle nicht als Beweis für einen entsprechend großen Wohlstand in der Bundesrepublik angesehen werden.**

Im Interesse der Volksgesundheit dürfe der Arbeitswille der Bevölkerung nicht dauernd in zu langen Arbeitszeiten überfordert werden. Die notwendige Ausweitung der Güterproduktion könne durch Verbesserung des technischen Produktionsapparates ermöglicht werden.

### Belgien gibt zwei Grenzorte an Bundesrepublik zurück

WAZ BONN, 13. September

Die deutschen Grenzorte Bildchen und Losheim, welche nach Kriegsende bei der deutsch-belgischen Grenzberichtigung unter belgische Verwaltung gestellt wurden, sollen an die Bundesrepublik zurückgegeben werden. Das Örtchen „Losheimer Graben" wird voraussichtlich bei Belgien bleiben. Seine Bewohner können sich entscheiden, ob sie Belgier werden oder Deutsche bleiben wollen. Das sieht der deutsch-belgische Staatsvertrag vor, der vom belgischen Kabinett bereits gebilligt worden ist und beim Besuch des Bundeskanzlers in Brüssel am 24. und 25. September auch von der deutschen Bundesregierung paraphiert werden soll.

### Verteidigungsausschuß billigt Einstellung von SS-Offizieren

WAZ BONN, 13. September

Die Mehrheit des Verteidigungsausschusses des Bundestags schloß sich, wie der SPD-Abgeordnete Erler am Donnerstag mitteilt, der Auffassung des Personalgutachterausschusses an, nach der frühere SS-Offiziere bis zum Oberstleutnant aufwärts nach besonderer Prüfung grundsätzlich eingestellt werden können, wenn es außer Zweifel steht, daß sie sich vom Gedankengut der damaligen SS losgesagt haben.

### Ihr ‚Goldenes Buch'

*fordert die Stadt Saarbrücken zurück. Der amerikanische Lehrer Edward Clark (unser Bild) hat es im Jahre 1945 mit nach den USA genommen; es sei ihm für seine Dolmetscherdienste im Stabe des amerikanischen Militärgouverneurs geschenkt worden. Clark will das Buch nur aus der Hand geben, wenn er es persönlich den Stadtbehörden von Saarbrücken übergeben darf.* ap-Bild

## Deutsche aus den Ostgebieten dürfen Bundesrepublik besuchen

GÖTTINGEN, 13. September

Deutsche, die noch in den polnisch verwalteten deutschen Ostgebieten leben, dürfen wieder Verwandte in der Bundesrepublik und in West-Berlin besuchen. Einzelheiten der Bestimmungen für derartige Reisen konnte am Donnerstag der Arbeitskreis ostdeutscher Wissenschaftler in Göttingen mitteilen.

Der deutsche Antragsteller muß zunächst einen formlosen Antrag bei der für seinen Wohnsitz zuständigen Woiwodschafts- oder Kreiskommandantur der Bürgermiliz stellen, die für die Ausstellung von Auslandspässen zuständig sind. Er erhält dann ein amtliches Antragsformular, das er an die gleiche Stelle ausgefüllt zurückreichen muß. Außerdem muß er eine Erklärung der zu besuchenden Verwandten im Bundesgebiet oder in West-Berlin vorlegen, aus der hervorgeht, daß sie bereit sind, für den Unterhalt des Gastes während seines Aufenthaltes zu sorgen. Es wird damit gerechnet, daß die Bearbeitungszeit für einen Paß zwei bis drei Monate dauert.

Es sei, wie der Arbeitskreis erklärte, noch nicht abzusehen, ob größere Gruppen von Deutschen aus den Gebieten östlich der Oder-Neiße die Erlaubnis zu Besuchsreisen erhielten. Offenbar soll schon die Höhe der Gebühren für einen Paß — rund 300 Zloty (etwa 300 DM) — „abbremsend" wirken.

### Polen sollen heimkehren

Über 10 000 Bauernfamilien aus Mittel- und Ostpolen haben sich, wie die Sowjetzonen-Nachrichtenagentur ADN meldet, in diesem Jahr in den polnisch verwalteten deutschen Gebieten angesiedelt. Der Göttinger Arbeitskreis teilt aber mit, daß nach polnischen Berichten die Abwanderung polnischer Neusiedler aus den deutschen Ostgebieten wieder stark zugenommen habe.

Das Deutsche Rote Kreuz veröffentlichte am Donnerstag einen Aufruf des Polnischen Roten Kreuzes an die in der Bundesrepublik lebenden Polen, nach Polen zurückzukehren. (dpa/ap)

### Strahlenschutzkommission soll Bundesregierung beraten

WAZ BONN, 13. September

Unter dem Vorsitz von Bundesatomminister Strauß hat sich am Donnerstag die Fachkommission „Strahlenschutz" der deutschen Atomkommission in Bad Godesberg konstituiert. Auf Vorschlag von Strauß wurde das DGB-Vorstandsmitglied Ludwig Rosenberg zum Vorsitzenden der Fachkommission gewählt. Aufgabe der Kommission, der 25 namhafte Wissenschaftler und Sachverständige angehören, wird es sein, die Bundesregierung bei allen Fragen des Schutzes der Bevölkerung gegen radioaktive Gefahren zu beraten.

### Ausnahmezustand in Nordrhodesien ausgerufen

LUSAKA (Nordrhodesien), 13. September

Die Regierung des Staates Nordrhodesien hat am Donnerstag wegen des seit neun Tagen anhaltenden Streiks in den Kupferbergwerken den Notstand ausgerufen. Auf Grund dieser Anordnung wurden 31 Gewerkschaftsführer in Haft genommen. Schon wenige Stunden nach diesen Maßnahmen der Regierung kam es zu ersten Zusammenstößen zwischen den streikenden Arbeitern und Polizeistreitkräften. Im Mufulira-Bergwerk weigerten sich 1000 Afrikaner, die sich vor der Hütte versammelt hatten, auseinanderzugehen. Die angreifenden Polizisten mußten mit Tränengasbomben gegen die zusammengerotteten Arbeiter vorgehen. (ap)

# Deutschlands Katholiken hören Rundfunkbotschaft des Papstes

## Über 600 000 Menschen auf der Schlußkundgebung des Katholikentages

### Von unserem Korrespondenten GOTTFRIED REULEN

**KÖLN, 2. September**

Mit einer machtvollen Kundgebung, an der auf dem Nordfeld des Kölner Stadions über 600 000 Menschen teilnahmen, wurde am Sonntagnachmittag der 77. Deutsche Katholikentag beendet. Höhepunkt dieser festlichen Veranstaltung, an der u. a. 66 Kardinäle, Erzbischöfe und Bischöfe, Bundeskanzler Dr. Adenauer und viele Ministerpräsidenten der Bundesländer teilnahmen, war die Übertragung einer Rundfunkbotschaft des Papstes an die Teilnehmer des Katholikentages und darüber hinaus an alle Katholiken Deutschlands.

Die Katholiken in der ganzen Welt könnten durch ihre Einheit im Glauben und in der Kirche eine gewaltige Kraft werden, um den Frieden zu schaffen, erklärte der Heilige Vater. Die katholische Kirche habe ihre Augen auch nicht verschlossen vor der abgründigen sozialen Unordnung, die das Zeitalter der Technik und des Kapitalismus brachte. Papst Pius betonte: „Daß sie allein die soziale Frage lösen kann, hat die katholische Kirche nie geglaubt. Sie brauchte aber in wesentlichen Dingen an ihrer Soziallehre keine Abstriche zu machen".

Eine Kundgebung, wie der Kölner Katholikentag, könne nicht an der Tatsache vorbeigehen, daß die katholische Kirche seit Jahrzehnten, vor allem aber seit 10 Jahren, unter der gefährlichsten Verfolgung stehe, die je über sie hinweggegangen sei, erklärte der Papst. „Die Kirche bangt um die Zukunft in den von Verfolgung erfaßten Räumen, und sie ermahnt alle Gläubigen in allen Ländern, sich der Gefährlichkeit jenes Gegners bewußt zu werden. Wir warnen vor dem Trugbild einer falschen Koexistenz in dem Sinne, als ob es zwischen unserem Glauben und jenem System zu einem Ausgleich kommen könnte. Es gibt nur eine Koexistenz der Wahrheit."

Den Katholiken in Deutschland, so sagte der Papst, sei in diesem hochindustrialisierten Land die große Aufgabe gestellt, der neuen Welt der Industrie mit ihrem Getriebe christliche Gestalt zu geben.

Geist des Herrn nicht ist, da ist Unfreiheit und Sklaverei." Die gefährlichste Irrlehre unserer Zeit sei die atheistische Materialismus. Einen besonderen Gruß richtete der Kanzler an die Besucher aus der Sowjetzone: „Wir sind sehr glücklich, daß ihr hier seid. Ihr seid nicht vergessen, der Tag eurer Freiheit wird kommen!"

Das Hauptreferat der Kundgebung hielt der amtierende Berliner Bürgermeister Amrehn.

In Anlehnung an das Wort des Apostels Paulus sagte Bundeskanzlers Dr. Adenauer in seiner Ansprache: „Wo der

*Unter einer überdimensionalen Dornenkrone hörten die Hunderttausende der Ansprache des Papstes zu.*

---

# Kunststoffe stark im Vormarsch

### Produktionswert seit 1936 versechsfacht – Allein 1955 fast 1 Md. DM

**WAZ DÜSSELDORF, 6. September**

Der Aufschwung der Kunststoffindustrie setzt sich in schnellem Tempo fort. Die Fabrikation von Artikeln aus Kunststoff ist im letzten Jahr um nicht weniger als 34,1 v. H. auf 929,8 Mill. DM gestiegen. Verglichen mit 1936 hat sich der Produktionswert fast versechsfacht. Es kann keinem Zweifel unterliegen, daß die Kunststoffverarbeitung im Wettbewerb mit den traditionellen Werkstoffen ständig an Boden gewinnt.

Dazu einige Beispiele: Die Herstellung von Kunstleder und Plastikfolien betrug 1955 nach Quadratmetern berechnet bereits 84 v. H. der Gesamtproduktion von Flächenleder, Möbelstoffen, Dekorationsstoffen sowie gummierten Stoffen. Auf 100 DM Ware aus echtem Leder kamen 42 DM Artikel aus Kunstleder. Der Produktionswert der von der Kunststoffverarbeitung hergestellten Teile für die Elektrotechnik überstieg sogar die Erzeugung von Hoch- und Niederspannungsmaterial feinkeramischer Herkunft sowie von Massenteilen der EBM-Industrie (Eisen-, Blech- und Metallwaren) für die Radio- und Elektroindustrie. Auch die Herstellung von Kunststoffpreßteilen war wertmäßig um 57 v. H. größer als die

Fabrikation von leichten Zieh-, Preß- und Stanzteilen durch die EBM-Betriebe.

Ferner hat die kunststoffverarbeitende Industrie, die rd. 45 000 Beschäftigte zählt, große Exporterfolge erzielt. In der ersten Hälfte 1956 sind Kunststoffwaren und Kunststoffolien im Werte von über 60 Mill. DM nach draußen gegangen, d. s. 13 v. H. mehr als in der entsprechenden Vorjahrszeit. Der Schwerpunkt der Ausfuhr liegt im europäischen Wirtschaftsraum. Zu den wichtigsten Exportprodukten zählen Dekorationsfolien, Haushaltswaren, Verpackungsmaterialien, Kämme und in zunehmendem Maße Rohre, Schläuche, Maschinenteile und Profile.

---

# Trotz Regens mehr Gäste in Kurorten

**BONN, 4. September**

Die deutschen Heilbäder im Binnenland und an der See verzeichneten in den letzten Monaten nach Berichten zahlreicher Kurverwaltungen eine Steigerung des Kurgastbesuches um 10 bis 20 v. H. gegenüber dem Vorjahr. Die wenig günstige Witterung, so erklärte der Deutsche Bäderverband am Dienstag in Bonn, habe damit der Aufwärtsentwicklung des Kurverkehrs keinen Abbruch tun können. Erstmalig sei in diesem Jahr auch eine Zunahme des Kurmittelverbrauchs festgestellt worden. Die Ausländer hätten ferner ihren Kuraufenthalt in den Heilbädern des Bundesgebietes auf eine längere Zeit ausgedehnt als in früheren Jahren.

## Erhard: Lebensmittel sind zu teuer

WAZ BONN, 7. September

Zwischen Bundeswirtschaftsminister Erhard und Bundesernährungsminister Lübke wird es wegen der hohen Lebensmittelpreise zu scharfen Auseinandersetzungen kommen. Erhard wandte sich vor Journalisten scharf gegen die Preissteigerungen bei Obst, Gemüse, Wein usw. Die Bundesregierung werde prüfen müssen, ob eine solche Agrarpolitik gerechtfertigt ist. Erhard kündigte einen Vorstoß im Parlament in dieser Richtung an. Auch in Kreisen der CDU/CSU sind inzwischen ernste Bedenken wegen der Lebensmittelpreise aufgetaucht.

Erhard bestritt die Richtigkeit der Behauptung der Landwirtschaft, daß landwirtschaftliche Erzeugnisse billiger seien als Industrieprodukte. Nach den neuesten Indexberechnungen sei diese Preisschere geschlossen. Nach Ansicht des Wirtschaftsministeriums können Preiserhöhungen nur durch eine entsprechende Zollpolitik vermieden werden. Eine Wiedereinführung des Preistreiberei-Paragraphen sei nutzlos.

## Rekord im Lotto: über 1 Million DM

WAZ KÖLN, 3. September

Die neue Rekordquote von 1 043 364,50 DM gewannen 13 Betriebsangehörige der Klöckner-Humboldt-Deutz-Werke Köln im Nordwest-Lotto. Damit ist zum erstenmal bei Ausspielungen dieser Art die Millionengrenze überschritten worden. Am 13. August hatte die Frau eines Polizeibeamten aus Oberhausen mit 699 000 DM eine Rekordquote erzielt, die schon eine Woche später von einer Arbeiterfrau aus einem Bremer Vorort mit 810 000 DM übertroffen wurde.

### Stadt bittet um Darlehen bei der Lotto-Königin

WAZ OBERHAUSEN, 5. September

Die Stadt Oberhausen hat in einem Schreiben Frau Martha Peters gebeten, der Stadt den größten Teil ihres Lottogewinns in Höhe von fast 700 000 DM bei 7 v. H. Zinsen und 3 v. H. jährlicher Tilgung zu leihen. Die Stadt befinde sich in erheblichen Geldschwierigkeiten, die unter anderem die Fertigstellung mehrerer Schulen und die Vollendung eines Rathausanbaues gefährden könnten. Der Oberhausener Etat beläuft sich auf etwa 100 Millionen D-Mark. Frau Peters befindet sich mit ihrem Ehemann auf Urlaubsreise. Sie hat bisher der Stadt noch nicht geantwortet.

# Panzer schützen Farbige
## ... in USA-Südstaaten – Weiße randalieren gegen Rassengesetze

OLIVER SPRINGS (Tenessee/USA), 4. September

Die schwelende Unruhe in den amerikanischen Südstaaten im Zusammenhang mit der Aufhebung der Rassentrennung an manchen Schulen ist mit Beginn des neuen Schuljahres zu offenem Ausbruch gekommen. Es kam zu Gewalttaten und zu passivem Widerstand in den Gemeinschaftsschulen.

Die bisher schwersten Zusammenstöße ereigneten sich zum Wochenbeginn in Oliver Springs, wo Polizei und Sicherheitsstreitkräfte eingesetzt werden mußten. Im Farbigenviertel der Stadt ereigneten sich zwei Sprengstoffanschläge, und in der Stadt kam es, als die Polizei versuchte, eine randalierende Menge von Weißen auseinanderzutreiben, zu einer Schießerei, bei der zwei Personen verwundet wurden. 15 Rädelsführer wurden festgenommen. Später wurden Panzerwagen gegen die Demonstranten eingesetzt.

In Clinton, einer Nachbargemeinde von Oliver Springs, beantworten die weißen Schüler die Aufnahmeanträge von zwölf Farbigen mit passivem Widerstand. Am Dienstag patrouillierten Milizsoldaten auf den Straßen von Clinton. Ungehindert betraten neun der angemeldeten Farbigen das Schulgebäude. Von den fast 800 weißen Schülern waren jedoch nur 266 zum Unterricht gekommen.

Die Schulleitung ließ bekanntgeben, daß keine Zwangsmaßnahmen wegen des Schulversäumnis angewandt würden. Unter der Lehrerschaft besteht die Hoffnung, daß in Kürze alle Schüler den Unterricht wieder besuchen werden.

## Schweigendes Spalier vor der Schule

Zu schweren Ausschreitungen ist es am Donnerstag in Sturgis im amerikanischen Staat Kentucky gekommen, als Nationalgardisten neun farbige Schüler in die bisher allein den Weißen vorbehaltene höhere Schule der Stadt geleiteten. Etwa 400 bis 500 Demonstranten nahmen eine drohende Haltung gegen die mit Maschinenpistolen und Karabinern bewaffneten Begleiter der Farbigen ein und versuchten schreiend und fausteschwingend, ihnen den Weg zu verlegen. Fünf Personen wurden verhaftet. Nachdem die farbigen Schüler in ihren Klassenräumen untergebracht waren, gingen die Gardisten mit dem Bajonett gegen die Menge vor, die das Schulgebäude belagerte.

Dagegen konnten die farbigen Schüler die Oberschule von Clinton (Tennessee) unbelästigt betreten. Ihre weißen Klassenkameraden bildeten aber aus Protest ein — wie unser Bild zeigt — schweigendes Spalier vor dem Schulgebäude.

# NRW hat über 15 Millionen Einwohner
## 1 Million Zuwachs seit Mai 1953

WAZ DÜSSELDORF, 3. September

Nordrhein-Westfalen, das Bundesland mit der größten Bevölkerungszahl, hat seit Juli dieses Jahres mehr als 15 Mill. Einwohner. Im Mai 1953 war die 14-Millionen-Grenze erreicht worden. Die Zunahme entfällt nach Mitteilung der Landespressestelle in Düsseldorf zu drei Vierteln auf die Zuwanderung und zu einem Viertel auf den Geburtenüberschuß.

1939 hatte das Nordrhein-Westfalen entsprechende Gebiet 11,9 Mill. Einwohner. Durch Kriegsfolgen sank die Einwohnerzahl bis 1946 auf 11,7 Mill. ab. 1950 waren schon wieder 13,2 Mill. Menschen in NRW ansässig. Die Bevölkerungsdichte in Nordrhein-Westfalen wird besonders deutlich, wenn man sich vergegenwärtigt, daß im Gebiet der gesamten Sowjetzone nur 16,8 Mill. Menschen wohnen.

# Die Kaffeemaschine denkt mit

## Kugelschreiber schießen und Schnaps läuft aus der Lampe – Neuheiten auf der Frankfurter Messe

**FRANKFURT (Main), 4. September**

Wunderliche Dinge gibt es auf der Frankfurter Messe zu sehen: leuchtende Blumen, riechenden Schmuck, rotierende Schnapsfäßchen mit Spieldosenmusik, geschweißte Regenmäntel, schießende Kugelschreiber zur Selbstverteidigung, Wasserduschen aus der Tüte. . . Viele neue Sachen haben sich die Hersteller einfallen lassen, um das tägliche Leben einfacher, bequemer oder auch amüsanter zu machen.

**Für „Sie":** Die Hausfrau braucht sich nicht mehr über das Nachgrauen von weißer Perlonwäsche zu ärgern, denn es gibt jetzt das „Perlon-Hochweiß" eines deutschen Chemiewerkes. Mit einem Wachsstäbchen kann die Hausfrau ebenso leicht den Ölöfen entzünden wie das Verlöschen der Gasflamme beim Überkochen durch einen Zusatzring vermeiden. Ein kleines Zusatzgerät im Kühlschrank beseitigt den wenig beliebten Kühlschrankgeschmack, während ein neuartiges Vakuumkonservierungsgerät mit einer Stundenleistung von 40 bis 50 Gläsern der Hausfrau die mühsame Einkocharbeit zu ersparen verspricht.

Selbsttätig denkt eine vollautomatische Kaffeemaschine, die mit einem neuen „Sprudelpumpverfahren" und einer Wählscheibe von milden Kaffee bis zum stärksten Mokka jede Auswertung des Kaffeegutes ermöglicht. Sollte die Sekretärin in ihrem Büro über eine der neuen Roboterschreibmaschinen verfügen, könnte sie getrost in den Urlaub fahren. Mit einem Druck auf den Kopf kann „Sie" sich schließlich aus einem mit Gasdruck arbeitenden neuartigen Parfümballon bestäuben. „Sie" kann die Zigaretten aus der Puderdose oder den Lippenstift aus dem Zigarettenetui nehmen, sich aus einem Feuerzeug parfümieren oder sogar mit ihrer Puderdose Kleinbildfotos „schießen".

**Für „Ihn":** Die Herren brauchen nicht abseits zu stehen. Kugelschreiber mit Zigarettenspitze, durch einen Magnet haftende Rasierpinsel und Tauchsieder für das Auto oder Schwenkkoffer auf den Stoßstangen als zusätzlicher Gepäckraum. Für

die Junggesellen unter ihnen gibt es jetzt auch „Automagic"-Hemden aus Popeline, die ähnlich den Perlonhemden nicht mehr gebügelt zu werden brauchen.

Abgespannt von der Arbeit kann „Er" sich entweder durch ein Massagegerät, das auch an die Autobatterie anzuschließen ist, oder aber durch einen Schnaps „aus der Lampe" wieder in Form bringen. Denn bei einer der ausgestellten Tischlampen hält man einfach das Glas unter den Schirm, der die Ausgießvorrichtung verdeckt, drückt auf einen Gummiball — und zur Überraschung aller Gäste hat sich das Gläschen gefüllt.

**Für „Es":** Auch die Kinder haben die Fabrikanten nicht vergessen, denn wer hätte nicht gern eins der schnittigen weißen Motorboote, die von einer Taschenlampenbatterie angetrieben werden, oder einen Rodellenker, der jeden gewöhnlichen Schlitten zu einem „Bob" verwandelt.

**Für alle:** Kleine, an jeden Wasserhahn anzuschließende Durchlauferhitzer von nur sechs Zentimeter Durchmesser liefern sofort heißes Wasser. An Möbeln kann man übrigens in Zukunft auf Schlösser verzichten, da es magnetisch schließende Türen gibt.

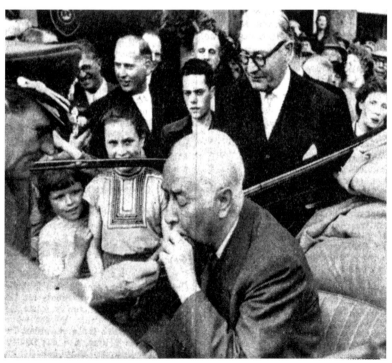

## *Eine Zigarrenlänge*

dauerte der Besuch des Bundespräsidenten auf der Margarethenhöhe in Essen. Theodor Heuss war zum 50. Jahrestag der „Siedlung im Grünen" erschienen, die einer Stiftung Margarethe Krupps im September 1906 entstammt. Der Bundespräsident nannte die Margarethenhöhe in einer Ansprache vor vielen tausend Bürgern „das erste große Exempel dieser Art in Deutschland". Mit einer brennenden Zigarre war er vorgefahren, und als er sie zu Ende geraucht hatte, war auch die Zeit des Besuches abgelaufen. Ehe Prof. Heuss die Fahrt zur nahegelegenen Internationalen Polizeiausstellung — er ist ihr Schirmherr — antrat, zog er ein neues Stück der Unentbehrlichen hervor; Feuer gab ihm, wie unser Bild zeigt, sein ständiger Polizeibegleiter.

**POPELINE-MÄNTEL**
mit *Leichtpelz-Futter*

Dieses Ausknöpf-Futter aus echtem Pelz hat zwei bestechend vorteilhafte Eigenschaften:
Es ist besonders leicht und angenehm im Tragen, hält aber gleichzeitig mollig warm.

① Fescher Popeline-Hänger aus NINO-FLEX in den Farben schwarz, anthrazit und blau, mit ausknöpfbarem Leichtpelz-Futter.
Ein Mantel so recht für herbstliche Tage . . . . . . . . . . nur **84.50**

② Modischer Popeline-Hänger aus NINO-LUXE changeant, in herbstlichen Farben mit ausknöpfbarem Leichtpelz-Futter.
Besonders reizvoll wirkt hierbei die Rückenpartie . . . . . . . . nur **98.50**

991

**C&A**
BRENNINKMEYER

Barkauf
ist *doch* vorteilhafter!

ESSEN, Kettwiger Straße 39

# Haas überreicht Note
# Moskau winkt sofort ab

## Gromyko-Antwort auf dringenden Appell: Wiedervereinigung jetzt nicht möglich

Berichte unserer Nachrichtendienste

MOSKAU, 7. September

Die Sowjetregierung hat die seit langem angekündigte Note der Bundesregierung am Freitag außerordentlich kühl aufgenommen. Der stellvertretende Außenminister Gromyko erklärte Botschafter Haas sofort nach Empfang der Note und des beigefügten Memorandums, daß nach Ansicht der Sowjetunion nur Verhandlungen zwischen der Bundesregierung und der Regierung der Sowjetzone zur Wiederver-

einigung führen würden. Darüber hinaus erklärte Gromyko, die „gegenwärtige Militarisierung sowie die Unterdrückung von Freiheit und Recht in der Bundesrepublik" machten eine Wiedervereinigung auf freiheitlicher und demokratischer Grundlage unmöglich. Dennoch sicherte Gromyko dem Botschafter, der diese Bemerkungen energisch zurückwies, Studium der Dokumente und deren Beantwortung zu.

Mit der Note und einem beigefügten 19seitigen Memorandum hat sich die Bundesregierung in der Wiedervereinigungsfrage zum erstenmal direkt an Moskau gewandt, und es ersucht, diese Frage „erneut und mit Energie" aufzugreifen. Eine neue Konferenz in diesem Augenblick wird nicht als zweckmäßig bezeichnet, jedoch die grundsätzliche Bereitschaft der Bundesregierung zur Erörterung eines jeden Sicherheitsvorschlages betont, der die Existenz nur eines deutschen Staates zur Grundlage

hat. Den drei Westmächten wurden das an Moskau adressierte Memorandum und die Note am gleichen Tage zu ihrer Kenntnis übermittelt.

Die wichtigsten Gesichtspunkte des Memorandums sind.

❶ Die Forderung nach Wiedervereinigung durch freie Wahlen bleibt bestehen.

❷ Der von den drei Westmächten auf der zweiten Genfer Konferenz unterbreitete Vorschlag zur Schaffung einer militärisch verdünnten Zone zwischen

Ost und West (abgewandelter Eden-Plan) wird erneut zur Diskussion gestellt.

❸ Die Wiedervereinigung soll nicht zur Verbesserung der militärischen Lage einer Mächtegruppe führen.

❹ Es wird an die Verpflichtung der vier Großmächte zur Wiederherstellung der deutschen Einheit erinnert.

❺ Noch einmal wird unterstrichen, daß es keine Bindung für das wiedervereinigte Deutschland an die NATO oder die WEU gibt.

## SS-Offiziere können in die Bundeswehr eingestellt werden

BONN, 6. September

Ehemalige Offiziere der Waffen-SS bis zum Dienstgrad eines SS-Obersturmbannführers (Oberstleutnant) können, wenn sie geeignet sind, in die Bundeswehr eingestellt werden. Im ersten Ministerialblatt des Bundesverteidigungsministeriums ist ein entsprechender Beschluß des Bundespersonalausschusses veröffentlicht worden. Nach den bisherigen Bestimmungen des Soldatengesetzes war ein SS-Dienstgrad nicht anerkannt worden. Ehemalige Angehörige dieser Truppe konnten daher nur als einfache Soldaten in die Bundeswehr eintreten.

*Motocoupé*

BMW

*Isetta*

# DAMKE

### Gelsenkirchen
### Bismarckstr. 54, 23-25, Ruf 2 33 55
### Essen · Alfredbrücke
### Am Wehmenkamp 31, Ruf 7 85 38

# Schwarzer Zopf und Pfennig-Absatz
## Catarina Valente mit modischem Beiwerk – Schlank, heiter, glücklich

*Caterina Valente: Zopf wie in der Kinderzeit. Echt, auf Ehrenwort.*

Braun das schmal gewordene Gesicht von der Sonne Ricciones; schlank von den rabiat trainierten Tänzen, noch gewachsen, wie es schien — so stand Caterina Valente wieder vor uns.

Ein rotweiß gestreiftes Jackenkleid umspannte eng die Figur. Aus dem Haarknoten ringelte ein Zopf hinab an der Wange vorbei und legte sich vorn

auf die Schultern. Das stand ihr gut, und die reizende Verspieltheit mit dem Zeichen der Jugend machte sie jünger. Wie immer war sie heiter, offen und unmittelbar. Ein glückliches Menschenkind, das weiß, ein guter Stern bewacht ihren Weg.

Lassen wir Grete Weiser über Caterina sprechen: „Eine nette Kollegin, immer vergnügt, auch wenn die Arbeit schwer ist. Und so begabt! Wo gibt es das: Die meisten, die Erfolg haben wie sie, werden affig!"

„Jetzt müssen Sie etwa über Grete Weiser sagen."

Caterina lächelte, hält ihrer Kollegin beide Ohren zu und flüstert ein einziges Wort: „Zauberhaft!"

Caterina war in Riccione und Grete in Paris. Grete schwärmt von der Seinestadt, Caterina von Italien.

Plötzlich hält Grete Caterinas Schuhe in der Hand, aus Italien, mit Pfennigabsatz, dünn wie ein Bleistift und turmhoch. Eine Zerbrechlichkeit von einem Schuh, Kunststück an Konstruktion und Wohlgeformtheit. Da hatten wir des Rätsels Lösung. Caterina wuchs auf den Leichtmetalltürmchen unter ihrer Ferse um Zentimeter. Und da sie — später — davon ging, war es ein atemberaubender Anblick: wird er zerbrechen, wird sie aus dem Gleichgewicht geraten? Nichts derlei geschah. Sie schwebte dahin, sie balancierte auf dem pfennigkleinen Grundriß der Absatzkonstruktion, wie eine Artistin auf dem Seil.

Am 17. Oktober fliegt sie nach New York. Im Erstklass-Hotel „Pierre" wird sie ihre Schlager singen: Ganz Paris träumt von der Liebe, Bonjour Kathrin, Du bist Musik und das kesse Tschi-bam. In welcher Sprache sie es singen werde? „In vielen. Sechs, sieben Sprachen kenne ich, singen kann man leicht in jeder Sprache."

„Viel Erfolg in Amerika" — stand auf einem Kulissenwolkenkratzer der Lichtburg-Bühne. Viel Erfolg wünschten die Fünftausend, die drei Vorstellungen füllten, Beifall rauschte hinauf zu der Wolke aus Tüll, über der ein schmales Gesicht sich hob und ein schwarzer Zopf lustig baumelte. Und somit: Bonjour, Caterina, und auf Wiedersehen!        KSa

# Wer zu schnell fährt, gerät in die getarnte Radar-Falle

## Polizei führt neues Meßgerät vor – Auch für Verkehrszählung

**WAZ** ESSEN, 6. September
Wenn für Westdeutschlands Straßen die gegenwärtig heiß umstrittene Geschwindigkeitsbegrenzung angeordnet werden sollte, dann, Kraftfahrer, seid auf der Hut! Die Polizei hat eine Waffe in der Hand, die jeden überschnellen Fahrer registriert: Wer den unsichtbaren Strahl des am Straßenrand getarnt aufgestellten Gerätes durchfährt, kommt auch mit der schönsten Entschuldigung nicht mehr durch. Denn das Geschwindigkeitsmeßgerät hat nicht nur Fahrtempo, sondern mit Hilfe zweier Spezialkameras auch Nummernschild, Verkehrssituation, Datum und Uhrzeit genau festgehalten.

Während der Internationalen Polizei-Ausstellung in Essen hat es ein Werk der Elektroindustrie am Donnerstag erstmals vorgeführt. In 20 Meter Breite streut ein Radarstrahl die Fahrbahn. Durchfährt ein Wagen diese „Bannmeile", springt der Zeiger des Meßgeräts auf die gefahrene Geschwindigkeit. Nur dann, wenn zwei Autos unmittelbar hintereinander fahren, verrät das Gerät eine Schwäche: es zeigt nur ein Fahrzeug an. „Aber der Radarstrahl läßt sich auch verengen, so daß niemand unerkannt durchrutscht", schränken die Techniker voreiligen „Optimismus" ein. Die lichtstarken Kameras bringen nicht nur bei Tageslicht die Verkehrssünder auf den Film, auch nachts können sie eingesetzt werden — mit Hilfe des Blitzlichts. Allerdings wird dann nur von hinten „geblitzt", um den Fahrer nicht zu blenden. Das „Verkehrsradar", wie das Gerät genannt wird, ist vielseitig: Es läßt sich auch zur Verkehrszählung verwenden.

Die Polizei beweist auf der IPA Im Essener Ausstellungsgelände, die

*In dem unscheinbaren Kasten (oben rechts am Bildrand) ist der Radar-Sender untergebracht. Im Vordergrund sind die Meßapparaturen mit dem Geschwindigkeitsanzeiger sichtbar. Der Polizeibeamte kann in seinem Kopfhörer auch akustisch die ‚Geschwindigkeit der Fahrzeuge wahrnehmen: je höher das Tempo, desto höher das Geräusch im Kopfhörer.*
**WAZ**-Bild: Marga Kingler

bis 23. September geöffnet ist, auch noch mit vielen anderen Geräten und Einrichtungen, daß ihre Augen dank der modernen Technik immer besser werden. Vieles, was auf der IPA heute noch als bestaunte Neuerung gezeigt wird, ist morgen im Polizeialltag schon selbstverständlich.

## Jetzt gibt es auch „Strandwagen"

*Der bekannte italienische Karosseriebauer Pinin Farina hat für den Fiat 600 dieses neue Kleid geschneidert und damit einen bisher unbekannten Wagentyp kreiert. Der Wagen soll auch für Campingfahrten und für die Jagd geeignet sein. Weidmannsheil!*

---

*Was steht zur Debatte?*

### Eine neue Wirtschaftsgesinnung!

In einer gewaltigen gemeinsamen Anstrengung ist es uns gelungen, die härteste Not der ersten Nachkriegsjahre zu bannen. Wir dürfen über diese einmalige Leistung stolz und froh sein, sollten uns aber an dieses Gefühl nicht verlieren; denn noch immer bleibt genug zu tun.

Die Soziale Marktwirtschaft kennzeichnet ja nicht nur ein wirtschaftliches System, sondern sie weiß auch um die sittlichen Werte des Lebens. Wir alle, die wir an dem wirtschaftlichen Aufschwung teilhaben durften, sollten es einfach nicht ertragen können, daß noch Menschen ohne eigene Schuld im Schatten leben, daß einzelne Schichten unseres Volkes von dem wachsenden Wohlstand wenig oder nichts verspürt haben. Ihnen — statt immer nur sich selbst oder der eigenen Gruppe — helfen zu wollen, müßte in uns allen zu einer bewegenden Kraft werden.

Mit einem Appell an die Regierung ist es nicht getan, wenn jeder nur an sich denkt und zu wenige das Ganze zu sehen bereit sind. So billig können wir unser Gewissen nicht freikaufen! Solange nämlich die verschiedenen Gruppen in unserer Wirtschaft allein von massivem Zweckdenken beherrscht werden, solange sie nur die anderen überzeugen wollen, daß die Verdienste gerade ihrer Gruppe zu wenig beachtet, gerade ihre Leistungen zu geringe entlohnt seien, solange drehen wir uns immer im Kreise — und der Erfüllung gemeinsamer Anliegen bleiben wir untauglich.

Das alles soll gewiß nicht besagen, daß wir aufhören sollten, im wirtschaftlichen Fortschritt zu bleiben. Nein, Deutschland hat überhaupt nur eine Zukunft, wenn es mit den großen Industrieländern der Welt leistungsmäßig Schritt zu halten vermag.

Was wir aber außerdem brauchen, ist ein neuer Stil unseres Lebens. Die wachsende Produktion allein hat keinen Sinn. Lassen wir uns von ihr völlig in Bann schlagen, geraten wir in solcher Jagd nach materiellen Werten in den bekannten Tanz um das goldene Kalb. In diesem Wirbel aber müßten die besten menschlichen Eigenschaften verkümmern: Der Gedanke an den ›anderen‹, an den Menschen neben uns. Das Gefühl für Dinge, die sie — wie etwa die Vorsorge für die Zukunft unserer Kinder — nicht unmittelbar zu lohnen scheinen. Nur aus unserer Bescheidung nämlich können wir die Mittel fließen, die unserer Jugend mehr und bessere Ausbildungsmöglichkeiten eröffnen. Und unser Beispiel wird ihr den Glauben geben, daß materieller Gewinn nicht der Weisheit letzter Schluß, des Lebens einziger Sinn ist. Schließlich bleibt auch hier eine geschichtliche Aufgabe, Werke und Werte der Kunst, der Kultur und der Wissenschaft nachhaltig zu fördern.

Das bedeutet, wir sollten hinsichtlich unserer eigenen Wünsche hier und da Beschränkung üben. Wer unserem Volke nichts anderes zu geben vermag, als ›besser leben‹ oder ›weniger arbeiten‹, der wird die Geister und Herzen auf die Dauer nicht gewinnen können. Über dem löblichen Streben des einzelnen müssen wir als Volk und Nation um die Verwirklichung übergeordneter Ziele bemüht sein. Dann werden wir überrascht feststellen, daß wir mit dem allgemeinen Wohl zugleich die Grundlagen unseres eigenen Lebens gefestigt haben.

So werden und müssen wir also beharrlich unsere Arbeit tun, und unser Fleiß wird uns dabei immer höheren Wohlstand erreichen lassen. Mehr Wohlstand soll uns jedoch auch materiellen Fesseln befreien und nicht in materiellen Fesseln binden. Eine neue und reifere Wirtschaftsgesinnung zu wecken, soll ein Anruf an uns alle sein!

*LUDWIG ERHARD BUNDESMINISTER FÜR WIRTSCHAFT*

---

## „Kupferner Sonntag" soll entfallen

### Ladenschluß allgemein 18.30 Uhr

**WAZ** BONN, 12. September
In Zukunft soll es keinen „Kupfernen Sonntag" mehr geben. Ein entsprechender Antrag wird dem Bundestag vom Ausschuß für Arbeit vorgelegt werden. An seiner Annahme durch das Bundesparlament ist nicht zu zweifeln. Die verbleibenden verkaufsoffenen Sonntage, der „Silberne" und der „Goldene", sollen auf 5 Stunden beschränkt werden.

Nach dem Beschluß des Ausschusses soll künftig der Ladenschluß allgemein auf 18.30 Uhr festgelegt werden. Bisher war es den Geschäften freigestellt, bis 19 Uhr offenzuhalten. Unentschieden blieb die Frage des freien Samstagnachmittags. Grundsätzlich wurde das „rollierende System" der abwechselnden freien Nachmittage für das Verkaufspersonal ebenso abgelehnt wie der verkaufsfreie Mittwochnachmittag.

WESTDEUTSCHE
**ALLGEMEINE**
Die unabhängige Zeitung des Ruhrgebiets

# „Rock and Roll": Englands Jugend in Ekstase

## Neuer Rhythmus führt zu hysterischen Massenszenen – Kinos verwandeln sich in Irrenhäuser

**Von unserem Korrespondenten JOHN F. REYNOLDS**                    **LONDON, 13. September**

**Schlagzeug und Kontrabaß stampfen den harten Rhythmus — ununterbrochen, gleichbleibend, dröhnend. Die Klarinette kreischt dazwischen, mit einer Melodie, die nur wenige Töne auf- und abgeht, unterdrückt vom Rhythmus, während eine Tuba dumpf die Luft erzittern läßt. Eine halbe Minute hält man es aus. Dann zuckt die Hand mit kurzen, harten Schlägen im Rhythmus des Taktes auf der Tischplatte. Der Kopf wird heiß. Und immer noch geht es ruck-ruck-ruck-ruck, härter, erbarmungsloser — und romm-romm-romm-romm, unerträglich fast. Bis noch einmal die Klarinette aufschreit — hysterisch, irrsinnig. Dann ist es vorbei. Nur der Kopf ist noch immer heiß, die Augen schwimmen. Man wacht auf, wie aus einem bösen Traum, mit dem Verlangen, ihn noch einmal zu erleben.**

Das ist „Rock and Roll", Rucken und Zucken, der neueste Extasetanz, übersteigert ins Hemmungslose. Er brach wie eine Sturmflut über England herein, schwemmte die Jugend vor sich her, die Teenagers beiderlei Geschlechts. Er ist die Ursache dafür, daß Kinos zu Tollhäusern werden, die Überfallkommandos durch die Straßen und die Feuerwehren mit Wasserwerfern anrücken. Er ist ein Phänomen, das sich verstandesgemäß nicht mehr erklären läßt.

### Tanz auf der Straße

Es fing an mit dem Film „Rock around the clock", in dessen Mittelpunkt „Rock and Roll" steht. (Dieser Film wird am 21. September unter dem Titel „Außer Rand und Band" in der Bundesrepublik erstaufgeführt. D. Red.) Neunzig Minuten kreischt, dröhnt und stampft es von der Leinwand her — Rock and Roll. Die 16-, 17- und 18jährigen sitzen davor, mit offenem Munde und verglasten Augen, die Arme und Beine flitzen, die Feuerwehren, Hunderte von Füßen stampfen den Takt. Und dann können es zwei, vier, sechs nicht mehr aushalten. Plötzlich tanzen sie in den Gängen, auf der Bühne vor der Leinwand, in den Gangreihen selbst. Die Körper drehen sich und schwingen —

hierhin und dorthin, Glieder verrenken sich, Stöhnen und Ächzen, Kreischen, Massenhysterie.

Das Kino hat sich in ein heulendes, kreischendes, stampfendes, bebendes Irrenhaus verwandelt. Alle Hemmungen fallen. Kleiderfetzen fliegen durch die Luft, Stühle werden herausgerissen, Glühlampen zertrümmert. Geschäftsführer und Platzanweiser sind ohnmächtig. Draußen heulen schon die Sirenen der Überfallkommandos, die mit Gummiknüppeln und Wasserwerfern das Kino räumen.

Aber draußen auf der Straße geht der tolle Tanz weiter. Dutzende von Paaren — nein, Hunderte tanzen, stampfen, gröhlen weiter.

Diese Szenen spielen sich seit zwei Wochen überall in London, Coventry, Birmingham und in Manchester ab, wo die Polizei stundenlange Straßenschlachten mit „Rock-and-Roll"-tollen Jugendlichen austragen mußte. Es erfolgen Festnahmen und Vorführungen, und wenn die Jugendlichen am nächsten Morgen vor dem Richter stehen, ist es immer die gleiche Entschuldigung: „Ich weiß nicht, was über uns kam. — es war der Tanz, die Musik, der Rhythmus — es war Rock and Roll."

Kinos, die den Film zeigen, sind jetzt dazu übergegangen, schon vorher die Polizei zu alarmieren. Starke Polizeiaufgebote halten die Gänge und Treppen besetzt, auf der Bühne stehen Wasserwerfer bereit. Die zuständigen Stellen erwägen, ob sie den Film verbieten sollen. Aber der Film enthält keinerlei anstößige Stellen, er ist — als Film — völlig harmlos. Es ist die Musik und der nervenzerrüttende, alles betäubende Rhythmus, die diese unvorstellbare, unbeschreibliche Wirkung hervorrufen. Und Musik kann man nicht verbieten. Schon dröhnen aus den Tanzkellern in Londons berüchtigtem Soho-Viertel die Rock-and-Roll-Rhythmen, schon greift das Ruck-Zuck-Fieber weiter um sich, schon wird aus Hollywood gemeldet, daß man dort einen zweiten „Rock-and-Roll"-Film plant.

Die Wirkung auf Jugendliche mit natürlicher Ausgelassenheit zu erklären, genügt nicht mehr. Das Ruck-Zuck-Fieber ist keine bloße Schaustellung. Es ist Explosionsstoff, der alle Sicherheitsventile sprengt. Es ist ein Betäubungsmittel, das den Verstand ausschaltet. Möglich, daß es eine vorübergehende Phase ist. Wie aber, wenn es Ausdruck und Symptom für diese Zeit der Düsenmotoren und Atombomben wäre — eine Zeit, die gerade erst begonnen hat?

*„DIE HALBSTARKEN" heißt ein neuer Film, der jetzt in Berlin abgedreht wurde und das Problem der Jugendkriminalität behandelt. Unser Bild zeigt Bundesfilmpreisträger Horst Buchholz als Bandenführer und Karin Baal (15) als seine „Braut" Sissy in einer eindrucksvollen Szene. Die Premiere findet am 16. September in Essen statt.*

### „Halbstarkentreffen" in Mülheim — Dortmunder gaben die Parole

**WAZ MÜLHEIM (Ruhr), 21. September**

Hat man in Mülheim die Drahtzieher der Halbstarken-Krawalle gefaßt? Mit dieser Frage beschäftigt sich die Mülheimer Polizei seit Freitag abend. Gestellt wurde ein schwarzes VW-Kabriolett aus Dortmund. Die drei Insassen des Wagens hätten an Jugendliche, die am Freitagabend am Mülheimer Rathausmarkt randalierten und dabei mit der Polizei, die schnell Herr der Lage wurde, aneinandergerieten, Parolen ausgegeben. Die Ermittlungen darüber, wie weit die drei Männer aus Dortmund — sie sind 18, 23 und 25 Jahre alt — mit den Krawallen in Zusammenhang zu bringen sind, dauerten am späten Freitagabend noch an. Die Mülheimer Polizei hatte bereits im Laufe des Donnerstags Kenntnis von der geplanten Aktion. Besonders in der Berufsschule waren die Parolen über das „Halbstarken-Treffen" an diesem Tage ausgegeben worden.

# Saat der Gewalt geht auf

## Zur Uraufführung des Films „Die Halbstarken"

**D**ie amerikanischen Paten des deutschen Films „Die Halbstarken" blinzeln durch alle Bilder: Die Saat der Gewalt ist aufgegangen. Tolle Knaben und ein noch tolleres Mädchen prügeln, stehlen, schießen, daß giftgelber Neid einen in Ehren ergrauten Gangster zerfressen mag. Kinder, Kinder! Freddy, der Held, zünftig in Niethosen durch die Handlung sich schlängelnd, hat seine Drehbuchlektion brav gelernt. Er reagiert auf Wildkatze mit geschmeidigen Bewegungen, kaltem Blick und fauchendem Zorn. Und sie parieren dem Boß, dem schräg gemachten Jünglinge, halb Bewunderung, halb Gruseln im Herzen. Sie werden Verbrecher und bleiben Kinder. Sie wollen „eigentlich nicht" und sind doch dabei, denn Freddy befiehlt, und Freddy ist ein „toller Kerl". Wer löst das Rätsel? Warum schießt Sissy („Ich werde sechzehn") auf den alten Mann und den Freund? Ein Kind mit der Eiseskälte eines Mörders oder besser gesagt: mit der Dumpfheit des Kreatürlichen, in dem das Menschliche verkümmert.

Produzent Lüdecke — sein Mut in Ehren — hält sich gelehrig an das Schema der Jugendpsychologen, an „Fälle" und Urteile. Seine Halberwachsenen spielen Vorbilder nach. Sie kleiden sich auffällig, tanzen Boogie. Ihre Redeweise ist banal-

salopp und schwankt zwischen kindhaften Ausrufen, Papierdeutsch und Ganovenjargon, nach dem Leben notiert.

So ist Abschrift, nicht Gestaltung der Stil des Films. Er bewegt sich im Vordergrund. Gibt Bilder, keine Sinnbilder. Seine Figuren sind Klischees einer schrecklichen Vereinfachung. So sind sie, die „Halbstarken", so haben sie auszusehen, basta. Ein neuer Filmtyp ist geboren.

Ist das alles? Keilereien, ein Postraub, Totschlagversuche; eine Kollektion sadistischer Exzesse — sie peitschen die Nerven auf und stürzen uns in ein raffiniert ausgestattetes Inferno, um uns mit Schaudern zu entlassen. Doch in der Sache, fürchten wir, wird der Film nichts bewegen. Schlimmer, er liefert aparte Rezepte für alle, die sie am wenigsten verdauen können. Schade.

Horst Buchholz kämpft sich mit fanatischem Eifer durch das Panoptikum gerichtsnotorischer Details. Die sechzehnjährige Karin Baal übt sich darin, wie Marina Vlady auszusehen. Christian Doermer, zwischen Gut und Böse bewegt, hat sympathisches Profil. Was die Vollstarken — die Erwachsenen — angeht: schweigen wir lieber. Die Regie Georg Tresslers schwankt zwischen Stimmung, Knalleffekt und unfreiwilliger Komik.

**KARL SABEL**

# UNSERE LESER *schreiben*

# „Halbstarke" gab es immer

**In** der „Criminal-Zeitung" Nr. 1095 aus dem Jahre 1920 steht folgender Artikel: „Tumult in einem Lichtspieltheater. Die ‚Halbstarken', diese Bezeichnung genügt, uns eine gewisse Vorstellung von einer Sorte junger, unreifer Menschen zu machen, die überall dabei sind, wo es Skandale aufzuführen gibt. Die Halbstarken... suchen sich durch ‚Heldentaten' hervorzutun, die sie eben in der Störung der Ordnung erblicken. In dem Münchner Lichtspieltheater ‚Lindwurmhof' glaubten sie jüngst eingreifen zu müssen, weil ihnen der Film ‚Das Gelübde der Keuschheit' nicht gefiel. Etwa 25 Burschen drangen mit wildem Johlen und erhobenen Stöcken in den Vorführraum und zerrissen den Film. Eine herbeigeholte Abteilung des Münchner Lehrregiments zerstreute dann die Tumultanten."

Wie man sieht, gab es also die Halbstarken schon nach dem vorletzten Krieg. Wahrscheinlich gab es sie schon bei den alten Ägyptern. Ich glaube, es wird sie immer geben, solange sich die Jugend in der verlogenen und nur auf Profit ausgerichteten Welt der Erwachsenen nicht zurechtfindet.
DUISBURG-HAMBORN
HEINRICH WEUTHEN

## Vertrauen der Jugend erwerben!

*An alle Eltern! Ist es Euch schon einmal eingefallen, abends nachzusehen, ob Euer Junge auch wirklich schläft oder ob er sich nicht von der einen Seite auf die andere rollt und mit Problemen kämpft, mit denen er ohne Eure Hilfe niemals fertig wird? Ihr bringt ihm ja kein Verständnis entgegen. Ihr verlangt von ihm klare Entscheidungen; entweder ja ... oder nein! Glaubt Ihr, daß Jungen zwischen 14 und 18 Jahren schon dazu in der Lage sind? Wart Ihr es? Wenn es früher noch keine Banden in der heutigen Form gegeben hat, dann lag es wohl daran, daß sich die Eltern mehr um ihren Nachwuchs gekümmert haben. Warum gebt Ihr Euch so wenig Mühe, Eure Jungen verstehen zu lernen? Ist es nicht eine Schande für Euch, wenn sie an fremden Orten falsche Auskünfte holen?*

*Wenn „sie" wissen, daß sie zu Euch kommen dürfen mit all ihren Sorgen und Nöten ... und wenn Ihr selbst begreift, daß es zwischen Gut und Böse auch noch Zwischenwerte gibt, dann dürften solche Banden bald verschwinden. Dies schreibt Euch ein junger Mensch.*

ESSEN-KARNAP
ULRICH GRAILICH

**Welturaufführung**
Donnerstag, 27. September, 15.00 · 17.30 · 20.15

Horst **Buchholz**
Bundesfilmpreisträger

in seiner bisher größten Rolle

**Der aktuellste Film unserer Zeit!**
KARIN BAAL
CHRIST. DOERMER
Jo Herbst · Viktoria v. Ballasko
Regie: Georg Tressler

*Die* **Halbstarken**

Eine Wenzel Lüdecke-Produktion
der Inter West Film-Berlin
im Verleih: Union-Film

UNION
**Zugelassen ab 16 Jahre!**

WESTDEUTSCHE **ALLGEMEINE** *Die unabhängige Zeitung des Ruhrgebiets*

## IG Metall wählt Otto Brenner zu ihrem 1. Vorsitzenden

waz DORTMUND, 16. September

Der vierte Gewerkschaftstag der IG Metall wählte am Samstag in Dortmund den bisherigen Vorsitzenden Otto Brenner mit 314 von 352 Stimmen zum 1. Vorsitzenden. 2. Vorsitzender wurde Alois Woehrle. Der Wahl ging eine Satzungsänderung voraus. Bisher hatte Brenner die Führung der IG Metall mit dem gleichberechtigten Vorsitzenden Brümmer geteilt. Brümmer, der 69 Jahre alt ist, kandidierte nicht mehr.

## Mit Bierwagen zum Rendezvous geflohen

### Über die Zonengrenze

waz HAMBURG, 27. September

Fräulein Inge in Mecklenburg wird sich wundern. Samt Brauereiauto mit einigen hundert Flaschen Bier und Sauerbrunnen hat sich ihr 17jähriger Verehrer aus Hamburg zu seiner Angebeteten auf den Weg gemacht. Während sein Kollege gerade ein paar Kisten in Hamburg bei Kunden ablud, setzte sich der verliebte Bierkutscher ans Steuerrad und brauste mit der Ladung ab. Als der Fahrer wieder auf der Straße erschien, war der Wagen verschwunden.

In Bergedorf verursachte der Flüchtende mit seinem Bierauto einen Unfall. Sachschaden: etwa 500 DM. Er wollte die Rechnung zuerst mit Bierflaschen begleichen, behauptete dann aber, die Firma komme für alles auf und fuhr weiter. Ob der junge Mann das Bierauto mit der Aufschrift einer Dortmunder Brauerei bereits heimlich über die Zonengrenze geschafft hat, ist unbekannt. Bis jetzt fehlt von ihm jede Spur.

### Kühlung in der Adria

. . . suchte Maria Schell vor der Aufführung ihres Filmes „Gervaise" bei den Filmfestspielen in Venedig. Sie traf als letzter prominenter Star dort ein. Sie wurde, wie bereits berichtet, als „beste Schauspielerin" mit dem Volpipokal ausgezeichnet

# Lauer läuft Europa-Rekord

### Über 110 m Hürden — Finnland gewinnt Leichtathletik-Länderkampf in Hamburg

Martin Lauer, Oberprimaner aus Köln, 19 Jahre alt, war der herausragende deutsche Leichtathlet beim Länderkampf gegen Finnland in Hamburg. Im Zehnkampf stellte er einen neuen deutschen Rekord auf. Über 110 m Hürden gelang es dem jungen Kölner sogar, einen neuen Europa-Rekord mit 13,9 Sekunden aufzustellen, einer Zeit, die noch bei der Olympiade 1948 in London für die Goldmedaille reichte. Der Länderkampf, der bei prächtigstem Leichtathletik-Wetter in Hamburg eine großartige Zuschauerkulisse fand, wurde im Endergebnis von den Finnen mit 331,5 Punkten gegenüber 329,5 Punkten der deutschen Mannschaft gewonnen.

Unser Bild zeigt die Läufer bei der ersten Hürde. Ganz rechts Martin Lauer dritter von rechts Bert Steines, der Kapitän der deutschen Mannschaft.

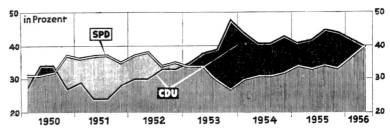

### Schon im sechsten Jahr

stellt das Allensbacher Institut für Demoskopie in regelmäßigen Abständen einem repräsentativen Querschnitt der Bevölkerung die gleiche Frage: „Welche Partei steht ihren Ansichten am nächsten." Die Ergebnisse für die beiden größten Parteien zeigen die beiden Kurven. Zu beachten ist allerdings, daß die angegebenen Prozentsätze sich nur auf die Befragten beziehen, die eine klare Meinung hatten. Das sind im Durchschnitt nur 65 v. H. aller Befragten.

## Über 500000 Fernsehgeräte angemeldet

### . . . im Bundesgebiet und in Berlin

BONN, 11. September

Die Zahl der bei der Bundespost angemeldeten Fernsehgeräte hat am 1. September die Halbmillionengrenze überschritten. Insgesamt waren in der Bundesrepublik und in West-Berlin zu diesem Termin 504 184 Fernsehgeräte angemeldet, während es am 1. August noch 482 801 waren. Die Zahl der Rundfunkgenehmigungen betrug am 1. September 13,6 Mill.

ZUM ERSTENMAL stellte die Bundeswehr beim Empfang eines Staatsoberhauptes die Ehrenkompanie. Neben König Paul Bundespräsident Heuss.

# Belgien gibt vier Grenzorte zurück

## Deutsch-belgischer Vertrag in Brüssel unterzeichnet

WAZ BRÜSSEL/BONN, 24. September

Der deutsch-belgische Vertrag über die Regelung aller strittigen Grenzprobleme ist am Montag in Anwesenheit von Bundeskanzler Dr. Adenauer und dem belgischen Ministerpräsidenten van Acker von Bundesaußenminister von Brentano und dem belgischen Außenminister Spaak in Brüssel unterzeichnet worden. Das Abkommen, das von den Parlamenten beider Länder noch ratifiziert werden muß, sieht die Rückkehr der Orte Losheim, Bildchen, Leykaul und Hemmeres, die bisher unter belgischer Verwaltung standen, in die Bundesrepublik vor. Belgien erhält dafür die Verwaltung von Waldgelände in der Nähe der Ortschaft Losheimer Graben.

Gleichzeitig wurde ein deutsch-belgisches Kulturabkommen unterzeichnet. In dem Grenzvertrag werden Empfehlungen zum Abschluß mehrerer Abkommen über die soziale Sicherheit, die Doppelbesteuerung und die Erleichterung bei der Auffindung und Rückführung sterblicher Überreste belgischer Deportierter in der Bundesrepublik ausgesprochen.

In einer Pressekonferenz nach Unterzeichnung des Vertrages erklärte Bundeskanzler Dr. Adenauer, das deutsch-belgische Grenzabkommen berühre die Klausel des Deutschlandvertrages nicht, nach der die endgültige Festsetzung der deutschen Grenze durch einen Friedensvertrag zwischen dem wiedervereinigten Deutschland und seinen ehemaligen Kriegsgegnern erfolgen soll. Während seines zweitägigen Staatsbesuchs in Belgien, der am Montag mit Empfängen bei Außenminister Spaak und Ministerpräsident van Acker begann, wird Dr. Adenauer am Dienstag auch von König Bauduin empfangen.

In amtlichen Kreisen Bonns wird angedeutet, man knüpfe an diesen deutsch-belgischen Vertrag die Hoffnung, daß auch mit Holland eine entsprechende Regelung getroffen werden kann. Die in Bonn neu erschienene und vom Bundespresseamt herausgegebene „Diplomatische Korrespondenz" bezeichnet den Vertrag als ein „weithin sichtbares Ereignis". Der belgische Außenminister Spaak habe 1949 von dem Recht, angrenzendes deutsches Territorium der belgischen Verwaltung zu unterstellen, nur einen begrenzten Gebrauch gemacht. Damit habe er dem Verhältnis zu seinem östlichen Nachbarn von vornherein einen persönlichen und entwicklungsfähigen Charakter gegeben.

Der SPD-Pressedienst meint, vielleicht könne der inoffizielle Teil der Brüsseler Begegnung den Bundeskanzler erneut zu Überlegungen darüber veranlassen, ob bessere Kontakte von Bonn aus mit Moskau gepflegt werden sollten.

## Die schnellste Luftabwehrrakete der Welt

... wurde auf der Jahrestagung der „Deutschen Arbeitsgemeinschaft für Raketentechnik" in Bremen zum erstenmal vorgeführt. Die Rakete ist eine Konstruktion der Werkzeugmaschinenfabrik Oerlikon in der Schweiz. Sie erreicht etwa 2700 km/st, wiegt 350 kg und wird durch elektronische Steuerung an das Ziel gebracht. Der Antrieb erfolgt mit Hilfe eines Flüssigkeitstreibsatzes. Die Rakete ist aus Aluminium und einem hitzebeständigen Kunststoff gebaut.

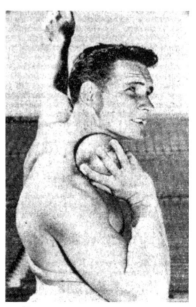

## Über die 19-m-Grenze

stieß als erster am Montag der Amerikaner Parry O'Brien die Kugel. Der 24jährige Olympiasieger von 1952 verbesserte mit 19,06 m seinen eigenen Weltrekord zum fünftenmal innerhalb eines halben Jahres.

WESTDEUTSCHE
ALLGEMEINE
Die unabhängige Zeitung des Ruhrgebiets

## Rock-'n'-Roll-Welle jetzt auch in Duisburg

WAZ DUISBURG, 23. September

Die „Rock-and-Roll"-Welle der Halbstarken hat jetzt auch auf unser Gebiet übergegriffen. Jedoch entsprang sie hier keinem spontanen Impuls, sondern einer Verabredung. Schon Tage bevor der Unterhaltungsfilm „Außer Rand und Band" in einem Duisburger Lichtspielhaus anlief, geisterten Parolen von einem Treffen der Halbstarken durch die Stadt und die Betriebe. Am Samstagabend versammelten sich etwa 400 Halbwüchsige vor dem Kino. Als gegen 20.30 Uhr die jugendlichen Besucher der dritten Vorstellung das Theater verließen, kam es zu tumultartigen Szenen, die den Verkehr lahmlegten. Der Polizei gelang es jedoch, in wenigen Minuten die Ordnung wiederherzustellen. Acht Jugendliche, darunter zwei von auswärts, wurden festgenommen, einer dem Richter vorgeführt. Gegen alle Festgenommenen wird Strafanzeige wegen Landfriedensbruchs erstattet.

Auch in Moers kam es am Samstagabend zu Zusammenrottungen von 150 bis 200 Jugendlichen im Stadtmittelpunkt. Die Ansammlungen konnten von der Polizei ohne große Mühe zerstreut werden.

INGRID BERGMAN feierte jetzt ihren 39. Geburtstag in den englischen Elstree-Ateliers, wo sie zur Zeit mit Dreharbeiten für den Film „Anastasia" beschäftigt ist. Unser Bild zeigt links den Regisseur Anatole Litvak und ihren Partner Yul Brynner, die ihr einen mit Kerzen geschmückten Geburtstagskuchen überreichen.

## Jeder 5. NRW-Haushalt läßt „anschreiben"

WAZ DÜSSELDORF, 19. September

Etwa jeder fünfte Haushalt in NRW hat nach Angaben des NRW-Einzelhandelsverbandes Anschreibeschulden. 21 v.H. der befragten Hausfrauen bejahten danach die Frage, ob sie Schulden bei ihrem Lebensmittelkaufmann hätten. 75 v.H. der Hausfrauen antworteten mit nein; 4 v.H. machten keine Angaben. Die größte Verschuldung wurde mit 28 v.H. bei Rentnern und Arbeitslosen festgestellt. Arbeiterhaushalte folgten mit 20 v.H., Angestellte mit 11 v.H. und Beamte mit 5 v.H.

# Autokoffer für Volkswagen

Die Besitzer von Volkswagen, die viel Gepäck oder Handwerkszeug mit sich führen müssen, können einen Zusatzkoffer erwerben, der auf einem Gestell montiert ist, das an der hinteren Stoßstange und der Karosserie befestigt wird. Der Koffer kommt nicht mit dem Lack der Karosserie in Berührung und ist in der gleichen Farbe des Wagens lieferbar. Beim Hochheben der Motorhaube genügt das Lösen einer Halteschraube, um den Koffer zur Seite schieben zu können.

## Wieder eine neue Linie

„La Palette" soll in der kommenden Saison die Frisurmode heißen. Die sich an die internationale Linie anlehnende neue Frisur wird am Wochenende auf einer Tagung der Damenfriseure in Bad Homburg v. d. Höhe vorgestellt. Auffallend sind die breiten Flächenbänder, der hochgestellte Hinterkopf und das bedeckte Ohr. Letzter Schrei: eine Dreistufen-Farbtönung, bei der die Haare zum Nakken hin dunkler werden. Immer noch ist das kurze Haar modern. Es soll im Nakken 2,4 cm, am Hinterkopf 8 cm und in den Vorderpartien 12 cm lang sein. Die als Modell entworfene Frisur auf dem Bilde stammt von dem vielfachen Meister Hans Sievers aus Gelsenkirchen. WAZ-Bild

AM UFER DER SEINE trafen sich fünf Asse des deutschen Films: von links Adrian Hoven, Grethe Weiser, O. E. Hasse, Lieselotte Pulver und Curd Jürgens. Sie spielen in drei verschiedenen Filmen mit, die zur Zeit in Paris gedreht werden. Grethe Weiser und Adrian Hoven in dem deutsch-französischen Gemeinschaftsfilm „Süß ist die Liebe in Paris", Lieselotte Pulver und O. E. Hasse in „Arsene Lupin" und Curd Jürgens im „Kurier des Zaren".

# Israelischer „Vergeltungsangriff" fordert über 100 Todesopfer

## Rache für jordanische Überfälle – Anruf des Sicherheitsrates geplant

TEL AVIV/AMMAN/NEW YORK, 26. Sept.

Im israelisch-jordanischen Grenzgebiet ist es in der Nacht zum Mittwoch zu einem neuen blutigen Zwischenfall gekommen, der über 100 Todesopfer gefordert haben soll. Wie in Tel Aviv offiziell mitgeteilt wurde, überschritt eine israelische Brigade in Stärke von etwa 5000 Mann — nach unbestätigten Berichten von 60 Panzern und schwerer Artillerie unterstützt — im Gebiet von Houssan, südwestlich von Jerusalem, die Grenze nach Jordanien und trug bei einem „Vergeltungsangriff" mehrere Kilometer tief in jordanisches Gebiet vor. Die Jordanier unternahmen gegen Ende des etwa siebenstündigen Gefechtes einen Gegenangriff.

UNO-Generalsekretär Hammarskjoeld hat am Mittwoch in New York nach Besprechungen mit den Chefdelegierten der drei Westmächte, der Sowjetunion, Jordaniens und Ägyptens in New York vorgeschlagen, daß sich der Weltsicherheitsrat mit dem neuen blutigen Zwischenfall an der israelisch-jordanischen Grenze befassen solle, falls die beteiligten Regierungen die Lage nicht rasch unter Kontrolle bringen können. Der Leiter der

UNO-Waffenstillstandskommission in Palästina, General Burns, der sich persönlich in das Kampfgebiet begeben hat, hat mit der israelischen und jordanischen Regierung sofort Verbindung aufgenommen.

Die israelischen und jordanischen Berichte über die Kämpfe und Verluste gehen stark auseinander. Die israelische Armee teilt mit, daß bei dem Angriff, der als Vergeltung für drei jordanische Überfälle in den letzten drei Tagen geführt worden sei, rund 50 Jordanier getötet und große Mengen an Waffen und Munition erbeutet worden seien. Die eigenen Verluste wurden mit fünf Toten und neun Verwundeten angegeben. Jordanische Militärkreise behaupten dagegen, daß die Israelis bei den erbitterten Nahkämpfen etwa 115 Mann verloren hätten. Der Gefechtslärm war in Jerusalem, wo auch das Mündungsfeuer der Geschütze beobachtet werden konnte, deutlich zu vernehmen.

*„LASST MICH IN FRIEDEN LEBEN", meinte Greta Garbo, die am Mittwoch 50 Jahre alt wurde und von Nizza kommend in Paris eintraf. In die Fenster ihres Wagens hatte man Mäntel gestopft, um die Garbo den Blicken der Neugierigen zu entziehen (oben). Dann ging die „Göttliche" ganz allein durch Paris.*

# Notopfer Berlin wird gestrichen

## Für Personen – Beschluß des Vermittlungsausschusses

**Von unserem Bonner Büro**      Schu BONN, 14. September

Vom 1. Oktober an soll das Notopfer Berlin für alle natürlichen Personen wegfallen. Darauf einigte sich der Vermittlungsausschuß von Bundestag und Bundesrat am Freitag bei der Beratung der Steuerreform Die vom Bundestag beschlossene Senkung der Einkommensteuer um rd. 10 v. H. soll dafür nicht in Kraft treten. Über diesen Vorschlag werden der Bundestag am 27. September und der Bundesrat am 5. Oktober entscheiden.

Der Vorsitzende des Ausschusses, CDU-Abgeordneter Dr. Kiesinger, erklärte, daß der Vorschlag voraussichtlich angenommen werde. Nach diesem Vorschlag ist folgende Regelung vorgesehen:

❶ Bei der Umsatzsteuer bleiben Jahresumsätze bis 8000 DM steuerfrei, wenn der Gesamtumsatz eines Betriebes 80 000 D-Mark im Jahr nicht übersteigt. Diese Regelung soll am 1. Oktober in Kraft treten.

❷ Vom 1. Januar 1957 an wird der Freibetrag für das zweite Kind von 720 D-Mark auf 1440 DM jährlich erhöht.

❸ Vom 1. Januar 1957 an soll bei gemeinsam verdienenden Ehegatten die Ehefrau auch dann nach Steuerklasse I veranlagt werden, wenn sie mehr verdient als der Mann.

❹ Der Freibetrag für die Gewerbesteuer wird vom 1. Januar an von 1200 DM auf 2400 DM erhöht. Die Staffelung für je weitere 2400 DM liegt zwischen 1 v. H. und 5 v. H.

Vom 1. Januar an sollen außerdem folgende steuerliche Erleichterungen eingeführt werden:

● Erhöhung der Werbungskosten-Pauschale für Arbeitnehmer von 312 DM auf 562 DM jährlich.

● Fristverkürzung für steuerbegünstigte Sparverträge von jetzt 10 bzw. 7 Jahren auf 3 Jahre.

● Steuerfreiheit für Zuschläge bei Sonn-, Feiertags- und Nachtarbeit wenn der jährliche Arbeitslohn 9000 DM nicht übersteigt.

● Hausfrauen und im Geschäft des Mannes mithelfende Ehefrauen erhalten einen Steuerfreibetrag von 1150 DM jährlich.

● Bisherige Freibeträge für Flüchtlinge und Beschädigte gelten noch bis Ende 1958.

● Die Höchstgrenze für steuerfreie Sonderausgaben bei Spar- und Versicherungsbeträgen werden für zwei Jahre von 800 DM auf 1000 DM jährlich erhöht.

Die Forderung des Bundesfinanzministers, daß die Länder einen Zuschuß zur Bundeshilfe für Berlin zahlen sollen, hat der Vermittlungsausschuß abgelehnt. Der Wegfall des Notopfers Berlin gilt nur für natürliche Personen, also nicht für Körperschaften (z. B. Aktiengesellschaften).

# Jetzt endgültig: ein Jahr Wehrdienst

WAZ BONN, 27. September

„Der Grundwehrdienst dauert zwölf Monate." So lautet die entscheidende Bestimmung des Gesetzentwurfs über die Dauer der Wehrpflicht, der am Donnerstag vom Bundeskabinett beschlossen wurde. Der Entwurf wird nunmehr dem Parlament zugeleitet, in dem sich bereits eine Mehrheit für diese Zeitspanne ausgesprochen hat. Wann der erste Rekrut einrücken wird, steht noch nicht fest. In Bonn wird mit dem 1. April 1957 gerechnet.

Die Wehrübungen der ausgebildeten Mannschaften und Unteroffiziere sollen sechs Monate, die der Offiziere zwölf Monate dauern. Nach Vollendung des 35. Lebensjahres sollen sie bei Mannschaften insgesamt einen Monat und bei Unteroffizieren zwei Monate nicht überschreiten. Die Reservisten sollen, wie Verteidigungsminister Blank erklärte, alle zwei Jahre für einen Monat zu einer Wehrübung herangezogen werden.

## Die Ehen werden stabiler

WIESBADEN, 27. September

Die Ehen in der Bundesrepublik sind stabiler geworden. Zu diesem Ergebnis kommt das Statistische Bundesamt, nach dessen Feststellung 1955 rund 50 v. H. weniger Ehen aufgelöst wurden als 1948. Die Vergleichszahlen lauten für 1955 insgesamt 42 538 Scheidungen, für 1948 insgesamt 88 374. In über 15 000 Fällen klagte der Mann, in über 27 000 Fällen die Frau auf Scheidung. Schuldlos war bei über 5000 Ehescheidungen der Mann, bei über 21 000 die Frau.

# Schöner Wohnen

Wenn die Erinnerung an jene frühen Jungenjahre nichts verklärt, dann muss es in späten Herbsttagen gewesen sein. Irgendwann um die Mitte der 50-er. Die Erinnerung bringt die Mutter zurück, wie sie abends aus der Stadt kommt, in einer für sie ungewöhnlichen und an ihr ungewohnten Glückseligkeit. Von einem Sofa erzählt sie, das sie gekauft habe. Den ganzen Abend erzählt sie davon. Es muss für sie und für den Rest der Familie ein großes, ein wichtiges Ereignis gewesen sein. Und sie erzählte sehr intensiv, so dass die Erinnerung an diesen Abend fünf Jahrzehnte überdauern wird.

Später steht das Stück Möbel dann da. Stoffbezogen, gedecktes Gelb, sparsam gemustert, schwarze Flanken, unten schwarz abgesetzt. Es passt nicht recht zu dem Zimmer, es drängt sich aber auch nicht auf in dem Zimmer, das vor allem aus dem gewaltigen Schreibtisch und ebensolchem Bücherschrank besteht. Massiv, dunkle Eiche, geschnitzte Eichenlaubornamente. Ein Ausdruck einst stolzer Weimarer Bürgerlichkeit sind diese Sachen, warum das Wohnzimmer in der Familie wohl auch immer Herrenzimmer hieß.

Aber Schreibtisch und Bücherschrank sind Erbstücke. Sie haben den Krieg überlebt, weil Herne, die „Goldene Stadt", so gut wie gar nicht von den Bombern heimgesucht worden war. Kein noch so gedecktes Gelb, kein Stoffbezug passt wirklich dazu. Es hätte ein ledernes Sofa sein müssen. Aber daran ist für die Familie nicht zu denken. Unerschwinglich. Aber was macht es? Was zählt ist: Das Sofa ist die erste Anschaffung, die sie sich für die Wohnung gönnt, nachdem die Familie aus dem Gröbsten heraus ist. Es ist neu! Und: Es ist m o d e r n !

Jenes kleine Glück im Herner Vorort spielt sich in den 50-ern bei abertausenden Familien in tausenden Vororten ähnlich ab. Zwar ist dieses bundesdeutsche Jahrzehnt geprägt von großen Weichenstellungen. Von der Bindung an den Westen, von Wiederbewaffnung und vom heißer werdenden Kalten Krieg. Das alles ist der große politische Hintergrund. Doch die große Mehrheit denkt an die Rückgewinnung des privaten, vertrauten, häuslichen Milieus.

Die Währungsreform hatte 1948 mit der D-Mark eine ordentliche Grundlage für einen wundersamen Neuanfang geschaffen. Danach hat sich das politische Experiment der Sozialen Marktwirtschaft als gelungen erwiesen. Und nach langen Jahren der Knappheit, Angst und Not ist die Nation nun auf die Verbesserung des Lebensstandards fixiert. Für Brot, Milch und Kartoffeln stellt sich niemand mehr an. Feingebäck, Schokolade, Pralinen sind jetzt gefragt. Braten, Volkswagen, Vespa – das sind die Chiffren der neuen Zeit. Lebenshunger herrscht. Er sucht sich Ziele. Gerade die eigenen vier Wände sind geeignet dafür. Aufgemöbelt werden sie jetzt, im Sinne des Wortes.

Im zerbombten Ruhrgebiet sind brandneue Viertel entstanden. Die Wohnungsgesellschaften stampfen an den Rändern der Städte kleine Stadtteile aus dem Boden. Eine Maßnahme gegen die weithin herrschenden Wohnungsengpässe ist das, und für viele Familien erfüllt sich ein Traum.

Zweieinhalb- und dreieinhalb Zimmer messen die Neubauwohnungen, mit etwa 70 Quadratmetern gilt so eine bereits als groß. Mit Bad und zentraler Heizung ausgestattet bieten sie einen Komfort, mit dem die meisten alten Wohnungen, die den Krieg überstanden, nicht mithalten können. Da liegt das „Klosett" nicht selten noch eine Treppe tiefer und von einem komplett ausgestatteten Bad können deren Bewohner nur träumen.

Dem neuen, optimistischen Lebensgefühl entspricht nunmehr die Tapezierung: Helle Farben lösen vielfach das Kriegs- und Vorkriegsdunkel ab. Glatte Baumwollgardinen mit Bordüren statt düsterem Plüsch. Pflegeleichte Vinylplatten beherrschen den Boden von Korridoren und Küchen, wie ohnehin Kunststoff auf Küchentischen, Stühlen, Lampenschirmen und Arbeitsplatten ins Heim einmarschiert. Und fast überall ist nun der – echte – Gummibaum vorzufinden.

Wer sich für fortschrittlich hält, ersetzt alte, dunkel gebeizte Möbel und stellt helle Mehrzweckschränke ins Heim. Der dreibeinige „Nierentisch" wird zum Symbol dieser Zeit, wozu farbenfrohe „Cocktail-Sessel" mit schräg gestellten statt senkrechten Stuhlbeinen hervorragend passen.

Vor allem im Ruhrgebiet aber macht sich eine andere Stilrichtung breit: Da tauchen in zahllosen Wohnzimmern gewaltige Schränke mit gerundetem Schwung, schwülstigen Zierprofilen und mächtigen Griffen auf. Die Besitzer finden die ausladenden, altbackenen Formen gemütlich. Aber die hölzerne Wucht soll auch Wohlstand vorspiegeln. Dieser Wohnstil wird seinen Nachruhm erhalten. In die Kulturgeschichte geht er als Gelsenkirchener Barock ein.

*Rolf Potthoff*

**WAZ-AUFLAGE AM WOCHENENDE ÜBER 425000**

EINZELPREIS 25 PF / NR. 252
VERLAGSORT ESSEN

SAMSTAG, 27. OKT. 1956
BUNDESAUSGABE

# WESTDEUTSCHE ALLGEMEINE

*Die unabhängige Zeitung des Ruhrgebiets*

# Ungarn-Aufstand wird zur Revolution

## Freiheitsbewegung greift auf das ganze Land über
## Revolutionsregierung mit Hilfe der Armee gebildet

Berichte unserer Nachrichtendienste WIEN, 26. Oktober

**Der Aufstand der ungarischen Freiheitskämpfer hat am Freitag zur Bildung einer Revolutionsregierung im Süden Ungarns, in Pecs (Fünfkirchen), geführt, die am Freitagabend bereits fast ganz Westungarn sowie Teile von Süd- und von Nordungarn in der Hand zu haben schien und offenbar von der ungarischen Armee getragen wird. Die Revolutionsregierung forderte in Flugblättern, die ungarische Soldaten in jubelnde Menschenmassen warfen, den Abfall Ungarns vom kommunistischen Block. Die Freiheitsbewegung hat mehrere Rundfunksender in der Hand. Der von ihr ausgerufene Generalstreik scheint, mit Ausnahme der Versorgungsbetriebe, überall befolgt zu werden. Augenzeugen, die in Österreich eintrafen, haben auch die Besatzungen sowjetischer Panzer, die gegen die Aufständischen eingesetzt sind, zu den Freiheitskämpfern übergehen sehen. Nach Berichten der an den Grenzen eintreffenden Reisenden muß die Zahl der im Aufstand Gefallenen und Verwundeten schon 10 000 überschritten haben.**

**In Budapest versammelten sich Tausende von Menschen vor den diplomatischen Missionen der USA und Großbritanniens und forderten ein Eingreifen der Vereinten Nationen. Die kommunistische Regierung Nagy, die noch am Freitagmorgen den „Generalangriff" gegen die Aufständischen angekündigt hatte, verkündete am Nachmittag eine neue bis 22 Uhr abends befristete Generalamnestie und richtete immer flehentlicher werdende Aufrufe an die Aufständischen und an die zu ihnen übergetretenen Soldaten um Einstellung der Kämpfe. Sie versprach schon für die allernächsten Stunden die Bildung einer neuen Regierung, die national sein und auch nichtkommunistische Parteien umfassen werde sowie die völlige Räumung Ungarns von allen sowjetischen Truppen bis spätestens Ende des Jahres.**

Ministerpräsident Nagy empfing eine Delegation der Aufständischen, die ihm 21 weitere Forderungen vorlegte, worauf er erklärte, er nehme sie alle an und werde sie erfüllen. Die Zusicherungen der Regierung waren auch in einer Sechs-Punkte-Proklamation enthalten, die das Zentralkomitee der KP über den noch in der Hand der Regierung befindlichen Sender Budapest verbreiten ließ. Nach direkt aus Budapest über Fernschreiber in Wien eingegangenen Korrespondentenberichten haben sich vielerorts in Ungarn die lokalen Behörden und ungarische

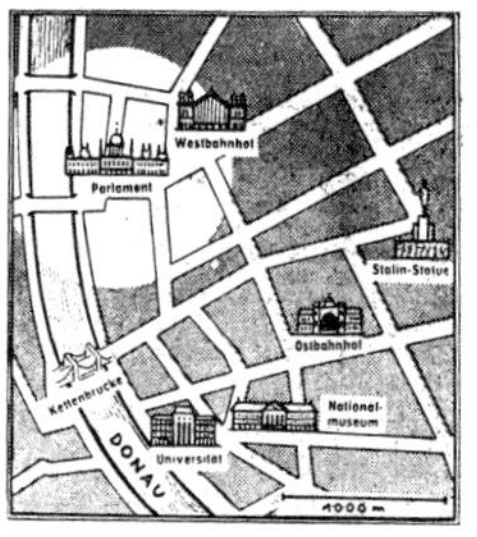


Truppen der Freiheitsbewegung zur Verfügung gestellt. Revolutionskomitees sind gebildet worden. Die Flugblätter werden in den von der Armee besetzten Druckhäusern der Armeezeitung „Roter Stern" und des kommunistischen Zentralorgans „Szabad Nep" hergestellt.

Die „Neue provisorische revolutionäre ungarische Regierung und das Nationale Verteidigungskomitee" stellt darum folgende Forderungen:

1. **eine neue provisorische Revolutionsarmee und eine nationale Regierung, in der die Führer der revoltierenden Jugend vertreten sind;**
2. **das unverzügliche Ende des Kriegsrechtes;**
3. **die unverzügliche Aufhebung des Warschauer Vertrages. Friedlicher Abzug der Sowjettruppen aus unserem Vaterland;**
4. **die Köpfe derjenigen, die für das Blutvergießen wirklich verantwortlich sind. Freilassung unserer Gefangenen und eine Generalamnestie;**
5. **eine wirklich demokratische Basis für den ungarischen Sozialismus.**

Siehe auch Seite 2

## Polen: Gomulka verschiebt Flug nach Moskau

WARSCHAU, 26. Oktober

**Der für Freitag geplante Flug der polnischen Regierungs- und Partei-Delegation unter Leitung des Parteisekretärs Gomulka, seines Stellvertreters Ochab und Ministerpräsidenten Cyrankiewicz nach Moskau ist verschoben worden. Die Verschiebung soll nicht auf neue Schwierigkeiten in den Beziehungen zu Moskau zurückzuführen sein. Sie wird damit begründet, daß man erst die Parteiführungen auf dem Lande nach dem Warschauer Vorbild umbilden wolle. Die Führung der polnischen Gewerkschaften mit dem „Stalinisten" Klosiewicz als Vorsitzenden hat am Freitag ihren Rücktritt angeboten.**

Der neuernannte stellv. Verteidigungsminister, General Spychalski, hat die polnischen Streitkräfte aufgerufen, dem „Bündnis mit der Sowjetunion treu zu bleiben". Polen werde seine Beziehungen zur Sowjetunion auf Freundschaft, wahre Souveränität und gegenseitige Achtung gründen. Er forderte die Soldaten und Offiziere auf, sich denen zu widersetzen, die gegen die Demokratisierung Stellung nehmen. (ap/dpa)

## Unruhen in Singapur

SINGAPUR, 26. Oktober

In der britischen Kronkolonie Singapur kam es Freitag erneut zu schweren Zusammenstößen zwischen Polizei und demonstrierenden, zumeist chinesischen Studenten. Die britischen Behörden riefen Polizeiverstärkungen aus Malaya zu Hilfe und setzten auch Truppen gegen die Demonstranten ein. Es entwickelten sich regelrechte Straßenschlachten. Bisher sind elf Menschen getötet und 105 verletzt worden. (ap/dap)

### Labour-Partei will Anerkennung der Oder-Neiße-Grenze fordern

WAZ LONDON, 26. Oktober

Die Labour-Partei wünscht, die britische Regierung soll unverzüglich die Inititative zu einer Deutschlandkonferenz ergreifen mit dem Ziel der Wiedervereinigung auf der Grundlage freier Wahlen und machtpolitischer Neutralisierung. Voraussetzung für den Erfolg einer solchen Konferenz sei jedoch die Anerkennung der Oder-Neiße-Grenze als endgültige Grenze Deutschlands und die Sicherung dieser Grenze durch gegenseitige Garantien.

### *Erhöhte Alarmbereitschaft*

...herrscht in der Sowjetzone und Ost-Berlin: Pankow will ein Übergreifen des ungarischen Aufstandes verhindern. Der erste SED-Sekretär Ulbricht, der Kaderchef der Partei, Schirdewan, und der SED-Parteikontrollkommissar Matern begaben sich überraschend zu Aussprachen mit Arbeitern in volkseigene Betriebe Ost-Berlins und betonten, daß die „Entwicklungsbedingungen" in Polen und Ungarn andere seien als in der Sowjetzone. Unser Bild zeigt eine Betriebskampfgruppe im Kraftwerk Klingenberg in Ost-Berlin. Die Aufnahme wurde am Tag nach dem Ausbruch des Aufstandes in Ungarn gemacht. ap-Bild

**Siehe auch Bericht auf Seite 2:**
**SED hat keine Nagy und Gomulka**

## Westmächte erwägen Appell an den Weltsicherheitsrat

### Wegen „sowjetischer Gewaltanwendung in einem unabhängigen Staat"

Berichte unserer Korrespondenten
WASHINGTON/PARIS, 26. Oktober

**Die USA beraten zur Zeit mit Großbritannien, Frankreich und anderen befreundeten Ländern über die Möglichkeit und Zweckmäßigkeit, die Lage in Ungarn vor die UNO-Vollversammlung oder den Weltsicherheitsrat zu bringen. Beschlüsse sind noch nicht gefaßt worden, erklärte der Pressesekretär des Außenministeriums, White. Es werde u. a. untersucht, sagte White, ob sich die sowjetischen Truppen tatsächlich rechtmäßig in Ungarn befänden, nämlich gemäß dem Warschauer Pakt der Ostblockstaaten.**

Präsident Eisenhower hatte am Donnerstag den Einsatz der Sowjettruppen in Ungarn bedauert und erklärt, nach den Bestimmungen des ungarischen Friedensvertrages hätten die Truppen längst aus Ungarn abgezogen werden müssen. Ein Sprecher des Foreign Office in London sagte, es sei sehr schwierig zu erkennen, von welchem Paragraphen des Warschauer Vertrages (Ost-NATO) die Sowjetunion das Recht zu einem Eingreifen der sowjetischen Truppen in Ungarn ableite. In Paris erklärte der französische Außenminister Pineau, die Sowjetunion könne vor dem Sicherheitsrat der Anwendung von Gewalt im Innern eines anderen unabhängigen Staates beschuldigt werden.

Wie in Washington weiter bekannt wird, soll auch ein Protest direkt in Moskau mit der gleichen Begründung erwogen werden. Man hält Eile für geboten. Amerikanische Regierungskreise äußern die Vermutung, daß die Sowjetunion ihre zwei in Ungarn stehenden Divisionen bereits durch Sowjettruppen aus Rumänien verstärkt habe und angesichts der Lage gezwungen sein werde, weitere Truppen aus der Sowjetunion möglicherweise auf dem Luftwege nach Ungarn zu schaffen.

### Gefechtslärm an der Grenze

WAZ WIEN, 26. Oktober

**Eine starke Abteilung ungarischer Freiheitskämpfer hat am Freitagabend das Grenzgebiet zwischen Ungarisch-Eisenburg und Haegyeshalom besetzt und sich dort verschanzt. Auf österreichischem Gebiet war starker Gefechtslärm in Grenznähe zu hören. Ungarische Freiheitskämpfer berichteten den österreichischen Grenzwachen, daß sie in der Nacht einen schweren Angriff nachstoßender russischer Truppen in Richtung Grenze erwarten. Mehrere hundert leicht- und schwerverletzte Freiheitskämpfer baten die Österreicher im Grenzgebiet um ärztliche Hilfe. Wiener Ärzte sind daraufhin zu Hilfe geeilt. Das Österreichische Rote Kreuz ist mit Blutkonserven und Medikamenten unterwegs ins Grenzgebiet.**

### „Wiedervereinigung im Zuge der Entstalinisierung möglich"

WAZ PARIS, 26. Oktober

Die Entwicklung in Osteuropa sei unwiderruflich und könne nur mit der Unabhängigkeit der heute von der Sowjetunion beherrschten Länder enden, erklärte Außenminister Pineau am Freitag. „Ich habe auch gegenüber Bundeskanzler Dr. Adenauer schon vor Monaten meine Überzeugung ausgedrückt, daß die Wiedervereinigung in der Logik der Entstalinisierung liege."

### Botschafter Smirnow eingetroffen

WAZ BONN, 26. Oktober

**Andrej Smirnow ist am Freitag auf dem Flugplatz Köln-Wahn eingetroffen. Smirnow und seine Frau wurden von sämtlichen Mitgliedern der Bonner Sowjetbotschaft und von dem Chef des Protokolls, dem Gesandten Mohr, begrüßt. Smirnow betonte in einer kurzen Erklärung, er überbringe allen Bürgern der Bundesrepublik „die freundschaftlichen Grüße des Sowjetvolkes".**

## Walter Gieseking †

LONDON, 26. Oktober

**Der weltberühmte deutsche Pianist Walter Gieseking ist am Freitag früh nach einer Notoperation in einem Londoner Krankenhaus im Alter von 60 Jahren gestorben. Gieseking war am Montag in London eingetroffen, um einige Schallplattenaufnahmen zu machen. Am Dienstagnachmittag erkrankte er während eines Aufnahmekonzerts und mußte sich einer Bauchspeicheldrüsenoperation unterziehen.** (ap/dpa)

Siehe auch im Innern des Blattes

## Bundestag beschließt Rentenzulage

### Auszahlung vor Weihnachten

WAZ BONN, 26. Oktober

Alle Rentner erhalten im Dezember eine Sonderzulage in dreifacher Höhe des Rentenmehrbetrages. Die Mindestsätze sind 21 DM für die Versicherten, 14 DM für die Witwen und 10 DM für Waisen. Rentner, die nicht unter das Rentenmehrbetragsgesetz fallen, erhalten die Mindestsätze. Die Auszahlung soll noch vor Weihnachten erfolgen.

Dies besagt das Rentensonderzulagegesetz, das auf Antrag der CDU/CSU am Freitag vom Bundestag angenommen wurde. SPD, FDP und BHE stimmten dem Gesetz nur mit Einschränkungen zu. Ihre weitergehenden Anträge wurden von den Regierungsparteien abgelehnt. In der mehrstündigen Debatte war es wiederholt zu stürmischen Auseinandersetzungen gekommen.

*

**Anläßlich der Kommunalwahlen in NRW** werden am Sonntag auf Anordnung von Innenminister Biernat alle kommunalen Dienstgebäude und soweit wie möglich auch die Wahllokale beflaggt sein.

**NRW-Ministerpräsident Steinhoff** wandte sich am Freitagabend in einer Rundfunkansprache gegen die wiederholten Vorwürfe von seiten der CDU und der katholischen Kirche, die christliche Grundordnung in NRW sei bedroht.

**Bundesarbeitsminister Storch** äußerte am Freitag vor dem Bundestag die Zuversicht, daß bei allseitig gutem Willen das Rentenreformgesetz noch in diesem Jahr verabschiedet und am 1. Januar 1957 wirksam werden könne.

**Mit großer Mehrheit wiedergewählt** wurde am Freitag von der Synode der evangelischen Kirche von Westfalen der bisherige Präses D. Ernst Wilm.

**Bundesaußenminister v. Brentano** sprach am Freitag mit dem SPD-Vorsitzenden Ollenhauer über dessen bevorstehende Asienreise.

**20 000 Schülern** sollte jährlich die Fahrt nach Berlin ermöglicht werden, forderte der Bundestag am Freitag von der Bundesregierung.

**Im Frankfurter Sechstagerennen** siegte am Freitagabend das dänische Paar Nielsen/Klamer mit Rundenvorsprung vor den Franzosen Senfftleben/Forlini. (WAZ/dpa/ap)

# Saar-Regelung perfekt

**Politische Rückkehr am 1. Januar 1957 – Volle Einigung zwischen Adenauer und Mollet**

Von unserem Bonner Büro          Schu BONN, 30. September

Der letzte große Schritt zur Regelung der Saarfrage ist getan. Das Saarland wird am 1. Januar 1957 politisch zur Bundesrepublik zurückkehren. Diese Tatsache und der gemeinsame Entschluß, die politische, wirtschaftliche und militärische Kraft Europas wirksamer als bisher zusammenzufassen, sind die Ergebnisse der deutsch-französischen Konferenz vom Samstag in Bonn. Bundeskanzler Dr. Adenauer und der französische Minsterpräsident Mollet einigten sich über die noch offenen Fragen der Schiffbarmachung der Mosel, des Rhein-Seitenkanals und durch eine deutsche Konzession auch über den schwierigsten Punkt, den Wärungsumtausch im Saarland.

Die Bundesrepublik wird zur Jahreswende 1959/60 die französische Währung im Saarland für etwa rund ein halbe Milliarde DM übernehmen und ver-

nichten. Das rund 400 Schreibmaschinenseiten umfassende Saarvertragswerk wird zwischen dem 10. und 12. Oktober bei der nächsten Ministerratssitzung der Montanunion in Paris unterzeichnet werden. Seine Annahme durch die Parlamente in Bonn und Paris gilt als sicher.

Auf einer nächtlichen Pressekonferenz drückten Mollet und Adenauer ihre große Befriedigung über den Verlauf ihrer Besprechungen aus, die in den Abendstunden des Samstag ausschließlich der internationalen Lage und besonders einer Intensivierung des europäischen Kräftepotentials galt. Mollet erklärte unter Andeutung auf die Suezkrise, viele Probleme hätten gelöst werden können, wenn die europäische Einigung bereits Wirklichkeit wäre. Auch die britische Regierung teile diese Auffassung. Als nächste Schritte nannte er die europäische Rüstungsgemeinschaft, Euratom und den gemeinsamen Markt. Die Suezkrise habe jedem bewiesen, daß Europa andere Energiequellen benötigt als nur das Erdöl.

## 40 Minuten im Regen

stand Konrad Adenauer am Samstagmorgen in Erwartung des französischen Ministerpräsidenten Guy Mollet auf dem Flugplatz in Köln-Wahn. Britische Luftmanöver hatten den Zeitplan des Flughafens über den Haufen geworfen, so daß das Sonderflugzeug mit Mollet fast dreiviertel Stunde im „Warteraum" kreisen mußte. Die britische Botschaft hat zu dem Vorfall ihr Bedauern ausgesprochen. Unser Bild zeigt Adenauer und Mollet vor dem Palais Schaumburg.

# Kämpfe zwischen Franzosen und Tunesiern an algerischer Grenze

**„Befreiungsarmee" beschließt Vergeltungsaktionen in Marokko**

Berichte unserer Nachrichtendienste
TUNIS/KAIRO/PARIS, 25. Oktober
An der algerischen Grenze sind am Donnerstag zwischen französischen und tunesischen Streitkräften Kämpfe ausgebrochen, wie der tunesische Ministerpräsident Habib Bourgiba vor dem Parlament in Tunis bekanntgab. Die tunesische Regierung hat sofort der Armee des Landes befohlen, jeglichem Versuch der Franzosen, die Grenze von Algerien her zu überqueren, harten Widerstand zu leisten und unter allen Umständen die tunesischen Grenzbefestigungen zu verteidigen.

Nach Mitteilung des tunesischen Informationsministers sind 15 kleine französische Flotteneinheiten nach Gabes, an der Ostküste Tunesiens zusammengezogen worden. Beobachter in Tunis vermuten, daß Frankreich Truppenverstärkungen zum Schutze der etwa 180 000 französischen Einwohner von Tunesien ins Land führen will.

Die seit der Verhaftung der fünf algerischen aufständischen Führer verschärften Beziehungen zwischen Frankreich und den arabischen Staaten führten am Donnerstag zur Abberufung der Botschafter Marokkos und Jordaniens aus Paris.

Die Befehlshaber der algerischen „Befreiungsarmee" beschlossen, scharfe Vergeltungsmaßnahmen gegen die Franzosen in Algerien zu treffen. In einem Schreiben, das am Donnerstag in Kairo veröffentlicht wurde, heißt es, das „Piratenstück" der Franzosen beweise, daß Frankreich nur die Sprache der Gewalt verstehe, die jetzt unumschränkt angewandt werden muß.

## Orden können in Kürze wieder getragen werden

WAZ BONN, 3. Oktober

Das seit langem angekündigte Ordensgesetz soll nunmehr in Kürze vom Bundestag verabschiedet werden. Der am Mittwoch vom Bundesinnenministerium vorgelegte Entwurf des Gesetzes sieht vor, daß alle vor 1933 gestifteten Orden wieder getragen werden dürfen, ebenfalls alle Kriegsauszeichnungen. Dagegen sollen die im Kriege verliehenen sogenannten Tätigkeits- und Leistungsabzeichen nicht angelegt werden dürfen. Alle wieder zugelassenen Auszeichnungen können nur ohne Hakenkreuz getragen werden.

Nur in sehr beschränktem Umfang erlaubt werden, dem Gesetz zufolge, alle Auszeichnungen, die nach 1933 gestiftet wurden. Verboten sind alle NS-Auszeichnungen.

## Frau erhält grössere Schlüsselgewalt

### . . . beim Kauf von Haushaltgerät

WAZ BONN, 3. Oktober

Bei der Behandlung des Gesetzes über die Gleichberechtigung von Mann und Frau fällte der Bundestagsausschuß für Familienrechtsgesetz am Mittwoch eine wichtige Grundsatzentscheidung im Zusammenhang mit der sogenannten „Schlüsselgewalt". In der Entscheidung heißt es, daß die Frau berechtigt sei, alle Geschäfte im Rahmen ihres häuslichen Wirkungskreises rechtskräftig im Namen ihres Mannes abzuschließen. Falls die Frau also etwa beim Einkauf von Haushaltsgegenständen Schulden macht, muß der Mann für sie eintreten; dieser Grundsatz gilt nur dann nicht, wenn besondere Umstände vorliegen. Die Frau wird in diesem Zusammenhang lediglich dann auch persönlich haftbar gemacht, wenn der Mann zahlungsunfähig ist.

## Kumpels trauern um „Mücke"

*Gestern verfuhr das Grubenpferd „Mücke" von der 5. Sohle der Schachtanlage 4/11 der Zeche Zollverein seine letzte Schicht. Inmitten seiner Arbeit sank das Pferd plötzlich zusammen und war wenige Minuten später tot. „Mücke" war wegen ihrer enormen Arbeitsleistung der Liebling der Belegschaft. Nach harter Arbeit, wenn die Kumpels sich zum Buttern niederließen, war sie stets zur Stelle, um ihre „Zusatzverpflegung" im Empfang zu nehmen. Sie zählt zu den wenigen treuen Pferden, die noch heute in der Grube ihren Dienst verrichten.*

### 8,5 Millionen Menschen passierten die Grenzen in Richtung Süden:

# Reisewelle war eine Flut

## Massenflucht vor dem trüben Sommer – „Enorme Möglichkeiten im Urlaubsgeschäft" vorausgesagt

Von unserem Korrespondenten KARL STANKIEWITZ
MÜNCHEN, 2. Oktober

> Der verregnete Sommer 1956 hat die übliche Reisewelle nach dem europäischen Süden in eine wahre Flut verwandelt. Allein im Juli und August ergoß sich aus der Bundesrepublik ein Strom von rund 8,5 Millionen Menschen über die österreichische und schweizerische Grenze in den Süden. Diese Zahl ist so abnorm hoch, daß man an ihrer Richtigkeit zweifeln müßte, wären nicht die nüchternen Statistiken der Grenzbehörden und bestätigten nicht die Berichte der Reisebüros, der Bundesbahn und der eigene Augenschein diese Massenflucht vor dem grauen Sommer in Deutschland.

Sicher fuhren nicht alle achteinhalb Millionen nach Italien — obwohl zum Beispiel in München bei einem der größten Reisebüros 80 v. H. der Ferienfahrten dorthin gebucht wurden. Nur 10 v. H. gingen an die See oder beschieden sich mit kleineren Reisen ins oberbayrische Land. Gewiß rechneten auch die Steiermark und Kärnten mit ihren warmen Seen zum Süden, ebenso wie Südtirol, sicher waren unter diesen 8,5 Millionen auch die Gäste der zahllosen Omnibusunternehmen, die aus ganz Deutschland kurze Spritztouren für ein oder zwei Tage über die Italiengrenze unternahmen.

### Beliebte Gesellschaftsreise

Aber diese Einschränkung ändert kaum etwas an der Tatsache, daß der „teutonische Zug zum Süden" in diesem Jahr ein Ausmaß angenommen hat, das etwa der Bevölkerung Dänemarks und Norwegens zusammengenommen entspricht und das die Strategen des Fremdenverkehrs nicht in ihren kühnsten Träumen sich vorzustellen gewagt hatten.

Drei Punkte kennzeichnen die Reisesaison 1956:

● Die Beliebtheit der Gesellschaftsreise hat gegenüber ihrem Rückgang in den letzten Jahren wieder etwas zugenommen.

● Jugoslawien-Reisen haben ein sehr empfindliche Einbuße durch die Währungsmanipulationen Titos erlitten.

● Der im Frühjahr propagierte „Urlaub auf Abzahlung" hat mit einem Mißerfolg geendet.

Auch der Hang zum längeren Verweilen an einem Ort hat sich 1956 verstärkt, die 7-Tage-Reise mit Riesenprogramm verschwindet allmählich zugunsten eines Aufenthaltes von zwei bis drei Wochen.

Das Interesse an Jugoslawienfahrten, in den Vorjahren durch günstige Umrechnungskurse etwas künstlich in die Höhe gejagt, ließ so plötzlich nach, daß beispielsweise die Touropa, die noch

*In der Hauptreisezeit standen Busse und Personenwagen in langen Schlangen vor den Schlagbäumen an den Grenzübergängen nach Süden. Unser Bild zeigt einen bayrischen Übergang nach Österreich.*

einen Liegewagen nach Abbazia verkehren ließ, diesen bald auf besser genutzten Strecken einsetzte: auf seiner letzten Fahrt verkehrte er mit drei Passagieren. Allerdings wollen die Jugoslawen im nächsten Jahr wieder mit besonders günstigen Offerten die Reiselust der devisenträchtigen Deutschen anstacheln.

Als neuer Geheimtip gelten gegenwärtig die äolischen Inseln Stromboli, Vulcano und Lipari, die vom Fremdenstrom zwar beleckt, aber nicht überschwemmt sind. Hoch im Kurs stehen neuerdings Elba und Korsika, besonders wegen der noch relativ günstigen Preise. Auch die griechischen Inseln mit ihren Mietzeltplätzen finden immer mehr Liebhaber.

### „Invasion" aus USA

„Enorme Möglichkeiten im Reisegeschäft" sieht eine Reihe von Reiseexperten für die Zukunft durch erhöhte Verkehrsfrequenz mit großen Düsenflugzeugen. Für 1957 sollen, meist auf dem Luftweg, ein bis anderthalb Millionen Amerikaner nach Europa gebracht werden. „In Kürze wird jeder Punkt der Erde innerhalb 24 Stunden per Flugzeug erreichbar sein", prophezeit einer der Organisatoren der modernen Völkerwanderung, „das Reisen wird billiger werden und bei der heute schon deutlich erkennbaren Devise ‚Geld oder keins — aber ins Ausland' ist der Kulminationspunkt der Urlaubsreisen noch lange nicht überschritten."

## USA befürworten Einheit Europas als dritte Großmacht

**WAZ** WASHINGTON, 2. Oktober

Die Forderung Adenauers nach schneller Verwirklichung der Einheit Europas fand am Dienstag die volle Unterstützung der amerikanischen Regierung. Außenminister Dulles erklärte, sowohl er wie Präsident Eisenhower befürworteten die Bemühungen des Bundeskanzlers aus vollem Herzen. Ein vereinigtes Europa könne die dritte Großmacht in der Welt werden neben den USA und der Sowjetunion. Gelinge das nicht, so müsse seine Zukunft als recht zweifelhaft erscheinen.

# Japanische Soldaten stellen Friedensbedingungen

## Von Kriegsende nichts gehört

MANILA, 15. Oktober

Die philippinischen Behörden und die japanische Botschaft in Manila trafen am Montag Maßnahmen, um 50 japanische Soldaten, die sich seit Kriegsende in einem abgelegenen Teil der Insel Mindoro verborgen hielten, zur Übergabe zu bewegen. Die Japaner haben einen philippinischen Bürgermeister mit ihren „Friedensbedingungen" nach Manila geschickt. Sie verlangen sofortige Reparierung nach Japan und Generalamnestie „für alle Verbrechen, die sie begangen haben könnten". Die japanische Botschaft wird Flugblätter abwerfen lassen und ein langsam fliegendes Flugzeug über Mindoro schicken, um die Japaner zu überzeugen, daß der Krieg seit elf Jahren zu Ende ist. Wie in Manila bekannt wird, verfügen die 50 Japaner immer noch über einige inzwischen rostig gewordene Gewehre und über Handgranaten.

# Deutsche Frauenstaffel läuft neuen Weltrekord

Sieben Wochen vor den Olympischen Spielen rissen am Sonntag die vier Läuferinnen der deutschen 4mal-100-m-Nationalstaffel beim Rudolf-Harbig-Gedächtnissportfest in Dresden den Weltrekord an sich. Erika Fisch, Christa Stubnick, Gisela Köhler und Bärbel Meier — die drei letzten stammen aus Ost-Berlin, die Startläuferin aus Osterode — liefen mit sehr flüssigen Wechseln

45,1 Sekunden, obwohl sie keine ernstlichen Gegnerinnen hatten. Den alten Rekord hielten gemeinsam die National-Staffeln der UdSSR und der Sowjetzonenrepublik mit 45,2 Sek. Unser Bild zeigt den ersten Wechsel. Erika Fisch (ganz rechts) hat den Stab an Christa Stubnick weitergegeben, die nun in voller Fahrt die Gegengerade hinuntersprintet.

## Jeder 5. Zonenflüchtling kehrt zurück

### ... von den Jugendlichen

WAZ BONN, 5. Oktober

Jeder fünfte jugendliche Sowjetzonenflüchtling kehrt nach einer gewissen Zeit wieder in die Zone zurück. Wie Staatssekretär Nahm vom Bundesvertriebenenministerium dazu am Freitag in

Bonn mitteilte, ist das Hauptmotiv für die Rückkehr der Jugendlichen die Tatsache, daß sie in Westdeutschland keinen menschlichen Kontakt finden und in der Bundesrepublik Fremde bleiben. Nahm bezeichnete diese Tatsache als — in gewissem Sinne — „Anklage gegen unsere Gesellschaft".

## Herberger - 20 Jahre Nationalelf

WAZ RUHRGEBIET, 9. Oktober

Der Briefträger von Hohensachsen an der Bergstraße wird am heutigen Mittwoch Stöße von Karten und Briefen in das schmucke Häuschen Sepp Herbergers tragen müssen: Glückwünsche zum 20jähri-gen Jubiläum als Trainer der Fußball-Nationalelf! Auch der DFB schickt eine Delegation zur Gratulation; denn wenn ein Trainer in 103 Länderspielen die Mannschaft betreut hat, sie zu 61 Siegen (16 Unentschieden, 26 Niederlagen) und zudem zu einer Weltmeisterschaft führte, verdient er eine Ehrung, wenn die „20" auch keine Jubiläumszahl im eigentlichen Sinne ist.

Kein Sportler ist (neben dem Schiedsrichter) so der Kritik ausgesetzt wie der Trainer. Gibt es Erfolge, lobt man ihn in

den Himmel; versagt die Mannschaft, verdammt man ihn. Sepp Herberger, der 1936 nach dem Versagen der deutschen Nationalelf bei den Olympischen Spielen in Berlin als 39jähriger Nachfolger seines früheren Chefs Dr. Nerz wurde, erlebte seinen größten Triumph 1954, als er mit der Nationalmannschaft die Weltmeisterschaft errang, die man Meinungen ausländischer und auch deutscher Fachleute nie gewonnen worden wäre, ohne seine Vorbereitung und taktische Marschroute.

Als nach der Weltmeisterschaft eine Niederlage der anderen folgte, fielen viele über Sepp Herberger her. Manche Kritik mag — aus der Verärgerung und Enttäuschung geboren — zu hart ausgefallen sein, aber der Bundestrainer muß es sich an seinem heutigen Erinnerungstag sagen lassen, daß er zu lange Zeit zu starr an seinen Weltmeistern festhielt. Trotzdem: Sepp Herbergers Verdienste um den deutschen Fußballsport sind unbestritten, und wir wollen die Worte Jupp Posipals „Was das Schicksal nach 1954 brachte, geht nicht zu Herbergers Lasten" nur ergänzen: „Die Niederlagen nach Bern sind nicht allein Herbergers Schuld!"

## DGB-Forderungen für „zweite industrielle Revolution" gestellt

WAZ HAMBURG, 4. Oktober

Auf dem Hamburger DGB-Kongreß, der damit einen seiner Höhepunkte erreichte, meldete der Vorsitzende der IG Metall, Otto Brenner, in seinem Grundsatzreferat über das Aktionsprogramm des DGB die Forderungen der Gewerkschaften für die „zweite industrielle Revolution" an, die mit der Atomenergie und der Automatisierung auch in der Bundesrepublik beginne.

Gleichzeitig legte Brenner die Ziele der Gewerkschaften für die nahe Zukunft fest. Er unterzog die Wirtschaftspolitik der Bundesrepublik scharfer Kritik und verlangte eine „geplante und zielbewußte" Wirtschaftspolitik.

## Berg: „Keine Angst vor Automatisierung"

WAZ HAGEN, 4. Oktober

Vor einer falschen Einschätzung der Automatisierung als Schreckgespenst warnte der Präsident des Bundesverbandes der Industrie, Fritz Berg, am Donnerstag in Hagen. Es sei kurzsichtig zu glauben, daß künftig ein paar automatisierte Riesenwerke, gestützt auf die Atomkraft, die deutsche Volkswirtschaft darstellen würden.

Man solle auch nicht dauernd von einer „zweiten industriellen Revolution" sprechen, denn es sei durchaus möglich, die Entwicklung schrittweise ohne Schockwirkung in störungsfreie Bahnen zu lenken. Überdies werde die Automatisierung und Atomverwertung noch Jahrzehnte benötigen. Im Grunde handele es sich hierbei um die seit langem in Gang befindliche Vervollkommnung der Rationalisierung.

STÖCKELABSÄTZE AUS ALUMINIUM zieren diese schwarzen Wildlederschuhe, die bei der diesjährigen Internationalen Schuhmodenschau im Washington-Hotel in London gezeigt werden. Die glitzernde Wirkung im Muster des Oberleders wird durch eine eingearbeitete Metalleinlage erzielt.

**WESTDEUTSCHE**
**ALLGEMEINE**
Die unabhängige Zeitung des Ruhrgebiets

## Bahnhofsläden sollen sich an Ladenschlußzeiten halten

waz BONN, 5. Oktober

Der von den üblichen Ladenschlußzeiten abweichende Warenverkauf in Bahnhöfen soll nach einem Beschluß des Arbeitsausschusses des Bundestages künftig nur innerhalb der Sperren gestattet sein. Für den Bahnhofsverkauf müsse die Bedeutung des Bahnhofs für den Reiseverkehr ausschlaggebend sein.

## Auch Farbige als Stewardessen

WASHINGTON, 5. Oktober

In den Flugzeugen der großen amerikanischen Luftfahrtgesellschaften sollen künftig auch Farbige als Piloten, Navigatoren oder Stewardessen Dienst tun. Nach monatelangen Verhandlungen mit der New Yorker „Staatskommission gegen Diskriminierung" haben die Gesellschaften in einer gemeinsamen Erklärung versprochen, jede Diskriminierung bei der Einstellung von Personal zu beenden.

## Viele würden zurückkehren

„Wenn morgen die Ostgebiete jenseits der Oder-Neiße-Linie wieder zu Deutschland gehörteg würden Sie dann in diese Gebiete gehen wollen, oder käme das nicht für Sie in Frage?"

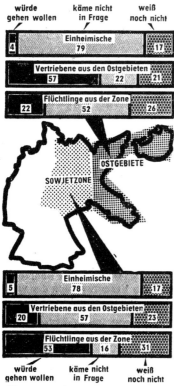

| würde gehen wollen | käme nicht in Frage | weiß noch nicht |
|---|---|---|
| Einheimische | | |
| 4 | 79 | 17 |
| Vertriebene aus den Ostgebieten | | |
| 57 | 22 | 21 |
| Flüchtlinge aus der Zone | | |
| 22 | 52 | 26 |

| würde gehen wollen | käme nicht in Frage | weiß noch nicht |
|---|---|---|
| Einheimische | | |
| 5 | 78 | 17 |
| Vertriebene aus den Ostgebieten | | |
| 20 | 57 | 23 |
| Flüchtlinge aus der Zone | | |
| 53 | 16 | 31 |

„Wenn morgen die Wiedervereinigung mit der Sowjetzone stattfände, würden Sie dann dort hingehen wollen, oder käme das für Sie nicht in Frage?"

*Eine Umfrage des Instituts für Meinungsforschung EMNID bei einem repräsentativen Querschnitt der westdeutschen Bevölkerung ergab, daß die meisten Heimatvertriebenen und Sowjetzonenflüchtlinge wieder in ihre alte Heimat zurückkehren wollen. Auch die Zahl der Einheimischen, die im Falle einer Wiedervereinigung in die Sowjetzone oder einer Wiedereingliederung in die deutschen Ostgebiete zu gehen bereit wäre, ist sehr beachtlich. Die Rückkehr in die Heimat wurde von fast sämtlichen Vertriebenen und Zonenflüchtlingen als ausschlaggebender Beweggrund genannt. Finanzielle oder berufliche Erwägungen spielen dagegen nur bei wenigen der Befragten eine Rolle.*

# „Oper am Rhein" eröffnete mit glanzvoller „Elektra"

## Karl Böhm und seine Solisten wurden stürmisch gefeiert

waz DÜSSELDORF, 30. September

**Die seit über einem Jahr im Aufbau begriffene „Deutsche Oper am Rhein", das mit großen Hoffnungen gezeugte und erwartete Theaterkind der Städte Düsseldorf und Duisburg, wurde am Samstag aus der Taufe gehoben. Im offiziellen Festakt im Duisburger Opernhaus und in den nachfolgenden Feiern im kleineren Kreis, zu denen die beiden Oberbürgermeister eingeladen hatten, wurden so viel erhebende und richtungweisende Worte gesprochen, so freundliche Trinksprüche ausgebracht, daß nach dem guten Willen aller Beteiligten nur das Beste für das neue Institut zu erwarten ist. Besonders beachtlich war die Rede des Vorsitzenden des Deutschen Bühnenvereins, des Hamburger Bürgermeisters a. D. Max Brauer, mit ihren anregenden Gedanken zur gemeindlichen Kulturverantwortung und Theaterpflege und der Forderung, die hohen Ziele der echten Volksbühne nicht aus dem Auge zu verlieren. Vor dem Bundestagspräsidenten, zahlreichen Gästen und Abgeordneten und einem erlesenen Publikum fand abends im Düsseldorfer Opernhaus die erste glanzvolle Eröffnungspremiere mit „Elektra" von Richard Strauß statt.**

Wenn es dem neuen Institut mit dem anspruchsvollen Namen gelingt, den Standard der Eröffnungspremiere auch nur annähernd im Repertoire zu halten, dann können die Opernfreunde in Duisburg und Düsseldorf mehr als zufrieden sein. Denn diese „Elektra" hat in jeder Beziehung großes, ja ungewöhnliches Format.

Auf der Bühne herrscht (im besten Sinne des Wortes) das weibliche Dreigestirn Astrid Varnay in der Titelrolle, Elisabeth Höngen (Klytämnestra), Hilde Zadek (Chrysothemis). Besonders Frau Varnay ist in dieser Rolle, in der sie fast ununterbrochen auf der Szene steht, einfach ein Phänomen. Sie ist von Anfang

an „da", mit dem vollen Einsatz ihrer herrlichen Mittel, und so wird schon der Monolog zu Beginn mit der Morderzählung ein erster Höhepunkt. Zugleich aber hält sie nicht nur durch, sondern weiß noch an entscheidenden Stellen die Intensität des Ausdrucks zu steigern — eine außerordentliche Leistung.

Neben Frau Zadeks blonder Chrysothemis, die den Gegensatz zu ihrer Schwester, Unsicherheit, Schwanken und eine Spur Dekadenz mit ihrem vor allem in der Höhe klangschönen Material sicher zu gestalten weiß, gibt die Klytämnestra von Frau Höngen wohl die psychologisch interessanteste Studie des Spiels: die gattenmörderische Königin als

zerrüttete Pathologin, eine Ruine ihrer selbst, manisch, gehetzt, am Ende. Überzeugend — nur bleibt dann die naive Sicherheit ihres Liebhabers Aegisth (Rudolf Lustig singt den kurzen Part mit Glanz) unverständlich. Randolph Symonette kann sich, etwas starr im Gestus wie im musikalischen Ausdruck, als rächender Sohn und Bruder Orest in dieser Umgebung mit Anstand behaupten.

Was indes den Abend vor allem auszeichnet, ist, daß trotz großer Einzelleistungen eine echte Ensemblewirkung zustande kommt. Herbert Grafs Regie übersetzt jede Geste dieser ungemein plastischen Musik in adäquate Bewegung. Von den Solisten bis zur kleinsten Fackelträgerin herrscht auf der Bühne ein präzises Ab-Bild des klingenden Geschehens, wie wir es lange nicht zu sehen bekamen. Keine Nuance bleibt ungenutzt, und zugleich ordnet sich das Ganze in einen großartigen Fluß, in dem das grausige Schicksal der Atridenfamilie sich auch optisch wie unter einem höheren Zwang vollendet. Heinz Ludwigs Königspalast, grün-grau lastendes Gemäuer, schafft dazu einen idealen Rahmen.

Karl Böhm am Pult hält die auch in allen Nebenrollen ausgewogen besetzte Aufführung in einem einzigen großen Atem zusammen. Wie differenziert klingt das Orchester plötzlich, wie sicher hält der Dirigent die Waage zwischen den Singstimmen und Straußens hier oft noch „dickem" Orchestersatz, wie überlegen führt er seine Sänger!

Ein großer Abend, wie gesagt, für den das Premierenpublikum, voran Bundespräsident Heuss, mit ungewöhnlich langem und stürmischem Beifall dankte. Ein gutes Omen für die neue Pflegstatt des Musiktheaters.          DR. GÜNTER ENGLER

# Telefonverbindung mit USA klar wie ein Ortsgespräch

## Bundespost nahm neue Leitung Frankfurt–New York in Betrieb

FRANKFURT, 2. Oktober

Zwischen der Bundesrepublik und New York kann man neuerdings ebenso klar und deutlich telefonieren wie bei einem Ortsgespräch in Deutschland. „In aller Stille" hat die Bundespost zwischen Frankfurt und New York zwei Kabelleitungen für den Fernsprechverkehr in Betrieb genommen. Die beiden Sprechstromkreise sind in der Unterwasser-Telefonleitung durch den Atlantik enthalten, die am 25. September nach zweijähriger Arbeit als Verbindung zwischen Großbritannien und Amerika eingeweiht wurde. Für Gespräche aus Deutschland nach

den USA stehen weiterhin die zwölf Sprechwege über Funk zur Verfügung. Da Ferngespräche auf diesem Wege aber gelegentlich unter atmosphärischen Störungen leiden, will die Bundespost zukünftig in erster Linie die Kabel benutzen. Welcher Leitungsweg gewählt wird, hängt nicht vom Fernsprechteilnehmer, sondern von der Frankfurter Leitstelle für Überseegespräche ab. Ein Kabelgespräch kann also nicht im voraus bestellt werden. Ein Dreiminutengespräch zwischen Frankfurt und New York kostet von 12 bis 24 Uhr (MEZ) 50,40 DM; zwischen 0 und 12 Uhr 37,80 DM.

# „Miß Welt" sucht einen Mann

### Studentin Petra Schürmann will jetzt doch zum Film – Britische Presse: Gerechtes Urteil

Von unserem Korrespondenten JOHN F. REYNOLDS      LONDON, 16. Oktober

„Es war ein harter Kampf, er endete mit einem gerechten Urteil." Dieser Kommentar spricht aus den meisten englischen Presseberichten über die Wahl der 20jährigen „Miß Germany" zur „Miß Welt 1956", die, wie bereits gestern berichtet, in der Nacht zum Dienstag in London unter donnerndem Beifall von Hunderten von Reportern und Kameraleuten aus aller Welt und einer großen Zahl geladener Gäste in dem Lyceum-Ballsaal in London erfolgte. Es war kein Sensationssieg: es hatte sich herumgesprochen, daß „Miß Germany" unter den 24 Titelanwärterinnen als heißer Favorit galt.

Die zur „Miß Welt" gewordene „Miß Germany" selbst, die in Köln wohnhafte grünäugige Studentin Petra Schürmann aus Wipperfürth, sagte am Dienstag, daß sie zum erstenmal seit 14 Tagen eine Nacht richtig geschlafen habe. Nach der ersten Erholung von der Aufregung über alle Vorbereitungen und über die Entscheidungsstunden selbst enthüllte sie ihre Pläne für die allernächste Zukunft: Erstens will sie — natürlich — Filmschauspielerin werden (ursprünglich wollte sie Lehrerin werden), und zweitens sucht sie einen Mann. Um in ihren eigenen Worten zu sprechen: „Er muß sehr gut aussehen, gescheit sein und ritterlich — ich kenne ein solches Exemplar Mann allerdings noch nicht." Wenn Petra einen solchen Mann ebenso schnell findet, wie sie nach der kußreichen Krönungszeremonie ihren im Gewühl abhanden gekommenen Teddybär, ihren innig geliebten Talisman, wiederfand, so wird ihr Glück voll sein.

Zunächst und bis der Mann sich einstellt und bis eine Hollywoodofferte kommt, besteht ihr Glück aus der Ehre, den Miß-Welt-Titel von der vorjährigen Siegerin, „Miß Venezuela", erobert zu haben, aus dem gewonnenen Geldpreis von 500 Pfund, rund 6000 DM, und einem eleganten Sportwagen im dreifachen Wert der Geldprämie, den sie allerdings schleunigst in bare Münze umsetzen will. Außerdem hat sie noch einen 14tägigen Aufenthalt in Paris als Sonderpreis hinzugewonnen.

Die Maße der Gewinnerin sind: Büste 91 cm und Taille 51 cm. Ihre Hüften sind mit 84 cm die schmalsten von sämtlichen Bewerberinnen.

Die Richter waren die schwedische Schauspielerin Anita Ekberg und ihr Mann Anthony Steel, der Regisseur Val Parnell, die Herzogin von Bedford, Redakteur Charles Eade vom „Sunday Dispatch", Claude Berr vom internationalen „Miß Europa"-Komitee und er britische Rennfahrer Stirling Moss. Moss führte die glückstrahlende neue Miß Welt nach der Krönung zu dem Sportwagen, den sie mit ihrer Wahl gewonnen hat, half ihr galant ans Steuer und — gab ihr einen Kuß.

*PETRA SCHÜRMANN wird nach ihrem Sieg von der Zweitschönsten, „Miß Amerika" (rechts), und der Dritten, „Miß Israel" (links), beglückwünscht.*

## USA-Ford: niedriger und länger

*Von Grund auf sind, wie berichtet, die 1957er Ford eine Abkehr von den bisherigen Modellen. Sie werden in 19 neuen Karosserieformen vorgestellt, von denen unser Bild diesen viertürigen Hardtop zeigt, einen Typ der neuen „Fairlane 500". Die Fairlane-Modelle sind 28,8 cm länger und 10,1 cm niedriger als ihre Geschwister von 1956. Obwohl die neuen Modelle niedriger sind, bleibt der Innenraum ebenso groß wie im letzten Jahr, denn Chassis und Boden des Wagens sind bestimmend für einen niedrigeren Schwerpunkt.*

## Erfinderin des Camembert erhält Denkmal

### Bäuerin in der Normandie

PARIS, 5. Oktober

In dem normannischen Städtchen Vimoutiers wurde ein von Amerikanern gestiftetes Denkmal zu Ehren der Bäuerin Marie Harel eingeweiht, der die Welt, so glaubt man, den Camembert verdankt. Bisher wurde das Andenken an sie durch einen einfachen Gedenkstein wachgehalten.

Ob Marie Harel selbst den Camembert erfunden hat oder nur zu seiner Verbreitung wesentlich beitrug, ist nicht genau geklärt. Nach einer alten Überlieferung soll sie während der französischen Revolution auf ihrem Hof einen verfolgten Priester versteckt haben, der ihr später aus Dankbarkeit das Geheimrezept seines Klosters zur Herstellung des Camembert verriet.

### Mannequinmangel in Sowjetzone

BERLIN, 21. Oktober

Einen neuen „Engpaß" hat man in der Sowjetzone festgestellt: es fehlt an Mannequins. Das staatliche Institut für Bekleidungskultur hat daher in der „Berliner Zeitung" einen Notschrei nach „hübschen Damen zwischen 20 und 35" veröffentlicht, die Kleider vorführen oder als Fotomodell tätig sein möchten. Die im Ostsektor erscheinende Zeitung bemerkt dazu, die Flut der Modenschauen aller möglichen Institutionen hätte einen großen Bedarf an Mannequins hervorgerufen.

### Bundeswehr erhält 1000. Panzer

MAINZ, 22. Oktober

Die Bundeswehr verfügt seit Montag über 1000 gepanzerte Kampffahrzeuge. Das tausendste Fahrzeug, ein amerikanischer Panzer vom Typ M 47, wurde am Montag im Nachschubdepot der USA-Armee in Mainz der Bundeswehr übergeben. Oberst Lüder vom Truppenamt der Bundeswehr bezeichnete in einer Pressekonferenz den Panzertyp M 47 als ein nicht nur für Ausbildungszwecke, sondern auch im Einsatz brauchbares Fahrzeug.

### Unzerstörbare Tinte erfunden

NEW YORK, im Oktober

Keine Chance mehr haben Urkundenfälscher, die versuchen sollten, eine von einer amerikanischen Firma entwickelte Tinte mit den bewährten Mitteln zu beseitigen. Die Tinte enthält eine Substanz, die das Papier angreift und unter ultraviolettem Licht selbst dann aufleuchtet, wenn durch Radieren oder andere chemische Mittel die Schrift nicht mehr zu sehen ist.

## Präsident Liberias zu Staatsbesuch in Bonn eingetroffen

WAZ BONN, 8. Oktober

Der Staatspräsident der afrikanischen Republik Liberia, William Tubman, ist am Montag zu einem einwöchigen Staatsbesuch der Bundesrepublik in Bonn eingetroffen. Bei seiner Ankunft auf dem festlich geschmückten Bahnhof wurden Tubman und seine Frau von Bundespräsident Heuss, Bundeskanzler Dr. Adenauer, Bundestagsvizepräsident Becker, mehreren Bundesministern und Generalleutnant Speidel begrüßt.

Eine Ehrenkompanie der Bundeswehr und ein Musikzug waren vor dem Bahnhof aufgezogen. Nachdem der Musikzug die liberische und die deutsche Nationalhymne gespielt hatte, schritt Bundespräsident Heuss zusammen mit seinem Gast die Front der Ehrenkompanie ab. Am Montagnachmittag wurde Tubman vom Bundespräsidenten empfangen, der ihm die Sonderstufe des Großkreuzes des Bundesverdienstordens verlieh.

\*

*Unser Bild: Präsident Tubman und Bundespräsident Heuss schreiten die Front der Ehrenkompanie ab.*

## Keine größeren Einheiten der Bundeswehr im Revier

DÜSSELDORF, 22. Oktober

Im Ruhrgebiet werden keine größeren Einheiten der Bundeswehr stationiert werden, wie ein Sprecher der Bundeswehr am Montag in Düsseldorf betonte. Damit solle auf die Raumnot in den Städten des Reviers Rücksicht genommen werden. In ganz Nordrhein-Westfalen würden im übrigen nur rund 40 000 Mann stationiert.

## Zweiter Weltkrieg brachte 6,5 Mill. Deutschen den Tod

BONN, 30. Oktober

Der zweite Weltkrieg hat rund 6,5 Millionen Deutschen den Tod gebracht. Das ist das Ergebnis von neuen Untersuchungen des Statistischen Bundesamtes, die am Dienstag veröffentlicht wurden. 3,76 Millionen Wehrmachtsangehörige wurden getötet, außerdem fast 500 000 Zivilisten durch den Luftkrieg und die Erdkämpfe. Flucht, Verschleppung und Vertreibung aus den Ostgebieten des Deutschen Reiches kosteten 1,3 Millionen Menschenleben. Auf der Flucht aus den Gebieten jenseits der Reichsgrenzen fand rund eine Million Menschen den Tod.

## Erstes Atom-Kraftwerk der Welt wird in Betrieb gestellt

WAZ CALDER HALL, 15. Oktober

Das erste Atomkraftwerk der Welt, das Energie für Industrie- und Haushaltszwecke erzeugt, wird am Mittwoch in Calder Hall durch Königin Elizabeth II. in Betrieb gestellt werden. Der mit einem Kostenaufwand von 190 Millionen DM im ersten Bauabschnitt fertiggestellte Teil des Werkes soll zunächst rund 46 000 Kilowatt Strom erzeugen. Nach Abschluß des zweiten Bauabschnittes, Ende nächsten Jahres, soll die Gesamtkapazität von Calder Hall 184 000 Kilowatt betragen. Das Atomkraftwerk benutzt als Brennstoff einfaches Uran. Es wird aus einer Tonne Uran ebensoviel Energie erzeugen wie andere Kraftwerke aus je 10 000 Tonnen Kohle.

# Dunst verdunkelt große Teile des Reviers

### Industrierauch zog nicht ab

WAZ RUHRGEBIET, 10. Oktober

Dichte Dunstwolken tauchten am Mittwochnachmittag große Teile des Ruhrgebiets in ungewohntes Dunkel. In den Häusern mußte vorzeitig Licht eingeschaltet werden, Autos und Straßenbahnen waren beleuchtet. Erst nach etwa zwei Stunden wurde die Dunkelheit wieder von schwacher Helligkeit abgelöst. Das Wetteramt Essen-Mülheim teilt dazu mit, daß NRW gegenwärtig unter einer Hochdruckbrücke liege, und daß sich über dem Ruhrgebiet die Grenze zwischen feuchter und trockener Luft befinde. Da die Luft sich kaum bewege, könne der stark anfallende Industrierauch nicht abziehen oder aufsteigen. Dadurch komme es in wenigen hundert Metern Höhe zu einer Dunstbildung, die so dicht sei, daß das Sonnenlicht von ihr aufgesogen werde.

# Dönitz will schweigen

Der ehemalige Großadmiral Karl Dönitz, den Hitler vor seinem Selbstmord testamentarisch zu seinem Nachfolger bestimmt hatte, wurde (wie in einem Teil der Auflage bereits berichtet) in der Nacht zum Montag aus dem Spandauer Gefängnis entlassen. Dönitz hatte dort eine zehnjährige Freiheitsstrafe verbüßt. Er flog nach Düsseldorf und will später in Hamburg wohnen.

Auf einer Pressekonferenz, die am Montagmittag im Garten einer Villa in Berlin-Zehlendorf stattfand, kündigte Dönitz an, „er wolle jetzt und auch weiterhin schweigen". Unser Bild zeigt Dönitz und seine Frau.

# Polen will frei sein

## Wiedergewählter Parteichef Gomulka fordert Unabhängigkeit vom Kreml – Chruschtschew abgereist

Berichte unserer Nachrichtendienste          WARSCHAU, 21. Oktober

**Mit der fast einstimmigen Wahl des Nationalkommunisten Gomulka zum Ersten Parteisekretär durch das Zentralkomitee der polnischen KP kündigt sich in Polen eine entscheidende Wendung im politischen und wirtschaftlichen Leben an. In einer Grundsatzerklärung erteilte Gomulka dem bisherigen Kurs der Polnischen Kommunistischen Partei eine scharfe Absage, verlangte die Unabhängigkeit des Landes und seine Gleichberechtigung mit der Sowjetunion, allerdings bei Aufrechterhaltung der Freundschaft. Seine Erklärung (s. auch Seite 2) fand in zahlreichen Kundgebungen von Fabrikbelegschaften und Jugendverbänden in allen Teilen des Landes volle Zustimmung.**

MIT HÄNDEKLATSCHEN begrüßten junge Arbeiterdelegierte am Wochenende während einer Pause in der Sitzung des polnischen Zentralkomitees Wladislaw Gomulka (links mit Brille). Er ist in Begleitung von Staatspräsident Zawadski (Mitte) und dem inzwischen abgesetzten Parteisekretär Ochab. Links im Hintergrund Premier Cyrankiewicz.

Der ehemalige Sowjetmarschall und jetzige Oberbefehlshaber der polnischen Streitkräfte und Verteidigungsminister Polens, Marschall Rokossowski, wird dem künftigen Politbüro nicht mehr angehören. Die Absicht, Rokossowski nicht wieder zu wählen, soll einer der Hauptgründe für den Blitzbesuch Chruschtschews in Warschau gewesen sein. Die sowjetische Delegation ist am Samstag früh nach Moskau zurückgekehrt. Über die Sitzung des Zentralkomitees berichtet ein Gewährsmann, die Abstimmung sei eine völlige Niederlage für die um Marschall Rokossowski und andere führende Kommunisten gescharte Gruppe gewesen, die eine „harte Politik" nach Moskauer Richtlinien befürwortete.

Die Spannung, die sich bei dem überraschenden Eintreffen der sowjetischen Politiker über die polnische Hauptstadt gelegt hatte, ließ schon in den Abendstunden des Samstag wieder nach. Die Stadt schwirrte jedoch von Gerüchten. Es war von sowjetischen Truppenbewegungen und sogar von Zusammenstößen zwischen sowjetischen Soldaten und polnischen Armeeeinheiten die Rede, ohne daß bisher irgendwelche Bestätigungen dafür vorliegen. Auch sensationelle Berichte über den angeblichen Einmarsch sowjetischer Truppen nach Polen konnten nicht bestätigt werden.

Die sowjetische Öffentlichkeit wurde bisher lediglich von dem Besuch Chruschtschews und seiner Delegation in Warschau in Kenntnis gesetzt. Über die dramatischen politischen Auseinandersetzungen in Polen und die Erklärungen Gomulkas schweigen Presse und Rundfunk.

**Das neue Politbüro hat la**.**t Radio Warschau die folgenden neun Mitglieder:** Cyrankiewicz, der Ministerpräsident Polens ist, Gomulka, Jedⁱ‚chowski, Rapacki, der bisherige Erste Parteisekretär, Ochab, Zambrowski, der jetzige Staatspräsident Zawadski, Loga-Sowinski und Morawski.

# Dichter sind gesuchte Leute

## Streitbare „Gruppe 47" tagte am Starnberger See

Die freie Schriftstellervereinigung „Gruppe 47" hielt ihre diesjährige Herbsttagung in der — nebenbei bemerkt, ausgezeichnet geführten — Bundesschule des Deutschen Gewerkschaftsbundes in Niederpöcking am Starnberger See ab. Es erschienen außer den dichter-suchenden Lektoren der großen deutschen Verlage, außer den Zeitungs- und Rundfunkleuten junge Dichter, die noch zu entdecken waren, und einige alte „Mitglieder", die schon entdeckt sind, aber trotzdem von diesem einzigen deutschen Club ohne Statuten, nicht lassen können. Picken wir die Prominenten heraus: Günter Eich, Wolfgang Hildesheimer, Walter Jens, Gert Ledig, Hans-Werner Richter, der „Mann mit der Glocke" als Präsident und Diskussionsleiter.

Gelesen wurde Unterschiedliches wie immer. Die Kritik paßte sich einigermaßen wendig an. Ein paar Neue wurden diesmal eine Spur zu bösartig geschlachtet. Aber auch die „Bekannten" mußten sich manches herbe Wort sagen lassen. Heraus ragten: Gerd Ledig mit einem Stück aus seinem so notwendig wie entsetzlichen Buch über den Bombenkrieg, „Die Vergeltung", Wolfgang Hildesheimer mit einem ersten Akt zu einem neuen Theaterstück, Walter Jens, der Holländer Adriaan Morriën und Martin Walser.

Richter fragte in seinem Schlußwort, ob solch eine Schriftstellergruppe nicht habe eine sehr zeitgebundene Funktion habe. Eine Reihe der Prominenten und Eminenzen — wie sehr hübsch formuliert wurde — sind heuer mit so ununterbrochener Beschäftigung beschäftigt, daß ihre Terminkalender nur noch rot sehen. Heinrich Böll — nur ein Beispiel — wurde inzwischen von den deutschen Botschaften entdeckt und liest sich durch Lande und Länder. Die Rundfunkstationen warten auf nagelneue Beiträge (Alfred Andersch und so weiter und so fort). Es wäre traurig, wenn dieser wirklich geistige, unakademische Zusammenschluß an der deutschen Supergeschäftlhuberei sterben müßte.

Aber die meisten der Anwesenden dachten nicht so pessimistisch. Außerdem ist im nächsten Jahre das zehnjährige Stiftungsfest der Gruppe 47, und ein Almanach mit Beiträgen der Prominentesten und Eminentesten ist auch geplant. So handelte es sich also um eine Krach vor der Generalprobe. Bekanntlich muß der ja sein.

JÜRGEN VON HOLLANDER

# Bundestag bekennt sich zur Hauptstadt Berlin

WAZ BERLIN, 10. Oktober

Mit einem Bekenntnis zu Berlin als der eigentlichen Hauptstadt eröffnete Bundestagspräsident Dr. Gerstenmaier am Mittwoch im großen Hörsaal der Technischen Universität in Berlin die Sitzung des Bundestages. Das Bonner Parlament tagt damit zum zweiten Male in der alten Reichshauptstadt. In einer kurzen Rede bedankte sich Gerstenmaier für die freundliche Aufnahme, die der Bundestag bei der Bevölkerung in Berlin gefunden habe.

Im Mittelpunkt der Bundestagsdebatte am Mittwoch, die nach vier Stunden abgebrochen wurde, stand eine zum Teil erregte Auseinandersetzung über den Sitz und die Aufgabe des deutschen Langwellensenders. Sprecher der SPD warfen dabei der CDU vor, aus diesem Sender ein Propagandainstrument der Bundesregierung machen zu wollen.

Am Donnerstag wird Bundeskanzler Dr. Adenauer in Berlin eintreffen, um eine Sitzung des Bundeskabinetts zu leiten. 14 Bundesminister befinden sich bereits in der alten Reichshauptstadt. Hauptpunkt auf der Tagesordnung der Kabinettssitzung ist die geplante Umbildung der Bundesregierung.

WESTDEUTSCHE
**ALLGEMEINE**
Die unabhängige Zeitung des Ruhrgebiets

# Bunte Blätter

WOCHENENDBEILAGE WESTDEUTSCHE ALLGEMEINE     SAMSTAG, 20. OKTOBER 1956

*LONDONS „ÄLTERE MÄDCHEN" jubeln ihrem gepuderten Idol Valentino Liberace zu, der ihnen Chopin-Musik im Schnulzen-stil serviert. — Bild links: Liberace mit seiner Mama als „Flügelmann". Das Symbol des Pianisten: — ein Armleuchter.*

## Hysterie in Süß und Wild

Als der 35 Jahre alte amerikanische Pianist und Casanova am Klavier, Valentino Liberace, in London seinen Einzug hielt, vollzog sich das mit dem Pomp eines exotischen Potentaten. Die Polizei mußte mit Gewalt das babyrosa gepuderte Idol vor 5000 hysterisch schreienden Weiblichkeiten schützen, die dem „parfümierten Zuckerberg", wie ihn eine große englische Zeitung titulierte, Zärtlichkeiten erweisen wollten. Als er dann am Abend klassische Sonaten im Schnulzenstil honigsüß servierte, wobei ihm seine Mama als „Flügelmann" diente, rieselte seinen verzückten Anbeterinnen das Wasser in Strömen aus den Tränensäckchen. Mama Liberace, die vollbusige Managerin ihres Valentino-Sohnes, weiß genau, wie und wo sie ihren „Süßling" einsetzen muß, damit er als Ventil für die aufgestauten Gefühlsblähungen seiner teils um Jahrzehnte älteren Verehrerinnen voll zur Wirkung kommt. Mit einem suffisanten Lächeln auf seinen aufgeschwemmten Zügen bedankte sich der Schmalzproduzent, der jährlich auf solche Weise eine Million Dollar verdient. — Die Kritiker aber „verreißen" sein Klavierspiel in ungewohnt scharfer Form.

Auf ganz andere Art scheffelt ein ganz anderer Typ aus den Taschen eines ganz anderen Publikums seine Dollar-Millionen. Während Valentino mit sanften Tönen nie erfüllte Sehnsüchte seines Publikums stillt, jagt der ehemalige Lastkraftwagenfahrer Elvis Presley (21) seinen meist noch nicht volljährigen „Fans" die Ekstase in den Leib. Auch er ist ein Zeitphänomen, emporgeschwemmt von der amerikanischen Fernseh- und Schallplattenindustrie. Der heiser schreiende, Rhythmen zerhackende Rattenfänger aus Texas wird von seinen Jüngern als „Hohepriester des „Rock and Roll" (wörtlich übersetzt: Zuck und Ruck), verehrt. Es ist keine natürliche Ausgelassenheit mehr, die „Rock and Roll" in den Jugendlichen auslöst. Offensichtlich wird hier ein Symptom unserer Zeit mit betäubender Musik und explodierendem Rhythmus bloßgelegt. Denn Presleys stöhnendes Gestar -l und seine schrägen und wackelnden Bewegungen auf der Bühne treiben die Zuhörer in New York und London, in Rom und Oslo nicht in eine künstliche Schaustellung, sondern in einen besinnungslosen Taumel. Zerbrochene Kinosessel, umgeworfene Autos, Ohnmachtsanfälle und Straßenkrawalle zusammen mit den „Baritons" Gipfelgagen sind die Zeugen seines sogenannten Erfolges.

Lange wird es wohl nicht mehr dauern, bis diese Welle auch uns erreicht hat. Dann ist es auch hier soweit: Hosianna den „Meistersingern der Massenhysterie".

Alfred Sterzel

*WIE HIER IN MANCHESTER so toben Jugendliche in Oslo, New York, London, Kopenhagen, Paris und Chikago auf der Straße. Stundenlang hat man ihnen „Rock 'n Roll"-Musik vorgesetzt.*    *— Und das ist der „Hohepriester des Rock and Roll", Elvis Presley aus Texas (Bild Mitte). Er schreit seine rhythmischen Weisen ins Publikum und wackelt dabei mit den Hüften. — Dieser*    *junge Mann hat sich in Ekstase getanzt. Im „Rock 'n Roll"-Fieber hat er Schuhe, Jacke und Hemd verloren (Bild links).*
*Bilder: Keystone (4), Conti Press*

*Auf hohen Füßen, das Holz betont bevorzugt, auch bei den Türen, steht das langgestreckte Büfett beschwingt im Raum. Es trägt Zier und Schönheit in seiner Form und seinem Holz, dessen Maserung durchscheint.*

## Vera Krupp reicht Scheidungsklage gegen ihren Mann Alfried Krupp ein

LAS VEGAS (USA), 25. Oktober

Vera Krupp von Bohlen und Halbach (42) hat am Mittwoch in Las Vegas eine Scheidungsklage gegen ihren Mann, den deutschen Großindustriellen Alfried Krupp (48) aus Essen eingereicht. Frau Krupp erklärte, ihr Mann habe sich „absichtlich und ohne Grund" seinen ehelichen Verpflichtungen entzogen. Sie warf ihm seelische Grausamkeit vor. Sie fordert eine Abfindung von 21 Millionen DM (5 Millionen Dollar) und eine jährliche Unterhaltszahlung von

*Vera Krupp*

1,05 Mill. DM (250 000 Dollar). Vera bezifferte das Vermögen ihres Mannes auf 1,05 Milliarden DM (250 Millionen Dollar), nicht gerechnet der Besitz an industriellen Anlagen.

Zu den Angaben von Frau Vera Krupp erfahren wir aus Kreisen der Kruppschen Verwaltung, daß sich Frau Krupp schon seit fast zwei Jahren in den Vereinigten Staaten aufhält. Sie hat inzwischen dort im Staat Nevada, wo auch die Scheidungsklage eingereicht wurde, ein Landgut gekauft. Die von ihr angegebenen Vermögenszahlen seien, wie die Kruppsche Verwaltung mitteilt, nicht zutreffend.

Vera Krupp, die im Ruhrgebiet geboren ist und später nach Amerika auswanderte, und Alfried Krupp heirateten 1952 in Berchtesgaden.

## Mädchen sind weniger flatterhaft
### Arbeitsgemeinschaft für Jugendkunde testete Grundschulkinder

Nach vierjähriger Tätigkeit hat die Wissenschaftliche Arbeitsgemeinschaft für Jugendkunde, die sich aus Ärzten, Psychologen und Fürsorgerinnen zusammensetzt, jetzt ein erstes Ergebnis ihrer Forschungsarbeit veröffentlicht. Manche der neu gewonnenen Erkenntnisse werden für die pädagogische Praxis wesentlich sein.

Die Untersuchung wurde an je 400 Mädchen und Jungen vom siebenten Lebensjahr an vier Jahre hindurch durchgeführt. Dabei ergaben sich deutliche Unterschiede im seelischen Entwicklungsverlauf der beiden Geschlechter. Die Anzahl der aktiven und sehr aktiven Jungen, die etwa 50 v. H. aller untersuchten Schüler ausmachte, blieb für alle vier Jahre hinweg etwa gleich. Dagegen nahm die Zahl der aktiven Schülerinnen bis zum neunten Lebensjahr ständig zu, um danach steil abzufallen.

In der Frage der Konzentrationsfähigkeit zeigte sich bei den Lernanfängern 55 v. H. der Jungen als „flatterhaft", und nur etwa 40 v. H. als ausdauernd und beherrscht. Bei den Mädchen entfielen auf beide Gruppen jeweils 45 v. H. Mit zunehmendem Alter nahmen bei beiden Geschlechtern Flatterhaftigkeit ab und innere Sammlung zu.

Für die Schule ergibt sich aus den bisherigen Resultaten der Hinweis, sich dem verschiedenen Verlauf in der seelischen Entwicklung des Grundschulkindes verstärkt anzupassen. Das Nachlassen der Schulleistungen bestimmter Altersstufen ist möglicherweise auf Eigenheiten des Lehrstoffs und der Methode im Unterricht zurückzuführen, die diesen Tatsachen noch zu wenig Rechnung tragen.  S. St.

*Frauen in den Parlamenten in Prozent*

SCHWEDEN 12,6
BUNDES-REPUBLIK 9,6
DÄNEMARK 9,5
NIEDERLANDE 9,0
ITALIEN 5,6
ÖSTERREICH 4,8
NORWEGEN 2,7
ENGLAND 3,8
BELGIEN 3,8
FRANKREICH 3,2
USA 2,9

*Ein Vergleich über den Anteil, den die Frauen in den Parlamenten einer Reihe von Staaten stellen, ergibt ein für viele sicher überraschendes Ergebnis: die Bundesrepublik steht in dieser Reihe an zweiter Stelle.*

## Wenig Interesse für Kriegsauszeichnungen
### Ergebnis einer Umfrage

DÜSSELDORF, 8. Oktober

Nur ein knappes Drittel der Ordensinhaber in der Bundesrepublik will seine Auszeichnungen aus dem letzten Weltkrieg künftig wieder anlegen. Dies ergab eine bei 2000 Personen durchgeführte Umfrage der Düsseldorfer Markt- und Meinungsforschungsgesellschaft „Intermarket". 59 v. H. der Befragten erklärten demgegenüber, daß sie ihre Kriegsauszeichnungen nicht mehr tragen würden. Interessant ist dabei, daß die Bereitschaft oder Ablehnung unabhängig davon erklärt wurde, ob das Hakenkreuz auf den Auszeichnungen bleibt oder, wie vorgesehen, durch Eichenlaub ersetzt wird.

**AEG** Staubsauger *Vampyrette*

AEG-Staubsauger „Vampyrette" S

Wie geleckt sieht Ihr Heim aus, wenn Sie es mit „Vampyrette" S pflegen, dem Staubsauger mit den zwei Temperamenten für empfindliche und gröbere Gewebe.

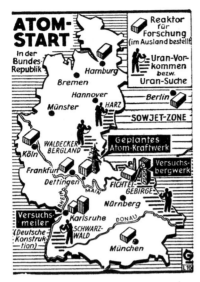

Die atomare Entwicklung steckt bei uns noch in den Anfängen. Um den Vorsprung der anderen Industrienationen aufzuholen, liegt der Schwerpunkt zunächst in der Forschung und in Versuchsanlagen. Fünf Forschungsreaktoren sind inzwischen bestellt, drei in den USA, zwei in England. Die größte deutsche Atomanlage wird der Versuchsmeiler bei Karlsruhe sein, in dem Atombrennstoff erzeugt werden soll.

Weil aus dem Ausland nur geringe Mengen des Ausgangsstoffes Uran zu erhalten sind, ist man um die Erschließung deutscher Uranvorkommen bemüht. Das Bundesatomministerium hat bereits zwei Aufschließungs- und Förderkonzessionen vergeben, die eine im Fichtelgebirge, die andere im Bayrischen Wald. Ob und in welchem Umfang dort Uran zu finden ist, bleibt abzuwarten. Als erste Versuchsanlage für die industrielle Verwertung will das Rheinisch-Westfälische Elektrizitätswerk ein Atomkraftwerk in Süddeutschland bauen.

### 1500 Bergleute streiken auf „Kaiserstuhl I" in Dortmund

WAZ DORTMUND, 7. Oktober

Auf die gesamte Untertagebelegschaft hat inzwischen der wilde Streik übergegriffen, der am Mittwoch auf der Dortmunder Hoesch-Zeche „Kaiserstuhl I" ausgebrochen ist. Vom Betriebsrat der Zeche war ebenso wie von der Direktion übers Wochenende keine Auskunft über das Ausmaß des Streiks zu erhalten. Es dürfte sich aber um 1500 streikende Bergleute handeln. Nachdem sie zunächst einen erhöhten Lohn verlangt hatten, konzentrieren sich jetzt ihre Forderungen auf die Absetzung des Betriebsführers und des Obersteigers, die sie angeblich nicht genügend für die Interessen der Bergleute einsetzen.

## Japaner kommen in die Ruhrzechen

### BONN, 24. Oktober

Über die Beschäftigung japanischer Bergleute im Ruhrkohlenbergbau ist nach Mitteilung des japanischen Außenministeriums ein dreijähriges Übereinkommen in Bonn erzielt worden. Die Verhandlungen wurden von dem japanischen Geschäftsträger Akira Sono geführt. Wie verlautet, lernen die ersten 45 Arbeiter in Tokio gegenwärtig deutsch. Sie sollen in ein oder zwei Monaten nach Deutschland abreisen.

## Bundesrat drängt auf Verkehrssünderkartei

### Vermittlungsausschuß angerufen

WAZ BONN, 19. Oktober

Die Länder des Bundes verlangen eine zentrale Verkehrssünderkartei. Sie riefen deswegen am Freitag in ihrer Bundesratssitzung den Vermittlungsausschuß zum Gesetz über Maßnahmen auf dem Gebiet des Verkehrsrechts und Verkehrshaftpflichtrechts an. Der Bundestag hatte aus diesem Gesetz die Bestimmungen über die zentrale Verkehrssünderkartei gestrichen.

NRW-Minister Siemsen erklärte vor dem Bundesrat, daß eine verhältnismäßig kleine Zahl von Verkehrsteilnehmern durch fortgesetzte Verkehrsverstöße eine unverhältnismäßig große Zahl von Unfällen verschulde. Die Kartei biete die Möglichkeit, gegen solche Verkehrsteilnehmer vorzugehen.

Das meistbeachtete Rollermobil war dieses Goggomobil-Coupé. Unverkennbar ist die schnittige Form den modernen Karosserien der Italiener nachempfunden.

## SPD erobert Rathäuser

### Absolute Mehrheit in allen Städten des Ruhrgebiets – CDU hält sich

WAZ RUHRGEBIET, 28. Oktober

Die Kommunalwahlen in Nordrhein-Westfalen endeten am Sonntag mit einem hohen Sieg der SPD. Sie errang in allen kreisfreien Städten des Ruhrgebiets die absolute Mehrheit, die sie bisher nur in Dortmund und Witten hatte. Erstmals nach dem Kriege wurde sie auch in Düsseldorf und Köln zur stärksten Partei. Im Durchschnitt erhielt sie in diesen Städten zwischen einem Viertel und einem Drittel mehr Wählerstimmen als in den bisherigen Wahlen. Auch die CDU konnte geringe Gewinne verzeichnen, vor allem gegenüber den Gemeindewahlen von 1952. Die FDP hat fast überall verloren.

Die bis jetzt vorliegenden Ergebnisse aus Hessen ergeben ein ähnliches Bild. So hat die SPD in Frankfurt am Main wieder die Mehrheit errungen. Besonders stark sind in Hessen die Verluste der FDP. In Frankfurt hat die neue Freie Volkspartei 4 v. H. der Stimmen erhalten.

Aus Niedersachsen, in dem ebenfalls gewählt wurde, liegen noch keine Ergebnisse vor, da das dort angewandte Wahlsystem die Auszählung verzögert.

## „Revier wird eigener Regierungsbezirk"

### ... mit Sitz in Essen – Wegen veränderter Bevölkerungszahlen notwendig

Er zweifle nicht daran, daß es gelingen werde, Essen zum Sitz eines Regierungspräsidenten zu machen, versicherte Oberbürgermeister Dr. Toussaint Montagabend in einer Versammlung in Borbeck. Dieses Ziel, für das er sich auch in seiner Eigenschaft als Vorsitzender des Landtagsausschusses für innere Verwaltung einsetze, werde ebenso sicher erreicht, wie die Einrichtung eines Bistums in unserer Stadt.

Dr. Toussaint wies darauf hin, daß sich seit Gründung der Regierungspräsidien vor 150 Jahren erhebliche Veränderungen in den Bevölkerungszahlen ergeben haben. Es sei nicht länger zu vertreten, daß einem Gebiet von der Größe und Bedeutung des Ruhrreviers der Rang eines eigenen Regierungsbezirks vorenthalten werde.

In einem anderen Zusammenhang sprach sich Dr. Toussaint erneut gegen die Einrichtung von Rüstungsbetrieben in unserer Stadt aus. „Auf Grund der Erfahrungen im letzten Kriege, der soviel Leid über unsere Stadt gebracht hat, sind solche Werke nur außerhalb dichtbesiedelter Gebiete zuzulassen."

# London/Paris schicken Truppen zum Suezkanal

## Ägypten lehnt Ultimatum „Kämpfe sofort einstellen" ab

**Von unserem Korrespondenten JOHN F. REYNOLDS**

**LONDON, 30. Oktober**

**Britische und französische Truppen werden am Mittwoch in das Suezkanalgebiet einmarschieren. Die Flotteneinheiten sind bereits aus den Mittelmeerhäfen ausgelaufen und unterwegs zu ihren Einsatzorten. Ein britisch-französisches Ultimatum an Ägypten, den Einmarsch der Einheiten in Schlüsselpositionen des Suezgebiets zu erlauben, ist noch am Dienstagabend von Kairo scharf abgelehnt worden.**

In einer dramatischen Unterhaussitzung hatte Premier Eden am Dienstagnachmittag das bis Mittwochmorgen um 5.30 Uhr befristete Ultimatum bekanntgegeben. Darin wurden Israel und Ägypten aufgefordert, alle Kriegshandlungen sofort einzustellen und ihre Truppen mindestens 16 km vom Suezkanal zurückzuziehen. Andernfalls würden britische und französische Truppen direkt eingreifen.

Gleichzeitig hatten die britische und die französische Regierung an Ägypten die Aufforderung gerichtet, britischen und französischen Truppen die vorübergehende Besetzung von Ismalia, Port Said und Suez, den drei wichtigsten Schlüsselstellungen am Suezkanal, zu gestatten. Auch diese Forderung ist in dem zwölfstündigen Ultimatum einbeschlossen.

Premier Eden begründete die ultimativen Forderungen Englands und Frankreichs damit, daß israelische Truppen bereits in unmittelbarer Nähe des Suezkanals stünden und daß Kampfhandlungen an den Ufern des Suezkanals den Schiffsverkehr ernsthaft bedrohen würden.

### „Symbolische Streitmacht"

Eden deutete an, Großbritannien und Frankreich würden auch dann Truppen in die Suezkanalzone entsenden, wenn Ägypten und Israel das britisch-französische Ultimatum zur Einstellung der Feindseligkeiten bis Mittwoch morgen 5.30 Uhr MEZ annähmen. Er sprach in diesem Zusammenhang von einer „symbolischen Streitmacht", die entsandt werden würde. Das Unterhaus hat Dienstag nacht die Beschlüsse der Regierung mit 270 gegen 218 Stimmen gebilligt.

Edens Erklärung war das Ergebnis längerer britisch-französischer Besprechungen am Dienstag in London, an denen die Ministerpräsidenten Großbritanniens und Frankreichs, Eden und Mollet, und ihre Außenminister Lloyd und Pineau teilnahmen.

Der größte Teil der britischen Mittelmeerflotte ist bereits am Montagmorgen ausgelaufen. Starke Einheiten britischer Marine-Infanterie sind seit Dienstag morgen in Valetta (Malta) an Bord großer

Landungsfahrzeuge gegangen. Es wurden weiter Panzer, Artillerie und zahlreiche Truppentransportfahrzeuge verladen. Das Gebiet um den Hafen von Valetta bot ein völlig kriegsmäßiges Bild. In den Häfen Zyperns liegen drei britische und zwei französische Zerstörer sowie ein leichter französischer Kreuzer alarmbereit zum Auslaufen.

# Alles klar für Steuersenkung ab 1. Oktober

## Auch Bundesrat stimmt Reformgesetzen zu

**Von unserem Bonner Büro**      **Mü BONN, 5. Oktober**

**Seit Freitag steht es endgültig fest, daß die Steuerzahler in der Bundesrepublik künftig drei Milliarden D-Mark Steuern im Jahr weniger zu zahlen haben. Der Bundesrat hat den entsprechenden Gesetzen zugestimmt. Sie werden demnächst verkündet werden.**

Ab 1. Oktober rückwirkend entfällt danach das Notopfer für alle Steuerzahler, die nicht körperschaftssteuerpflichtig sind. Das bedeutet eine Entlastung um durchschnittlich 10 v. H. der gesamten Steuerabgaben der erwerbstätigen Arbeitnehmer.

Zum gleichen Zeitpunkt tritt auch eine Umsatzsteuersenkung in Kraft, die vor allem den kleinen Gewerbebetrieben helfen soll. 8000 DM des Jahresumsatzes bleiben für sie steuerfrei, sofern ihr Jahresumsatz nicht mehr als 80 000 DM beträgt. Weitere Verbesserungen für die Steuerzahler werden vom 1. Januar 1957 ab wirksam.

## Übernahme von SS-Offizieren wird nochmals überprüft

**WAZ BERLIN, 12. Oktober**

Eine nochmalige Beratung des Bundeskabinetts über die Frage der Einstellung ehemaliger Offiziere der früheren Waffen-SS in die Bundeswehr wurde von Bundeskanzler Dr. Adenauer am Freitag in Berlin angekündigt.

Der Bundeskanzler erklärte, ihm sei die Veröffentlichung des Bundesverteidigungsministeriums hierüber nicht im voraus bekannt gewesen. Wäre dies der Fall gewesen, so hätte er die Veröffentlichung verhindert und veranlaßt, daß sie noch einmal gründlich geprüft werde. Dr. Adenauer kritisierte gleichzeitig den DGB wegen seiner Entschließung zugunsten der Wehrpflichtgegner.

Der Bundeskanzler sprach die Hoffnung aus, daß die Beziehungen zwischen der Bundesrepublik und der Sowjetunion durch die Ernennung des neuen sowjetischen Botschafters belebt werden. Die Gespräche zwischen der FDP und der Sowjetzonen-LDP bezeichnete er als für die Wiedervereinigung schädlich.

# Der Vormarsch der Maschinen

Der erste Schachautomat von 1769 erwies sich noch als Schwindel. Im Verborgenen wirkten menschliche Kraft und menschlicher Geist. Das sollte sich ändern. Die Geschichte der technischen Fortschritts ist eine der Automation, des zunehmenden Ersatzes menschlicher Arbeitskraft durch Technik. Hebel ersetzen Hände. Der Fortschritt misst sich in Geschwindigkeit, Beschleunigung ist sein Ziel und Zweck. In immer kürzerem Takt wird entwickelt, produziert und konsumiert.

Zunächst gründeten sich große Hoffnungen auf den Ersatz des Muskels durch die Maschine: Der Mensch wird von aller Mühsal entlastet und die Grenzen des Fortschritts kennt nur der Himmel. Als der englische König Georg III. die Dampfmaschinenfabrik von James Watt und Matthew Boulton besuchte, soll Boulton dem staunenden Monarchen gesagt haben: „Eure Majestät, mir steht das zur Verfügung, wonach die ganze Welt verlangt; etwas, das die Zivilisation mehr als alles Bisherige auf eine höhere Stufe dadurch stellen wird, dass der Mensch von aller entwürdigenden Plackerei und Arbeit befreit wird. Ich habe die Dampfkraft!"

Nun, die Plackerei endete nicht. Sie ging nur immer schneller vonstatten. Karl Marx skizzierte früh die Folgen der technisierten Arbeitswelt: Würde eine Maschine zehn Arbeiter in einer Stecknadelfabrik ersetzen, würde dadurch nicht zugleich die Nachfrage nach Stecknadeln steigen. Also müssten zehn Arbeiter entlassen werden. Die Automatisierung hob den bisherigen Zusammenhang zwischen Produktionssteigerung und Beschäftigungswachstum auf.

In den 50er Jahren machen das Fließband, erste Produktionsautomaten – die Vorläufer der Roboter – und die Optimierung von Arbeitsabläufen eine deutliche Erhöhung der Produktivität möglich. Mehr Luxusgüter werden für die breite Masse erschwinglich: Das Auto, das Radio, die Waschmaschine, die die Automatisierung im Privaten fortsetzt oder die Rechenmaschine, die die Büroarbeit rationalisiert. Produktion und Konsum steigen, die Preise bleiben stabil und wirtschaftlicher Wohlstand für alle scheint gesichert.

1950 beträgt die Arbeitslosenquote noch 10,4 Prozent. Das erscheint alarmierend. Zwar sinkt die Quote bis 1960 auf 1,3 Prozent und erreicht damit das Niveau der Vollbeschäftigung, dennoch bleibt die Furcht vor erneut wachsender Arbeitslosigkeit stets wach. Die zunehmende Automatisierung ist eine Bedrohung. Vor allem kleine und mittlere Unternehmen sehen ihre Zukunft düster.

Im Oktober 1956 sieht sich daher der Präsident des Bundesverbandes der Industrie, Fritz Berg, genötigt, den Befürchtungen öffentlich entgegenzutreten: Eine „schockartige Arbeitslosigkeit" durch die Automatisierung können Unternehmer vermeiden, sofern sie auf Massenproduktion setzen, meint Berg. Ein Verzicht auf rationellere Fertigung würde Deutschland auf den Status eines zweitklassigen Industrielandes herabsinken lassen.

Die Entwicklung scheint ihm Recht zu geben, die Wirtschaft wächst in den 50er Jahren mit etwa acht Prozent. Es herrscht ein akuter Mangel an Arbeitskräften. Da schmerzt sogar der Wehrdienst. Berg fordert daher, der Abzug von Arbeitskräften für den Militärdienst müsse durch arbeitssparende Maßnahmen ausgeglichen werden. Es beginnt die Anwerbung ausländischer „Gastarbeiter", deren Zahl stetig steigt. Die Bergbaukrise Ende der 50er Jahre bedeutet jedoch einen ersten Bruch in der bis dahin aufstrebenden Linie von Wachstum und Beschäftigung. Noch aber können die Bergarbeiter leicht in anderen Branchen unterkommen.

Das Jahr 1956 markiert aus dieser Perspektive einen interessanten Kreuzungspunkt zweier gegenläufiger Entwicklungen: Auf der einen Seite Vollbeschäftigung, Wachstum, Rationalisierung und Technisierung der Arbeits- und Lebenswelt. Auf der anderen Seite die zunehmende Nutzlosigkeit menschlicher Arbeitskraft, die rasant fortschreitende Entkoppelung von Produktivitätssteigerung und Beschäftigung sowie das in der Ferne aufziehende Problem der Arbeitslosigkeit.

Indes, die technische Entwicklung schreitet fort. Ihre Gesetze bleiben Tempo, Beschleunigung, Geschwindigkeit. Elektronik, Computer, Digitalisierung, schlanke Fertigung, Industrieroboter sind Wegmarken der kommenden Jahrzehnte. Der Mensch, zumal der Arbeiter, findet sich in einer Welt wieder, in der viele seiner bisherigen Aufgaben und Fähigkeiten von Maschinen übernommen werden können. Ihm wird klar, dass er ersetzbar ist. Seine Chance besteht darin, sich auf das zu besinnen, was ihn vom Roboter – noch – unterscheidet. Am Horizont zieht die Vision der Wissensgesellschaft auf.

*Christopher Onkelbach*

WESTDEUTSCHE ALLGEMEINE
Die unabhängige Zeitung des Ruhrgebiets

EINZELPREIS 20 PF / NR. 258
VERLAGSORT ESSEN

MONTAG, 5. NOV. 1956

# WESTDEUTSCHE ALLGEMEINE

Unabhängige Zeitung • Höchste Auflage in Essen und im Ruhrgebiet

# Sowjets zerschlagen freies Ungarn

## Großangriff während Verhandlungen

### Verzweifelte Hilferufe der Regierung Nagy – Radio Budapest schweigt

**Berichte unserer Nachrichtendienste**

**WIEN/BUDAPEST, 4. November**

**Ungarn ist seit Sonntag wieder in der Hand der Sowjets. Um 4 Uhr morgens überfielen sowjetische Panzerdivisonen und Bombergeschwader Ungarn und begannen gegen erbitterten Widerstand der gesamten Bevölkerung das freie Ungarn zu vernichten. Der Widerstand des fast waffenlosen ungarischen Volkes dauerte in mehreren Teilen des Landes am späten Sonntagabend noch an. Radio Budapest schweigt. Die ungarische Regierung, über deren Schicksal nichts Genaues bekannt ist, sandte am Sonntagnachmittag über drei Rundfunksender in Nord- und Südungarn in allen Sprachen der Welt dringende Hilferufe an die UNO und die Völker Europas. Kardinal Mindszenty, der Primas von Ungarn, befindet sich in der amerikanischen Gesandtschaft in Budapest in Sicherheit. Er erklärte, wir gaben der Sowjetunion keinen Anlaß, Blut zu vergießen.**

*Nach dem Generalangriff sowjetischer Truppen gegen die aufständischen Ungarn am frühen Sonntagmorgen ergoß sich ein Strom von Flüchtlingen auf die österreichungarische Grenze. Unser Bild zeigt geflohene Ungarn, die sich mit ihren Kindern an der Grenze bei Klingenbach auf österreichischen Boden in Sicherheit bringen.* ap-Bild

**Der heimtückische sowjetische Überfall begann am Sonntag um 4 Uhr morgens. Nachdem das sowjetische Oberkommando, das am Samstag scheinheilige Verhandlungen mit der ungarischen Regierung über den Abzug sowjetischer Truppen begonnen hatte, den ungarischen Verteidigungsminister General Maleter und die ungarische militärische Führung durch Verrat in die Hand bekommen hatte. Sowjetische Artillerie eröffnete das Feuer auf Budapest, während gleichzeitig etwa 1000 Panzer in die Hauptstadt eindrangen und Düsenjäger aus allen Rohren feuernd auf die Straßen herunterschossen.**

Der Sicherheitsrat, in dem die Forderung auf Zurückziehung der sowjetischen Truppen aus Ungarn am sowjetischen Veto scheiterte, hat die Vollversammlung der UNO für Sonntag, 22 Uhr mitteleuropäischer Zeit, einberufen. Die Vorsitzende der ungarischen Sozialdemokraten, Frau Anna Kethly, die zum Staatsminister im Kabinett Nagy ernannt worden war, ist nach New York unterwegs. Sie wird vor der UNO-Vollversammlung die Sache des ungarischen Volkes vertreten.

Gleichzeitig bildete das sowjetische Oberkommando in Szolnok an der Theiss eine kommunistische Gegenregierung unter Führung des kommunistischen Parteisekretärs Kadar. Trotz ihrer großen Überlegenheit gelang es den sowjetischen Truppen im ersten Ansturm nicht, die gesteckten Ziele zu erreichen. Aus allen Häusern prasselte ein tödliches Feuer auf die Eindringlinge herab. An den Donaubrücken und an den Zugängen zum Parlament, dem Regierungssitz, stießen sie auf ungarische Panzer, die sie zurückwarfen.

**Radio Moskau meldete am Sonntagabend, daß die „konterrevolutionären Banden" in Ungarn kapituliert hätten und die „Ordnung wiederhergestellt" sei. Alle „ehrenhaften Patrioten" Ungarns nähmen an der Entwaffnung der „Rebellen" und der „Ausräucherung faschistischer Widerstandsnester in Budapest und überall im Lande aktiven Anteil".**

Die kommunistische Gegenregierung unter Parteisekretär Kadar hat über das ganze Land den Belagerungszustand verhängt und alle Verordnungen der Regierung Nagy außer Kraft gesetzt.

Fortsetzung auf Seite 2

## In aller Kürze

- Ungarn wieder in der Hand der Sowjets. Bestürzung und Trauer in der ganzen Welt.
- Eisenhower appelliert an Bulganin.
- UNO-Vollversammlung einberufen
- Flüchtlinge strömen nach Österreich.
- Adenauer: Sowjets brechen ihr Wort.
- UNO beschließt Weltpolizei für Suez.
- Protestdemonstrationen in England gegen Eden.
- WAZ-Berichter Bezold noch in Budapest.

## DRK ruft erneut zur Ungarnhilfe auf

### Hilfszug betreut Verwundete

BONN, 4. November

Das Deutsche Rote Kreuz hat am Sonntag die Bevölkerung der Bundesrepublik erneut zur Hilfe für Ungarn aufgerufen. Die auf dem Sonderkonto des DRK („Nothilfe des DRK, Postscheckamt Köln 1075") für die Ungarnhilfe eingegangenen Spenden seien zwar hoch, doch würden sie innerhalb kürzester Zeit verbraucht sein.

Nach einer am Sonntagmorgen das DRK-Präsidium in Bonn erreichten Mitteilung hat das vom ersten DRK-Hilfszug in Budapest eingerichtete Hilfskrankenhaus mit der Aufnahme von ungarischen Verwundeten begonnen. (dpa/ap)

*

**Der neue Bonner Sowjetbotschafter, Smirnow,** überreichte am Samstag Bundespräsident Heuss sein Beglaubigungsschreiben. Er nimmt damit offiziell seine Amtsgeschäfte in Bonn auf.

**Der deutsche Botschafter in Moskau, Haas,** ist am Sonntag nach sechswöchiger Abwesenheit wieder in der sowjetischen Hauptstadt eingetroffen.

**Die deutschen Botschaftsmitglieder in Kairo** seien wohlauf, heißt es in einem Telegramm, das das Auswärtige Amt am Sonntag von der deutschen Botschaft in Kairo erhalten hat.

**Die ungarische Botschaft** in Ost-Berlin ist am Sonntag vom sowjetzonalen Staatssicherheitsdienst besetzt worden, wurde von unterrichteter Seite mitgeteilt. Volkspolizei hat die Bewachung der Gebäude übernommen.

**Außenminister Dulles** mußte sich am Samstag wegen Darmkrebs einer Operation unterziehen.

**Die Grenze des Steuerfreibetrages** für die Weihnachtsgratifikation solle von 100 auf 300 DM heraufgesetzt werden, forderte der Bund der Steuerzahler in einer Eingabe an den Bundestag. (WAZ/dpa/ap)

## UNO schickt Weltpolizei nach dem Nahen Osten

### ... zur Beendigung der Kämpfe – Paris/London stellen Bedingungen

Berichte unserer Nachrichtendienste

NEW YORK/LONDON, 4. November

**Während bei den Vereinten Nationen in New York die Bemühungen um die Beilegung des Konflikts im Nahen Osten weitergehen, haben sich am Sonntagnachmittag britisch-französische Landungsstreitkräfte in einem Hafen auf Zypern eingeschifft. Bomber der Interventionsstreitkräfte setzen die rollenden Angriffe auf Ziele in Ägypten fort. Auf einer in aller Eile einberufenen Sondersitzung beschloß die UNO-Vollversammlung ohne Gegenstimmen die Aufstellung einer internationalen Polizeitruppe. UNO-Generalsekretär Hammarskjöld soll innerhalb von 48 Stunden einen Plan für die Bildung dieser UNO-Streitmacht vorlegen.**

Durch die Bildung dieser Polizeitruppe soll die Aufforderung der Vollversammlung für eine Feuereinstellung im Nahen Osten, der sich Großbritannien und Frankreich widersetzt hatten, verwirklicht werden. Großbritannien, Frankreich und Israel haben diesem neuen Lösungsvorschlag zugestimmt. Ägypten hatte sich bereits vorher bereit erklärt, dem ersten UNO-Appell zur Einstellung der Feindseligkeiten zu folgen, wenn die Aggression beendet werde.

Großbritannien und Frankreich hatten bereits am Samstag — vor dem neuen UNO-Beschluß zur Bildung einer Polizeitruppe — in einer gemeinsamen Erklärung ihre Ablehnung begründet.

1. Israel und Ägypten müssen sich mit dem Einsatz einer UNO-Polizeitruppe einverstanden erklären,
2. begrenzte britisch-französische Truppenkontingente sollen bis zur Bildung dieser Truppe zwischen Ägypten und Israel Stellung beziehen,
3. die Polizeitruppe muß in Ägypten bleiben, bis sich Israel und die Araberstaaten über die Friedensbedingungen geeinigt haben, und
4. zufriedenstellende Abmachungen über den Suezkanal.

Der Erklärung Edens war am Samstag eine abschließende Unterhausdebatte vorausgegangen, auf der wieder von seiten der Opposition heftige Kritik an der Intervention Großbritanniens und Frankreichs geübt wurde. Unter Lärmszenen hatte Eden einen „letzten Appell" des Oppositionsführers Gaitskell, die Kämpfe einzustellen, abgelehnt.

Der Staatsminister im britischen Außenministerium, Anthony Nutting, ist am Samstag aus Protest gegen die Nahostpolitik der Regierung Eden überraschend zurückgetreten.

Siehe Seite Aus dem Westen

### Eisenhower an Bulganin

WASHINGTON, 4. November

**Präsident Eisenhower hat den sowjetischen Ministerpräsidenten Bulganin in einer dringenden Botschaft ersucht, die sowjetischen Truppen aus Ungarn zurückzuziehen. Weiter forderte Eisenhower für Ungarn das Recht, sich seine Regierung selbst zu wählen. Er brachte seine „Erschütterung und Enttäuschung" über den sowjetischen Angriff auf das ungarische Volk zum Ausdruck. (ap)**

## Sowjeteinmarsch vor der UNO-Vollversammlung

### „Ungarn hat Anspruch auf Unabhängigkeit" – Sobolew protestiert

NEW YORK, 4. November

**In der Vollversammlung der UNO am Sonntagabend protestierte der sowjetische Delegierte Sobolew gegen die Beratung der Ungarnfrage, die eine „Einmischung in die inneren Angelegenheiten Ungarns" darstelle. Die neue ungarische Regierung sei jetzt im Amt. Die Beratung der Lage vor der UNO könne nur zu einer Komplizierung führen und „faschistischen Elementen" in Ungarn Vorschub leisten. Auf das Eingreifen sowjetischer Streitkräfte in die Kämpfe in Ungarn ging Sobolew nicht ein. Trotz seines Protestes beschloß die Vollversammlung mit 53 gegen sieben Stimmen, die Ungarnfrage auf die Tagesordnung zu setzen.**

Anschließend legte der amerikanische Delegierte Lodge den Entwurf einer Resolution vor, die vorsieht: den sofortigen Abzug der sowjetischen Streitkräfte aus Ungarn, die Ernennung eines Sonderbeauftragten durch Generalsekretär Hammarskjöld zur Untersuchung des sowjetischen Eingreifens, die Bestätigung des Anspruchs des ungarischen Volkes auf eine Regierung, die seine Unabhängigkeitsbestrebungen fördert, und einen Aufruf an alle Mitgliedstaaten der Vereinten Nationen zu einer Hilfeaktion für Ungarn.

### Pankow über Niederschlagung des Ungarnaufstandes befriedigt

BERLIN, 4. November

**Über die Rundfunkstationen der Sowjetzone verlasen am Sonntagabend mehrere Persönlichkeiten des öffentlichen und kulturellen Lebens Erklärungen, in denen sie ihre Genugtuung über die Niederschlagung des ungarischen Volksaufstandes zum Ausdruck brachten. Der ehemalige Leiter des Informationsamtes der Sowjetzonenregierung, Eisler, erklärte, Nagy sei zum offenen Verräter an der Arbeiterklasse geworden.**

**Auf der Ost-Berliner Friedrichstraße, von der man die Leuchtschrift des SED-Zentralorgans „Neues Deutschland" sehen kann, hielten die wenigen Passanten an, um mit verschlossenen Gesichtern zu lesen, daß „die konterrevolutionäre Verschwörung in Ungarn heute zerschlagen wurde". Im Café „Budapest" an der Stalinallee unterhielten sich in den Abendstunden Ost-Berliner Funktionäre laut und fröhlich über die neuesten Meldungen aus Ungarn. (ap/dpa)**

### Radio Budapest: Gerö tot

BUDAPEST, 5. November

Der Budapester Rundfunk, der am späten Sonntagabend — offensichtlich unter sowjetischer Kontrolle — seine Sendungen wiederaufgenommen hatte, gab in seiner ersten Nachrichtensendung bekannt, daß der kurz nach Beginn des Aufstandes abgesetzte Erste Sekretär der ungarischen KP, Ernö Gerö, von Aufständischen getötet worden sei. (dpa)

### Adenauer: Sowjets brachen ihr Wort

WAZ BONN, 4. November

**Zum zweiten Male innerhalb von 24 Stunden hat Bundeskanzler Adenauer am Sonntagabend in einer Rundfunkansprache zur weltpolitischen Lage Stellung genommen und der Sowjetunion „Wortbruch und Imperialismus" vorgeworfen. Das Ziel der Freiheit des ungarischen Volkes sei greifbar nahe gewesen. In diesem Moment habe die Sowjetarmee die Volkserhebung mit Waffengewalt unterdrückt. Auch der zweite SPD-Vorsitzende Mellies verurteilte am Sonntagabend das sowjetische Eingreifen in Ungarn als ein Verbrechen gegen die Menschlichkeit.**

Bundeskanzler Adenauer wird zusammen mit Außenminister von Brentano am Montag auf erneutes Bitten Frankreichs hin zu seinem angekündigten Besuch nach Paris reisen.

### Anglo-französische Truppen auf Zypern verladen

NICOSIA (Zypern), 4. November

Britische und französische Truppeneinheiten wurden am Sonntag in einem Hafen „irgendwo auf Zypern" zur Landung in Ägypten auf Truppentransportern verladen. Die Hafenanlagen sind, wie die britische Nachrichtenagentur Reuter meldet, voller Waffen und anderer militärischer Ausrüstungen. Über den Zeitpunkt einer möglichen Landung herrscht strengstes Schweigen. Britische und französische Bomber setzten am Sonntag die Angriffe auf „stehende und bewegliche Ziele" in Ägypten fort, teilte das britische Luftwaffenministerium mit. Ägyptische Seestreitkräfte versenkten nach einer Mitteilung aus Kairo einen französischen Kreuzer von 7000 Tonnen im Nildelta. (dpa/ap)

### USA: Annäherung an Moskau zunichte gemacht

WASHINGTON, 4. November

**Der Überfall sowjetischer Truppen auf Ungarn hat die in den letzten Monaten eingeleitete amerikanisch-sowjetische Annäherung zunichte gemacht. Jede Hoffnung, zu einer weiteren Verbesserung der Beziehungen zu gelangen, ist damit zerstört worden, erklärte das Staatsdepartement. (dpa)**

# Deutsche in Ägypten wollen das Land am Nil verlassen

### Firmen sorgen sich um ihre Betriebsangehörigen – Verbindung über Kabel

**WAZ RUHRGEBIET, 6. November**

**Von der Krise im Nahen Osten sind auch eine Reihe von Familien aus dem Ruhrgebiet betroffen. Mehrere große Firmen aus dem Revier hatten zur Erledigung ihrer Bau- und Montageaufträge in Ägypten Techniker in das Land am Nil entsandt. Beruhigende Telegramme sind inzwischen bei den Firmen eingegangen. Es besteht kein unmittelbarer Grund zur Besorgnis.**

„Arbeiten eingestellt, Leute wohlauf", hieß das letzte Telegramm an den Krupp Stahlbau Rheinhausen. Zwölf Ingenieure und Monteure, zum Teil mit Familie, insgesamt 20 Personen, wollen versuchen, nach Hause zu kommen, eventuell über den Sudan. Die Firma war beim Bau der Universitätsbrücke in Kairo engagiert. Die Firma Ferrostaal hatte noch am Dienstagnachmittag Kabelverbindung mit ihrem deutschen Vertreter in Kairo.

„Alle wohlauf", hieß es auch in dem Telegramm, das die Duisburger DEMAG aus Ägypten erhielt. 44 Ingenieure und Monteure waren beim Bau eines Hüttenwerkes in Heluan beschäftigt. Die geplante Evakuierung nilaufwärts scheiterte bisher durch Reparaturen an dem gecharterten Dampfer. In Duisburg halten sich gegenwärtig 71 Ägypter, teilweise ebenfalls mit ihren Familien auf. Sie werden dort auf die zukünftige Arbeit im Hüttenwerk Heluan vorbereitet. Außerdem sind bei der DEMAG auch 108 Ungarn beschäftigt.

Keineswegs besorgniserregend ist der Inhalt der Telegramme, die bei der Dortmunder Brückenbaufirma Klönne eintrafen. Klönne arbeitet an der Staustufe Esna. Eine erste Kolonne befindet sich auf der Rückreise, die zweite ist noch im Lande. Das Dortmunder Ingenieurbüro Uhde arbeitet ungeachtet der Krise weiter an den Plänen für ein 140-Millionen-DM-Projekt am Assuandamm, ein großes Stickstoffwerk.

Von den Oberhausener Werken Gutehoffnungshütte ´Sterkrade und Babcock-Werke befinden sich gegenwärtig keine Betriebsangehörigen in den vom Konflikt betroffenen Nahost-Ländern. Zwei Babcock-Monteure, die eine Schiffsreparatur in Haifa zu erledigen hatten, haben sich rechtzeitig nach Triest abgesetzt und sind von dort telefonisch gemeldet. Bei der GHH war bereits zu Beginn dieses Jahres größte Zurückhaltung gegenüber Aufträgen nach Ägypten beschlossen worden.

## Die Machtblöcke im Nahen Osten

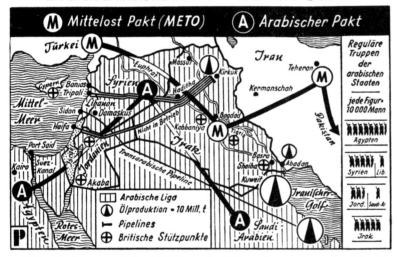

*Sollte sich der gegenwärtige militärische Konflikt zu einem umfassenden Krieg im Nahen Osten ausweiten, so könnte Israel immer noch so viel Truppen ins Feld führen, wie alle seine arabischen Nachbarn zusammen. Die Stärke der israelischen Streitkräfte kann auf rund 250 000 Mann gebracht werden. — Mitglieder des antikommunistischen Mittelostpaktes (genannt (Bagdadpakt) sind außer Irak, Iran, Türkei, Großbritannien und Pakistan. — Dem Arabischen Pakt, dessen Ziel die Ausmerzung des westlichen Einflusses im Nahen Osten ist, gehören Kairo, Syrien und Saudiarabien an. Der Arabischen Liga gehören außer den oben genannten drei arabischen Staaten noch Jordanien und der Libanon an.*

# Arbeitssonntage im Ruhrbergbau genehmigt

### NRW-Wirtschaftsminister billigt Vereinbarung der Tarifpartner

**DÜSSELDORF, 8. November**

Die Bergleute im Ruhrgebiet werden an zwei Sonntagen im November oder Dezember 1956 oder im Januar 1957 arbeiten. Diese bereits vor einiger Zeit zwischen den Tarifpartnern des Steinkohlenbergbaus in NRW getroffene Vereinbarung wurde am Donnerstag vom NRW-Minister für Wirtschaft und Arbeit im Hinblick auf die gespannte Lage der Kohlenversorgung genehmigt.

Die Sonderschichten sollen den Förderausfall am 24. Dezember (Heiligabend) und am 31. Dezember (Silvester) ausgleichen. Bei Erteilung der Genehmigung sei es für den Minister, wie ferner verlautet, ohne Bedeutung gewesen, aus welchem Grund am 24. und 31. Dezember eine Schicht ausfällt. Da in den genannten Zeit zwei Sonntage zur Verfügung stehen, habe der Minister keine Veranlassung gesehen, die Genehmigung auf die Wochenfeiertage auszudehnen. Der Allerheiligentag wie auch der Buß- und Bettag seien daher arbeitsfrei.

---

## Griechenland stellt Schiffe für Evakuierung Deutscher

**BONN, 6. November**

**Einer Bitte der Bundesregierung folgend wird Griechenland zwei griechische Schiffe für die Evakuierung der deutschen Staatsbürger aus Ägypten zur Verfügung stellen. Für diese Aktion sind die beiden Passagierschiffe „Angelika" und „Aeolia" vorgesehen.**

### 50 Mill. Arbeitnehmer zu Proteststreik aufgerufen

**BRÜSSEL, 7. November**

Der Internationale Bund Freier Gewerkschaften (IBFG) in Brüssel hat am Mittwoch seinen 117 angeschlossenen Verbänden empfohlen, aus Protest gegen das sowjetische Vorgehen in Ungarn am Donnerstag um 11.55 Uhr für fünf Minuten die Arbeit niederzulegen. Dem IBFG gehören über 50 Mill. Arbeitnehmer in 83 westlichen Ländern an. Der Internationale Bund Christlicher Gewerkschaften wird sich diesem Proteststreik anschließen.

### Bundesamt für Luftschutz dringend gefordert

**BONN, 7. November**

Ein besonderes Bundesamt für Luftschutz soll als Bundesoberbehörde für Fragen des Luftschutzes geschaffen werden. Bundesinnenminister Dr. Schröder erklärte am Mittwoch in Bonn, es habe sich als nützlich erwiesen, die Zuständigkeit für den Luftschutz aus dem Bereich des Bundesinnenministeriums auf eine solche Behörde zu übertragen. Der Minister appellierte an den Bundestag, das Luftschutzgesetz beschleunigt zu verabschieden. Eine Entscheidung in dieser Frage sei dringlich geworden, unabhängig davon, wie die Finanzierung im einzelnen geregelt werde.

# Bundesbeamte erhalten Sonderzulage

### Halbes Brutto-Monatsgehalt

**WAZ BONN, 9. November**

Als Überbrückungszahlung bis zum Inkrafttreten des Bundesbesoldungsgesetzes erhalten alle Bundesbeamten einmalig ein halbes Brutto-Monatsgehalt; es soll mit dem Dezembergehalt ausgezahlt werden. Der Beamtenrechtsausschuß des Bundestages hat sich am Freitag diesem Beschluß der Bundesregierung angeschlossen; die Zustimmung des Bundestags-Haushaltsausschusses steht noch aus. Für Angestellte und Arbeiter im öffentlichen Bundesdienst (z. B. Bundesbahn, Bundespost) plant man eine gleichartige Regelung.

15 DM Weihnachtsgeld, das nicht mit der Überbrückungszahlung identisch ist, erhalten in diesem Jahr alle Beamten, deren Grundgehalt 465 DM nicht übersteigt. Bei Angestellten und Arbeitern des öffentlichen Dienstes erhalten Ledige 30 DM und Verheiratete 50 DM Weihnachtsgeld sowie 15 DM für jedes kindergeldzuschlagsberechtigte Kind.

WESTDEUTSCHE
ALLGEMEINE
Die unabhängige Zeitung des Ruhrgebiets

# Trauer und tiefe Bestürzung über Ungarn

## Schicksal der Freiheitskämpfer Hauptgesprächsthema in der Bundesrepublik – Deutsche Gemeinden beten für Ungarn

**RUHRGEBIET, 4. November**

**Das tragische Schicksal der ungarischen Freiheitskämpfer hat in der Bundesrepublik große Trauer und tiefe Bestürzung hervorgerufen. Politiker und Vertreter der Kirche äußerten am Sonntag ihre starke Anteilnahme an den sich überstürzenden Ereignissen. Die überraschenden Meldungen bildeten am Sonntag das Hauptgesprächsthema in allen Bevölkerungskreisen der Bundesrepublik. Der Rundfunk hat Sondernachrichtendienste eingerichtet. Der Süddeutsche Rundfunk und der Südwestfunk haben ihr Musikprogramm geändert und lassen Sendungen mit leichter Musik und Unterhaltung ganz ausfallen.**

In Betrieben mit Sonntagsarbeit hören die Belegschaftsmitglieder die Rundfunkmeldungen ab. Der Fernsprechnachrichtendienst wird mit Anrufen bestürmt.

Vor den Zeitungskiosken herrscht ein Betrieb wie sonst erst am späten Nachmittag, wenn die ersten Sportzeitungen vorliegen. In den Gottesdiensten beteten die Gemeinden vielfach für Ungarn. Nach dem Kirchgang standen die Menschen noch lange diskutierend beisammen. Bestürzung über das sowjetische Eingreifen und tiefes Mitgefühl mit den Ungarn beherrschte die Gespräche. In München und in Frankfurt fanden Sympathiekundgebungen für die ungarischen Freiheitskämpfer statt.

**Die Ereignisse in Ungarn und im Nahen Osten sowie die Reaktion, mit der die Welt darauf antwortet, veranlassen uns, auch auf der Seite „Aus dem Westen" über die Vorgänge zu berichten, die an diesem Wochenende alle anderen Ereignisse überschatten.**
**Die Redaktion**

Der evangelische Bischof von Berlin, D. Dr. Otto Dibelius, sagte in seiner Reformationspredigt in der überfüllten Ost-Berliner Marienkirche, die letzten Nachrichten aus Ungarn bewegten jedes Christenherz aufs tiefste. Es gelte, für die Brüder in Ungarn zu beten, daß Gott ihren schweren Weg nicht noch schwerer werden lasse.

Der Berliner Senat hat noch am Sonntag angeordnet, daß alle öffentlichen Gebäude Berlins ab sofort die Fahnen auf halbmast zu setzen haben, um damit der Trauer über die Ereignisse in Ungarn Ausdruck zu geben. Ferner hat der regierende Bürgermeister, Otto Suhr, aufgerufen, alle öffentlichen Tanzlustbarkeiten einzuschränken.

Die Berliner Parteien werden auf Anregung des CDU-Vorsitzenden Ernst Lemmer am Sonntagabend die Berliner Bevölkerung aufrufen, schwarze Fahnen zu setzen, „um der Trauer über die Vergewaltigung des ungarischen Volkes und über das Ende von Illusionen Ausdruck zu geben".

Vor der sowjetischen Botschaft in Remagen bei Bonn ereignete sich am Sonntagmittag eine antisowjetische Demonstration. Die Demonstranten richteten vor der Botschaft ein 15 Meter langes Spruchband mit der Aufschrift „Moskau — Mörder Ungarns" auf. (dpa/ap)

# Westliche Völker über Sowjets empört

**FRANKFURT (Main), 4. November**

**Bestürzung bei den Staatsmännern, helle Empörung unter den Völkern ist die erste Reaktion auf den sowjetischen Überfall auf Ungarn. Während die ersten Stellungnahmen der Politiker — vor allem wegen des anglo-französischen Eingreifens im Nahen Osten — zurückhaltend sind, machte sich die Empörung der Bevölkerung bereits in Protestdemonstrationen gegen die Sowjetunion Luft.**

In Kopenhagen und Den Haag drohten Tausende von Demonstranten, darunter zahlreiche Studenten, mit der Stürmung des sowjetischen Botschaftsgebäudes. Nur durch Eingreifen mehrerer Hundertschaften der Polizei konnten die Demonstranten, die in größter Erbitterung Schlagworte wie „'raus mit den Russen", „Hände weg von Ungarn" riefen, an einem Angriff auf das Gebäude gehindert werden.

Auch in Melbourne kam es schon vor dem Eintreffen der russischen Olympiamannschaft zu einer empörten antisowjetischen Demonstration.

Das niederländische Volk ist über den offenen und hinterhältigen Angriff sowjetrussischer Truppen auf die ungarische Bevölkerung zutiefst empört. Ministerpräsident Drees erklärte am Sonntagmittag, er sei fassungslos über das Geschehen. Die Kirchen haben ihre Gläubigen über den Rundfunk aufgefordert, in die Kirchen zu eilen und für die Ungarn zu beten.

### London: Schockwirkung

Italiens Außenminister Gaetano Martino bezeichnete am Sonntag vor Journalisten die plötzliche sowjetrussische Generaloffensive gegen Ungarns Freiheit als „eine brutale Aggression, die einen noch nie dagewesenen Zynismus offenbart".

Das Regierungsviertel Londons stand am Sonntagmittag im Zeichen der ernsten internationalen Situation. Die psychologische Reaktion auf das Vorgehen der Sowjetunion in Ungarn ist ein Schock.

Der französische Außenminister Christian Pineau erklärte am Sonntagmittag im Namen der Regierung zu den Ereignissen in Budapest, das ganze französische Volk neige sich mit seiner Regierung vor dem Mut und dem Martyrium des ungarischen Volkes.

In einem Kommentar des Vatikansenders zu den Ereignissen in Ungarn, heißt es am Sonntag: „Welches Los auch immer die Zukunft Ungarn vorbehält, die Ereignisse dieser Tage enthüllen auch den Teilnahmslosen und den Betörten das wahre Gesicht des Kommunismus. (ap/dpa)

### „Gegen Anrufung fremder Truppen"

**BELGRAD, 4. November**

**„Die Anrufung fremder Truppen zur Klärung innerer Schwierigkeiten steht den Prinzipien entgegen, nach denen Jugoslawien seine Außenpolitik aufbaut und die zur Richtschnur internationaler Beziehungen dienen sollten", heißt es in einer Stellungnahme der jugoslawischen Regierung zu den Vorgängen in Ungarn. (ap)**

*In München fanden am Wochenende, genau wie in vielen Gemeinden der Bundesrepublik Bittgottesdienste und Betstunden für Ungarn statt. Unser Bild zeigt die Gläubigen vor einer Münchner Kirche. Sie tragen ein Transparent mit der Inschrift „Heiliger Stephan, bitte für Ungarn". Der heilige Stephan ist der Nationalheilige des ungarischen Volkes.*

*Mit der Blockierung der Hauptstraße Budapest—Wien leiteten die Sowjets am Sonntag ihren Angriff auf die ungarische Hauptstadt ein. Unser Bild zeigt eine Panzersperre auf der Straße bei Madyarovar, wenige Kilometer vor der österreichischen Grenze.*

# Flüchtlinge strömen nach Österreich

## Doch niemand kommt aus Budapest – 600 Sowjetpanzer im Grenzraum

Von unserer Korrespondentin
HANNI KONITZER-RAMBOUSEK

**WIEN, 4. November**

**Nirgendwo hat man die ungarische Tragödie so schmerzlich mitempfunden wie in Österreich. In ganz Wien gab es am Sonntag nur den Gesprächsstoff Ungarn, wobei mit bitteren, ja empörten Kommentaren über die Untätigkeit, Schwäche und Einsichtslosigkeit der westlichen Großmächte und der Vereinten Nationen nicht gespart wird. Noch niemals hatte der Westen in Österreich eine so schlechte Presse wie heute.**

Man macht allein die Suezkrise und das im Gegensatz zu der Charte der Vereinten Nationen stehende Vorgehen der Engländer und Franzosen im Nahen Osten dafür verantwortlich, daß die Russen es gewagt haben, ihren bereits begonnenen Abzug aus Ungarn abzustoppen und den Freiheitskampf ohne Rücksicht auf die Weltmeinung in einem Meer von Blut zu ersticken.

Auch zwischen Österreich und Budapest gibt es seit Sonntag mittag keine Verbindung mehr. Die gesamte Grenze ist von sowjetischen Panzern hermetisch abgeriegelt. Nach Berichten aus österreichischen Militärkreisen sind allein im Grenzraum 600 Panzer der Roten Armee eingesetzt. Nur ganz im Süden des Burgenlandes, nahe der jugoslawischen Grenze, besteht noch ein kleines offenes Loch, und durch dieses strömt nun seit Sonntag morgen ein ungeheurer Flüchtlingsstrom auf Fahrrädern, Motorrädern, in Omnibussen, Bauern auf Pferdefuhrwerken, auf denen sie ihr Sack und Pack untergebracht haben, auf Lastwagen kommen sie nach Österreich. Das österreichische Innenministerium spricht von vielen, vielen Tausenden.

### Ganze Vorsorge geleistet

Doch niemand aus Budapest ist darunter. Keinem von der Bevölkerung der unglücklichen Stadt ist es bisher gelungen, sich in Sicherheit zu bringen. Die Sowjets haben ganze Vorsorge geleistet und vor dem Generalangriff auf Budapest alle Fluchtwege abgeschnitten.

Jeder nach Österreich kommende Militärangehörige wird sofort entwaffnet und interniert, die übrigen Flüchtlinge kommen in die großen Lager, die die Österreicher schon nach Ausbruch der ungarischen Revolution für alle Fälle vorbereitet haben und die sich heute innerhalb von wenigen Stunden bis zum Bersten gefüllt haben.

Die große Sorge der Österreicher ist: Werden die Sowjets unsere Grenze respektieren? Die Grenzbevölkerung hat in den letzten Tagen viele Tausende von rotweißroten Fähnchen entlang der gesamten Grenze gesteckt, um diese besser sichtbar zu machen. Was aber sollen die massiven Anschuldigungen bedeuten, die der Moskauer und auch der Prager Rundfunk während der letzten zwei Tage gegen Österreich erhoben haben? Man behauptet nicht weniger, als daß Österreich seine Neutralität schwer verletzt habe, indem es die ungarischen Aufständischen mit Waffen unterstützt und ehemalige Horthy-Offiziere und Waffen mit österreichischen Maschinen nach Ungarn eingeflogen habe.

Diese Falschmeldungen haben in Wien große Unruhe ausgelöst. Man fragt besorgt, ob sie eine sowjetische Aktion gegen Österreich einleiten sollen. Bundeskanzler Raab hat noch am Samstagnachmittag über den Rundfunk mit allem Nachdruck betont, daß sich Österreich einzig und allein in den Dienst der Hilfsbereitschaft und Nächstenliebe gestellt hat und als Vertreter des Internationalen Roten Kreuzes bestrebt war, die größte Not in Ungarn zu lindern. Alle anderen Meldungen seinen von A bis Z erfunden.

Auch die österreichische Bevölkerung ist nervös geworden. Schon in der vergangenen Woche kam es zu Angstkäufen von Lebensmitteln,

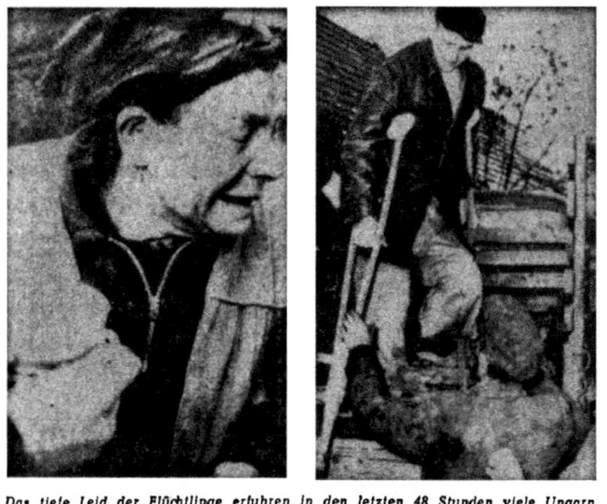

*Das tiefe Leid der Flüchtlinge erfuhren in den letzten 48 Stunden viele Ungarn. Unsere Fotos geben zwei Beispiele wieder: Auf dem linken Bild weint eine geflohene alte Frau fassungslos nach ihrem Eintreffen an der österreichisch-ungarischen Grenze, während ein Helfer des Roten Kreuzes ihr eine Tasse Kaffee reicht. Auf dem Bild rechts steigt ein beinamputierter Flüchtling nach seinem Eintreffen an der Grenze bei Klingenbach in einen Lastkraftwagen.*

# Britische Demonstranten versuchen Sturm auf Downingstreet Nr. 10

## Sturz Edens gefordert – „Nicht für Ölaktionäre kämpfen"

**Berichte unserer Nachrichtendienste** **LONDON, 4. November**

**Teilnehmer einer großen Kundgebung der Labourbewegung, die gegen die Militärmaßnahmen der Regierung Eden in Ägypten protestierten, versuchten Sonntagmittag, den offiziellen Amtssitz des britischen Premierministers, Downingstreet Nr. 10, zu stürmen. Die Eingänge der Ministerien im Londoner Regierungsviertel Whitehall wurden durch Schließen der eisernen Tore gesichert. Der gesamte Verkehr in der Londoner Innenstadt wurde durch den Marsch der etwa 20 000 Demonstranten, aus deren Mitte immer wieder der Ruf erscholl „Eden muß gehen" zum Erliegen gebracht.**

Premierminister Eden hielt während der Demonstration in seinem Amtssitz eine Besprechung mit mehreren Regierungsmitgliedern ab. Wie politische Beobachter erklärten, war der „unerhörte Fall eingetreten, daß der Premierminister in seinem Amtssitz belagert war".

Die Kundgebung war von dem nationalen Rat der britischen Labour-Bewegung beschlossen worden, in dem alle Zweige der englischen Arbeiterbewegung zusammengeschlossen sind. In Sprechchören forderte die nach Zehntausenden zählende Menge immer wieder den Rücktritt Edens und die Bildung einer Labour-Regierung. Diese Forderung wurde durch unzählige Transparente und aufgespannte Regenschirme unterstützt, die Aufschriften trugen wie „Hände weg von Suez", „Wir wollen nicht für die Aktionäre der Ölgesellschaften kämpfen".

### Bevan erinnert an Ungarn

Der Hauptredner, der Führer des linken Flügels und Schatzmeister der Labour Party, Aneuran Bevan, wurde von der Menge mit frenetischem Beifall begrüßt. Bevan wiederholte noch einmal den Standpunkt der Labour-Fraktion des Unterhauses und wies dabei vor allem auch auf die jüngsten Entwicklungen in Ungarn hin. Die Vorwürfe von Dr. Edith Summerskill — vor einigen Jahren Minister im Labour-Kabinett —, die nach Bevan sprach, gipfelten darin, daß die konservative Regierung durch ihre Aggression auf Ägypten praktisch die Völker Osteuropas verraten habe.

An allen Universitäten des Landes werden von Regierungsgegnern Demonstrationen veranstaltet, die jedoch oft auf Gegenaktionen von Regierungsanhängern stoßen. Eine Studentendelegation von Cambridge überreichte in Downingstreet 10 eine Entschließung, in der der „Abscheu vor der unbegründeten Intervention im Nahen Osten" ausgedrückt wird. Der Erzbischof von Canterbury, Dr. Fisher, führte eine Delegation des Rates der Kirchen zum Amtssitz des Premierministers, die die „Feuereinstellung so bald wie möglich" verlangte.

*Mit erhobenen Händen treten diese Araber den langen Weg über Wüstenstraßen in die Gefangenschaft an. Sie wurden bei dem israelischen Angriff auf Ghaza gefangengenommen.*

# „Völker der Welt - helft uns!"

## Verzweifelter Appell des letzten Freiheitssenders

WIEN, 4. November

Der letzte am Sonntagnachmittag noch in ungarischer Hand befindliche Rundfunksender richtete folgenden Appell an den Westen:

„Völker der Welt! Auf den Wachtürmen des 1000jährigen Ungarns beginnen die letzten Flammen zu erlöschen. Die Sowjetarmee versucht uns zu zerschlagen. Ihre Tanks und ihre Geschütze rollen über Ungarn hinweg. Unsere Frauen, Mütter und Töchter sind bedroht. Sie haben noch schreckliche Erinnerungen an 1945. Rettet unsere Seelen. — SOS, SOS!

Dies ist vielleicht das letzte Wort des letzten ungarischen Freiheitssenders. Völker der Welt. Hört uns — helft uns. Nicht mit Rat, nicht mit Worten, mit der Tat, mit Soldaten und Waffen. Vergeßt nicht, daß es in dem brutalen Ansturm der Sowjets keinen Halt gibt. Das nächste Opfer werdet ihr sein. Helft uns! — SOS, SOS!

Völker Europas! Wir haben euch Jahrhundertelang gegen den Ansturm der asiatischen Barbaren geschützt. Hört jetzt das Sturmgeläut der ungarischen Glocken, kommt und rettet uns. — SOS, SOS!

Völker der Welt! Im Namen der Gerechtigkeit und Freiheit, helft. Das Schiff sinkt, das Licht schwindet, die Schatten werden von Stunde zu Stunde dunkler über der Erde Ungarns. Hört den Schrei. Marschiert vorwärts und reicht uns eure brüderliche Hand. Rettet uns. Hilfe, Hilfe — SOS — rettet uns! — Gott mit euch und uns."

In höchster Erregung wiederholte ein Sprecher immer wieder diesen letzten Appell.

Ein Verkehrshindernis bildet der Kopf des gestürzten Stalin-Denkmals, der auf dem Fahrdamm einer Hauptstraße von Budapest liegt.

# „Vergeltungsschlag würde Sowjetunion vernichten"

## NATO-Chef Gruenther beantwortet Drohungen Bulganins

Von unserem Korrespondenten DR. ERNST WEISENFELD

PARIS, 13. November

Ein sowjetischer Raketenangriff könne keineswegs die Vergeltungskapazität des Westens zerstören, erklärte der in Kürze aus seinem Amt scheidende NATO-Oberbefehlshaber Gruenther am Dienstag unter Bezugnahme auf die Drohungen, die Marschall Bulganin während der Nahostkrise gegen Frankreich und Großbritannien aussprach. „Ich weiß, daß das kein Trost ist für die Länder, die vielleicht das Ziel eines sowjetischen Raketenangriffs werden, aber so wie der Tag auf die Nacht folgt, würde dieser Angriff mit der Zerstörung der Sowjetunion beantwortet."

Der Abschreckungsfaktor sei nach wie vor das wichtigste Element in der Strategie des Westens. „Keine Nation drückt auf den Knopf, wenn sie weiß, daß es Selbstmord bedeutet." Die Kriegsgefahr liege vor allem darin, daß die Meinungsverschiedenheiten im NATO-Lager die Sowjets eines Tages zu dem Irrtum verführen könnten, der Vergeltungsangriff finde nicht mehr statt.

Das atlantische Hauptquartier habe in seinen Planungen immer schon ein Fragezeichen hinter den militärischen Wert der Satelliten für die Sowjetunion gesetzt und darum auch auf Grund der letzten Erfahrungen wenig an der Einschätzung des Gegners geändert. Die Kombination von klassischen und Atomwaffen werde seit 1954 der atlantischen Verteidigungsplanung zugrunde gelegt. Sie erlaubte es, für 1957 planmäßig auf zwei Drittel der noch 1951 für die Bodenverteidigung angeforderten Kräfte zu verzichten. Man könne diese Abstriche aber nicht zweimal vornehmen.

Das seit 1954 angestrebte Drittel sei bisher nicht erreicht. Wann es erreicht wird, hänge von der Rückkehr der nach Nordafrika und dem Nahen Osten abgezogenen englischen und französischen Streitkräfte ab, und davon, „daß die deutsche Verspätung eingeholt wird, von der noch niemand weiß, wie groß sie ist." Erst dann sei die Mindeststärke des europäischen Verteidigungsschildes erreicht, die der „Schild-und-Speer-Strate-

*General Gruenther: Es wäre Selbstmord...*
WAZ-Archivbild

gie" zugrunde liege.

Auf die Frage, ob man sich nicht eine Ausklammerung Deutschlands aus dem NATO-Bereich vorstellen könne, wenn gleichzeitig die Rote Armee aus Ostdeutschland, Polen und Ungarn zurückgezogen werde, meinte Gruenther: „Politisch werde diese Frage wohl eines Tages gestellt werden, aber die Militärs müßten dann, wenn sich nicht andere Voraussetzungen grundlegend geändert hätten, eine ernste Warnung aussprechen."

Gruenther wird nach seinem Ausscheiden im November das Amt des Präsidenten des Amerikanischen Roten Kreuzes übernehmen.

# Sartre bricht mit Kommunisten

PARIS, im November

Der französische Schriftsteller und Philosoph Jean Paul Sartre hat wegen der Vorgänge in Ungarn mit den sowjetischen Schriftstellern, der jetzigen Sowjetführung und den leitenden Persönlichkeiten der französischen KP gebrochen. Sartre unterhielt mit ihnen seit vielen Jahren freundschaftliche Beziehungen. Außerdem trat der französische Philosoph aus der kulturellen Vereinigung „Frankreich — UdSSR" aus. Vor ihm hatten bereits zwei weitere prominente Mitglieder dieser Organisation, der Nobelpreisträger für Literatur, François Mauriac, und der radikalsozialistische Politiker George Herriot, mit dieser Vereinigung gebrochen.

## „Oder-Neiße-Grenze unantastbar"

WARSCHAU, 12. November

Das polnische kommunistische Parteiorgan „Trybuna Ludu" nimmt am Montag die Erklärung des Bundeskanzlers Adenauer im Bundestag über die polnische Souveränität zum Anlaß, erneut festzustellen, daß es für Polen keine Konzessionen in der Frage der deutschen Ostgebiete geben könne. Die Zeitung unterstreicht in diesem Zusammenhang, daß das polnisch-sowjetische Bündnis für die Sicherheit der polnischen Integrität und für seinen Schutz gegen die „Ausbreitung eines deutschen Imperialismus" unentbehrlich sei. Auch das Gewerkschaftsorgan „Glos Pracy" betont, daß die „Grenze an der Oder und Neiße ein für allemal festgelegt worden ist und nicht zu einem Handelsobjekt gemacht werden kann."

## Kommunistischer Sender eingepeilt

BONN, 8. November

Ein kommunistischer Sender, der täglich Nachrichten über kommunistische Untergrundtätigkeit in der Bundesrepublik sendet, ist bei Marienborn auf der sowjetzonalen Seite der Zonengrenze errichtet worden. Funkpeilungen der Bundespost haben die Vermutung widerlegt, daß sich dieser illegale Sender im Raume Hannover befinde.

# Österreich bittet die Welt um Hilfe für Flüchtlinge

## 80 000 Ungarn kamen bisher über die Grenze – Wien protestiert in Moskau

Berichte unserer Nachrichtendienste                    WIEN, 25. November

Österreich könne den von Stunde zu Stunde wachsenden Flüchtlingsstrom aus Ungarn nicht mehr bewältigen, erklärte der österreichische Bundeskanzler Raab am Sonntagabend in einer Rundfunkansprache. Bisher hätten nur 10 000 oder knapp 15 v. H. der 80 000 Flüchtlinge in das Ausland weitergeleitet werden können. Raab forderte die freie Welt auf, die Aufnahme ungarischer Flüchtlinge zu beschleunigen. Zugleich bat er seine Landsleute, für die Flüchtlinge freien Wohnraum zur Verfügung zu stellen und Decken, Schuhe und Kleidung zu spenden.

Bundeskanzler Raab erklärte, der Abtransport ins Ausland gehe wesentlich langsamer vonstatten als der Zustrom. Erfreulicherweise hätten sich in den letzten Tagen einige Staaten bereit erklärt, auf die üblichen Einwanderungsformalitäten zu verzichten, um die Aufnahme der Flüchtlinge zu beschleunigen.

Die Massenflucht über die ungarische Grenze nach Österreich hat im Zusammenhang mit einem ersten ernsthaften Grenzzwischenfall zu einem Protest Österreichs bei der Sowjetunion geführt. Bundeskanzler Raab bat am Samstag den sowjetischen Botschafter in Wien zu sich und protestierte in scharfer Form gegen die Verletzung österreichischen Hoheitsgebietes am Vortage durch russische Soldaten. Diese hatten bei der Verfolgung ungarischer Flüchtlinge im Süden des Burgenlandes österreichischen Boden betreten, wobei ein Sowjetsoldat erschossen wurde. Raab forderte, daß die Sowjetsoldaten angehalten werden müßten, die Grenze zu respektieren, wie es bis zu dem Zwischenfall auch geschehen sei.

Trotz eisiger Kälte strömen immer neue Flüchtlingsmassen nach Österreich. Unter den Flüchtlingen befanden sich auch Ungarns populärste Bühnen- und Filmdarstellerin, die 23jährige Violetta Ferrari, und die Frau des ehemaligen ungarischen Verteidigungsministers Maleter mit ihren beiden Kindern. Frau Ferrari war Hals über Kopf mit einigen anderen Mitgliedern des Budapester Nationaltheaters in ihrem Wagen geflohen, ohne ihr dreijähriges Kind noch einmal zu sehen.

## Roboter-Kantinen neben dem Fließband

### Zwanzig Automaten erfüllen Wünsche der Arbeiter

HANNOVER, 2. November

Als erstes Industrieunternehmen in der Bundesrepublik stellte das Volkswagenwerk in Hannover dieser Tage acht „Roboter-Kantinen", die von einer Berliner Firma gebaut wurden, in der Werkshalle für Transporterbau auf. Sie haben einen Durchmesser von über drei Metern und die Form runder Kioske. In ihren Wänden sind zwanzig Automaten eingebaut, die alles verkaufen, was der Arbeiter im Laufe des Tages benötigt. Wechselautomaten tauschen Markstücke gegen kleinere Münzen ein, für die man sich nach Belieben kalte und warme Getränke, belegte Brötchen, Schokolade, Drops, Zigaretten, russische Eier, Kuchen oder saure Heringshappen aus automatisch gekühlten Paternosterkammern oder geheizten Behältern ziehen kann.

Wie die Werksleitung mitteilte, sollen die „Roboter-Kantinen" die Werkskantinen nicht ersetzen, sondern den Arbeitern am Arbeitsplatz schnell und bequem ihre kleinen Wünsche erfüllen.

*ÄGYPTISCHE SOLDATEN gehen über den Körper eines gefallenen Kameraden hinweg zum Angriff gegen landende anglo-französische Fallschirmtruppen vor (unten rechts).*

**...schneller leiser eleganter**

Spitzen- und Dauergeschwindigkeit jetzt 100 km/h • noch wirtschaftlicher durch niedrigeren Kraftstoffverbrauch • gesteigerte Lebensdauer durch herabgesetzte Motordrehzahl • erheblich verbesserte Laufruhe des leistungsstarken Drosselmotors • noch bessere Winterlaufeigenschaften durch Gemischvorwärmung • zusätzliche feinregulierbare Hochleistungsheizung • verstärkte Scheiben-Entfrostungsanlage • weiche Federung mit völlig wartungsfreier Aufhängung • verringerter Kupplungspedaldruck (erleichterte Bedienung) • schlauchlose Bereifung, serienmäßig ohne Aufpreis • schallisolierte Karosserie • größerer Fußfreiheit für die Fondplätze • verbreiterte hintere Sitzpolster • alle Sitze und Lehnen Federkern mit Schaumstoffauflage • Lehnen der Vordersitze stufenlos während der Fahrt verstellbar • Vordersessel in Längsrichtung verschiebbar • harmonisch abgestimmte neue Polsterstoffe • praktische Seitentaschen an beiden Türen • größerer Rückblickspiegel • verfeinerte Innenausstattung • große Auswahl neuer modischer Lackfarben • neue elegante Schmuckleisten • Raum für vier erwachsene Personen mit umfangreichem Reisegepäck • Dazu die bekannten LLOYD-Vorzüge: Luftkühlung und Frontantrieb • Preis DM 3680,– ab Werk.

**LLOYD 600**
*1957*

BITTE AUSFÜLLEN — AUSSCHNEIDEN — EINSENDEN
Bitte, senden Sie mir kostenlos und unverbindlich den ausführlichen Prospekt LP 600/1957
Name: ........................................
Ort: ........................................
Straße: ........................................
an LLOYD MOTOREN WERKE GMBH BREMEN

# James-Dean-Rausch ergreift auch Europa

### Ein Toter wird zur Legende und zum großen Geschäft
### Münchener Jugend gründet „Geheimen Dean-Club"

*„Seit sich die Frauen nach dem Tode Valentinos von den Wolkenkratzern stürzten, gab es keine solche Welle von Verehrung wie diese." Dies steht in dem Vorwort zu einem Artikel über einen jungen Schauspieler, der James Dean hieß — James Byron Dean, wie sein ganzer Name lautete —, der in Fortsetzungen in einem großen amerikanischen Magazin erscheint und die erstaunlichste Geschichte im Show-Business seit Jahren enthält. Erstaunlich deshalb, weil dieses ganze Magazin — und es gibt noch zwei weitere dieser Art — dem Leben und der Zeit dieses James Dean gewidmet ist, der am 30. Dezember 1955 bei einem Autounfall ums Leben kam.*

**Es** ist eine beachtliche Tatsache, daß Dean heute — er war 24 Jahre alt — in Amerika bereits zu einer Legende geworden ist. Seine ganze Karriere in Hollywood dauerte zwei Jahre. In dieser Zeit machte er nur drei Filme. Der erste hieß „Jenseits von Eden", der zweite. „Und sie wissen nicht, was sie tun", und der dritte „Giant" (Der Riese).

Es gibt bereits zwei vielbeachtete Publikationen, die ihm gewidmet sind. Ihre Titel: „Das James-Dean-Album", dritte Auflage, 600 000 Exemplare. „Der wirkliche James Dean", 500 000 Exemplare, eine zweite Auflage in Vorbereitung. Anläßlich des Jahrestages seines Todes werden „James Dean kehrt zurück" mit einer Auflage von fast 500 000 und „Die offizielle James-Dean-Story" herauskommen, wobei man damit rechnet, daß von letzterer eine runde Million Exemplare verkauft werden. „Variety", das Fachblatt des Show-Business in den USA, berichtet, daß sich diese Publikationen „wie warme Semmeln" verkaufen.

### Riesenabsatz für Dean-Platten

Zwei der größten amerikanischen Schallplattenfirmen haben Alben mit der Musik aus den James-Dean-Filmen herausgebracht, mit seinem Bild auf dem Deckel der Hülle. Eine dritte Gesellschaft brachte soeben einen Song mit dem Titel „Sein Name war James Dean" heraus und erwartet davon einen Riesenabsatz. Und vor einem Jahr noch, als man „Die Ballade von James Dean" auf einer Platte aufnahm, fragte kein Mensch danach.

Dann raste James Dean mit seinem deutschen Rennsportwagen den Highway 466 bei Paso Robles in Kalifornien hinunter, stieß mit einem anderen Wagen zusammen, und war bereits tot, als man ihn ins Spital einlieferte.

### Reklamefachleute staunen

Damals lief gerade sein zweiter Film „Und sie wissen nicht, was sie tun" an. Die Reklameleute der Filmgesellschaft zerbrachen sich den Kopf darüber, ob sie nun den Namen James Dean lieber in kleinen Buchstaben auf die Plakate drucken lassen sollten. Es ist nämlich eine alte Erfahrung, daß es das Publikum gar nicht wissen will, wenn ein Schauspieler des jeweiligen Filmes inzwischen verstorben ist. Als Rudolf Valentino vor dreißig Jahren starb und die Frauen an seinem Grab Schlange standen, gingen die Kassenreporte der Kinos beträchtlich zurück. Auch als Jane Harlow im Jahre 1937 starb, verloren ihre Filme alle Anziehungskraft.

Die Filmleute des Jahres 1956 waren sich dessen bewußt und beobachteten deshalb „Und sie wissen nicht, was sie tun" besonders sorgfältig.

Doch die Kassenreporte waren in Amerika ebenso wie in Europa und in Australien nicht nur gut, sondern sogar sehr gut. In 16 Ländern außerhalb der USA wurden die ersten zwei Filme Deans erst nach seinem tödlichen Unfall gezeigt. Die Einnahmen waren glänzend. In Australien wurden alle Rekorde gebrochen, obwohl man sonst im allgemeinen sagen kann, daß die Australier, was Prüderie und Puritanismus anbelangt, dem englischen Muster folgen.

Warum wurde James Dean plötzlich der Held der jugendlichen Kinobesucher in der ganzen Welt?

### Jugend sieht sich selbst

Von allen Erklärungen, die gegeben werden, mag man akzeptieren: James

*James Dean*

Dean war nonchalant und arrogant; er sprach unzusammenhängend, aber er konnte sich trotzdem gut ausdrücken; er war ein Einzelgänger, aber trotzdem anlehnungsbedürftig; er vervollkommnete die Kunst, den kleinen Jungen zu spielen, der verloren ist in der großen Welt.

Die Jugend in den Kinos sah sich selbst genau so.

In Amerika hat all dies leider zu Hysterie und Übertreibung geführt. So wurden Stückchen von Deans zerschmettertem Auto für 50 und 100 Dollar als Souvenirs verkauft. Vor einigen Wochen berief die Filmgesellschaft, bei der Dean unter Vertrag stand, einen Psychiater, um dessen Meinung über die „Gesundheit" dieser Popularität nach dem Tode einzuholen.

### Marlo Brando übertroffen

Gegen Ende dieses Jahres soll Deans letzter Film „The Giant" (Der Riese) gezeigt werden. Wird es dann auch in Europa zu einer Dean-Hysterie kommen? Alle Anzeichen deuten darauf hin. In München besteht bereits ein „Geheimer James-Dean-Club", der von einem der hoffnungsvollsten deutschen Nachwuchsschauspieler geleitet wird. Der Verkauf seiner Postkarten hat auch in Westdeutschland schon wie in den USA die Anzahl derer von Marlon Brando übertroffen! Die Käufer sind 16-20jährige Jugendliche, hauptsächlich Mädchen.

Peter Cerf

*MIT EINEM BLICK erkennen wir die schmissige Linie des Coupés von Karmann-Ghia. Es wird von der bekannten Osnabrücker Karosseriefabrik auf das Triebwerk des Volkswagens gesetzt.*

# Bundesrat billigt Ladenschlußgesetz

### 9. und 16. Dezember verkaufsoffen

wAZ BONN, 23. November
Der Bundesrat hat dem vom Bundestag beschlossenen Ladenschlußgesetz am Freitag mit 21 gegen 17 Stimmen wider Erwarten zugestimmt. Nach dem Gesetz, das einen Monat nach seiner Verkündung in Kraft tritt, müssen künftig alle Läden im Bundesgebiet samstags um 16 Uhr und ab 1. Januar 1958 bereits um 14 Uhr schließen. Lediglich am ersten Samstag im Monat ist um 18.30 Uhr Ladenschluß, dafür werden die Läden am darauffolgenden Montag erst um 13 Uhr geöffnet. Bis Ende 1957 bleiben sie montags bis 10 Uhr geschlossen. An allen übrigen Werktagen ist die Verkaufszeit von 7 bis 18.30 Uhr.

Die beiden verkaufsoffenen Sonntage vor Weihnachten sind in diesem Jahr der 9. und 16. Dezember. Da der Heilige Abend dieses Jahr auf einen Werktag fällt, schließen die Läden entsprechend dem Gesetz an diesem Tag um 14 Uhr.

**WESTDEUTSCHE**
**ALLGEMEINE**
Die unabhängige Zeitung des Ruhrgebiets

# Eisenhower wieder Präsident der USA
## Mit überwältigender Mehrheit gewählt – Kongreß bleibt demokratisch

Berichte unserer Korrespondenten
und Nachrichtendienste
WASHINGTON, 7. November

Das amerikanische Volk hat mit einer Mehrheit von über acht Mill. Stimmen Eisenhower für weitere vier Jahre zum Präsidenten der Vereinigten Staaten gewählt. Mit ihm wurde auch der bisherige Vizepräsident Nixon in seinem Amt bestätigt. Eisenhower, dessen große Popularität bei den Wahlen eine eindeutige Bestätigung erfuhr, wird jedoch mit einem demokratischen Kongreß regieren müssen, denn in beiden Häusern — Repräsentantenhaus und Senat — erzielten die Demokraten die absolute Mehrheit.

Es ist das erstemal seit Beginn des Zweiparteiensystems, daß die Partei des neuen Präsidenten nicht auch gleichzeitig die Mehrheit im Kongreß stellt. Bisher hatten sich die Mehrheitsverhältnisse erst bei den zwei Jahre später stattfindenden Kongreßwahlen verändert. Bei dieser Gelegenheit hatten die Demokraten auch vor zwei Jahren die Mehrheit im Kongreß erhalten.

**NACH BEKANNTGABE DES WAHLERGEBNISSES:** Präsident Eisenhower und Vizepräsident Nixon mit ihren Frauen.

## 43 Heimkehrer aus der Sowjetunion eingetroffen

HERLESHAUSEN, 12. November

43 Heimkehrer aus der Sowjetunion sind am Montag im hessischen Zonengrenzort Herleshausen in der Bundesrepublik eingetroffen; von dort wurden sie ins Lager Friedland weitergeleitet. Mit dem Transport kamen 12 Männer, 18 Frauen und 13 Kinder. Alle sind Galiziendeutsche, die nach 1940 nach Schlesien umgesiedelt und 1945 in die Sowjetunion verschleppt worden waren, wo sie zuletzt im Lager Mardowski an der Wolga waren. Ein Teil von ihnen war auf der Liste der in der Sowjetunion lebenden Deutschen aufgeführt, welche die Bundesregierung der Sowjetunion übergeben hatte.

## 45-Stunden-Woche für Textilindustrie vereinbart

**waz** FRANKFURT, 15. November

Die Arbeitszeit in der westdeutschen Textilindustrie wird ab April 1957 auf 45 Wochenstunden verkürzt. Wie der Gesamtverband am Donnerstag in Frankfurt mitteilt, wurde zwischen den Sozialpartnern eine entsprechende Vereinbarung getroffen. Hierbei hat man eine Lohnerhöhung und einen Lohnausgleich in insgesamt 7 bis 9 v. H. vorgesehen. Die Laufzeit des Abkommens reicht bis in die erste Hälfte von 1958. Die Partner haben sich eine Erklärungsfrist bis Ende November vorbehalten.

## Frau leitet Gemeinde

DUREN, 11. November

Der Gemeinderat von Boich-Leversbach (Kreis Düren) wählte die Steuerberaterin Johanna Oebel zum Gemeindedirektor. Sie ist damit die einzige Frau, die im Kreis Düren die Verwaltungsspitze einer Gemeinde bekleidet.

## Die höchste Sterblichkeitszahl

unter den Ruhrgebietsstädten, mit 11,6 Gestorbenen auf 1000 Einwohner, hat Essen, gefolgt von Bochum (11,4), Dortmund (10,8), Gelsenkirchen, Herne und Wanne-Eickel (je 10,7). Die niedrigsten Zahlen weisen Castrop-Rauxel (7,3), Bottrop (8,2), Wattenscheid (8,8) und Lünen mit 8,9 Sterbefällen auf 1000 Einwohner auf.

# Jeder dritte Beschäftigte ist eine Frau
## Anteil der Frauenarbeit gegenüber der Vorkriegszeit stark erhöht

Von unserer Düsseldorfer Redaktion      JS DÜSSELDORF, 14. November

Die Zahl der beschäftigten Arbeiter, Angestellten und Beamten im Bundesgebiet hat Ende September mit 18,6 Mill. ihren bisherigen Höchststand erreicht. Die Zunahme innerhalb Jahresfrist beträgt etwas über 800 000. Wie stark die Kurve aufwärts gegangen ist, zeigt die Tatsache, daß seit der Geldreform 5,1 Mill. Kräfte mehr beschäftigt werden. Die Zuwachsrate innerhalb dieser acht Jahre beträgt 38,2 v. H.

Beim Anstieg der Beschäftigtenzahlen in diesem Jahr ist zu berücksichtigen, daß zu Ostern weniger junge Leute die Schule verlassen haben, um in das Berufsleben einzutreten. Auf der anderen Seite war jedoch der Zustrom von Sowjetzonenflüchtlingen wieder etwas stärker. Ferner hat sich die „stille Arbeitskraftreserve" weit ergiebiger gezeigt, als vermutet werden konnte. Dies gilt vor allem für die weiblichen Arbeitskräfte. Allerdings haben viele Frauen nur Arbeit für halbe Tage aufgenommen. In der Statistik kommt dieser Unterschied nicht zum Ausdruck.

Insgesamt waren Ende September 6,16 Mill. Frauen als Arbeitnehmer tätig, d. s. 33,1 v. H. aller Beschäftigten. Ende Juni 1938 hatte dieser Anteil nur 28,2 v. H. ausgemacht. Die Frauenarbeit hat also erheblich zugenommen. Die verbesserten Bedingungen auf dem Arbeitsmarkt dürften hierbei eine große Rolle spielen. Aber auch im ganzen gesehen ist der Anteil der arbeitenden Bevölkerung an der Gesamtzahl heute größer als im letzten Vorkriegsjahr. Damals betrug die Arbeitnehmerquote im heutigen Bundesgebiet etwa 32 v. H.; sie ist inzwischen auf 38,8 v. H. gestiegen.

Von den 5,1 Mill. Zugang seit der Geldreform entfallen allein auf Nordrhein-Westfalen etwas über 2 Mill. und fast 1 Mill. auf das ebenfalls stark industrielle Baden-Württemberg. Dagegen ist in Schleswig-Holstein die Beschäftigung zurückgegangen, was vor allem durch die Umsiedlung bedingt ist. Die Zahl der Kurzarbeiter ist bisher mit 24 600 unbedeutend, hat aber immerhin in den letzten Monaten eine schnelle Zunahme erfahren. Dämpfungserscheinungen in der Maschinenindustrie und im Fahrzeugbau werden als Hauptursache hierfür genannt.

Darüber hinaus sind auch ganz allgemein als Folge der Notenbankpolitik Abschwächungen in einer Reihe von Industriezweigen zu beobachten. Diese veränderte Lage ist auf den Arbeitsmarkt nicht ohne Einfluß geblieben. Bei verschiedenen Wirtschaftszweigen waren bereits zum Herbstbeginn eine gewisse Zurückhaltung und größere Vorsicht bei der Einstellung von Arbeitskräften zu erkennen.

# Schulsystem scharf kritisiert

## Soziologen diskutierten Gesellschafts- und Erziehungsfragen

BAD MEINBERG, 6. November

Mit einer allgemeinen Diskussion über Gegenwartsfragen der Soziologie und einer Reihe wichtiger Beschlüsse der „Deutschen Gesellschaft für Soziologie" zu hochschulpolitischen Fragen wurde der 13. Deutsche Soziologentag beendet, der in Bad Meinberg (Lippe) stattfand. Widerspruch wurde gegen die Auffassungen der meisten älteren Soziologen laut, die besonders für die Wahrung von Traditionen gegen einen zu schnellen Fortschritt eingetreten waren. Von vielen Rednern wurde das gegenwärtige Schulsystem angegriffen. So kritisierte Professor Mitscherlich (Heidelberg), daß die höheren Schulen die jungen Menschen nicht ausreichend auf die Bewältigung des Lebens vorbereiteten.

Mit besonderem Nachdruck diskutierten die Mitglieder der „Deutschen Gesellschaft für Soziologie" die Frage, wie die bestehenden Prüfungsordnungen der Universitäten unter Berücksichtigung der Soziologie als akademische Ausbildung umzuformen seien. So beschloß man, die jetzigen Anstrengungen um ein „Diplom-Volkswirt-Examen" mit soziologischer Richtung zusätzlich fortzusetzen. Während diese Regelung vor allem für die wirtschafts- und sozialwissenschaftlichen Fakultäten gelten soll, entschied man zugleich, die an einigen deutschen Universitäten bestehenden Prüfungen eines „Diplom-Soziologen" vornehmlich innerhalb der philosophischen Fakultäten weiter auf ihre Bewährung hin zu beobachten.

*REGENSCHIRMHUT nennt sich diese Kopfbedeckung, die kürzlich in Hamburg auf den Markt kam.*

*DIE ATTRAKTIVE Sophia Loren vollendet in diesen Tagen auf der Akropolis in Athen die Außenaufnahmen zu dem neuen Film „Der Knabe auf dem Delphin". Das Mädchen im Hintergrund ist Sophias Double.*

## Getreideernte erreicht Nachkriegsrekord

KÖLN, 31. Oktober

Die Getreideernte in der Bundesrepublik hat trotz der beträchtlichen Unwetterschäden dieses Sommers mit 13,13 Mill. t einen neuen Nachkriegsrekord erreicht. Nach einer vom Deutschen Industrieinstitut angestellten Vergleichsberechnung wurden in diesem Jahr 650 000 t Getreide mehr geerntet als im Vorjahr und 540 000 t mehr als 1954, dem Jahr der bisher höchsten Ernteerträge. Dabei ist die im Bundesgebiet mit Getreide bebaute Fläche nach den Angaben des Instituts gegenüber dem Durchschnitt der Jahre 1935/38 um 351 000 ha zurückgegangen, während die Hektarerträge gegenüber der Vorkriegszeit von 20,4 auf 27 Doppelzentner angestiegen sind. Die daraus sich ergebende Zunahme der Erntemenge um 2,65 Mill. t Getreide mache 25 v. H. aus.

## Es fehlen noch über 3 Mill. Wohnungen

### ... im Bundesgebiet und West-Berlin

KÖLN, 11. November

In der Bundesrepublik und West-Berlin fehlen noch 1,9 Mill. Familienwohnungen und 1,2 Mill. Wohnungen für Einpersonenhaushalte. Zu diesen Zahlen teilte der Direktor des Gesamtverbandes Gemeinnütziger Wohnungsunternehmen, Dr. Brecht, am Wochenende auf dem Verbandstag in Köln mit, es komme ein Bedarf von einer Million Wohnungen hinzu, weil eine große Anzahl Altbauwohnungen auf die Dauer nicht mehr bewohnbar seien. Den Zuwachsbedarf an Wohnungen für neugegründete Haushaltungen bezifferte Dr. Brecht auf rund 380 000 bis einschließlich 1960, den Bedarf aus dem Wanderungsüberschuß auf 90 000 Wohnungen im Jahr.

Angesichts dieses Wohnungsbedarfs bedauerte es Dr. Brecht, daß die zweite Phase in der Wohnungspolitik der Bundesregierung mit einem Absinken des Wohnungsbauvolumens begonnen habe. Davon sei der soziale Wohnungsbau am stärksten betroffen.

# Grubenwehr wird drahtlos alarmiert

## Gute Erfahrungen mit UKW-Anlagen – Großer Zeitgewinn

RUHRGEBIET, 12. November

Zeitersparnisse bis zu einer Stunde wurden bei Probealarmen von Grubenwehren über neue UKW-Anlagen erzielt. Acht solcher Anlagen sind auf Zechen im Ruhrgebiet und im Aachener Revier in Betrieb, zehn weitere werden eingebaut.

Bei einem Probealarm auf einer Zeche der Hamborner Bergbau AG, der während eines Volksfestes erfolgte, war bereits nach sechs Minuten der erste Rettungstrupp einsatzbereit zur Stelle, der zweite

nach zehn und der dritte nach 15 Minuten.

Die Anlagen sind so gebaut, daß von einer zentralen Stelle über ein Fernbedienungsgerät der Sender gesteuert wird, der fünf Minuten lang ein Alarmzeichen ausstrahlt. Dieses Signal wird von den Spezialempfängern wiedergegeben, die jeder Grubenwehrmann stets empfangsbereit in der Wohnung hat. Bisher wurden die Wehrmänner durch Telefon oder durch Boten alarmiert.

## Friedensnobelpreis
### wird nicht verliehen

OSLO, 7. November

Der Friedensnobelpreis wird auch in diesem Jahr nicht verliehen werden, gab das Nobelpreiskomitée am Mittwoch bekannt. Eine Begründung für diese Entscheidung wurde nicht mitgeteilt. Auch 1955 war der Friedensnobelpreis nicht verliehen worden.

1954 war der Preis dem Amt des Flüchtlingskommissars der Vereinten Nationen verliehen worden. 1953 hatte ihn der frühere amerikanische Außenminister General George C. Marshall erhalten. 1952 war er Albert Schweitzer zuerkannt worden.

Der Nobelpreis für 1955 wird, wie das Komitée bekanntgab, auch nachträglich nicht verliehen werden. Die Möglichkeit einer nachträglichen Verleihung für 1956 ist dagegen nicht ausgeschlossen.

## 1957 wieder Impfung gegen Kinderlähmung
### Deutscher Impfstoff freigegeben

KÖLN, 22. November

Mit der Wiederaufnahme der Schutzimpfungen gegen Kinderlähmung in der Bundesrepublik könne von Herbst 1957 an gerechnet werden, teilte der Mitarbeiter des Frankfurter Paul-Ehrlich-Instituts, Dr. Günther, am Donnerstag in Köln mit. Die Schutzimpfungen waren im Mai vergangenen Jahres eingestellt worden. Die Impfungen mit dem Serum der Marburger Behring-Werke sind jetzt wieder freigegeben worden, nachdem neue, strenge Prüfungsvorschriften ausgearbeitet worden sind. Das Paul-Ehrlich-Institut ist mit der Prüfung des Serums beauftragt worden.

## Ölleitung Kirkuk–Haifa von Arabern gesprengt

AMMAN, 13. November

Die große Ölleitung, die von den Ölfeldern von Kirkuk im Irak über Jordanien nach dem israelischen Hafen Haifa führt, ist in der Nacht zum Dienstag im nördlichen Teil Jordaniens von arabischen Nationalisten in die Luft gesprengt worden. Die jordanischen Behörden untersuchen zur Zeit, wie überhaupt Öl in der Leitung sein konnte, da die Zufuhr zur Raffinerie in Haifa seit dem arabisch-israelischen Krieg im Jahre 1948 von Jordanien verboten ist. Die irakische Ölgesellschaft befindet sich im Besitz vor allem britischer, aber auch amerikanischer, französischer und holländischer Aktionäre.

## Besucher aus der Zone erhalten 10 DM Taschengeld

WAZ BONN, 16. November

Zur Verstärkung der menschlichen Kontakte zwischen der Sowjetzone und der Bundesrepublik will die Bundesregierung künftig mehr Mittel für Sowjetzonenbesucher zur Verfügung stellen. Jeder Besucher soll, auf Antrag, künftig ein einmaliges Taschengeld von 10 DM erhalten. Die Bundesregierung wird außerdem in Verhandlungen mit der Bundesbahn darauf drängen, daß Rückfahrkarten künftig bis zum Heimatort des Sowjetzonenbesuchers und nicht, wie bisher, nur zur Zonengrenze, gelöst werden können. Zudem werden Besuchern im Krankheitsfall die Krankenhauskosten erstattet.

# Formschön und tüchtig im Büro
## Ausstellung moderner Büromaschinen im Vereinshaus

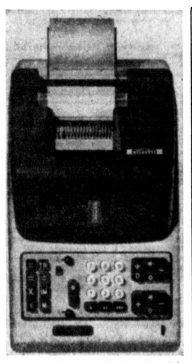

*Vorderaufsicht einer schreibenden elektrischen Rechenmaschine neuester Bauart.*

Am Montag und Dienstag zeigt die Firma Riediger im Vereinshaus Büromaschinen einer bekannten italienischen Firma. Es sind Schreibmaschinen in verschiedenen Größen, von der eleganten Koffermaschine bis zur „elettrica', der elektrischen Maschine neuester Bauart.

Sind alle Verhältnisse in der Mechanik der Geräte auf dem besten Stand der Zeit, so fällt zum anderen die Formschönheit der Maschinen auf, wie sie etwa dem Programm der „Industrieform" in der Villa Hügel entspricht.

Interessant sind insbesondere schreibende elektrische Additionsmaschinen mit zwei Rechenwerken. Diese Maschinen, von denen wir die neueste Type abbilden, vereinen mehrere Funktionen. Sie addieren, subtrahieren direkt, multiplizieren und dividieren automatisch und errechnen den Negativsaldo. Eine Maschine besitzt zum Beispiel eine breite Walze. Auf ihr kann der Papierstreifen für Zwischenrechnungen laufen, aber auch die Karteikarte eingespannt werden für Buchungen der verschiedensten Art. Ein Kolonnenwähler erlaubt das automatische Überspringen der Kolonnen.

Eine andere schreibende Additionsmaschine erreicht 215 Arbeitsgänge in der Minute. Es können Zahlen bis zu zwölf Ziffern eingestellt und Ergebnisse bis zu 13 Ziffern errechnet werden. Auf der neuesten schreibenden Rechenmaschine befinden sich außer den Ziffern von 1 bis 9 noch 30 Tasten für alle möglichen Kommandos, ein Beweis für die Zahl der Funktionen, zu denen die Maschine befohlen werden kann.

*KÖCHE UND SCHORNSTEINFEGER trugen anläßlich der Deutschen Konditorenmesse am Berliner Funkturm im Sommergarten ein zünftiges Fußballspiel aus.*

*BETONT KINDLICH gab sich die französische Filmschauspielerin Brigitte Bardot, als sie nach der Vorführung des Films über den Untergang des Panzerkreuzers „Graf Spee" am Dienstag in London von der britischen Königin begrüßt wurde (Bild rechts). Zum gleichen Empfang war auch, wie berichtet, Marilyn Monroe eingeladen, die dabei durch ihr gewagtes Abendkleid einiges Aufsehen erregte. Unser Bild (links) zeigt Marilyn, wie sie sich wegen ihres hautengen Kleides nur mühsam vor dem Londoner Odeons-Palast aus ihrem Auto windet.*

# 3,8 Mill. Haushalte leben nur von Renten
## ... und anderen öffentlichen Sozialleistungen – Eindrucksvolle Erhebung

**waz DUSSELDORF, 6. November**

Fast jede zweite Haushaltung in der Bundesrepublik erhält öffentliche Sozialleistungen kleineren oder größeren Umfangs. Dies ist das endgültige Ergebnis des zweiten Teils der Sonderstatistik über die sozialen Verhältnisse der Rentner und Unterstützten. Danach wurden im Frühjahr 1955 bei 7,65 Mill. Haushaltungen insgesamt 13,63 Mill. einzelne Sozialleistungen festgestellt, die von 10,07 Mill. Empfängern bezogen wurden. Dies bedeutet, daß auf 100 Rentnerhaushaltungen im Schnitt 132 Empfänger von Renten und Unterstützungen oder 172 einzelne Sozialleistungen kamen.

Von besonderer Bedeutung ist, daß von den 7,65 Mill. Haushaltungen nicht weniger als 49 v. H. überwiegend von den Sozialleistungen leben mußten. Bei den übrigen Haushaltungen spielten die Renten und Unterstützungen nur eine untergeordnete Rolle. Die Statistik gestattet es auch erstmalig, genau zu erkennen, wo die Not am größten ist. Zu den Rentnerhaushaltungen, die schon wegen ihrer Struktur nicht in der Lage sind, ihre wirtschaftlichen Verhältnisse selbst zu verbessern, gehören die Alleinstehenden im Alter von 65 und mehr Jahren mit 15 v. H. der Gesamtzahl, die alleinstehenden Frauen im Alter von 40 bis 65 Jahren mit 9 v. H. und die alleinstehenden Ehepaare, deren Haushaltungsvorstand 65 und mehr Jahre alt ist, mit 11 v. H.

# Weihnachtswerbung soll maßvoll sein

**KÖLN, 8. November**

Für eine maßvolle Geschäftswerbung in der Vorweihnachtszeit setzte sich am Donnerstag die Hauptgemeinschaft des Deutschen Einzelhandels in Köln ein. Die Kaufleute sollen auf alle Werbeeffekte verzichten, die das religiöse Empfinden der Bevölkerung verletzen könnten. Das gelte vor allem für christliche Symbole wie Engel, Heiligenfiguren, kirchliche Weihnachtslieder und Glockengeläut. Statt dessen sollte sich die Werbung mehr als bisher das weite Feld der klassischen und modernen Märchen von „Hänsel und Gretel" bis „Donald Duck" erschließen.

### Kinobesitzer ließ Dreijährige verbotswidrig Dschungelfilme sehen

**waz DORTMUND, 8. November**

Zu 1000 DM Strafe verurteilte das Schöffengericht den Inhaber eines Dortmunder Kinos wegen bewußter Mißachtung der Jugendschutzbestimmungen. Bei einer Polizeikontrolle waren beispielsweise in der Vorführung eines für Jugendliche unter zehn Jahren verbotenen Dschungelfilmes Dutzende von Kindern im Alter von 3 bis 8 Jahren festgestellt worden. Nach einem Tumult, der bei der Kontrolle ausgebrochen war, hatte der Funkstreifenwagen die Kinder zu ihren Eltern bringen müssen.

### Neue Oberbürgermeister gewählt In Oberhausen Frau Luise Albertz

**waz RUHRGEBIET, 12. November**

In einer Reihe von Ruhrgebietsstädten wählten am Montag die Stadtverordneten-Versammlungen die Oberbürgermeister und deren Stellvertreter. In Dortmund wurde Dietrich Keuning (SPD) wiedergewählt; sein Stellvertreter Görshop gehört ebenfalls der SPD an. In Duisburg wurde August Seeling (SPD) wiedergewählt, erster Bürgermeister wurde Dr. Leo Storm (CDU), zweiter Bürgermeister Wilhelm Mues (SPD). Der Oberhausener Stadtrat wählte einstimmig die Bundestagsabgeordnete der SPD, Frau Luise Albertz, zum Oberbürgermeister. Erster Stellvertreter wurde Bürgermeister Jansen (CDU), zweiter Cornelius (SPD). Die Herner Stadtverordneten wählten Robert Brauner (SPD) wieder zum Oberbürgermeister, Franz Pohlenbach (CDU) zu seinem ersten und Hans Nowak (SPD) zu seinem zweiten Vertreter. In Lünen wurde Oberbürgermeister Adolf Stock (SPD) gewählt. Der Rat der Stadt Bottrop wählte erneut Bergwerksdirektor Ernst Wilczok (SPD) zum Oberbürgermeister, die SPD stellte mit Otto Joschko und Konrad Rott auch beide Stellvertreter.

*MODELLE für den nächsten Frühling und Sommer zeigte Heinz Oestergaard bei einer Modenschau in Berlin. Darunter befanden sich das Nachmittagskleid aus bedrucktem Baumwoll-Musselin (oben rechts) und das zitronenfarbene Cocktailkleid „Mambo" (oben links), das aus italienischem Grobleinen hergestellt ist.*

WESTDEUTSCHE **ALLGEMEINE** Die unabhängige Zeitung des Ruhrgebiets

# Olympische Spiele eröffnet

### Sonnenschein und 27 Grad in Melbourne - Stärkster Beifall für Ungarn-Mannschaft

GEFÜHRT VON KARL FRIEDRICH HAAS, dem deutschen Mittelstreckenläufer aus Nürnberg, der die Fahne trägt, marschiert die gesamtdeutsche Mannschaft in das Olympiastadion ein.

Berichte unserer Nachrichtendienste

MELBOURNE, 22. November

Bei strahlendem Sonnenschein — nach wochenlangem Regen war das Thermometer in Südaustralien auf 27 Grad gestiegen — eröffnete der Herzog von Edinburgh am Donnerstag die 16. Olympischen Spiele in Melbourne. Zur Eröffnungsfeier waren 4000 Sportler aus 67 Nationen vor etwa 110 000 Zuschauern aufmarschiert. Den stärksten Beifall erhielten beim Einmarsch die Ungarn, in deren Flagge die sowjetischen Embleme, Hammer und Sichel, fehlten. Hingegen war der Beifall für die nach den Amerikanern einmarschierenden Russen sehr schwach. Ganze Blocks stellten ostentativ das Klatschen ein, als die russische Mannschaft vorbeimarschierte.

Auch die gesamtdeutsche Mannschaft erhielt starken Beifall. Die deutschen Frauen trugen weiße Plisseeröcke und weinrote Jacken, die Männer schlichte beigefarbene Anzüge. Die deutsche Fahne trug der Olympiavierte im 400-m-Lauf von Helsinki, der Nürnberger Karl Friedrich Haas. Unser Bild zeigt die deutsche Mannschaft beim Einzug in das überfüllte Stadion von Melbourne

## Richtig angezogen am Steuer

Die meisten Autofahrer, darüber sind sich die Experten einig, sind im Winter nicht richtig angezogen. Es ist nämlich . . .
● falsch, zu glauben, im geheizten Auto könne man auf warme Unterkleidung verzichten; denn bei unvermutet hereinbrechenden überaus schlechten Witterungs- und Straßenverhältnissen wird es auch im modernsten Auto empfindlich kalt;
● falsch, zum Fahren im Winter „die festesten Stiefel" anzuziehen; denn in solchen Dampfern geht einem jegliches Fahrgefühl verloren;
● ebenso falsch, ausgesprochen leichtes Schuhwerk zu tragen, da man nie weiß, ob nicht eine Panne im tiefen Schnee zum Aussteigen zwingt; das goldene Mittelmaß ist also auch hier goldrichtig;
● falsch, den Pullover zu Hause zu lassen. In Ermangelung des noch praktischeren Lumberjacks ist er gerade für den Autofahrer die ideale Oberbekleidung;
● ebenso falsch, mit Mantel zu fahren — schon gar mit Ledermantel; man ist eingeengt, was bald zu Übermüdung und Mangel an Konzentration führt — vor allem bei längeren Fahrten;
● falsch, die Kopfbedeckung als überflüssig zu bezeichnen. Es genügt allerdings, daß sie (Mütze oder Kappe besser als Hut!) griffbereit liegt, wenn es gilt, im Freien zu montieren oder nach einem Wegweiser zu sehen;
● richtig, daß alles getragen wird, was durchaus bequem ist. So kommt auch der Schal hoch zu Ehren, wenn man in Ermangelung des Mantelkragens (der überaus stört!) etwas um den Hals haben möchte.

## Keine Fernseh-Berichte aus Melbourne
### Geschäftemacherei schließt Europa und Amerika aus

MELBOURNE, 22. November

Das deutsche Fernsehen wird keine Filmberichte über die Olympischen Spiele in Melbourne geben. Zu dem gleichen Entschluß kamen sämtliche europäischen Fernsehanstalten und die Fernsehgesellschaften der USA und Kanadas.

Der Grund zu diesem ungewöhnlichen Schritt, Europa und Nordamerika von der aktuellen Fernsehberichterstattung auszuschließen, liegt nach Mitteilung des Hessischen Rundfunks in der Tatsache, daß das australische Olympische Komitee die ganze Filmberichterstattung an eine private Filmgesellschaft verkauft hat und diese sich nur dazu bereit erklärte, täglich einen 3-Minuten-Film für das Fernsehen und die Wochenschauen zur Verfügung zu stellen, und zwar eine einzige Fassung für alle interessierten Länder. Da das Olympische Komitee auch einen Kompromißvorschlag, täglich einen 9-Minuten-Film zu

bringen, ablehnte, haben die genannten Fernsehgesellschaften angesichts dieser ungewöhnlichen Beschränkung der freien Berichterstattung beschlossen, überhaupt nichts über die Olympischen Spiele im Fernsehen zu bringen.

*

*Praktisch ist diese Haltung des Olympischen Komitees Australiens ein Skandal. Der Amerikaner Avery Brundage, Präsident des Internationalen Olympischen Komitees, pflegt sich sonst zu überstürzen, wenn es um den Amateurparagraphen im olympischen Sport geht. Er verlangt sogar, daß der Olympische Eid dahin erweitert werden sollte, daß sich alle Sportler verpflichteten, auch in Zukunft reine Amateure zu bleiben. Angesichts dieser eklatanten Geldschneiderei und kommerziellen Auswertung der Olympischen Spiele hat er eine gute Gelegenheit verpaßt, der Sauberkeit der Olympischen Idee zu ihrem Recht zu verhelfen.* W. H. K.

# Läden schließen samstags um 16 Uhr
### . . . wenn Länderparlament den Bundestagsbeschlüssen zustimmt

WAZ BONN, 9. November

In dem jahrelangen Kampf um das Ladenschlußgesetz hat der Bundestag Freitag eine bedeutsame Vorentscheidung gefällt. Nach seinen Beschlüssen dürfen alle Ladengeschäfte in der Bundesrepublik an Werktagen nur von 7 bis 18.30 Uhr geöffnet sein. An Samstagen müssen sie bis zum 31. Dezember 1957 um 16 Uhr schließen und dürfen montags erst um 10 Uhr geöffnet werden.

Vom 1. Januar 1958 wird der Samstag-Ladenschluß auf 14 Uhr festgesetzt. Lediglich am ersten Samstag des Monats bleiben die Geschäfte bis 18 Uhr geöffnet und dafür am darauffolgenden Montag bis 13 Uhr geschlossen. Die Zahl der verkaufsoffenen Sonntage vor Weihnachten wird auf zwei beschränkt.

An Sonderregelungen sieht das Gesetz u. a. vor, daß Milch-, Back- und Fleischwaren montags bereits ab 7 Uhr verkauft werden und Zeitungskioske an Werktagen von 6 bis 19 Uhr, an Sonn- und Feiertagen von 11 bis 13 Uhr geöffnet sein dürfen.

# Mercedes 300 SL nun auch als Roadster

*Die Daimler-Benz-AG bringt im kommenden Frühjahr den Typ 300 SL auch als Roadster auf den Markt. Diese Version wird die Konstruktionsmerkmale des inzwischen bewährten 300 SL aufweisen und ebenfalls mit einem 6-Zylinder-Einspritzmotor ausgerüstet sein. Der Wagen soll erstmals auf dem Genfer Automobil-Salon vorgestellt werden. Zu diesem Zeitpunkt erst will man auch die technischen Daten bekanntgeben.*

# Strauß will möglichst schnell mehrere Divisionen aufstellen

## Verteidigungsminister hofft auf Zusammenarbeit mit der Opposition

**Von unserem Bonner Büro**

**Mü BONN, 7. November**

Der neue Bundesverteidigungsminister Strauß gab am Mittwoch in Bonn sein Programm für den Aufbau der Bundeswehr bekannt. Gegenüber der bisherigen Planung will Strauß den Aufbau der Bundeswehr so beschleunigen, wie es der Grundsatz „Qualität geht vor Quantität" erlaubt. Es sollen nicht „Lehreinheiten", sondern, so schnell wie möglich, einsatzfähige Divisionen aufgestellt, sowie die Spitzengliederung des Ministeriums und der Bundeswehr umgebaut werden. Der Minister meint, bisher spreche noch nichts dafür, daß der 1. April als Termin für die Einberufung der ersten Wehrpflichtigen nicht eingehalten werden könne.

Strauß erklärte, bis Ende 1957 werde die Bundesrepublik drei Grenadierdivisionen, zwei Panzerdivisionen sowie je eine Luftlande- und Gebirgsdivision aufgestellt haben; letztere beiden Divisionen würden etwa je 8000 bis 9000 Mann, die anderen rund 13 000 Mann stark sein. Insgesamt werden, nach den Worten des Ministers, Ende nächsten Jahres mindestens 120 000 Mann Soldaten verfügbar sein.

Zu den Vorgängen der letzten Tage bemerkte Strauß, diese Ereignisse hätten hoffentlich Utopien beseitigt, und man dürfe die Hoffnung hegen, künftig mehr als bisher mit der Opposition auf dem Gebiet der Wehrpolitik zusammenarbeiten zu können.

*49 WRACKS sperren nach Mitteilung der britischen Admiralität den Suezkanal. Unser Bild zeigt die gesunkenen Schiffe, die die Kanaleinfahrt blockieren. Erste Hebungsversuche wurden bereits durchgeführt.*

## „Baustopp in Bonn – Baubeginn in Berlin"

**BERLIN, 22. November**

„Baustopp in Bonn — Baubeginn in Berlin! Das ist die erste Forderung, die wir jetzt erheben müssen", erklärte der Regierende Bürgermeister von Berlin, Dr. Suhr, am Donnerstag zu Beginn der 8. Arbeitstagung des „Kuratoriums Unteilbares Deutschland". Erstmalig seit seiner Gründung ist das Kuratorium in Berlin zusammengetreten. Das Motto der dreitägigen Veranstaltung ist „Die deutsche Frage in der gegenwärtigen weltpolitischen Situation".

Der Präsident des West-Berliner Abgeordnetenhauses, Willy Brandt (SPD), vertrat in einer Rede die Auffassung, daß die jetzige Lage viele Ansatzpunkte für die Wiedervereinigung biete, die genützt werden müßten. Er warnte aber die Bevölkerung der Sowjetzone davor, sich provozieren zu lassen und eine Auseinandersetzung mit den fast 25 sowjetischen Divisionen in der Zone zu beginnen.

**FILM-STUDIO**

Fernruf 78257, im Glückaufhaus
15.00, 17.30, 20,15 — Ab heute

VISTAVISION

ALFRED HITCHCOCKS

DER MANN DER ZUVIEL WUSSTE

James Stewart
Doris Day

Regie: Alfred Hitchcock · Farbe v. Technicolor

## Personalausweise werden dreisprachig

### ... deutsch – englisch – französisch

**waz BONN, 28. November**

Unsere Bundespersonalausweise sollen in Zukunft dreisprachig (deutsch, englisch und französisch) ausgestellt werden. Eine entsprechende Verbesserung der Ausweise wird vom Bundesinnenministerium vorbereitet. Da bei Reisen nach Belgien, Luxemburg und der Schweiz Paßzwang nicht mehr besteht und mit Frankreich ein entsprechendes Abkommen bevorsteht, tritt der Personalausweis immer mehr an die Stelle des Reisepasses und muß von den ausländischen Grenzkontrollbeamten gelesen werden können. Die neuen Ausweise sollen erst dann ausgegeben werden, wenn die jetzt noch vorhandenen Bestände an Ausweisformularen verbraucht worden sind. Mit den Landesinnenministerien ist über den Plan bereits Einverständnis erzielt worden.

# Kultur an der Ruhr

„In keinem anderen Teil der Welt finden wir auf engem hochindustrialisierten Raum eine derartige Vielzahl an Theatern von sehr beachtlichem, zum Teil sogar hervorragendem künstlerischen Leistungsniveau." Was sich liest wie ein vollmundiger Satz aus der aktuellen Bewerbung des Regionalverbandes Ruhr um den Titel Kulturhauptstadt Europas 2010, ist in Wirklichkeit schon fünf Jahrzehnte alt: aufgeschrieben von einem enthusiasmierten Journalisten der renommierten Londoner „Times". Der Theaterkritiker schwärmt bei seinem Kultur-Trip an die Ruhr vor allem von den jungen und kraftvoll sprießenden Ruhrfestspielen, die durch den mythischen Tausch „Kunst gegen Kohle, Kohle gegen Kunst" entstanden sind. Mehr noch: Die Times rühmt den „Kulturwillen der schaffenden Bevölkerung" und findet das neue Arbeiterfestival im Ruhrgebiet einfach nur „richtungweisend für die ganze Welt".

Das Bemerkenswerte: Die „Times" steht mit ihrer Hymne auf das Ruhrgebiet nicht allein. Die Washington Post und der Amsterdamer Telegraaf, auch Pariser Blätter entdecken dieses unbekannte rheinisch-westfälische Industriegebiet, das bis dahin für alles mögliche steht: für viel Ruß unterm Himmel, für Kohle und Koks, für Krupp und Kanonen – nur nicht für glänzende Kultur.

Während die Ruhrfestspiele mit ihrer gefeierten Eigeninszenierung von Goethes „Iphigenie auf Tauris" (mit Maria Wimmer) auf Deutschland- und Europatournee gehen, entwerfen Deutscher Gewerkschaftsbund und Stadt Recklinghausen daheim ein zwölf Millionen D-Mark teures, neues Festspielhaus. Der alte Saalbau, die Wiege des Arbeiter-Festivals, erweist sich schon nach wenigen Jahren als viel zu eng. Nun muss Großes her. Den ersten Preis gewinnt am 4. Dezember das Recklinghäuser Architektenteam Ganteführ und Hannes mit seinem Konzept für einen 1.000 Zuschauer fassenden Theaterneubau auf dem so genannten Grünen Hügel.

Glückliche, optimistische Zeiten im Ruhrgebiet. Die Oberliga West liefert die Deutschen Meister, „Krise" ist auf den brummenden Schachtanlagen (noch) ein Fremdwort, und die Kulturindustrie boomt.

Beispiel Bochum, das die „Times" wegen der traditionellen Shakespeare-Pflege als „Stratford an der Ruhr" rühmt. Selbst bei den Pariser Theaterwochen avanciert das Bochumer Schauspiel zur Sensation. Hans Schallas Sartre-Inszenierung „Der Teufel und der liebe Gott" (Hauptrolle: Hannes Messemer) begeistert das Publikum in Frankreichs Hauptstadt.

Beispiel Essen, wo die Villa Hügel die Besucher der Ausstellung „Werdendes Abendland" mit den Kronen der deutschen Kaiser und kostbaren Schwertern in den Bann zieht.

Beispiel Gelsenkirchen, wo in unmittelbarer Nähe zum Hans-Sachs-Haus einer der modernsten und bedeutendsten Theaterneubauten der jungen Bundesrepublik entsteht. Gelsenkirchens neues Theater wird nach den Plänen der Baumeister Werner Ruhnau, Ortwin Rave und Max von Hausen gebaut, die zuvor schon das vielbeachtete Theater in Münster entwarfen. 10,8 Millionen D-Mark investiert Gelsenkirchen in den insgesamt 1.400 Besucher fassenden Neubau, der sich in einen großen Hauptbau und ein Studio aufteilt.

Das Musiktheater im Revier, mittlerweile unter Denkmalschutz gestellt, besticht vor allem durch den Mix von Architektur und bildender Kunst. Kein Wunder, dass der französische Künstler Yves Klein damals ausruft: „Es lebe die europäische Situation, es lebe das Theater in Gelsenkirchen!"

Was löst in den fünfziger Jahren den Kulturboom im Ruhrgebiet aus? Sicherlich die Verheißung, die den Ruhrfestspiel-Gründer Otto Burrmeister so faszinierte: Dass der Kumpel unter Tage hart malocht, zu Wohlstand kommt und am Abend seinen Bildungs- und Kulturhunger im Theatersaal stillt. Diese romantisierende und schiefe Vorstellung vom gebildeten Arbeiter ist unter den Intellektuellen des Landes weit verbreitet.

Auch Carlo Schmid, der große Vordenker der SPD, hebt damals die Rolle des DGB, der Gesellschafter und Garant der Ruhrfestspiele ist, hervor: „Die Gewerkschaften sind eine der entscheidenden Voraussetzungen dafür, dass Kultur nicht zum Privileg einer dünnen Schicht von Gut-Weggekommenen und Ausnahmemenschen heruntersinkt, sondern dass sie ein Lebenselement auch derer werden kann, die durch die Mechanisierung unseres Lebens, durch die Atomisierung der Lebensverhältnisse als Folge der industriellen Revolution der Gefahr der Selbstentfremdung ausgeliefert worden sind!"

*Gerd Niewerth*

EINZELPREIS 20 PF / NR. 287
VERLAGSORT ESSEN

MONTAG, 10. DEZ. 1956
BUNDESAUSGABE

WESTDEUTSCHE
ALLGEMEINE
Die unabhängige Zeitung des Ruhrgebiets

# Regierung Kadar verhängt über Ungarn Belagerungszustand

## Arbeiterräte aufgelöst – Standgerichte treten in Aktion – Generalstreik ausgerufen

Berichte unserer Nachrichtendienste BUDAPEST, 9. Dezember

**Die von den Sowjets eingesetzte ungarische Regierung Kadar hat am Sonntag alle Arbeiterräte im Lande aufgelöst und über Ungarn den Belagerungszustand verhängt. Diese Entscheidung ist nach einer mehr als zwölfstündigen Sperre aller Nachrichtenwege nach dem Ausland von Radio Budapest bekanntgegeben worden. Nach einem von Staatspräsident Dobi unterzeichneten Erlaß wird jeder, der in Ungarn noch mit Waffen in der Hand angetroffen wird, standrechtlich abgeurteilt.**

Die Standgerichte nehmen am kommenden Dienstag um 18 Uhr ihre Tätigkeit auf. Sie sollen folgende Straftaten aburteilen: Mord, Raubmord, unerlaubten Waffenbesitz, Brandstiftung, Aufwiegelung, Gefährdung der Produktion und alle Versuche, solche Taten zu begehen. Personen, die noch Waffen besitzen, werden aufgefordert, sie bis zum genannten Zeitpunkt unter Zusicherung der Straffreiheit bei der nächsten Polizeiwache abzuliefern.

Das Verbot der Arbeiterräte gilt für den zentralen Arbeiterrat von Budapest sowie für die bezirklichen und unterbezirklichen Arbeiterräte. Sie sind als „ungesetzlich" erklärt und sollen ihre Tätigkeit sofort einstellen. Nur die Arbeiterräte in den einzelnen Betrieben bleiben erlaubt.

### Beschluß des Arbeiterrates

Mit diesen Maßnahmen beantwortete die Regierung Kadar einen Beschluß des zentralen Arbeiterrates in Budapest, wonach in der Nacht zum Dienstag in ganz Ungarn ein 48stündiger Generalstreik beginnen sollte. Im gleichen Beschluß hat der Arbeiterrat auch alle ausländischen Gewerkschaften zu einem Sympathiestreik aufgerufen.

Der Streikbeschluß ist schon am Samstagabend gefaßt, jedoch erst am Sonntagmorgen veröffentlicht worden. In seiner Begründung erklärte der zentrale Arbeiterrat, daß die Regierung Kadar unfähig sei, das Land aus seinem „tragischen Zustand" herauszuführen. Ferner habe die Regierung die Forderung auf Freilassung von verhafteten Arbeiterräten nicht beantwortet.

In einer von Radio Budapest veröffentlichten Erklärung der ungarischen Regierung wird darauf hingewiesen, daß sich immer noch Waffen in den Händen der Bevölkerung befinden. Außerdem wird bestätigt, daß sich u. a. in den Orten Tatabanya und Sargotayan Widerstandszentren aktiv betätigen.

# Zwei Bergleute gerettet

## Dramatische Bergungsaktion nach zehn Tagen erfolgreich

WAZ WATTENSCHEID, 9. Dezember

**Nach 238 Stunden und 30 Minuten konnten am Samstagabend um 17.30 Uhr die seit dem 28. November auf der 8. Mittelsohle der Schachtanlage „Fröhliche Morgensonne" in Wattenscheid eingeschlossenen Hauer Hermann Spieß (39) und Günter Effenberger (27) gerettet werden. Sie waren durch einen zu Bruch gehenden Stapel von der Außenwelt abgeschnitten worden. Der Gesundheitszustand der Geretteten, die sich im Bochumer Bergmannsheil befinden, ist nach ärztlicher Auskunft gut.**

Der Ruhrbergbau kennt in seiner Geschichte keine Rettungsaktion von solch langer Dauer und ähnlichen technischen Schwierigkeiten. Ihr Gelingen brachte, wie die Zechenleitung erklärt, für den gesamten Bergbau wertvolle Erkenntnisse für künftige Bergungsaktionen.

Siehe Seite Aus dem Westen

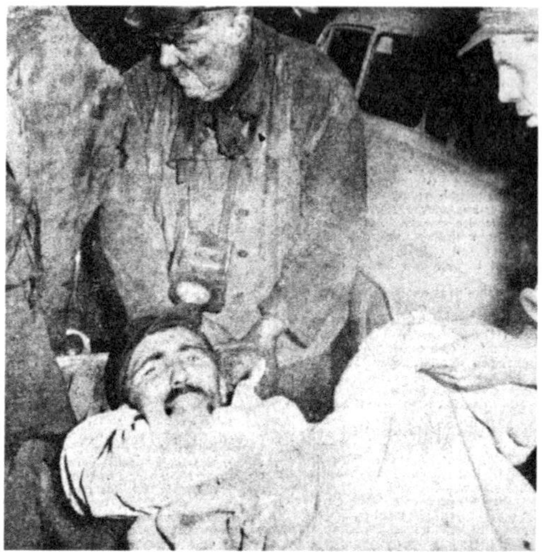

*Zehn angstvolle Tage und Nächte mußte Ruth Spieß auf ihren Mann, mußten die Kinder Adelheid (4), Wolf-Bodo (8) und Bernd (16), selbst Berglehrling auf Centrum-Morgensonne, auf den Vater warten. Im Bochumer Bergmannsheil sahen sie sich nun wieder (Bild unten). Ein langer Erholungsaufenthalt wartet auf Hauer Spieß und seinen Kameraden Effenberger. Schönste Weihnachtsfreude für ihn, den unser Bild (oben) kurz nach seiner Rettung zeigt. Seine Frau kann aus der Sowjetzone kommen; eine Wohnung wartet auf das Paar, das erst vor vier Wochen geheiratet hat.*

WAZ-Bilder: Werner Ebeler

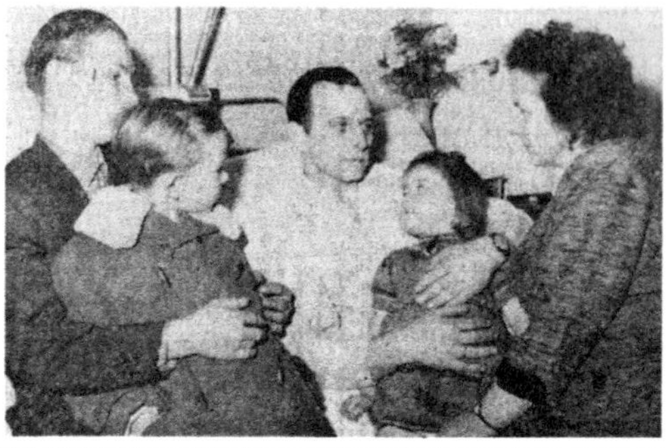

# Warschau garantiert Katholiken „Freiheit des religiösen Lebens"

## Ubereinkommen zwischen polnischer Regierung und Kirche

WARSCHAU, 9. Dezember

**Kirche und Staat in Polen haben am Wochenende ein Abkommen getroffen, in dem die polnische Regierung die „volle Freiheit des religiösen Lebens" zusichert und die katholische Kirche der Regierung ihre Unterstützung zusagt. Nach einem zum Abschluß der mehrwöchigen Verhandlungen zwischen Vertretern der Regierung und der Kirche veröffentlichten Kommuniqué wurde in folgenden Punkten ein Ubereinkommen erzielt:**

- Die Regierung soll den Erlaß von 1955 aufheben, der dem Staat weitgehende Rechte bei der Besetzung kirchlicher Ämter einräumt. Ein neues Gesetz soll die Mitsprache-Rechte des Staates bei der Besetzung solcher Ämter regeln.
- In polnischen Schulen wird wieder Religionsunterricht mit freiwilliger Beteiligung erteilt. Die Religionslehrer werden von den Schulbehörden im Einvernehmen mit der Kirche ernannt und vom Staat bezahlt.
- Der katholischen Kirche wird wieder die Betreuung von Patienten in Krankenhäusern und von Häftlingen in Gefängnissen ermöglicht.
- Alle Priester und Nonnen, die 1953 aus ihren Heimatorten ausgewiesen wurden, dürfen zurückkehren.

Der Vatikan hat bisher eine Stellungnahme zu dem neuen Ubereinkommen abgelehnt. (dpa)

### UNO soll Sowjetunion wegen Ungarn verurteilen

WAZ NEW YORK, 9. Dezember

**Die Sowjetunion soll wegen ihres Vorgehens in Ungarn durch die UNO-Vollversammlung verurteilt werden, nachdem die UNO-Beschlüsse über Ungarn weder von Moskau noch von der ungarischen Regierung befolgt wurden. Dies ist das Ziel einer Entschließung, die von den USA und 14 anderen westlichen Ländern am Montag in der UNO-Vollversammlung eingebracht werden soll.**

### Hoover jun. zurückgetreten

WASHINGTON, 9. Dezember

Der stellv. USA-Außenminister Herbert Hoover jun. ist am Wochenende von seinem Amt zurückgetreten. Zu seinem Nachfolger wurde der republikanische Gouverneur von Massachusetts, Herter, bestimmt. Hoover hat seinen Rücktritt damit begründet, daß er seinen Beruf als Ingenieur wieder ausüben wolle. Das Rücktrittsgesuch wurde von Präsident Eisenhower mit Bedauern angenommen. Der 61jährige Herter gilt als „Eisenhower-Republikaner", Internationalist und Europafreund. (dpa)

# Käuferansturm am ‚Kupfernen'

## Geschäfte melden hohe Umsätze

HAMBURG, 9. Dezember

Das milde Wetter und die verschwenderische Weihnachtsreklame haben am Kupfernen Sonntag in den verschiedensten Städten der Bundesrepublik große Menschenmassen auf die meist für den Fahrzeugverkehr gesperrten Geschäftsstraßen gelockt. Die Kaufhäuser in Essen und anderen Ruhrgebietsstädten konnten zeitweise den Ansturm nicht mehr bewältigen. In Hamburg, Berlin, Hannover, Düsseldorf, Stuttgart wimmelte es von „Sehleuten". In Flensburg wurde mehr dänisch gesprochen als deutsch. In München meldeten mittelgroße Kaufhäuser schon zu Mittag Umsätze von etwa 30 000 DM. Verlangt wurden vorwiegend Bekleidung, Schuhe, Spielwaren und Gebrauchsartikel aller Art. (dpa)

*

**Bundespräsident Heuss** hat eine Einladung des italienischen Staatspräsidenten Gronchi zu einem Besuch in Rom angenommen.

**Die Landsberger Haftanstalt,** die vor elf Jahren von der USA-Militärregierung beschlagnahmt worden war, wurde jetzt dem bayrischen Staat offiziell zurückgegeben.

**Der SPD-Landtagsabgeordnete Heinrich Bruckhoff (Mülheim)** ist am Samstag im Alter von 64 Jahren gestorben.

**Der Stadtrat von Paris** hat beschlossen, alle nach Stalin benannten Straßen in Paris wieder umzubenennen.

**Bei dem Absturz** eines kolumbianischen Passagierflugzeugs wurden 15 der 17 Insassen getötet. Das Flugzeug verunglückte kurz nach dem Abflug vom Flugplatz Bogota. (WAZ/dpa/ap)

### Fünftagewoche für Schulen noch nicht möglich

FRANKFURT, 9. Dezember

**Frühestens zu Ostern 1958 könne an einzelnen Schulen des Bundesgebietes die Fünftagewoche versuchsweise eingeführt werden, erklärte der Dezernent des Stadtschulamtes in Frankfurt, Dr. Glaess, am Wochenende; die zuständigen Ausschüsse der Kultusminister-Konferenz und des Deutschen Städtetages befaßten sich gegenwärtig mit dieser Frage. Versuche mit einer verkürzten Schulwoche seien nur möglich, wenn die tägliche Schulzeit verlängert und vielleicht auch die Schulpflicht bis in ein höheres Abgangsalter erweitert werde. (ap)**

### Jugendliche randalieren in Berlin

BERLIN, 9. Dezember

Mehrere hundert Jugendliche randalierten am Samstagabend in Ost- und West-Berlin. Auf dem Weihnachtsmarkt im Ost-Berliner Lustgarten gelang es stärkeren Einheiten der Volkspolizei erst unter Einsatz von Wasserwerfern, die Jugendlichen zu zerstreuen. Im Gegensatz zu Augenzeugen behauptete der Sowjetzonen-Rundfunk, die Ruhestörer seien zu einem großen Teil aus West-Berlin gekommen. Vor dem West-Berliner Sportpalast demolierten zur gleichen Zeit etwa 500 Halbwüchsige nach einer Rock-and-Roll-Veranstaltung Stühle und Bänke. Sie beschädigten mehrere Personenwagen und brachen ein Straßenschild ab. Die Polizei nahm 41 der Ruhestörer fest. (dpa/ap)

# Italien und Bundesrepublik für Stärkung der westlichen Bündnisse

## Gemeinsame Linie für bevorstehende Konferenzen in Paris

Von unserem Bonner Büro
Schu BONN, 9. Dezember

**Die Bundesrepublik und Italien wollen gemeinsam für die Stärkung der westlichen Bündnisse eintreten, wurde in einem offiziellen Kommuniqué nach Abschluß des dreitägigen Staatsbesuches des italienischen Staatspräsidenten Gronchi in Bonn erklärt. Die NATO-Staaten müssen, nach Auffassung beider Regierungen, sowohl auf militärischem wie auf politischem und wirtschaftlichem Gebiet einmütig zusammenarbeiten. Deshalb sei vor allem eine häufigere Konsultation der Staaten innerhalb der NATO und auch der Westeuropäischen Union (WEU) notwendig.**

Darüber hinaus setzen sich die italienische Regierung und die Bundesregierung für stärkere Bemühungen um das Zustandekommen eines gemeinsamen europäischen Marktes und der europäischen Atomgemeinschaft (Euratom) ein. In diesem Sinne sollen auch die Delegationen der Bundesrepublik bei den Montag in Paris beginnenden Konferenzen der WEU, der NATO, des Europarates, der OEEC und der Montanunion wirken. Die Marschroute dieser Konferenzen wurde am Wochenende auf einer Sitzung des Bundeskabinetts festgelegt.

Die Bundesrepublik wird in Paris durch Außenminister von Brentano, Verteidigungsminister Strauß, Staatssekretär Hallstein sowie durch eine große Zahl von Experten aus dem Auswärtigen Amt und dem Verteidigungsministerium vertreten sein.

### Kriegsopfer fordern Zulagen für alle Sozialrentner

KASSEL, 9. Dezember

Die im „Deutschen Kriegsopferausschuß" vereinigten Kriegsopferverbände des Bundesgebietes kritisierten am Sonntag in Kassel, daß die Neuregelung der sozialen Leistungen selbst im Bereich der Rentenversicherung zum 1. Januar 1957 nicht verabschiedet wird. Die vom Bundestag beschlossene Ubergangsregelung (Gewährung eines Rentenzuschlages für Dezember) könne nicht befriedigen. Der „Kriegsopferausschuß" forderte als weitere Sofortmaßnahme ausreichende Zulagen zu allen Sozialrenten. (dpa)

### Landtagspräsident Gockeln schwer verunglückt

WAZ DÜSSELDORF, 9. Dezember

**Der Präsident des NRW-Landtages, Josef Gockeln, wurde am Samstag auf der Autobahn in der Höhe von Opladen bei einem Massenzusammenstoß in dichtem Nebel schwer verletzt. An der Kollision waren 14 Wagen beteiligt. Gockeln hat sämtliche rechtsseitigen Rippen mehrfach gebrochen. Hinzu kommen nach den bisherigen Untersuchungen ein Schlüsselbein- und ein Beckenbruch. Sein Fahrzeug, auf das in wenigen Sekunden fünf weitere Wagen auffuhren, wurde vollkommen zertrümmert. Der Fahrer des Landtagspräsidenten wurde nur leicht verletzt.**

Auf der Autobahn zwischen Bonn und Düsseldorf registrierte die Polizei am Samstag insgesamt 32 Unfälle.

### SED lehnt Zulassung der SPD in der Sowjetzone ab

WAZ BERLIN, 9. Dezember

Die SED wünscht zwar eine gesamtdeutsche „Aktionseinheit" mit der SPD, sie lehnt aber gleichzeitig die Zulassung der SPD in der Sowjetzonen-Republik ab. Ein Leitartikel im SED-Zentralorgan „Neues Deutschland" begründete diesen Standpunkt am Sonntag mit der Erklärung, die Forderung nach Zulassung der SPD in der Zone laufe auf die Spaltung der Arbeiterklasse im Interesse der westdeutschen „Monopolherren und Militaristen" hinaus.

# Die Retter arbeiten unverdrossen

### Bergung auf „Fröhliche Morgensonne" außerordentlich schwierig – Über 200 Stunden eingeschlossen

Von unserem rob-Redaktionsmitglied WATTENSCHEID, 7. Dezember

Freitag abend, 19 Uhr, waren 216 Stunden vergangen, seit am Mittwoch, dem 30. November, 19 Uhr, ein Bruch im Blindschacht zwischen der 7. und 8. Sohle auf der Schachtanlage „Fröhliche Morgensonne" die beiden Bergleute Hermann Spieß (38) und Günter Effenberger (27) von der Außenwelt abschnitt. Die äußerst komplizierten Rettungsarbeiten können nur sehr langsam vorangehen. Man hofft, die beiden Eingeschlossenen jedoch innerhalb der nächsten 36 Stunden erreichen zu können.

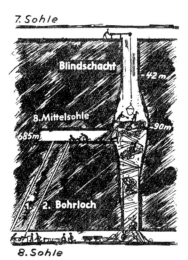

*Die Zeichnung veranschaulicht die schwierigen Bedingungen, denen sich die Rettungsmannschaften gegenübersehen.*

WAZ-Zeichnung: Wilm Voßnacke

Fachleute erklären, daß es bisher in ähnlichen Situationen nie so große Schwierigkeiten zu überwinden galt wie

*Vor dem Zechentor in Wattenscheid stehen sie, warten, und diskutieren: Arbeitskollegen der beiden eingeschlossenen Bergleute und auch eine Frau.*

WAZ-Bild: Werner Ebeler

hier. Zwar hatten die Rettungsmannschaften schon am vergangenen Sonntag mit den Eingeschlossenen Verbindung bekommen. Zwei sehr präzise, sehr schwierige, aber mit großem Geschick vorgetriebene Zielbohrungen erreichten den etwa 50 Meter langen Raum auf der 8. Mittelsohle, in dem die beiden Hauer sich be-

finden. Durch diese Bohrlöcher konnten sie mit Verpflegung, Licht und Luftmatratzen versorgt und konnte ferner eine Telefonleitung gelegt werden.

### Blindschacht beschädigt

Während dieser Bohrarbeiten, da auf dem über 100 Meter langen Bohrgestänge eine Belastung von maximal etwa 5,5 Tonnen lag, begann der Versuch, durch den zu Bruch gegangenen Blindschacht auf die 8. Mittelsohle vorzudringen. Das Auffahren der Bruchstrecke aber erwies sich als sehr schwierig. Denn: etwa 42 m unterhalb der 7. Sohle ist der Schachtausbau abgerissen, zusammengebrochen und in die Tiefe gestürzt. Der Bruch hat einen solchen Umfang, daß sich der Blindschacht eiförmig erweiterte und an seiner breitesten Stelle angeblich etwa 30 Meter Durchmesser hat. Durch diesen Bruch wurde auch die 8. Mittelsohle am Stapel auf etwa 4 Meter Tiefe eingedrückt. (Siehe Zeichnung)

Unter der Leitung von Bergwerksdirektor Dr. Mieles fahren die Retter, sämtlich Freiwillige, an ihrer Spitze der 52 Jahre alte Steiger Fritz Thiedemann, jeweils zu zweit in einem Kübel an den Bruch. Mit den Händen greifen sie in das Gewirr zusammengebrochener Schachtrahmen, lösen und laden vorsichtig Brocken für Brocken aus dem Trümmern in den Kübel. Über ihnen wölbt sich das brüchige Gestein.

### Es wird weitergebohrt

In einer Schicht, etwa sieben Stunden, schaffen sie höchstens zwei Meter Tiefe. Sie arbeiten, zwei ablösend, ununterbrochen und selbst in nicht geringer Gefahr. Am Donnerstag hatte man etwa eine Strecke von 30 Meter Tiefe aufgefahren. Freitag früh wähnte man sich den Einge-

schlossenen sehr nah. Man sprach von nur noch zwei Metern. Dann hätte man die 8. Sohle erreicht, und beginnen können, den dortigen vier Meter langen Bruch anzugehen.

Da stieß man auf einen, wie es hieß, etwa drei bis vier Tonnen schweren Gesteinsbrocken, der den Weg zur Mittelsohle versperrte. Es wurde davon gesprochen, den Brocken zu „stoßen", das heißt, ihn anzubohren und mit einer genau berechneten Sprengladung auseinanderzudrücken. Nebenher soll die erste, 143 mm starke Zielbohrung auf 604 mm aufgebohrt werden. Das würde reichen, um eine große Rettungsbombe, wie seinerzeit auf der Zeche „Dahlbusch", zu den Eingeschlossenen hochdrücken zu können, wenn sich erweisen sollte, daß der letzte Abschnitt des Weges durch den Bruch zu schwer und für die Retter zu gefährlich ist.

# Erste Frage galt den Kameraden

### Zu eingeschlossenen Bergleuten auf „Morgensonne" wird neuer Zugang getrieben

WAZ WATTENSCHEID, 3. Dezember

Die seit Mittwoch abend auf der Schachtanlage „Fröhliche Morgensonne" durch einen Streckenbruch eingeschlossenen beiden Wattenscheider Bergleute Spieß und Effermann sind unverletzt. Sie befinden sich den Verhältnissen entsprechend wohlauf und können sich, wie die Zechenleitung am Montag bekanntgab, in ihrem unfreiwilligen Gefängnis frei bewegen. Nach 81 Stunden gelang es in der Nacht zum Sonntag, die erste Verbindung mit ihnen aufzunehmen. Durch ein 143 mm dickes Bohrloch, das 108 Meter quer durch das Gebirge getrieben worden war, wurde ihnen Nahrung, Licht, Luft und der erbetene Lesestoff zugeführt.

Der Erfolg der Bohrung ist auf die hervorragende Leistung der Markscheider zurückzuführen. Ihre Berechnung stimmte bis auf zehn Zentimeter, so daß man wie auf Anhieb den Ort der Eingeschlossenen fand. Gegen 3 Uhr morgens begann man mit Klopfzeichen. Die Männer der Zechenleitung und des Rettungstrupps erlebten bange Minuten. Ihre Klopfzeichen wurden zunächst nicht beantwortet. Als endlich nach fünf Minuten Antwort kam, liefen manchem der im harten Einsatz

stehenden Männer Tränen über die Wangen.

Die Eingeschlossenen waren unverletzt. Ihre erste Frage galt zwei Kameraden, die die letzten beiden Kohlenwagen vor dem Bruch abgezogen hatten. Sie befürchteten, daß diese beiden unter die einstürzende Kohle geraten waren. Es war ihnen aber nichts geschehen. Nachdem die Verbindung hergestellt war, ging auch bald die erste Verpflegungsbombe durch das Rohr. Am Montag

folgte die zweite. Auch ihre Ankunft wurde bestätigt.

Jetzt zweifelt man nicht mehr an der Rettung der Eingeschlossenen. Die Rettungsarbeiten gestalten sich aber recht schwierig, da durch die Zwischensohle ein 30 Meter tiefer Zugang nach unten getrieben werden muß. Er muß 40 Zentimeter Durchmesser haben. Durch dieses Loch wird die Transportbombe geführt. Der Zugang führt auf einer kurzen Strecke durch Sandstein, dessen Durchbohrung mehr Zeit beansprucht. Man spricht von 60 Zentimetern in der Stunde.

Die Meinung der „Morgensonne"-Kumpel ist übereinstimmend, daß jetzt der Erfolg nicht mehr ausbleiben kann. „Anerkennenswert, wie sich die Zechenleitung für die Bergung einsetzt", sagen sie. Andere meinen: „Die haben Glück gehabt, daß sie viel Platz und Luft haben." Man hofft, die Eingeschlossenen am Dienstag oder Mittwoch bergen zu können.

**WESTDEUTSCHE ALLGEMEINE**
Die unabhängige Zeitung des Ruhrgebiets

# Deutschland hat gut abgeschnitten

## Die Olympischen Spiele in Melbourne sind zu Ende

Von unserem Sonderberichterstatter
MELBOURNE, 9. Dezember

Das olympische Feuer ist erloschen. Die Aschenbahn des Melbourner Olympiastadions, die Kampfstätten der Ringer und Gewichtheber, der Turner und Fechter, die supermoderne Schwimmhalle, die Schießstände und viele andere Plätze sind leer. Rund 5000 Sportler aus 68 Ländern sind schon wieder unterwegs in ihre Heimatländer oder sie warten auf den Rückflug. 14 Tage lang kämpften sie um olympische Medaillen — freuten sich über ihre Siege oder die Endkampfchancen, weinten Tränen über ihre Niederlagen, über Verletzungen oder entgangene Chancen. Das war immer so und wird auch bei allen Spielen so bleiben — es gibt Glückliche und Unglückliche —, wie im Leben auch.

Für die deutschen Sportler, die aus dem gemeinsamen Vaterland, aus West und Ost, nach Melbourne kamen, dort hinter einer gemeinsamen schwarz-rot-goldenen Fahne marschierten und gemeinsam sich unterstützten im Kampf gegen die starken Gegner, für die Deutschen aus West und Ost brachten die Melbourner Tage unvergeßliche Erlebnisse. Abgesehen davon, daß sie dort vier Gold-, zehn Silber- und sechs Bronzemedaillen holten und in der Nationenwertung — ohne die Reiterspiele — an siebter Stelle liegen, abgesehen von diesen sportlichen Erfolgen sind die menschlichen Bindungen der deutschen Sportler untereinander in Melbourne besonders glücklich gewesen.

### Zwischenfälle

Die XVI. Olympischen Sommerspiele, deren Austragung in eine Periode politischer Wirrungen fiel, wurden bis auf einige Zwischenfälle gut abgewickelt und sind als ein Erfolg zu bezeichnen. Zwischenfälle gab es durch die Disqualifikation des Münchners Herbert Klein, der im Vorlauf 200 m Brust infolge engstirniger Ansichten einiger Schwimmsport-Funktionäre aus dem Rennen genommen wurde, ferner im Wasserball, als die Russen ihre ungarischen Gegner zu hart angriffen und diese als „Faschisten" bezeichneten — die Polizei mußte schließlich eingreifen — und dann noch kurz vor Schluß, als drei irische Radsportler „für die Einheit Irlands auch im Sport" demonstrierten. Sie waren nicht zur Teilnahme gemeldet, obwohl ihr Verband 25 000 DM sammelte — und wollten doch unbedingt starten.

Erfolgreichstes Land der Olympischen Sommerspiele war die Sowjetunion, die mehr Goldmedaillen holte als die USA. Wie ist das zu erklären? Nun, die Russen nehmen den Sport tierisch ernst. Sie sind im Turnen, im Gewichtheben, im Ringen sehr stark — aber in der Leichtathletik, der Krone olympischer Spiele, verhältnismäßig schwach geblieben. Dort waren die Amerikaner mit 16 Goldmedaillen am stärksten.

### Am besten die Ungarn

Aber relativ am besten schnitten — gemessen an der Größe des Landes — die Ungarn ab. Dies Volk, das schon 1952 in Helsinki und auch bei früheren Spielen so manche Medaille holte, hatte seine Sportjugend trotz wilder Wirren in der Heimat nach Melbourne geschickt. Diese Jugend hatte keinerlei Verbindung mit den Angehörigen zu Hause, sie wurde durch den dortigen Kriegszustand bestimmt stark seelisch erschüttert — und trotzdem gewannen die Ungarn in Melbourne neun Gold-, fünf Silber- und sieben Bronzemedaillen und schoben sich an die vierte Stelle aller Länder.

*Nicht nach Ländern geordnet, sondern in bunter Reihe marschieren die Olympia-Wettkämpfer bei der Schlußfeier in das Stadion ein.*

### Unsere „Goldenen"

Auch die Deutschen dürfen mit ihrem hervorragenden Abschneiden zufrieden sein. Die Dortmunderin Ursel Happe stellte unter Beweis, daß man auch heutzutage noch Chancen auf eine Goldmedaille hat, wenn man eifrig trainiert und einen eisernen Willen mitbringt. Die Hausfrau und Mutter zweier Kinder strich sich verstohlen eine Haarsträhne aus der Stirn und wischte ein paar Tränen aus den Augen, als man ihr einige Nelken in die Hand drückte und ihr zum Gewinn der Goldmedaille Glück wünschte. Aber was dann Ursel zu ihren Freundinnen in Melbourne sagte, das beweist ihre Herzenswärme trotz aller Erfolge: „Ich möchte nun nach Hause zu meinem Mann und zu meinen Kindern."

Helmut Bantz kommt als Träger der Goldmedaille aus dem Rheinland. Er weiß wie kein zweiter, wie schwer es war, in die Elite der Turner aus Rußland und Japan vorzustoßen und einen Sieg zu erringen. Aber Bantz hat diese Medaille wie kein anderer der deutschen Turnriege verdient. Er war immer zur Stelle, wenn ihn der Deutsche Turnerbund rief.

Die dritte Goldmedaille für Deutschland gab es ebenfalls für zwei westdeutsche Sportler, für Meinrad Miltenberger und Michael Scheuer aus Duisburg, zwei patente Burschen, die ihren Sieg im Zweier-Kajak hart erkämpften.

### Gemeinsame Medaille

Es ist leider an dieser Stelle nicht der Platz vorhanden, um alle Träger der Silber- und Bronzemedaille noch einmal ausführlich zu würdigen. Das ist schon geschehen an den Tagen, an denen sie ihre Medaillen erkämpften. Aber ausgerechnet am letzten großen Wettkampftag schafften die Radsportler aus West- und Ostdeutschland noch gemeinsam eine Bronzemedaille im Straßenrennen. Es waren Gustav Adolf Schur (Magdeburg), Reinhold Pommer (Schweinfurt) und der frühere Wuppertaler Horst Tüller, der jetzt in Ost-Berlin wohnt. Ist dies nicht ein symbolischer Beweis der Zusammengehörigkeit unter den Deutschen?

Alle deutschen Sportler durften in Melbourne erkennen, daß sie gleich geachtet und gleich geehrt wurden wie alle anderen. Von Melbourne ging eine Atmosphäre des Vertrauens und des Verstehens aus in diese Welt der politischen Spannungen. Mehr als zwei Millionen Zuschauer sahen diese Olympischen Spiele — und hätte das Fernsehen sie übertragen können, so wäre die Zahl der Sportbegeisterten unzählbar gewesen.

**Melbourne: Olympiade 1956**

Sportfreunde kommen jetzt auf ihre Kosten, wenn sie sich ein Fernsehgerät durch unseren Kundendienst aufstellen lassen

*Radiophon*
Inh. Th. Vogelsang

Fernsehgeräte, 43-cm-Bild
ab 648,- DM

Fernsehgeräte, 43-cm-Bild
mit Rundfunksuper ab 978,- DM

Eigene Werkstätten
Garantie-Kundendienst

**Führende Fachgeschäfte im Industriegebiet — ESSEN, City-Bau**

10 % Anzahlung
24 Monatsraten

**WESTDEUTSCHE**
# ALLGEMEINE
*Die unabhängige Zeitung des Ruhrgebiets*

Dezember 1956

# Vertrag über Bistum Essen unterzeichnet

## NRW-Landtag muß vor der Ratifikation ein entsprechendes Gesetz verabschieden

<small>WAZ</small> DÜSSELDORF, 19. Dezember

Der Staatsvertrag zwischen dem Vatikan und dem Land Nordrhein-Westfalen über die Bildung des Ruhrbistums und die Errichtung des Bischofssitzes in Essen wurde am Mittwoch in Bad Godesberg unter-zeichnet. Der Apostolische Nuntius in Deutschland, Dr. Muench, und NRW-Ministerpräsident Steinhoff leisteten die Unterschriften.

Das neue Bistum wird aus Teilen der Erzdiözese Köln und der Diözesen Paderborn und Münster gebildet. Es umfaßt nach dem Vertrag neben Essen die Städte Bochum, Bottrop, Duisburg, Gelsenkirchen, Gladbeck, Lüdenscheid, Mülheim, Oberhausen und Wattenscheid sowie die Landkreise Altena und Ennepe-Ruhr mit Ausnahme der Stadt Wetter und der Gemeinde Herdecke. Das Bistum Essen wird rund 1,3 Millionen Katholiken betreuen.

Der Staatsvertrag muß nunmehr vom Landtag in Form eines Gesetzes verabschiedet werden, da dies die Verfassung von NRW für Ergänzungen des preußischen Konkordats von 1929 ausdrücklich vorsieht. Ein Sprecher der Landesregierung teilte in Düsseldorf mit, daß Kultusminister Luchtenberg dieses Gesetz voraussichtlich im Januar einbringen werde. Die Verabschiedung ist erst für März zu erwarten, da im Februar ausschließlich Etatberatungen vorgesehen sind. Anschließend werden die Ratifikationsurkunden über den Staatsvertrag ausgetauscht.

Der Name des künftigen Bischofs des Bistums Essen ist noch nicht bekannt. Die Wahl wird der Heilige Stuhl treffen, wo-

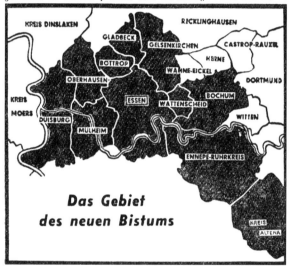

*Das Gebiet des neuen Bistums*

bei die Diözesanbischöfe des ehem. Landes Preußen das Recht haben, eine Vorschlagsliste vorzulegen. Vor der endgültigen Ernennung des Bischofs muß der Vatikan über die Nuntiatur bei der NRW-Regierung anfragen, ob politische Bedenken gegen den Betreffenden vorliegen. Man rechnet damit, daß die Inthronisation des neuen Bischofs frühestens im Frühjahr 1957 erfolgen kann.

## England will Atomwaffen liefern

Von unserem Korrespondenten
JOHN F. REYNOLDS

LONDON, 19. Dezember

Großbritannien hat sich bereit erklärt, den Armeen der NATO-Mitglieder in Europa atomare Waffen aus britischen Beständen zu liefern. Auch die deutsche Bundeswehr würde auf diese Weise Gelegenheit haben, von Anfang an eigene Verbände mit atomarer Ausrüstung aufzustellen. Im Gegensatz zu den amerikanischen Gesetzesbestimmungen, wonach eine Lieferung amerikanischer Atomwaffen an Heere anderer Mächte nicht zulässig ist, unterliegt in England die Ausfuhr solcher Waffen keinen gesetzlichen Beschränkungen.

Wie dazu in gut unterrichteten Londoner Kreisen verlautet, würde es sich bei der englischen Atomwaffenausfuhr um ein ganz normales Waffengeschäft handeln, d. h. um Exporte auf rein kaufmännischer Grundlage. Die Ausfuhr von Atomwaffen würde nicht nur zur Verbesserung der wirtschaftlichen Stellung Englands im Rahmen der Europäischen Zahlungsunion beitragen, sondern auch den Wünschen der meisten europäischen NATO-Mitglieder entgegenkommen. Der NATO stehen zwar auch amerikanische Atomwaffen zur Verfügung, aber erst auf der Ebene vom Korps aufwärts unter direktem Befehl amerikanischer Stellen und unter ausschließlicher Bedienung durch amerikanisches Personal.

## Noch über 13000 politische Häftlinge in der Sowjetzone

<small>WAZ</small> BONN, 19. Dezember

Noch 13 141 politische Häftlinge befinden sich in Haftanstalten der Sowjetzone. Dies stellt der Bundestagsausschuß für Gesamtdeutsche und Berliner Fragen in einem Bericht fest, der am Mittwoch in Bonn veröffentlicht wurde. Von Juni bis November 1956 wurden nach dem Bericht 5759 Häftlinge entlassen. Seit Juni 1954, dem Beginn der Entlassungsaktion in der Sowjetzone, seien damit rund 19 200 politische Häftlinge freigelassen worden.

Von den Verurteilten des 17. Juni 1953 befinden sich nach Informationen des Ausschusses noch 450 bis 500 in Haft. Bisher, so stellte der Ausschuß fest, seien noch keine Anhaltspunkte zu einer rechtsstaatlichen Entwicklung in der Sowjetzone festzustellen.

# Deutschland: 6 Gold, 13 Silber, 7 Bronze

## Die Verteilung der Medaillen bei den Olympischen Spielen

MELBOURNE, 9. Dezember

Von den 67 Ländern, die an den XVI. Olympischen Sommerspielen teilnahmen, haben 38 eine oder mehrere Medaillen erringen können. Den Löwenanteil holten sich erwartungsgemäß die Russen und Amerikaner, die mit 69 Goldmedaillen fast die Hälfte aller 153 Olympiasieger stellten. Deutschland, in der Wertung der Spiele von Helsinki noch an neunter Stelle, hat sich mit einem fünften Platz ausgezeichnet geschlagen. An diesem erfreulichen Abschneiden waren allerdings die Reiter stark beteiligt, deren Wettbewerbe ja ebenfalls den Sommerspielen zugehören, denn sie wurden vom IOC nur in einem einzigen Ausnahmefall getrennt. Deutschland errang in Melbourne/Stockholm 6 Gold-, 13 Silber- und 7 Bronzemedaillen.

Die Verteilung der Medaillen und die Punktewertung (3 — 2 — 1) ergibt folgende Tabelle (in Klammern die Medaillen von Stockholm):

| | | Gold | Silber | Bronze | Punkte |
|---|---|---|---|---|---|
| 1. | Sowjetunion | 37 | 29 | 32 | 201 |
| 2. | USA | 32 | 25 | 17 | 163 |
| 3. | Australien | 13 | 8 | 14 | 69 |
| 4. | Ungarn | 9 | 10 | 7 | 54 |
| 5. | Deutschland | 4 (2) | 10 (3) | 6 (1) | 51 |
| 6. | Italien | 8 | 6 | 8 | 44 |
| 7. | England | 5 (1) | 7 | 9 (2) | 43 |
| 8. | Schweden | 5 (3) | 5 | 6 | 40 |
| 9. | Japan | 4 | 10 | 5 | 37 |
| 10. | Rumänien | 5 | 3 | 5 | 26 |
| 10. | Frankreich | 4 | 4 | 6 | 26 |
| 13. | Finnland | 3 | 1 | 11 | 22 |
| 13. | Türkei | 3 | 2 | 2 | 15 |
| 13. | Polen | 1 | 4 | 4 | 15 |
| 15. | CSR | 1 | 4 | 1 | 12 |
| 16. | Iran | 2 | 2 | 1 | 11 |
| 16. | Kanada | 2 | 1 | 2 (1) | 11 |
| 18. | Bulgarien | 1 | 3 | 1 | 10 |
| 19. | Dänemark | 1 | 1 (1) | 1 | 8 |
| 19. | Irland | 1 | 1 | 3 | 8 |
| 21. | Neuseeland | 2 | — | — | 6 |

*Echt*
**4711**
**KÖLNISCH WASSER**
*für alle die wir lieben*

WESTDEUTSCHE
**ALLGEMEINE**
Die unabhängige Zeitung des Ruhrgebiets

# Bundestag: SPD fordert Austritt aus der NATO

## „Auch Dienstzeitgesetz Demonstration der Bundesregierung" – Strauß betont Zwang zur Verteidigung

Fortsetzung von Seite 1

Die Debatte über die Wehrdienstzeit, die ihren Höhepunkt in einem Meinungsaustausch zwischen dem SPD-Abgeordneten Erler und Bundesverteidigungsminister Strauß hatte, wurde von dem CDU/CSU-Abgeordneten Dr. Lenz mit ausschließlich außenpolitischen Argumenten eingeleitet. Fritz Erler (SPD) kündigte sogleich an, seine Fraktion werde, nachdem sie das Wehrpflichtgesetz abgelehnt habe, aus den gleichen Gründen auch dieses Gesetz ablehnen. Seine Argumente waren zur Hälfte außenpolitischer und zur Hälfte militärischer Art.

### Erler: Kein Bruch der Verträge

Die allgemeine Wehrpflicht und auch dieses Gesetz, erklärte Erler, seien nichts anderes als eine Demonstration der Bundesregierung, die zeigen solle, daß der Bundeskanzler seinen Willen gegen die Volksmeinung durchsetze. Eine Abschirmung gegen eine sowjetische Aggression liege nur in dem damit verbundenen weltpolitischen Risiko für die Sowjetunion. Erler forderte die Regierungsparteien auf, aus der NATO „nicht wieder eine Weltanschauung" zu machen, „nachdem wir Gott sei Dank über diesen Punkt hinweggekommen waren". Die Sowjetunion werde nie die Zone preisgeben, wenn diese ein Glacis für die NATO werden sollte.

Erler betonte, „daß wir, wenn wir stark genug gemacht werden von der Wählerschaft, uns dafür einsetzen werden, daß die Wehrpflicht wieder abgeschafft wird". Die SPD denke nicht an einen Bruch der Verträge, aber an deren Revision im Einvernehmen mit den Partnern. Durch ein Herauslösen der deutschen Verbände wolle man die NATO nicht aktionsunfähig machen. Aus diesem Grunde aber sei eine solche Maßnahme schnell notwendig. Die Militärpakte in Ost und West stünden in einer schweren Belastungsprobe. Ein Umdenken zu diesen Problemen sei erforderlich, und man müsse Raum und Zeit hierzu gewinnen. Man solle sich nicht die dazu vorhandenen Chancen durch voreilige Beschlüsse verbauen.

Bundesverteidigungsminister Strauß erwiderte, Erlers diskutierbare Einzelargumente litten darunter, daß die SPD grundsätzlich immer „nein" sage. Der Verzicht auf eine Verteidigungspflicht des Bürgers bedeute nichts anderes, als daß ein Landesverteidigungssystem nicht aufgebaut werden könne, sondern lediglich eine „mobile Legion". Auch wenn die SPD-Konzeption von einer freiwilligen Bundeswehr verwirklicht werden würde, müßte die Verteidigungspflicht eines jeden Bürgers notwendigerweise dahinterstehen. Der Zwang zur Landesverteidigung, einer richtigen Auswahl der Freiwilligen und ein ausgewogenes System der Rechte und Pflichten innerhalb des NATO-Paktes seien die drei Gründe, die für die Wehrpflicht und auch dieses Gesetz sprächen.

Strauß teilte die Auffassung Erlers, daß auch ein 500 000-Mann-Heer einem Sowjetangriff nicht gewachsen sei. Deshalb gerade sei das Bündnis notwendig, dessen zusammengefaßte Abwehrkraft der Roten Armee überlegen sei. Die Bundeswehr sei eine leider unentbehrliche Vervollständigung des Gesamtsystems der westlichen Abwehr.

Dr. Mende (FDP) erklärte, die Bundesregierung habe mit diesem Gesetz fast wörtlich einem Antrag seiner Fraktion entsprochen, der bei der Beratung des Wehrpflichtgesetzes eingebracht und damals abgelehnt worden sei. Nachdem die Wehrpflicht Gesetz geworden sei, müsse das respektiert werden. Deshalb stimme die FDP diesem Ergänzungsgesetz zu.

### Künstlicher Mond wird zusammengebaut

Ein Arbeiter im Versuchslaboratorium der amerikanischen Marine in Washington baut hier den Elektronenspeicher in einen der 18 Erdsatelliten ein, die 1958 von einer dreistufigen Rakete in das Weltall hinausgeschossen werden sollen. Die Geschwindigkeit, mit der diese künstlichen Monde um die Erde rasen werden, wird bei 283 000 km/st liegen.

# NATO-Rat fordert Unabhängigkeit der Ostblockstaaten

## Vorschlag Brentanos wird in Grundsatzerklärung aufgenommen

### Von unserem Korrespondenten DR. ERNST WEISENFELD

PARIS, 13. Dezember

Eine Entschließung der NATO-Mächte, daß sie die Unabhängigkeit und Selbstbestimmung der osteuropäischen Staaten fordern und dieses Ziel durch geeignete politische Mittel erreichen wollen, hat Bundesaußenminister von Brentano am Donnerstag dem Atlantikrat in Paris vorgeschlagen. Der Vorschlag wurde von den übrigen NATO-Ministern befürwortet und soll in einer Grundsatzerklärung berücksichtigt werden, die in das Abschlußkommuniqué über die Atlantikratstagung aufgenommen wird.

Die Grundsätze, die nach dem deutschen Vorschlag darin zum Ausdruck kommen sollen, sind:

**1** das Recht der osteuropäischen Staaten auf Selbstbestimmung und auf die Wahl ihrer eigenen Regierung in voller Freiheit;

**2** die nationale Unabhängigkeit, Souveränität und die Ächtung jeglicher Unterdrückung kleiner Länder;

**3** die volle Freiheit aller Staaten, über die soziale Ordnung in ihrem Lande zu entscheiden;

**4** der Verzicht darauf, mit militärischer Gewalt oder mit Drohungen sowie mit wirtschaftlichem oder politischem Druck die innere Entwicklung in den osteuropäischen Ländern zu beeinflussen;

**5** die Anerkennung unverletzlicher Menschenrechte für die Bevölkerung dieser Länder.

Von Brentano brachte in seiner Rede zum Ausdruck, daß er eine solche Entschließung keineswegs als einen Aufruf zu weiteren Freiheitsaktionen in Osteuropa verstanden wissen will. Die Bundesregierung habe beruhigend auf die mitteldeutsche Bevölkerung eingewirkt.

Von Brentano vertrat die Ansicht, daß kulturelle und wirtschaftliche Beziehungen zu den Satellitenstaaten ermutigt werden sollten, auch wenn sich das Ausmaß der im Ostraum begonnenen Entwicklung noch nicht übersehen lasse. Die Bundesrepublik werde auch, und zwar im Einvernehmen mit ihren Verbündeten, ihr Gespräch mit Moskau fortsetzen.

# Immer mehr Frauen wollen studieren

## In Niedersachsen betrug ihr Anteil im letzten Semester 25 Prozent

HANNOVER, 3. Dezember

Die akademisch gebildete Frau an leitender Stelle in der Wirtschaft, in der Wissenschaft und in der Erziehung scheint in ständig steigendem Maße das Berufsziel junger Frauen und Mädchen zu sein. An den niedersächsischen Hochschulen, Universitäten und Akademien war bereits im Sommersemester 1956 fast jeder vierte Studierende eine Frau. An wissenschaftlichen Hochschulen haben sie mit 1457 (11,7 Prozent) von insgesamt 12 442 Studierenden ihren bisher höchsten Anteil erreicht. An der Göttinger Universität betrug dieser Anteil sogar 20 Prozent. In den Fakultäten für Kunst- und Sprachwissenschaften behaupteten sich die Studentinnen im Vergleich zu ihren männlichen Kollegen mit 30,6 Prozent am stärksten, vor der medizinischen Fakultät mit 28,6 Prozent und bei den Rechts- und Wirtschaftswissenschaften mit 12,6 Prozent. Unter den Theologiestudenten sind 11,8 Prozent Frauen. Bei den pädagogischen Hochschulen sind die künftigen Lehrerinnen mit 1738 Studentinnen (58,6 Prozent) und 1226 Studenten absolut in der Mehrheit.

## *Ein Druck auf den Knopf genügt*

*. . . um dieses Ford-Modell von einer Limousine in ein Kabriolett zu verwandeln. Das Metallverdeck verschwindet vollständig im Kofferraum. Das mittlere Bild zeigt zwei Phasen des Verwandlungsvorganges.*

# Gesamtdeutscher Heiratsmarkt notwendig

## In Mitteldeutschland zuviel Männer, in Westdeutschland zuviel Frauen

BERLIN, 30. November

Abseits der großen Politik sind besonders dringende Wünsche zur Wiedervereinigung bekannt geworden. Die Heiratsvermittlungsbüros in Westdeutschland und Mitteldeutschland könnten sich nämlich ideal ergänzen, denn jeder hat einen anderen Überschuß: In Westdeutschland kommen in den Karteikästen der Heiratsvermittlungen auf 100 ehesuchende Frauen nur ein Dutzend gleichgesinnte Männer. In Mitteldeutschland aber ist das Verhältnis fast genau umgekehrt, hier suchen die Vermittlungsbüros Dutzende von heiratswilligen Frauen, um ihren männlichen Klienten ihre Wünsche zu erfüllen. In Westdeutschland kündigen empört die Frauen ihre Vermittlungsaufträge, weil sie zuwenig Männer offeriert erhalten.

Anscheinend hat in Mitteldeutschland die Einschaltung der Frauen in den Arbeitsprozeß und die auf starke Selbständigkeit zielende Erziehung darauf eingewirkt, daß sich dort die Frauen Zeit nehmen, bevor sie sich zur Ehe entschließen. Auf der anderen Seite wird wiederum von einem Teil sehr jung geheiratet, so daß das Problem für die Heiratsbüros zwiespältig wird. Ganz besonders delikat wird es, wenn ein „klassebewußter Ehepartner" gewünscht wird, was besonders unter den Neukommunisten in Mitteldeutschland noch aktuell ist. Das ist etwa der östliche Gegenpol zu den westlichen Akademiker- oder Geschäftsmann-Anzeigen. Man möchte fein unter sich bleiben. Im mitteldeutschen Heiratsanzeigen-Markt steht es 3:2 für die Männer. Und sollt ist eine Anzeige zu lesen wie die nachfolgend erwähnte: „Wegen Herrenüberzahl erhalten Damen bis 24 kostenlose Sonderangebote. Damen ab 25 erhalten Spezialangebot gegen Freiumschlag. RUKUS — Karl-Marx-Stadt" (Chemnitz — D. Red.). Da können westdeutsche Heiratsbüros neidisch werden.

# Bekleidungsindustrie führt 45-Stunden-Woche ein

BIELEFELD, 7. Dezember

In der Bekleidungsindustrie des Bundesgebietes wird vom 1. April 1957 an für rund 200 000 gewerbliche Arbeitnehmer die 45-Stunden-Woche eingeführt. Gleichzeitig wurde zwischen der zuständigen Bundesvereinigung der Arbeitgeber und dem Hauptvorstand der IG Textil am Freitag in Bielefeld eine Lohnerhöhung um 8 v. H. vereinbart, in der der Ausgleich für die Arbeitszeitverkürzung mit enthalten ist. Das Abkommen hat eine Laufzeit bis 31. Dezember 1957. Der Überstundenzuschlag von der 46. Stunde an beträgt 25 v. H., von der 52. Stunde an 35 v. H.

# Über 10 000 Ungarnflüchtlinge wollen in die Bundesrepublik

BONN, 4. Dezember

Über 10 000 Ungarn, die zur Zeit in österreichischen Flüchtlingslagern leben, wollen in die Bundesrepublik weitergeleitet werden. Wie am Dienstag aus dem Bundesinnenministerium verlautete, soll der Abtransport der Flüchtlinge bis Mitte dieses Monats abgeschlossen sein. Die westlichen Länder haben bisher von den rund 110 000 Ungarnflüchtlingen in Österreich 35 294 übernommen. Dabei steht die Bundesrepublik mit 5100 an dritter Stelle nach England mit 6676 und der Schweiz mit 6562. Ein neuer Transport mit 581 ungarischen Flüchtlingen ist am Dienstag im Grenzdurchgangslager Friedland eingetroffen.

# *46 Ungarn blieben zurück*

MELBOURNE, 9. Dezember

Sechsundvierzig Mitglieder der 176 Personen zählenden Ungarischen Olympiamannschaft sind am Sonnabend nach dem Abflug des Hauptteils der Mannschaft in Melbourne zurückgeblieben. Schätzungsweise weitere zwanzig werden in Mailand die gecharterten französischen Verkehrsflugzeuge verlassen, um auf eigene Faust nach Wien zu fahren und sich dort nach dem Schicksal ihrer Familien zu erkundigen.

Von den in Melbourne zurückgebliebenen wollen 34 nach den Vereinigten Staaten. Eine amerikanische Sportzeitschrift will ihnen ein Flugzeug mieten.

*Daß die meisten Renten von Frauen bezogen werden, erscheint nur auf den ersten Blick verwunderlich. Die Erklärung liegt, abgesehen von der Zunahme der Frauenarbeit, darin, daß fast ebenso viele Frauen Witwenrente beziehen wie Männer Invalidenrenten bzw. Ruhegelder der Angestelltenversicherung. Allerdings liegen die Renten der Frauen im Durchschnitt wesentlich niedriger als die der Männer, so daß auf drei Mill. Frauen insgesamt eine geringere Rentensumme entfällt als auf knapp zwei Mill. Männer.*

## Die Wehrpflicht

Seitdem das Prinzip der Wehrpflicht festgelegt ist, kommt der Dauer des Wehrdienstes keine überragende Bedeutung mehr zu. Dies bewiesen am Mittwoch nicht nur die vielen leeren Plätze im Bundestag, auch das Gesetz über die Wehrdienstzeit selbst beweist es.

Der Wehrpflichtige, der sich vielleicht schon über die kürzere Dienstzeit gefreut hat, wird bei näherem Studium des Gesetzes feststellen, daß er nicht so billig davonkommt, wie es auf den ersten Blick aussieht. Denn so wie die Grundwehrdienstzeit verkürzt wurde, so wurde die Zahl der Übungsmonate erhöht. Für viele mögen häufige Übungen noch beschwerlicher sein, als eine längere Dienstzeit mit 18 Jahren.

Diese persönliche Seite ist jedoch nicht die wichtigste. Das ganze System der Wehrpflicht, wie es sich in dem Gesetz abzeichnet, deutet auf eine radikale Veränderung in der Verteidigungsplanung hin. Der Abgeordnete Jäger hat es offen ausgesprochen: es ist eine Hinwendung zum Milizsystem. Die reguläre Armee wird zum überwiegenden Teil aus längerdienenden Berufssoldaten bestehen.

Bezeichnend dafür ist auch, daß der neue Verteidigungsminister Strauß zur Verteidigung der Wehrpflicht ein neues Argument vorbrachte: erst bei einer allgemeinen Wehrpflicht werde es möglich sein, die „richtigen" Freiwilligen als Berufssoldaten bzw. Soldaten auf Zeit zu gewinnen.

In der kurzen Debatte vom Mittwoch wurde erneut der jahrelange Streit um die Aufrüstung überhaupt aufgerührt. Die Diskussion zeigt, daß sich die Standpunkte wenig verändert haben. Das ist leider jetzt vor den Wahlen nicht anders zu erwarten. Dennoch schmerzt es immer wieder, die Vereinfachungen zu hören, die sich die einzelnen Redner mit Rücksicht auf den Wahlkampf erlauben.

Dabei haben uns die Ereignisse der letzten Wochen Lehren vermittelt, die für beide Seiten gelten. Einmal hat das blutige Vorgehen der Sowjets in Ungarn und die gleichzeitige Entblößung Europas von britischen und französischen Verbänden gezeigt, daß wir uns weder auf die friedfertigen Absichten des einen noch auf die unbedingte und volle Solidarität der anderen verlassen können. Dies bedeutet, daß wir unseren eigenen, vollen Beitrag zur Verteidigung leisten müssen. Dazu gehört gegenwärtig auch die allgemeine Wehrpflicht, wie sie unsere Nachbarn und Verbündete auf der einen, und wie sie auf der anderen Seite auch unsere möglichen Gegner haben.

Mit dieser militärischen Verteidigungsbereitschaft allein ist es aber nicht getan. Die wichtigere und größere Aufgabe ist die, Sowjetrußland zum Rückzug aus Deutschland und wenn möglich aus ganz Osteuropa diesseits seiner Grenzen zu bringen. Das ist in erster Linie eine politische Aufgabe; militärischen Charakter hat sie nur in bezug auf das dann notwendige europäische Sicherheitssystem.

Die Stärkung der eigenen und damit der westlichen Verteidigungsbereitschaft ist mit der Festlegung der Wehrpflicht einen weiteren Schritt vorangekommen. Wir wären froh, wenn auf dem anderen Gebiet über die „Prüfungen" in den Ministerien hinaus auch nur annähernd ähnliche Fortschritte zu erkennen wären.          S. M.

## Wieder Seehunde im Rhein gesehen

**BONN, 14. Dezember**

Wie vor drei Jahren wurden auch jetzt wieder in Bonn bei Einbruch der kalten Jahreszeit Seehunde im Rhein gesichtet. Einer wurde beim Palais Schaumburg, dem Sitz des Bundeskanzlers, zwei andere wurden vor der Rheininsel Nonnenwerth entdeckt.

# Zwölf Monate Dienstzeit

## Gesamtdauer der Wehrübungen erhöht
## Gesetzentwurf vom Bundestag verabschiedet

Von unserem Bonner Büro          Schu BONN, 5. Dezember

„Der Grundwehrdienst dauert 12 Monate." So lautet der erste Paragraph eines Gesetzentwurfes über die Dauer des Grundwehrdienstes und die Gesamtdauer der Wehrübungen, den der Bundestag am Mittwoch nach dreistündiger Debatte verabschiedete. Dagegen stimmten die SPD-Fraktion und zwei FDP-Abgeordnete. Die Diskussion, die vor mäßig besetztem Hause mit überwiegend außenpolitischen Argumenten geführt wurde, stand bereits eindeutig im Zeichen des kommenden Wahlkampfes.

Dies sind die weiteren Bestimmungen des Dienstzeit-Gesetzes, mit dem das Gesetz über die allgemeine Wehrpflicht vervollständigt wird:

**1.** Wehrpflichtige können auch freiwillig einen 18monatigen Grundwehrdienst als Soldaten auf Zeit leisten. Sie sollen sich dafür ihre Waffengattung oder ihren Truppenteil aussuchen können.

**2.** Gegenüber der Regierungsvorlage wurde die Gesamtdauer der Wehrübungen für Unteroffiziere und Mannschaften von sechs auf neun Monate und für Offiziere von 12 auf 18 Monate erhöht.

**3.** Für Wehrpflichtige, die den verkürzten Grundwehrdienst abgeleistet haben, verlängert sich die Dauer der Wehrübungen um sechs Monate.

**4.** Wenn ein Wehrpflichtiger im Anschluß an den Grundwehrdienst freiwillig eine dreimonatige Wehrübung ableistet und daraufhin zum Unteroffizier befördert wird, so verkürzt sich die Gesamtdauer der Übungen um drei Monate. Das gleiche gilt für die Wehrpflichtigen, die sich sofort zu einem 18monatigen Wehrdienst verpflichten.

**5.** Unteroffiziere und Mannschaften im Alter von über 35 Jahren können nur noch zu Wehrübungen von insgesamt drei Monaten herangezogen werden.

**6.** Wehrübungen, die als sog. Bereitschaftsdienst von der Bundesregierung angeordnet worden sind, werden nicht auf die Gesamtdauer der Wehrübungen angerechnet.

## Borgward-„Isabella" als Coupé

*Die Bremer Borgward-Werke haben ihre „Isabella" jetzt auch als sportlich-elegantes Coupé herausgebracht Das ausgesprochen komfortabel ausgestattete und windschnittige Fahrzeug erreicht nach Werksangaben mit den 75 PS des 1500-ccm-TS-Motors eine Spitze von 150 km/st. Der Wagen wird grundsätzlich zweifarbig geliefert.*

## Abiturientenklasse flieht nach West-Berlin

### Wegen Schweigeminute verfolgt

**BERLIN, 30. Dezember**

15 von insgesamt 20 Schülern der Abiturientenklasse der Oberschule in Storkow (Mark Brandenburg) sind, wie erst jetzt bekannt wird, am Tag nach Weihnachten aus der Sowjetzone nach West-Berlin geflüchtet. Die gesamte Klasse war nach Angaben der Geflüchteten kurz vor Weihnachten von der Schule verwiesen worden, weil sie im Oktober in einer Schweigeminute der ungarischen Freiheitskämpfer gedacht hatte.

Die Oberschüler wurden wochenlang ergebnislos vom sowjetzonalen Staatssicherheitsdienst verhört: keiner fand sich bereit, angebliche „Rädelsführer" zu nennen. Selbst „gutes Zureden" des sowjetzonalen Volksbildungsministers Lange (SED), der selbst in der Schule erschien, blieb ohne Resultat. Da den Schülern noch weitere Folgen ihres Verhaltens angedroht wurden, machten sich 15 von ihnen in kleinen Gruppen auf den Weg nach West-Berlin. Sie wurden vorläufig in einem Jugendheim des Senats untergebracht.

# „Rock-and-Roll"-Krawalle in Dortmund
# Polizei nimmt 16 Jugendliche fest
## Polizeipräsident will sich mit Schülern aussprechen

WAZ DORTMUND, 2. Dezember

„Wir nehmen die Situation nicht so tragisch, wie sie von vornherein aussehen mag", sagt Dortmunds Polizeipräsident Kanig, als er am Sonntagabend zu den „Rock-and-Roll"-Tumulten Halbwüchsiger in der Dortmunder Innenstadt am Freitag und Samstag nach Aufführung des Films „Außer Rand und Band" Stellung nahm. Bei den Zwischenfällen wurden insgesamt 16 Jugendliche, darunter auch zwei Mädchen, festgenommen. Einer der Festgenommenen ist bereits sechzehnmal vorbestraft, darunter auch wegen Raubes.

Am Freitagabend hatte die Polizei noch versucht, mit „sanfter Gewalt" gegen die Jugendlichen vorzugehen. „Sie sollten sich austoben", kommentiert Präsident Kanig. Als dann aber Schaufensterscheiben eingeworfen wurden, griff die Polizei energisch durch. Am Samstag ging die Polizei auch sofort scharf vor. Bereits nach der ersten Vorstellung wurde ein Wasserwerfer eingesetzt, als die Jugendlichen den Aufforderungen der Polizei, weiterzugehen, nicht folgten.

Die Tumulte erreichten ihren Höhepunkt gegen 22 Uhr, als etwa 2000 Jugendliche die Straßen blockierten, Verkehrsschilder umstürzten, Christbäume der Weihnachtswerbung abrissen und auf der Straße rings um einen Personenwagen ein Feuer entfachten. Ein Kommissar der Kriminalpolizei mußte in der Menge der Halbwüchsigen, die ihn bedrohten, seine Pistole ziehen, um freizukommen.

Im Filmtheater selbst hatten die Jugendlichen wilde Pfeifkonzerte veranstaltet, getanzt, Zigaretten geraucht und Knallfrösche geworfen. Die Polizei steht weiterhin in Alarmbereitschaft: denn der Film läuft bis Donnerstag weiter.

Der Polizeipräsident will für Montag die Schulsprecher der Dortmunder Schulen zu einer Diskussion einladen.

*DIE ERFINDER der Lichterfiguren — hier Kettwiger Tor — müssen an die Märchen aus Tausendundeiner Nacht gedacht haben, in denen sich die Wünsche aller Guten erfüllen. Mögen sich alle Träume verwirklichen, ganz besonders die Träume unserer Kinder.*

# Lufthansa wird langsam rentabel
## Zuschuß des Bundes rückläufig — Starke Konkurrenz

WAZ BONN, 3. Dezember

Von jeder D-Mark, die 1955 von der Deutschen Lufthansa ausgegeben wurde, stammten 45 Pf vom Staat, während 55 Pf selbst verdient wurde, erklärte der Vorstandsvorsitzende Bongers vor der Presse in Bonn. Im laufenden Jahr hat sich der selbstverdiente Anteil auf 80 Pf erhöht, so daß der Staat nur noch 20 Pf zuschießen muß. Die Termine der Streckeneröffnung und auch das geschäftliche Ergebnis sind in dem abgelaufenen Jahr laut Plan eingehalten worden. Für das nächste Jahr ist kein großes Neuprogramm vorgesehen. Für den Europadienst sollen zwei „Convair" eingestellt werden. Außerdem will man gegebenenfalls eine Chartermaschine kaufen, um den Anschluß an die für 1958 erwarteten und bereits bestellten „Viscounts" zu erreichen.

Die Schlacken, die sich beim Aufbau in den verflossenen Jahren angesetzt hätten, müßten 1957 bereinigt werden. Dies werde auch einige personelle Änderungen mit sich bringen. Der Unkostensatz je Tonnen-Kilometer liege mit 1,22 DM in Europa schon unter dem allgemeinen Satz der anderen Linien, der mit 1,27 DM angegeben wurde. Bei den amerikanischen Fluggesellschaften betrage er aber nur etwa 1 DM. Aus den Zahlen ergebe sich immerhin, daß bei der Deutschen Lufthansa schon bis jetzt sehr rationell gearbeitet worden sei. Trotzdem seien noch weitere Anstrengungen notwendig, zumal im Verkauf, wo man noch stärker in den harten Wettbewerb einsteigen müsse.

Auf den Linien der Deutschen Lufthansa liegt der Ausnutzungsfaktor auf der Nordatlantikstrecke bei über 50 v. H., bei den innerdeutschen Strecken etwa bei 57 v. H. und auf den außerdeutschen Linien bei über 60 v. H. Die Südatlantikroute hat sich nach den gegebenen Auskünften als eine sehr günstige Fluglinie entwickelt. In Europa werden im laufenden Jahr Wien und Zürich zusätzlich angeflogen. Der endgültige Ausbau des Europanetzes kann aber erst vorgenommen werden, wenn der entsprechende Flugzeugpark vorhanden ist.

## OFFIZIER IN DER BUNDESWEHR

zu werden, ist eine Sache, die sich zur Zeit viele junge Männer ernsthaft überlegen. Denn sie wissen: wer diesen Beruf wählt, nimmt sein Schicksal selbst in die Hand. In Heer, Luftwaffe und Marine steht dem Tüchtigen der Aufstieg bis in die höchsten Ränge offen. Der Dienst in einer modernen, technisch hoch entwickelten Truppe ist überall interessant, lehrreich und verantwortungsvoll. Und der Gemeinschaft unseres Volkes ein Leben lang in einer führenden Stellung zu dienen — das ist eine Aufgabe, die gerade jetzt die Besten verlangt.

Das Bundesministerium für Verteidigung schickt allen Interessenten gegen Einsendung des folgenden Abschnitts eine Schrift über Einstellungsbedingungen, Besoldung und Aufstiegsmöglichkeiten für Offiziersbewerber

• • • • • • • • • • • • • • • • • • • • • • • •
Ausschneiden und in verschlossenem Briefumschlag unfrankiert einsenden!
AN DAS
BUNDESMINISTERIUM FÜR VERTEIDIGUNG (O)
BONN · ERMEKEILSTRASSE

Ich interessiere mich für die Einstellung als ungedienter Bewerber für die Offizierslaufbahn in der Deutschen Bundeswehr und bitte um Übersendung von Informationsmaterial

Name:_____
Alter: _____
Beruf: _____
Schulbildung: _____
Wohnort: ○ _____
Straße: _____

HEER / LUFTWAFFE / MARINE — Zutreffendes bitte unterstreichen

# Neue Zweimarkstücke
# bald zu erwarten

BONN, 18. Dezember

Mit dem Umtausch der jetzigen Zweimarkstücke gegen neue kann bald gerechnet werden, teilt das Bundesfinanzministerium in seinem Jahresbericht 1956 mit. Inzwischen sei das dafür erforderliche Münzmetall beschafft worden. Die alten Zweimarkstücke sollen aus dem Verkehr gezogen werden, weil sie mit den Einmarkstücken zu leicht verwechselt werden.

## Freie Rückfahrt für Besucher aus der Zone

**WAZ** BONN, 20. Dezember

Alle Besucher aus der Sowjetzone, die mindestens eine Woche in der Bundesrepublik bleiben, können die Kosten für die Rückfahrt erstattet erhalten. Dies bestimmt ein neuer Erlaß des Bundesministeriums für gesamtdeutsche Fragen. Die Besucher müssen bei den Landratsbzw. Oberbürgermeisterämtern oder auch den zuständigen Fürsorgestellen die Erstattung der Rückfahrtkosten beantragen. Der Antrag muß die Erklärung enthalten, daß weder der Besucher noch sein westdeutscher Gastgeber die Rückreise bezahlen können. Darüber hinaus gibt es keine Bedingungen.

Die Regelung, daß Besucher aus der Zone bei den zuständigen Fürsorgeverbänden ein Taschengeld von 10 DM beantragen können, bleibt weiterhin gültig.

## Über 13 000 Verkehrstote in diesem Jahr
### Rund 365 000 Verletzte

**WAZ** BONN, 17. Dezember

Die Zahl der Verkehrstoten wird in diesem Jahr 13 000 übersteigen. Dies geht aus dem jetzt veröffentlichten Jahresbericht des Bundesverkehrsministeriums hervor. Die Zahl der bei Unfällen im Straßenverkehr Verletzten wird nach den vorliegenden Statistiken rund 365 000 betragen. Gegenüber 1955 wurden damit im Verkehr 6 v. H. mehr Menschen getötet und 4 v. H. mehr verletzt.

Nach dem Bericht des Ministeriums sind in der Bundesrepublik gegenwärtig fünf Mill. Kraftfahrzeuge zugelassen. Hinzu kommen rund 1,8 Mill. Mopeds.

## Japan jetzt in der UNO

NEW YORK, 18. Dezember

Japan ist am Dienstag von der Vollversammlung einstimmig als 80. UNO-Mitgliedstaat aufgenommen worden; Ungarn und Südafrika nahmen nicht an der Abstimmung teil. Der Sicherheitsrat hatte in der vergangenen Woche die Aufnahme Japans gutgeheißen, aber gleichzeitig eine Aufnahme der von den Sowjets unterstützten Mongolischen Volksrepublik abgelehnt. Die Aufnahme Japans in die UNO bringt dem Land nur geringe sofort ins Auge springende praktische Vorteile. Der Prestigegewinn, vor allem im asiatischen Bereich, ist jedoch nicht zu unterschätzen. Japan tritt der asiatischen Mächtegruppe in der UNO als eines der wenigen Länder bei, das keine starren Bindungen eingegangen ist.

### Strauß läßt sich die neuen einreihigen Uniformen vorführen

**WAZ** BONN, 18. Dezember

Auf einer großen „Modenschau" wurden Bundesverteidigungsminister Strauß sowie den höchsten Beamten und Militärs des Bundesverteidigungsministeriums am Dienstag die neuen einreihigen Uniformen vorgeführt; die neuen Monturen befinden sich ebenso wie einige „knobelbecherähnliche" Stiefel seit einigen Monaten in der Truppenerprobung. Wie verlautet, hatte Strauß noch einige Änderungswünsche. Es ist vorgesehen, im Frühjahr dem Bundespräsidenten die neuen Uniformen zur Genehmigung vorzuführen. Vor der „Modenschau" hatte Bundesverteidigungsminister Strauß vor den Kommandeuren der Wehrbereiche über die Pariser NATO-Tagung Bericht erstattet.

MENSCHLICHES VERSAGEN führt zu zwei großen Katastrophen. Italiens Stolz, der 29 000 BRT große Luxusdampfer „Andrea Doria", sinkt 50 Meilen vor der USA-Küste nach einem Zusammenstoß mit dem schwedischen Passagierschiff „Stockholm". —

Professor Siegfried Strugger warnt:

# Im Weltraum wartet der Tod auf uns

Die Nutzbarmachung der Atomenergie als Antriebskraft und die starke Entwicklung der Raketenforschung haben in der Öffentlichkeit allgemein die Meinung hervorgerufen, daß der Mensch in nicht mehr allzu ferner Zeit den Weltraum erobern wird. Dieser — zumeist von Laien gehegte, aber von exakten Wissenschaftlern nicht überall geteilte — Optimismus wurde durch den als Zellforscher bekannten Biologen Professor Dr. Siegfried Strugger, Universität Münster, gedämpft. Er erklärte mit Nachdruck, daß er menschliches Leben außerhalb der Atmosphäre und Ionosphäre nicht für möglich hält: die Überwindung des Weltraumes werde für den Menschen ein Experiment mit tödlichem Ausgang.

Professor Strugger begründet seine Auffassung mit dem Hinweis auf verschiedene, der Wissenschaft seit langem bekannte Tatsachen. Auf der Erde ist menschliches Leben nur möglich, weil die Atmosphäre durch ihren Ozongehalt die von der Sonne ausgehende ultraviolette Strahlung in einem komplizierten Prozeß auf ein für den Menschen erträgliches Maß begrenzt. In gleicher Weise werden die für das menschliche Leben außerordentlich gefährlichen Komponenten der kosmischen Strahlen unschädlich gemacht. „Die Atmosphäre ist für den Menschen eine unentbehrliche Schutzschicht", sagt Professor Strugger. „Vom biologischen Gesichtspunkt aus ist es sehr unwahrscheinlich, daß Menschen im Hagel der kosmischen Strahlen existieren können."

Zur Art der Schädigung des menschlichen Organismus durch kosmische Strahlung erklärte Strugger: „Bei der kosmischen Strahlung handelt es sich um eine starke und durchdringende Korpuskularstrahlung. Selbst stärkste Bleiwände bieten keinen Schutz dagegen, geschweige denn die Wandungen eines Weltraumfahrzeuges. Selbst bei kürzester Aufenthaltsdauer in Höhen über 40 Kilometer ist es unvermeidbar, daß im menschlichen Körper lebenswichtige Ganglienzellen, Steuerungszentren und plasmatische Strukturen getroffen und zerstört werden. Eine Regeneration der zerstörten Stellen tritt nicht ein." Dr. K.

LOUIS ARMSTRONG gibt in der Londoner Royal Festival Hall gemeinsam mit dem Londoner Philharmonischen Orchester ein Wohltätigkeitskonzert für ungarische Flüchtlinge. Unser Bild zeigt Armstrong bei der Probe in London.

# Ruhrfestspielhaus für 1000 Zuschauer

## Auf Recklinghäuser Parkhöhe — Hauptbühne und drei Nebenbühnen

Wie bereits kurz gemeldet, fiel in Recklinghausen vorgestern die Entscheidung im Wettbewerb für den Entwurf des neuen Ruhrfestspielhauses. Die Jury, der u. a. die Professoren Bartning, Hillebrecht und Kraemer angehören, erkannte den ersten Preis den Recklinghäuser Architekten Ganteführer und Hannes zu. In der Städtischen Kunstgalerie wurde gestern eine alle eingereichten Entwürfe umfassende Ausstellung, in der auch die Baumodelle zu sehen sind, eröffnet.

Das neue Festspielhaus wird auf der Stadtgartenhöhe errichtet, deren schöner Park weitgehend erhalten bleiben soll. Gerade diese Möglichkeit sei, wie man vom technischen Direktor der Ruhrfestspiele, Zoozmann, erfuhr, wesentlich für die Zuerkennung des ersten Preises an die beiden Recklinghäuser Architekten gewesen.

Das Projekt, das nun eingehend durchgeplant wird, sieht ein 1000 Zuschauern Platz bietendes Haus vor, in dem nicht nur die Ruhrfestspiele, sondern auch stadteigene Kulturveranstaltungen eine Heimstätte finden sollen.

Eine Hauptbühne, die bis zu 25 m Breite und 23 m Tiefe groß sein kann, und drei Nebenbühnen (mit Drehbühne) sind vorgesehen. Sie sollen besonders groß werden, damit mehrere Vorstellungen reibungslos nacheinander abgewickelt werden können. Aus diesem Grunde ist auch das ursprüngliche Vorhaben, 2000 Sitzplätze zu schaffen, auf die Hälfte reduziert worden.

Über stilistische Einzelheiten des Projektes läßt sich zur Stunde Abschließendes noch nicht sagen. Maßgebend wird die harmonische Eingliederung des

Baues in die umgebende Parklandschaft sein. Das Haus wird mit allen technischen Raffinements eines modernen Theaters ausgestattet.

Die Gesamtkosten schätzt man auf 10 bis 12 Millionen DM, wovon 3 Millionen DM von der Stadt Recklinghausen bereitgestellt werden. Wenn man die eingeplante gründliche Erprobung des Hauses berücksichtigt, wird der Bau frühestens in drei Jahren spielfähig.

Im Anschluß an die Eröffnung der Ausstellung ging im Saalbau als Festaufführung Lessings „Nathan der Weise", dargeboten vom Schauspielhaus Düsseldorf mit Ernst Deutsch in der Titelrolle, über die Bühne. Am Abend fand die Gründungsfeier des Vereins „Freunde der Ruhrfestspiele" mit der Verkündung der Preisträger des Wettbewerbs um den Theaterneubau statt. WERNER TAMMS

---

# „Eine Milliarde für bessere Luft würde im Revier vieles ändern"

## Sturm Kegel auf der Lufthygienetagung des NRW-Städtetages

WAZ GELSENKIRCHEN, 7. Dezember

Der „Dunstglocke" über dem Industrierevier wurde am Freitag der schärfste Kampf angesagt. Der Städtetag von Nordrhein-Westfalen hatte seine Mitglieder nach Schloß Berge in Gelsenkirchen-Buer zu einer Lufthygienetagung eingeladen. Die gefährlichen Feinstäube kämen auch durch den Regen nicht zur Erde, betonte Dr. Hoffmann vom Hygiene-Institut des Ruhrgebiets in seinem wissenschaftlichen Referat. Viele Betroffene würden auf die Dauer labil und neigten zu Depressionen, die wiederum zur Verminderung der Arbeitsleistung bis zu 20 v. H. führen könnten. Heute würde jährlich mehr als eine Tageskohlenförderung in die Luft gelassen.

Dem müsse mit klaren gesetzlichen Vorschriften entgegengewirkt werden. Die gegenwärtigen Vorschriften des

BGB und des Gewerberechtes genügten in keiner Weise. Diese Ansicht vertrat mit Nachdruck auch Verbandsdirektor Sturm Kegel. Der gefährliche Staub über dem Ruhrgebiet dürfe nicht als „ortsüblich erlaubt" angesehen werden. Einen Nachteil stelle dar, daß die Gewerbeaufsichtsämter nicht auch für den Bergbau zuständig seien.

Die Industriebevölkerung lebe unter Sonderbedingungen, denen mit Sondermitteln entgegengetreten werden müsse. Mit einer Milliarde DM könne man zur Besserung der Verhältnisse viel tun. „Wir brauchen ein Organ, das als Motor und Gewissen die Dinge vorantreibt", sagte der Redner. Was auf dem Gebiet der Wasserwirtschaft in bezug auf gemeinsame erfolgreiche Arbeit möglich sei, müsse sich auch zur Säuberung der Luft endlich durchführen lassen.

---

## Adenauer: Rentner erhalten im Februar zweiten Vorschuß

WAZ BONN, 7. Dezember

Auf der ersten seiner künftig regelmäßig alle zwei Wochen geplanten Pressekonferenzen versicherte Bundeskanzler Adenauer am Freitag in Bonn, daß die Rentner außer dem für Januar vorgesehenen Rentenvorschuß auf die neuen Renten auch im Februar eine Vorwegzahlung erhalten werden. Dies Verfahren sei besser als eine spätere Nachzahlung. Adenauer meinte, die Bundesregierung hätte gut getan, ihren Entwurf zur Rentenreform dem Parlament früher zugehen zu lassen. Vorwürfe gegen den Bundestag wegen einer schleppenden Behandlung der Rentenreform seien nicht am Platz.

Ein Sprecher der SPD-Bundestagsfraktion begrüßte es, daß der Bundeskanzler — wenn auch in sehr verklausulierter und vorsichtiger Form — eingestanden habe, daß die Schuld für die Verzögerung der Rentenreform bei der Bundesregierung selbst liege. Dieser Vorwurf treffe auch die CDU/CSU, die ein gerüttelt Maß Schuld daran habe, daß der Termin 1. Januar nicht eingehalten werden könne. Bis zur Stunde habe die Bundesregierung oder die CDU einen Gesetzentwurf über Vorschußzahlungen nicht eingebracht. Es liege nur ein Gesetzentwurf der SPD vor.

# Bonn zahlt auch 1957 Stationierungskosten

## Deutsch-britischer Prüfungsausschuß in Paris vereinbart

Berichte unserer Korrespondenten und Nachrichtendienste
PARIS/BONN, 12. Dezember

Die Bundesrepublik wird auch im kommenden Jahr einen Unterhaltsbeitrag für die im Bundesgebiet stationierten alliierten Streitkräfte zahlen. Dies gilt in unterrichteten Kreisen Bonns als sicher, nachdem Bundesaußenminister von Brentano und der britische Außenminister Lloyd am Mittwoch in Paris die Bildung eines deutsch-britischen Ausschusses vereinbarten, der die Frage eines künftigen deutschen Stationierungsbeitrages prüfen wird. In Paris verlautete dazu, daß das Bundeskabinett einem solchen gemischten Ausschuß bereits zugestimmt hat.

Der Haushaltsexperte der Bonner Regierungskoalition, Dr. Vogel (CDU), erklärte am gleichen Tage in der Etatdebatte des Bundestages in Bonn: „Wir werden uns mit der Weiterzahlung von Stationierungskosten in irgendeiner Form wegen der von uns nicht gewollten verlangsamten Aufrüstung abfinden müssen." Informierte Kreise der Bundeshauptstadt beziffern den deutschen Beitrag im kommenden Jahr auf 1,2 bis 1,5 Md. DM. Obwohl die Alliierten keinen Rechtsanspruch darauf hätten, werde diese Summe aus politischen Gründen gezahlt.

Ein Sprecher des Bundesfinanzministeriums wies inzwischen nachdrücklich darauf hin, daß im Bundeshaushalt keinerlei Reserven für die Stationierungskosten vorhanden seien.

## Als Vorläufer für den Erdsatelliten der USA

... startete am Wochenende von der amerikanischen Raketenversuchsstation Cape Canaveral in Florida diese Testrakete vom Typ „Viking". Mit einer Spitzengeschwindigkeit von rund 6500 km/st trug sie eine Reihe von Instrumenten, die für die endgültige Startrakete des Satelliten wichtige Daten registrieren sollen, 200 km hoch. Das Geschoß fiel etwa 280 km von der Abschußbasis entfernt in den Atlantik.

### Geschwindigkeitsbegrenzung für Lastzüge und Reiseomnibusse

BONN, 11. Dezember

Die Geschwindigkeit für Pkw. und Krafträder wird auf freien Strecken und auf der Autobahn nicht begrenzt. Die Höchstgeschwindigkeit soll dagegen für Lastzüge, große Lkw. und Reiseomnibusse in absehbarer Zeit auf freien Strecken auf 70 bis 80 km/st und bei Ortsdurchfahrten auf 50 bis 60 km/st begrenzt werden. Dies erklärte am Dienstag in Bonn der Vorsitzende des Verkehrsausschusses des Bundestages, Rümmele. Der Ausschuß wird in dieser Woche seine Beratungen über das Verkehrssicherheitsgesetz beenden, das eine teilweise Wiedereinführung der Geschwindigkeitsbegrenzung vorsieht.

## Heizöl aus Kohle wird nicht teurer

waz ESSEN, 12. Dezember

Die Verkaufsvereinigung für Teererzeugnisse wird Heizöl aus Steinkohlenteer zu unveränderten Preisen liefern, obwohl das mineralische Heizöl seit der Suezkrise um 30 bis 40 DM je Tonne teurer geworden ist. Auch Brikettpech wird im Interesse der Hausbrandversorgung für 1957 nicht mit einem Preisaufschlag belegt. Nur die Listenpreise für präparierte Teere, Straßenteer und Sonderpech werden vom 1. Januar 1957 an um 3,5 bis 6 v. H. heraufgesetzt. Dazu wird von der Vereinigung erklärt, daß diese Produkte schon bisher die vergleichbaren Erlöse der Ausgangsstoffe Pech und Teeröl nicht eingebracht haben. Die Steinkohlenteerindustrie verarbeitet rund 1,8 Mill. t Rohteer auf Pech, Teeröl, Straßenteer und Materialien für die Chemie.

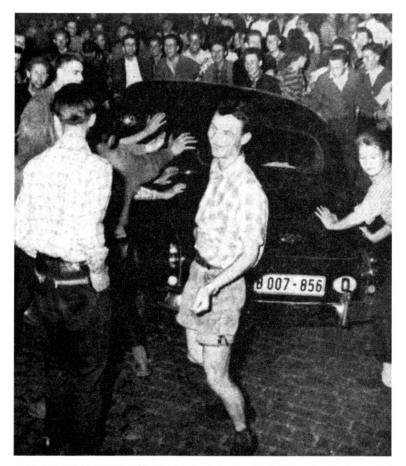

*JUGENDLICHE MACHEN SICH STARK: In fast allen Großstädten der Bundesrepublik kommt es zu Krawallen Rock- n'-Roll-begeisterter Halbwüchsiger. Autos werden umgeworfen, Straßenpassanten belästigt. Oft muß die Polizei eingreifen. In der Öffentlichkeit setzt eine Diskussion über die tieferen Ursachen dieses Sichaustobens ein.* **Bilder:** waz-Archiv

## Kindergeld soll von 25 DM auf 30 DM erhöht werden

**waz BONN, 21. Dezember**

Das Wirtschaftskabinett hat dem Vorschlag von Familienminister Wuermeling, das Kindergeld von 25 DM auf 30 DM zu erhöhen, stattgegeben. Das Gesamtkabinett wird über diesen Plan Anfang Januar beschließen. Eine umfassende Neuordnung der Kindergeldgesetzgebung soll voraussichtlich erst nach der Saar-Eingliederung erfolgen.

# Wiedervereinigung ist Hauptpunkt aller Aufrufe zum neuen Jahr

### Gerstenmaier: Ziel ist nicht ohne eigenes Ringen zu erreichen

**waz BONN/DÜSSELDORF, 28. Dezember**

Die deutsche Wiedervereinigung könne nicht ohne eigenes mühsames Ringen erreicht werden, heißt es in einer am Freitag veröffentlichten Neujahrsbotschaft des Bundestagspräsidenten Dr. Gerstenmaier. Dieses Ringen bedürfe der zusammengefaßten Kraft der ganzen Nation. „Im Wahljahr 1957 sollte deshalb Schluß damit sein, daß der eine den anderen, die eine Partei die andere zu übertrumpfen versuche mit der Dokumentation oder Propagierung des Willens zur Wiedervereinigung." Man wisse ohnehin, daß jeder redliche Deutsche die Wiedervereinigung wolle.

Bundesratspräsident Dr. Sieveking erklärte, es sei notwendig, mit zäher Beharrlichkeit und Geduld den bisherigen Weg weiterzugehen. Manche, die in der Vergangenheit die deutsche Außenpolitik nicht verstanden hätten, würden angesichts der Ereignisse des Jahres 1956

heute anders darüber denken.

Bundesminister Jakob Kaiser stellte in seinem Aufruf noch einmal die Elemente der Wiedervereinigungspolitik heraus. Diese seien neben der Stärkung der Widerstandskraft und der Besonnenheit der Zonenbevölkerung der Verständigungswille auch gegenüber der Sowjetunion. Dazu gehöre aber auch die aufrichtige Freundschaft zu den freien Völkern und der entschlossene Wille zum Aufbau einer Verteidigungsmacht.

Auch NRW-Ministerpräsident Steinhoff betonte in seiner Neujahrsbotschaft: „Unsere Arbeit wäre um die tieferen geschichtlichen Sinn, wenn wir sie nicht täglich und stündlich auf die große Aufgabe der Wiedervereinigung abstellen würden." Er wies gleichzeitig darauf hin, daß seine Regierung in den ersten zehn Monaten ihrer Amtstätigkeit eine Reihe bedeutender Aufgaben, darunter das Schwerpunktprogramm für Atomforschung, in Angriff genommen habe.

## Zeiterscheinungen

**W**enn ich ein Wachsfigurenkabinett einrichten müßte, in dem nur die Nachbildungen besonders kurioser, unangenehmer, aber erfolgreicher Zeitgenossen des Jahres 1956 aufgestellt werden dürften, so würde ich folgende Rangordnung vorziehen: Minou Drouét und noch zwei oder drei der eifrig werkelnden Dichterdirndln kämen in einen Laufstall in die Ecke. Irgendwo würde ich den molligen Schmalzpianisten Liberace postieren und Anita Ekberg und Diane Dors, die beiden aufdringlichsten Schaustellerinnen des Films. Den

*Anita Ekberg*

schönsten Platz aber würde ich für zwei Figuren reservieren, die ich neben der Marsannäherung an die Erde zu den seltsamsten Erscheinungen des scheidenden Jahres rechne: für Elvis Presley und Yul Brynner.

**D**er 21jährige ehemalige Lastwagenfahrer Elvis Presley ist das Idol der sogenannten „Rock-and-Roll"-Bewegung. Er singt, nein — er bölkt Schlager vor sich hin und schlägt dazu auf eine Gitarre ein. Bedeutend sind seine Koteletten, karg sein Verstand, interessant die Bewegungen, die er zu seinem Sing-Sang vollführt; sie erinnern an die Zuckungen eines Menschen, dem ein Hornissenschwarm in der Kniekehle nistet.

*Elvis Presley*

Wenn Elvis auftritt, sind in Amerika die Säle überfüllt, und wenn er seine Freiübungen zelebriert, geraten die „Backfische" außer Rand und Band. Sie stürmen die Bühne. Sie nesteln ihm die Schnürsenkel aus den Schuhen. Sie laufen ihm zu Tausenden nach, wo immer er auch auftaucht. Es ist, als ziehe der Rattenfänger von Hameln durch die Vereinigten Staaten.

**D**er Star Yul Brynner, der jetzt für einen einzigen Film die Gage von einer Million Dollar erhielt, ist kein ehemaliger Lastwagenfahrer, sondern Akademiker. Er trägt keine Koteletten, sondern eine komplette Glatze und ist damit meines Wissens der erste Kahlkopf, der zum Liebhaber Nr. 1 in Hollywood avancierte.

Yuls Glatze ist eine „Masche". Er verfügt an sich über dichten Haarwuchs, aber er opferte ihn freiwillig, weil er ohne Frisur brutaler, außergewöhnlicher, asiatischer wirkte. Glatze hin, Kahlkopf her, Yul ist

*Yul Brynner*

zur Zeit der Liebling der amerikanischen Kinobesucherinnen, der populärste Herzensbrecher seit Rudolf Valentino.

**E**lvis und Yul, die ausgefallensten „Mätzchenmacher" des Jahres 1956, plätschern munter auf den Wogen einer Massenhysterie, die geschickt gesteuert wird. Irgendwann werden die Wogen sich glätten. Die „Backfische" und alleinstehenden Damen werden neue Idole finden, neue Rattenfänge, die dann vielleicht einen Vollbart tragen oder schielen.

Ich aber würde über mein Wachsfigurenkabinett in Nürnberger Fraktur den Spruch setzen: Die größte Traumfabrik der Welt ist das menschliche Unterbewußtsein. MICHAEL LENTZ

# Chronik 1956

## Januar

*3. Januar*
Das DDR-Fernsehen nimmt den regulären Betrieb auf.

*7. Januar*
In Marcoule wird das erste französische Kernkraftwerk in Betrieb genommen.

*13. Januar*
Der amerikanische Maler und Grafiker Lyonel Feininger stirbt im Alter von 84 Jahren.

*18. Januar*
Die DDR-Volkskammer beschließt die Aufstellung der Nationalen Volksarmee.

*26. Januar*
In Cortina d'Ampezzo, Italien, werden die VII. Olympischen Winterspiele eröffnet.

## Februar

*3. Februar*
Der Stuttgarter Fernsehturm wird eröffnet. Er misst 211 Meter und ist damit das höchste Bauwerk Westdeutschlands.

*20. Februar*
Sturz des CDU-Ministerpräsidenten Karl Arnold in NRW. Eine neue sozial-liberale Koalition wählt den SPD-Politiker Fritz Steinhoff zum Nachfolger.

*25. Februar*
Sensation nach dem XX. Parteitag der KPdSU: Moskau bricht mit dem 1953 verstorbenen Josef Stalin. Die „Entstalinisierung" beginnt. Der sowjetisch beherrschte Osten, auch die DDR-Führung, demontiert politisch den Herrscher, dessen „Säuberungen" Millionen Menschen das Leben gekostet haben.

## März

*5. März*
In West-Berlin stellt die US-Firma IBM erstmals in Europa ihren modernsten Computer vor.

*17. März*
Die Chemikerin und Nobelpreisträgerin Irene Joliot-Curie stirbt 58-jährig in Paris.

*23. März*
Die italienische Schauspielerin Anna Magnani erhält für ihre Rolle im Film „Die tätowierte Rose" den Oscar für die beste Hauptdarstellerin. Ernest Borgnine wird für seine darstellerische Leistung in „Marty" prämiert.

## April

*13. April*
Emil Nolde, einer der führenden Maler des Expressionismus, stirbt im Alter von 88 Jahren in Seebüll/Nordfriesland.

*19. April*
Die Glamour-Hochzeit des Jahres findet in Monte Carlo statt. Der Fürst von Monaco, Rainier III., führt die amerikanische Filmschauspielerin Grace Kelly vor den Traualtar.

*27. April*
Box-Idol „Rocky" Marciano beendet seine Karriere. Der Schwergewichtsweltmeister blieb in allen 49 Profikämpfen ungeschlagen. „Rocky" siegte 43 Mal durch k.o.

## Mai

*1. Mai*
Vor dem Rathaus Schöneberg in West-Berlin demonstrieren 100.000 Menschen für die Wiedervereinigung Deutschlands.

*6. Mai*
Eröffnung der Hubschrauber-Fluglinie Dortmund-Duisburg-Eindhoven-Brüssel, die Ende Oktober 1962 wieder eingestellt wird.

*17. Mai*
In der Essener Villa Hügel eröffnet die große Ausstellung „Werdendes Abendland an Rhein und Ruhr". Mehr als 270.000 Besucher sehen die kunstgeschichtliche Schau.

*24. Mai*
In Lugano/Schweiz findet der erste „Grand Prix de la Chanson" statt. Den Wettbewerb entscheidet die Schweizerin Lys Assia mit „Refrain" für sich. Für Westdeutschland nehmen Walter Andreas Schwarz („Im Wartesaal zum großen Glück") und Freddy Quinn („So geht das jede Nacht") teil.

*26. Mai*
Die deutsche Fußball-Nationalmannschaft verliert im Berliner Olympiastadion ein Freundschaftsspiel gegen England vor 95.000 Zuschauern mit 1:3.

## Juni

*3. Juni*
Einweihung der wiederaufgebauten St. Reinoldi-Kirche in der Dortmunder Innenstadt.

*17. Juni*
Der Springreiter Hans Günter Winkler erringt in Stockholm seinen legendären Olympia-sieg. Im ersten Durchgang schwer verletzt, wird Winkler in der zweiten Runde von der „Wunderstute Halla" fehlerfrei durch den Parcour getragen. Zusammen mit Fritz Thiede-mann und Alfons Lütke-Westhues gewinnt er gleichzeitig den Mannschaftswettbewerb.

*22. Juni*
Grundsteinlegung für das Musiktheater in Gelsenkirchen.

*24. Juni*

Borussia Dortmund sichert sich durch einen 4:2-Sieg über den Karlsruher SC in West-Berlin die Deutsche Fußballmeisterschaft.

*28. Juni*

In der polnischen Stadt Posen kommt es zum so genannten „Posener Aufstand". Ausgehend von Streiks der Arbeiterschaft nehmen insgesamt ca. 100.000 Menschen an den Protesten für bessere Lebensbedingungen teil. Der Aufstand wird durch die polnische Armee blutig niedergeschlagen, dabei kommen etwa 70 Menschen ums Leben, über 500 werden verletzt.

*30. Juni*

Als einziger nicht-deutschsprachiger Titel des Jahres wird Bill Haleys „Rock Around The Clock" Nummer-Eins-Hit in Deutschland. Der auch als Hintergrundmusik im Film „Blackboard Jungle" („Saat der Gewalt") eingesetzte Song bleibt vier Wochen an der Spitze.

*30. Juni*

Zwei amerikanische Verkehrsflugzeuge stoßen zusammen und stürzen dann in den Grand Canyon. 128 Menschen sterben.

# Juli

*7. Juli*

Der deutsche Lyriker Gottfried Benn stirbt im Alter von 70 Jahren in Berlin.

*7. Juli*

Der Bundestag verabschiedet das Wehrpflichtgesetz. Vorausgegangen sind heftige Debatten. Einberufen werden können laut Gesetz zum Wehrdienst alle Männer zwischen 18 und 45 Jahren.

*21. Juli*

In Recklinghausen wird das Ikonenmuseum eröffnet.

*25. Juli*

Die „Andrea Doria" sinkt 200 Meilen von New York entfernt im Atlantik. Die schwedische „Stockholm" stößt mit dem italienischen Passagierschiff zusammen und reißt ein großes Leck in die Seite. 1.692 Menschen können gerettet werden; 50 kommen ums Leben.

*26. Juli*

Der ägyptische Staatspräsident Gamal Abd el Nasser gibt die Verstaatlichung des Suez-Kanals bekannt.

# August

*8. August*

Im belgischen Marcinelle ereignet sich das schwerste Grubenunglück der Nachkriegszeit. Mehr als 270 Bergleute finden den Tod.

*11. August*

Jackson Pollock, USA-amerikanischer Maler, stirbt in New York. Er wurde 44 Jahre alt.

*14. August*

Der bedeutende deutsche Dramatiker Bertolt Brecht stirbt im Alter von 58 Jahren in Ost-Berlin. Zu seinen erfolgreichsten Stücken gehören „Mutter Courage", „Der gute Mensch von Sezuan", „Der kaukasische Kreidekreis".

*17. August*

Das Bundesverfassungsgericht in Karlsruhe verbietet die Kommunistische Partei Deutschlands (KPD).

*25. August*

Der US-amerikanische Sozialanthropologe Alfred Kinsey stirbt, er wurde 62 Jahre alt.

## September

*2. September*

Der argentinische Rennfahrer Juan Manuel Fangio sichert sich mit seinem Ferrari beim Großen Preis von Europa (Monza) zum vierten Mal die Automobil-Weltmeisterschaft.

*9. September*

Elvis Presley, der spätere „King of Rock'n'Roll", hat seinen ersten, viel beachteten Fernsehauftritt in der Ed-Sullivan-Show.

*29./30. September*

Eröffnung der ersten Spielzeit der „Deutschen Oper am Rhein", die von den Städten Duisburg und Düsseldorf gemeinsam getragen wird.

## Oktober

*16. Oktober*

Der bayerische Politiker Franz Josef Strauß (CSU) wird im Rahmen einer Kabinettsumbildung zum Verteidigungsminister ernannt.

*17. Oktober*

Königin Elizabeth II. übergibt das Kernkraftwerk Calder Hall seiner Bestimmung. Der britische Meiler ist das erste kommerziell genutzte Atomkraftwerk der Welt.

*19. Oktober*

Die Sowjetunion und Japan beenden offiziell den seit 1945 geltenden Kriegszustand.

*23. Oktober*

Kundgebungen und Massendemonstrationen in Ungarn: Zehntausende Menschen fordern in Budapest den Rücktritt der Regierung und das Verlassen sowjetischer Truppen aus dem Land. Der Volksaufstand beginnt.

*27. Oktober*

Der deutsche Außenminister von Brentano und sein französischer Amtskollege Pineau unterzeichnen in Luxemburg den Vertrag zur Regelung der „Saarfrage", demzufolge das Saarland politisch zum 1.1.1957 und wirtschaftlich zum 1.1.1960 in die Bundesrepublik Deutschland eingliedert wird.

*31. Oktober bis 6. November*
Suez-Krieg, britisch/französische Luftoffensive gegen Ägypten. Ägyptens Präsident Gamal Abd el Nasser hatte Ende Juli den Suez-Kanal verstaatlicht und die Anlagen militärisch besetzen lassen. Damit war die Krise, die zum Krieg wird, ausgebrochen. Durch die Enteignung hatten Großbritannien und Frankreich Kapitalbeteiligungen und Israel eine bedeutende Verbindung für seinen Schiffsverkehr verloren. Am 30. Oktober greifen israelische Einheiten ägyptische Stellungen im Sinai an, tags darauf beginnen die britisch/französischen Luftangriffe.

# November

*4. November*
Ungarn-Aufstand, sowjetische Panzer rücken ein. Wenige Tage zuvor war nach Massendemonstrationen in Budapest ein Aufstand ausgebrochen und war eine neue Staatsführung angetreten. Die Lage spitzt sich dramatisch zu, als Ministerpräsident Imre Nagy Ungarn für neutral erklärt und die Mitgliedschaft im Warschauer Pakt aufkündigt.

*6. November*
Der amerikanische Präsident Dwight D. Eisenhower wird wiedergewählt.

*22. November*
Die XVI. Olympischen Sommerspiele werden in Melbourne, Australien, feierlich eröffnet.

# Dezember

*2. Dezember*
Der Revolutionär Fidel Castro geht in Kuba an Land. Der Guerillakrieg gegen das Regime von General Fulgencio Batista beginnt.

*5. Dezember*
Gegen die Stimmen der SPD und zwei FDP-Abgeordneter legt der Bundestag die Dauer der Wehrpflicht fest. Der Dienst soll zwölf Monate dauern.

*10. Dezember*
In Stockholm werden die Nobelpreise überreicht. Der deutsche Mediziner Werner Forßmann erhält zusammen mit den beiden US-Amerikanern André Cournand und Dickinson W. Richards für die Entwicklung des Herz-Katheters den Nobelpreis für Medizin.

*15. Dezember*
Suez-Krieg: UN-Friedenstruppen kontrollieren die Region des Suez-Kanals. Die britischen und französischen Truppen ziehen ab.

*19. Dezember*
Der Vertrag über die Gründung des neuen Ruhrbistum, Bischofssitz Essen, wird vom päpstlichen Gesandten in der Bundesrepublik, Erzbischof Aloysius Muench, und NRW-Ministerpräsident Fritz Steinhoff unterschrieben. Der Weihbischof und Domdechant von Paderborn, Franz Hengsbach, soll erster Ruhrbischof werden.

# Damals in der Bleizeit

*Von Siegfried Maruhn*

Ein Besuch in einem Zeitungsbetrieb war immer eine aufregende Sache. Da war die geschäftige Redaktion mit Sekretärinnen an klappernden Schreibmaschinen, man sah eilende Boten mit Meldungen, man hörte knallende Rohrpostkartuschen, die Manuskripte in die Setzerei beförderten. Schon diese ersten Eindrücke vermittelten die Vorstellung von einem modernen Betrieb auf der Höhe der Zeit, bemüht, dem Leser das Neueste möglichst schnell nahe zu bringen. Und dann erst die Technik, von der Setzerei bis hin zu den gewaltigen Rotationsmaschinen in der Druckerei – der Besucher kam aus dem Staunen nicht heraus.

In Wirklichkeit aber glich die Arbeit in allen Bereichen der Zeitung damals, vor fünfzig Jahren, noch mehr den Verhältnissen des Neunzehnten Jahrhunderts als denen der Gegenwart. Es war nicht gerade die Steinzeit, in der wir uns befanden, aber die Bleizeit war es allemal. Nicht nur wegen des Materials, das hauptsächlich verwandt wurde und das schwer und träge ist. Auch alle anderen Abläufe waren bleiern langsam, so geschäftig der Betrieb auch anmutete.

Das begann mit der Anlieferung des Rohmaterials, der Information. Die Nachrichtenagenturen übermittelten ihre Texte zwar schon mit lauten Fernschreibmaschinen, doch arbeiteten sie noch mit einem Fünf-Kanalcode, das heißt, weder Großbuchstaben noch Umlaute oder das ß wurden dargestellt. Zu lesen war das ohne große Mühe. Die Rechtschreibreformer von heute, die partout nicht auf die Großschreibung verzichten wollen, wurden schon damals eindrucksvoll widerlegt. Doch für die Weiterverarbeitung musste alles umgeschrieben werden. Das kostete Zeit.

Unsere Korrespondenten im In- und Ausland hatten noch nicht einmal Fernschreiber. Sie mussten entweder ein Fernmeldebüro nutzen oder in der Redaktion anrufen. Dann diktierten sie ihre Berichte einem Stenografen oder einer Stenografin. Die waren sehr fix, nicht wenige belegten erste Plätze bei Stenografenmeisterschaften. Doch schon das Diktat kostete immer noch Zeit und dann mussten die Stenogramme noch in Schreibmaschinentext umgewandelt werden.

Geradezu vorsintflutlich war der Transport aus den Lokalredaktionen des Ruhrgebiets in die Zentralredaktion. Boten mit eigenem Auto oder Motorrad waren noch selten, manche kamen mit dem Fahrrad, andere mit der Bahn. Ein Kurierdienst klapperte die Redaktionen und Geschäftsstellen nacheinander ab, doch war dessen starrer Terminplan mit der gewünschten Aktualität selten zu vereinbaren.

Waren die Berichte in der Zentralredaktion angelangt, mussten sie bearbeitet werden. Das war keine einfache Angelegenheit. Manchmal genügte es, ein wenig zu streichen oder hinzuzufügen, oft aber musste alles umgeschrieben und neu getippt werden, manchmal mehrfach, wenn die Chefs mit dem Ergebnis nicht zufrieden waren.

War das Manuskript endlich als veröffentlichungsreif befunden, wanderte es in die Setzerei, per Boten oder per Rohrpost, in eiligen Fällen lief der Redakteur selbst in die Techniketage. Dort wurde der Text einem Setzer zugeteilt, der sein Pensum nach und nach abarbeitete. Inzwischen hatte die WAZ immerhin schon einen ganzen Saal voller Setzmaschinen. An ihnen konnte der Setzer zwischen 100 und 120 Zeilen in der Stunde herstellen. Mit jedem Tastendruck ordnete sich eine zu dem jeweiligen Buchstaben gehörende Messingmatrize der Zeile ein. Schon während er den Text eingab, musste der Setzer vorausdenkend die Wortzwischenräume jeweils vergrößern oder verkleinern, so dass der Text genau in die Zeile passte. Gelang das nicht, mussten Wörter getrennt werden. Das war eine hoch spezialisierte und qualifizierte Arbeit. So mancher Setzer beherrschte die deutsche Sprache und ihre Regeln besser als der Redakteur, der den Text geliefert hatte.

War die Zeile fertig gesetzt, wurde sie von der Maschine gegen flüssiges Blei gepresst, die Zeile wurde als ganzes gegossen, die Matrizen dann wieder ins Magazin eingeordnet. Hier gab es manchen Fehler, der keine menschliche Ursache hatte. Es waren die berüchtigten „Dreckfuhler", genauer gesagt, Setzfehler, auf die sich gelegentlich auch ein fahrlässiger Redakteur ausreden konnte.

Parallel zum Maschinensatz stellten erfahrene Handsetzer die Überschriften her, diesmal nach

dem Verfahren, das schon Gutenberg benutzte. Die einzelnen Buchstaben wurden von Hand auf einem „Winkelhaken" aneinander gereiht. Die Schriftgrößen waren standardisiert, ein gefälliges Schriftbild erforderte Phantasie. In der Redaktion bildeten sich wahre Überschriftenmeister heraus, die eine aussagekräftige, gelegentlich auch witzige Überschrift in den vorgeschriebenen Rahmen zwängen konnten.

Maschinensatz und Überschrift landeten nun auf einem „Schiff", und es wurde, jetzt schon mit Druckerfarbe, aber gewissermaßen nur probeweise, ein Abzug hergestellt. Diese „Fahnen" wanderten nun in die Korrektur, wo erfahrene, jedem Deutschlehrer gewachsene, wenn nicht überlegene, Korrektoren den Text überprüften. Wurden Setzfehler festgestellt, wanderte die Fahne zurück zum Setzer, ergab der Text keinen oder wenig Sinn, wurde der Redakteur bemüht. Beide Berufsgruppen, Setzer wie Korrektor, gibt es heute in den Zeitungsbetrieben nicht mehr – nicht immer zum Vorteil der Zeitung.

Waren alle für eine Seite vorgesehenen Texte fertig gesetzt, trat der Redakteur wieder in Aktion. Gemeinsam mit dem „Metteur" stellte er die Seite zusammen. Die beiden standen einander gegenüber, zwischen ihnen lag der eiserne Rahmen, in dem die einzelnen Beiträge zusammen mit den Bildern (damals noch wenigen) und den Anzeigen zur Seite zusammengefügt wurden. Der Redakteur sah den Bleisatz in Spiegelschrift und auf dem Kopf stehend. Das kam so manchem zu nutze, wenn er einem Gesprächspartner gegenüber saß. Mühelos konnte er Texte lesen, die der andere vor sich liegen hatte.

War die Seite fertig gestellt und auch vom verantwortlichen Redakteur genehmigt, wanderte sie endgültig in den alleinigen Verantwortungsbereich der Technik. Von der Bleiseite wurde ein Pappabzug (die Mater) hergestellt, diesmal positiv und von jedem zu lesen, von dieser schließlich die halbrunde Druckplatte (negativ und seitenverkehrt), die auf die Walze der Rotation aufgespannt wurde. Das Ergebnis war die fertige Zeitung, die gebündelt und sortiert den mehr oder weniger langen Weg zum Leser antrat.

Das klingt alles sehr kompliziert, und das war es auch, kompliziert, fehlerträchtig, zeitraubend und teuer. Für den Redakteur bedeutete das lange Wartezeiten, bis er endlich zufrieden nach Hause eilen konnte. So manche Skatrunde entstand in dieser Zeit. Sie wurde nur dann unterbrochen, wenn es nötig war, die Zeitung zu aktualisieren. Die Rotation anzuhalten, wie es in manchem Film zu sehen ist, war allerdings nur in seltenen Fällen möglich und ratsam. Die beste Zeitung taugt nichts, pflegte der Verleger der WAZ zu sagen, wenn sie nicht pünktlich beim Leser ist.

War ein Ereignis von überragendem Interesse, stellte die Redaktion nach Druckschluss ein Extrablatt her. So mancher Redakteur eilte dann am frühen Morgen mit noch druckfeuchten Extrablättern in die Stadt, um sie verblüfften frühen Passanten zu überreichen: So aktuell können wir sein!

1956 war allerdings schon der große Konkurrent auf den Plan getreten, der den Zeitungen den Aktualitätsvorsprung rauben sollte. Das Fernsehen begann, seinen großen technischen Vorsprung auszunutzen. Das elektronische Signal, mit dem es arbeitet, ändert sich nicht, von der Kamera des Reporters bis hin zum Bildschirm des Empfängers. Mit der Geschwindigkeit, die das ermöglicht, konnte der klassische Zeitungsbetrieb nicht mithalten. Er musste sich ändern, sich anpassen und rationalisieren. Heute ist der Informationsfluss vom Reporter bis hin zur Druckerei voll elektronisch. Der Besucher, der heute einen Zeitungsbetrieb besucht, findet nur im Rotationssaal noch das vertraute Bild. Alle davor liegenden Arbeitsgänge werden innerhalb des alles umfassenden Computersystems (und meistens vom Redakteur) erledigt. Das ist schnell und kostengünstig; aber für den Außenstehenden nicht mehr sehr anschaulich.

Vor allem aber hat sich die Tageszeitung auf ihre traditionellen Vorzüge besonnen. Wo sie nicht mehr mit der Geschwindigkeit imponieren kann, tut sie es mit der Gründlichkeit. Sie kann vertiefen und bewerten, was in Rundfunk oder Fernsehen am Leser vorüber rauscht. Sie gibt der Information Substanz und Dauer – und das hoffentlich noch lange.

# Ebenso lieferbar

*Uwe Knüpfer / Rolf Potthoff (Hg.)*
**1954 – Das Jahr in der WAZ**
184 Seiten, durchgehend
bebildert, Großformat,
Festeinband, 19,90 €,
ISBN 3-89861-284-8

*Uwe Knüpfer / Rolf Potthoff (Hg.)*
**1955 – Das Jahr in der WAZ**
184 Seiten, durchgehend
bebildert, Großformat,
Festeinband, 19,90 €,
ISBN 3-89861-548-0

# Weitere WAZ-Bücher zur Zeitgeschichte

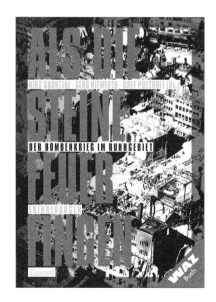

*Norbisrath (Hg.)*
**Als die D-Mark kam**
Erinnerungen an die
Währungsreform
96 Seiten,
Festeinband, 8,90 €,
ISBN 3-89861-085-3

*Grontzki/Niewerth/Potthoff (Hg.)*
**Als die Steine Feuer fingen**
Der Bombenkrieg im Ruhrgebiet –
Erinnerungen
144 Seiten, zahlreiche Abb.,
Festeinband, 9,95 €,
ISBN 3-89861-208-2

*Grontzki/Niewerth/Potthoff (Hg.)*
**Die Stunde Null im Ruhrgebiet**
Kriegsende und Wiederaufbau –
Erinnerungen
144 Seiten, zahlreiche Abb.,
Festeinband, 9,95 €,
ISBN 3-89861-489-1

Heßlerstr. 37, 45329 Essen, Tel. 0201/86206-33, Fax 0201/86206-22
info@klartext-verlag.de, www.klartext-verlag.de